England under Queen Anne
安妮女王时代的英格兰

布伦海姆战役
BLENHEIM

George Macaulay Trevelyan
[英] 乔治·麦考莱·屈威廉　著
胡　莉　译

中国法制出版社
CHINA LEGAL PUBLISHING HOUSE

译 序

一、G. M. 屈威廉的学术生平

G. M. 屈威廉全名乔治·麦考莱·屈威廉（George Macaulay Trevelyan，1876—1962），于1876年2月16日出生在英格兰沃里克郡的一个上流社会家庭。他的父亲乔治·奥托·屈威廉（Sir George Otto Trevelyan，1838—1928）是一名自由党政治家与历史作家，在格拉斯顿政府中担任过爱尔兰首席大臣与苏格兰大臣。他的祖父查尔斯·屈威廉（Sir Charles Trevelyan，1807—1886）也是一名自由党政治家，生平最重要的两项工作是负责应对爱尔兰大饥荒与推动英国文官制度改革。屈威廉的舅公则是赫赫有名的辉格党政治家、辉格史学鼻祖托马斯·巴宾顿·麦考莱（Thomas Babington Macaulay，1800—1859）。此外，他的两位兄长，一位是自由党政治家（后加入工党），一位是诗人、翻译家。出生在这样一个政治—学术家族，G.M. 屈威廉的一生免不了受其影响，且最终取得了不亚于家族其他人的成就。

按照父亲的安排，他先后进入哈罗公学与剑桥大学学习，就读期间对历史、文学表现出浓厚的兴趣与过人的天赋。在大学毕业前就出版了《威克利夫时代的英格兰》(1899)，这为他赢得了在剑桥从教的资格。不过，屈威廉在剑桥的时间非常短暂，1903年，他决定离开剑桥，因为他想要“更多的时间从事历史写作”，他也“负担得起没有固定薪资”的生活，但或许更主要的原因是，他所推崇的文学式的历史写作风格不符合彼时剑桥大学日益兴盛的历史的科学化之风，这使他“感觉，如果要写作文学式的历史著作”，他就应该以更加自由的心灵去做这件事，“远离剑桥批判性的学术氛围”。[①]

自此，屈威廉开始了长达二十余年的全职历史作家的生涯。这段时期，他出版了许多深受大众与职业史学家喜爱的历史著作，主要有《斯图亚特时期的英格兰》(1904)、“加里波第三部曲”(1907—1911)、《19世纪英国史》(1922)、《英格兰史》(1926)等。“加里波第三部曲”是使他名声大噪的著作，他以亲身的游历、丰富的口述资料和翔实的档案记录，描写了意大利历史上的英雄人物加里波第，把他视作自由与进步的化身，并以引人入胜的笔触描写了战争场面，令读者生出诗性的感慨，从而大获成功。《19世纪英国史》与《英格兰史》则被作为大学历史教科书广泛使用，其影响正如一向谦虚的屈威廉直言的——“它（《英格兰史》）将来会被取代，但它将完成服务于它同时代人的使命”。[②]

1927年，在保守党首相斯坦利·鲍德温的推荐下，乔治五世任命G.M.屈威廉为钦定剑桥大学近代史讲席教授（Regius Professor of Modern History）。再回阔别二十余年的剑桥，屈威廉的心情是舒畅

① George Macaulay Trevelyan, *An Autobiography and other Essays*, Longmans, 1949, p.21.

② George Macaulay Trevelyan, *An Autobiography and other Essays*, Longmans, 1949, p.42.

的。他所坚持的文学式的历史写作并未被历史的科学化之势完全击垮，事实已经说明，语言优美的大众史学兼专业史学著作具有经久不衰的生命力，这是史学自身的社会功能使然。担任近代史讲席教授的13年里，屈威廉的史学思想日趋成熟，他一直推崇与践行的“历史学兼具科学与文学”的观念充分体现在这一时期他的多部著作中，其中最主要的有《安妮女王时代的英格兰》（三卷本）、《1688年英格兰革命》等。例如，在《安妮女王时代的英格兰》一书的序言，屈威廉写道的，一本历史著作“既要吸引普通读者，也要吸引历史专业的学者”[①]。对于这一时期出版的若干部著作，屈威廉最为满意的是《安妮女王时代的英格兰》，这或许是他“除了‘加里波第三部曲’之外的最好的书”[②]。

1940年，屈威廉担任近代史讲席教授的年限将至，在时任首相温斯顿·丘吉尔的推荐下，乔治六世任命G.M.屈威廉为剑桥大学三一学院院长，直至1951年退休。在担任三一院长期间，尽管主要忙于管理事宜，但他仍然笔耕不辍。这段时期，一方面，屈威廉完成了他最畅销且影响深远的历史著作《英格兰社会史》（1944），当时的出版量达39.2万册，[③]另一方面出版了《个人自传及论文集》，撰述了自己作为历史学家的一生，并集中阐述了他始终坚持的“历史学是一门科学，又是一门艺术”的观点。

---

① 本书序言，第2页。

② George Macaulay Trevelyan, *An Autobiography and other Essays*, Longmans, 1949, p.45.

③ George Macaulay Trevelyan, *An Autobiography and other Essays*, Longmans, 1949, p.49.

从剑桥大学退休后，屈威廉继续发挥余热，在婉拒了英国学术院主席职位后，接受了杜伦大学校长的职位（1950—1957），最终于1962年在剑桥去世。在去世后的悼念活动中，屈威廉的历史写作技艺被广为赞誉，他的学生著名历史学家J.H.普拉姆称他为“英格兰历史的诗人”，这应该是对他最诗意的赞美。

二、《安妮女王时代的英格兰》

《安妮女王时代的英格兰》共三卷，每卷单独出版。第一卷《布伦海姆战役》于1930年出版，主要讲述安妮女王统治前期英格兰的政治、外交、宗教、社会、经济以及西班牙王位继承战争中的第一场重大战役——布伦海姆战役。第二卷《拉米伊战役与英苏联合》于1932年出版，主要讲述西班牙王位继承战争中的第二场重大战役——拉米伊战役，以及改变不列颠岛命运的大事——1707年英格兰与苏格兰的联合。第三卷《和平之境》于1934年出版，主要讲述安妮统治最后4年的历史，一段充满了政治斗争、外交秘密谈判以及王位继承危机的满是谜团的历史。

这段历史在王朝划分上属于斯图亚特王朝，它的特殊性在于，这是1688年光荣革命后斯图亚特王朝统治的最后13年，英国由一位“孱弱”的女王统治，却崛起为欧洲一流强国，奠定了第一英帝国的基础。这一时期的主线是西班牙王位继承战争，马尔伯勒公爵是这场战争的一号主角，围绕于此的是辉格党与托利党在政治、宗教、经济、外交、战争等各个领域的斗争。很难想象这样一段错综复杂、充满谜团的历史应该如何书写，它的主题太多且每一个主题都异常复杂。屈威廉则用三卷的篇幅，有条不紊、精彩纷呈、睿智地向读者讲述了安妮时期英格兰历史的全貌、主线及其独特的历史地位，着实令人敬佩。

《安妮女王时代的英格兰》似乎注定要由屈威廉来书写。屈威廉在1949年出版的自传中揭示了写作这段历史的缘由。他“一直梦寐着讲述安妮统治时期的历史”，潜意识里或许还想继续他的舅公未能讲完的历史。他对这段历史的浓厚兴趣更在于这段历史本身的魔力：在斯图亚特时期至汉诺威王朝之间的拥有自身独特气质的1702—1714年，有着“戏剧般的完整性与独立性”；这段时期，内政与外交、宗教与政治、英格兰与苏格兰、民事与军事，每一组关系都交织在一起，每一组关系都相互作用；经济背景与社会情景都会带来政治结果；一系列的戏剧般的变化就像一出五幕戏剧，最终以乔治登基为王达到高潮。①此外，屈威廉对军事史的着迷、对苏格兰历史的喜好，也都让他情不自禁地将时间、精力与情感投入到这段历史的写作中，他也非常享受这部著作的写作过程。②结果当然如他所愿，他为大众与专业史家提供了一部至今无人超越的语言优美、描写精妙、史料翔实、评论富有哲理的安妮女王时代的英格兰的“五幕戏剧”。

人们或许会认为，像屈威廉这样坚持历史的文学性的历史学家会主观创作历史，其历史著作不是“信史”。这真是一种误解。屈威廉举例说，希罗多德与修昔底德也将历史看作一门科学和一门艺术，他们在收集历史事实方面苦苦求索，然后，他们把收集来的历史事实的结果以文学式的语言表达出来。③简言之，屈威廉所说的历史的“文学性”指的是，在把基于史料的历史事实讲述给读者的时候，应

① George Macaulay Trevelyan, *An Autobiography and other Essays*, Longmans, 1949, p.46.

② George Macaulay Trevelyan, *An Autobiography and other Essays*, Longmans, 1949, p.46.

③ George Macaulay Trevelyan, *An Autobiography and other Essays*, Longmans, 1949, p.53.

该使用文学化的笔触，这样才能吸引读者，真正发挥历史学的公共教育功能，而这一点只能通过写作的艺术才能实现，也因此，文学的技艺至少在一些历史学家那里是值得拥有的技艺。[①]

另一方面，屈威廉十分看重历史的科学性。一本历史著作必须要有严谨可靠的内容，这意味着绝不能无中生有地创作历史，历史写作要建立在通过科学的方法处理后的丰富的史料基础上。对于这一点的坚守，屈威廉在评论令他十分敬重的舅公麦考莱时也未笔下留情，认为麦考莱尽管热情于“在原始文献中收集证据”，但“无疑在校对证据的方法上缺乏某种科学的精神”，[②]而这正是19世纪末历史学的科学化十分强调的一点。

在写作《安妮女王时代的英格兰》时，屈威廉十分注重以科学的方法处理史料。他几乎收集到了他所能收集到的所有史料，除了温斯顿·丘吉尔占有的家族史料。当时的温斯顿·丘吉尔正在写作丘吉尔家族的传奇人物马尔伯勒公爵的传记。这虽然也是屈威廉这部著作最重要的主人公，可丘吉尔并未与屈威廉共享他所占有的家族史料。对此，屈威廉后来说：丘吉尔独占家族史料并没有“伤害到我”，因为，早在一百年前，可敬的执事长考克斯便将马尔伯勒的手稿抄写了五十卷存放于大英博物馆，这些史料构成了关于马尔伯勒的全部核心史料。在丘吉尔写作的传记问世后，屈威廉“仔细阅读”后发现，那些史料的独特之处在于包含了马尔伯勒与其夫人萨

---

① George Macaulay Trevelyan, *An Autobiography and other Essays*, Longmans, 1949, pp. 52–57.

② George Macaulay Trevelyan, *An Autobiography and other Essays*, Longmans, 1949, p.54.

拉的私人关系档案，[1]缺少这些档案并不影响《安妮女王时代的英格兰》的写作。此外，屈威廉对这部著作所用史料进行了大量辨析与考证，这些在本书的注解中可以看到。

这部著作所体现的史学理论与观点属于辉格史学，即以叙述为主，站在辉格党或说自由党一边，带有明显的目的论和进步史观。这是屈威廉作为“最后一位辉格派历史学家”的显著特点。不过，由于屈威廉注重环境史、社会史，以及自由党在他写作的年代已经衰落，这部著作又突破了早期辉格史学的一些特点。例如，不再只以政治史为主，以及改变了对托利党政治家马尔伯勒公爵的看法。

由于这部著作是屈威廉告别全职历史作家生涯、被任命为钦定剑桥大学近代史讲席教授后完成的最重要的一部著作，此时的屈威廉处于事业的巅峰期，他那具有美学水准的写作技艺早已炉火纯青，他始终坚持的“历史既是一门科学，又是一门艺术”的思想早已成熟，因此，这部著作把他所认为的历史学的双重性——在收集史料、对待史料方面的科学性与在讲述历史、写作历史方面的文学性，发挥得淋漓尽致，令读者无比享受阅读过程。

三、《安妮女王时代的英格兰：布伦海姆战役》译后感

由于笔者的研究领域，我对安妮女王统治时期的历史十分感兴趣。1702—1714年是英国历史上一个十分独特的时期——光荣革命过去十余年，其所建立的立宪君主制正在发展，政党政治日益兴起，商业社会蓬勃发展，海外扩张不断开拓，英国正在成为欧洲首屈一

---

① George Macaulay Trevelyan, *An Autobiography and other Essays*, Longmans, 1949, p.46.

指的强国。但这个故事的另一面是，这些的发生在一向被认为“弱势”的安妮女王统治时期。这不免引起我们的思考：此时的英格兰，为何可以在一位才能平平、健康欠佳、甚少作为的女王统治下实现如此显著的发展？

但凡了解英国史的读者们可能会说，立宪君主统而不治，此时真正在统治的是首相与内阁。这至多只回答对了一半。正如本书所示，这一时期虽然出现了内阁，但还没有确立首相制度，因此很难说哪位贵族显耀真正统治着英国。从本卷中的“威廉三世与政党”“安妮女王”“辉格党与托利党”以及“国内政治”诸章可以看到，女王、辉格党与托利党以及所谓的无党派人士都在统治英国，但他们之间激烈地争吵，使得当时的英国看着像一匹快要散架的马车。但是，可能它确保了一点：国家既不会因为女王的喜好或能力的强弱或抱负的大小而受到太多影响，也不会一直被托利党的岛国视域捆住手脚，更不会因为辉格党好战的欧陆战略而陷入无休止的战争。国家之舵总是周转于不同的政治集团之手，确保它该前进则前进、该刹车则刹车，该换方向则换方向。

当然，本卷不单纯回答英国如何崛起的问题。本卷共计19章。1—5章描写安妮女王统治前期英格兰的整体风貌，包括英格兰景观与人文，乡绅群体的职业、婚姻、娱乐生活等，神职人员在各个方面的蜕变，大伦敦城的风貌以及安妮女王的前任威廉三世与政党的关系，这5章内容框定了安妮女王统治的背景。第6—7章讲述英格兰如何走向西班牙王位继承战争。第8—9章着重讲述安妮女王的个性与统治方式以及她的“仆人”辉格党与托利党的构成、立场，揭示了这一时期英国立宪君主制运转的基本机理。第10—19章转向英格兰在西班牙王位继承战争中的首要人物马尔伯勒公爵以及他的军队及其他们在欧洲大陆的军事活动，其中最重要的是布伦海姆战役；英格兰的外交活动和战争目的的改变；还有外交、战争与英格兰国内政治的交互作用。

在观点方面，如前所述，作为辉格派史学著作的代表，本书站在辉格党的立场，秉持线性进步史观，对英格兰的许多方面予以赞美，始终以英格兰为本位。这当然显示了屈威廉作为一个爱国者的基本素养，但这种“爱国”带有明显的帝国主义色彩。作为中国读者，需要带着辩证的思维与批判的眼光阅读这本书。辉格史学的观点虽然在学术界受到批判，但它的影响力可谓深入英国人的骨髓。不夸张地说，辉格派历史观点在一定程度上塑造了英国人对自己国家历史的认知。从这一个方面看，我们只有了解英国人自身如何看待他们的历史，我们才能了解今日英国的内在精神。

国内史学界长期关注英国的崛起、现代化等重要历史议题，已经出版了许多自研和翻译著作，却意外漏掉了安妮女王统治时期这一至关重要的阶段。光荣革命后英国的政治、经济、宗教、社会等各个方面的体制、规则、传统均在这个阶段成型。不了解它，就很难了解光荣革命后现代英国形成与发展的细节和过程。一个单调的观点——光荣革命后英国崛起——并不能让我们对历史产生深刻的认知。

阅读屈威廉的著作令人着迷，翻译则让我惶恐。作为“英格兰历史的诗人”，屈威廉的历史著作以撩人心弦的高超描写见长，读来有如身临其境，仿佛欣赏一出情节跌宕起伏的话剧一般，并总能让读者沉浸于其细腻、丰富、睿智、精彩的文字中。这种功力不是职业历史学家以及今日的大众史学家能够企及的。对于这样的著作，要把它的精彩之处翻出来，非常困难。屈威廉旁征博引，既有档案史料，又有小说、民谣、戏剧等，这些让翻译难度陡增。笔者怀着敬畏之心于2018年夏开始翻译这本书，直到2021年底才完成。这期间，日常教学与科研工作一再拖延了翻译进展，不肯随意下笔的心态也影响了进度。但我还是告诉自己慢一点没关系（这方面非常感谢出版社胡艺编辑的谅解），要尽可能信、达、雅地翻出这本书，才不愧对屈威廉大师级的历史写作技艺。尽管已经尽力而为，但免不了仍有疏漏与不当之处，还望读者批评指正。

愿这样一部影响了英国各界的历史学家的史学名著，也能为每一位喜好历史、喜好文字、喜好书写历史的你，带来愉悦。

胡莉

2023年1月5日于北京师范大学主楼

序

我希望能完成《安妮女王时代的英格兰》这部历史著作。不过，本卷可以单独出版和阅读，它有自成一体的叙事，在层层递进中达到高潮。本卷中所有的叙事线，无论是国外还是国内，都导向布伦海姆（Blenheim）。因此，只要我能向读者解释清楚不包括苏格兰、爱尔兰及殖民地历史的原因，我就不觉得需要因仅仅向读者展示了这一片段性的历史而心怀歉意。我一直认为，这三个主题中的每一个主题都可以作为一个整体，在之后的阶段里被更好地处理。本卷没有按照时间顺序记录1702—1704年的苏格兰事务，的确略显不足。即便在写那几年英格兰议会的部分时也没有提及“苏格兰阴谋”和《安全法》（Act of Security），这显然是一个瑕疵。但是，这样的处理是两害相权取其轻的结果，因为，不能完整呈现苏格兰的历史场景与故事会是一个更大的缺陷。本书第二卷则将从头至尾大篇幅地完整叙述苏格兰与英格兰联盟的经过及其原因，当然这一卷还包括其他的事情。在安妮女王统治时期，爱尔兰所扮演的角色远不及苏格兰重要，但我认为，可以将爱尔兰的情况放在后面的卷册里更好地予以呈现。

为了不使普通读者的注意力被每一页下的一堆参考资料所分散，

这些资料对他们来说意义也不大，因此我把它们全部放在了卷末。

对我而言，我不能放弃曾在英格兰流行的、更古老的历史观念，即同一本著作既要吸引普通读者，也要吸引历史专业的学者。在后
vi 来的这些年里，这两者往往是分开的。在一些情况下，将大众史学与专业史学加以区分是不无道理的，但在其他情况下，也有必要尝试更早时期流行的将二者相统一的做法。

安妮女王统治时期的史料，无论是印刷品还是手稿，都具有很高的价值，而且非常丰富。历史手稿委员会（The Historical MSS. Commission）为我们做了很好的工作，其从私人收藏品中印制了千万卷通常无法获得的文件，明智地让学者们在原始档案中研究大英博物馆和档案馆的宝贵藏品。可敬的考克斯（Coxe）执事长，他在100年前为历史研究做出的重大贡献，远远超过了《牛津国家人物传记大辞典》和其他地方对他的赞誉。考克斯的贡献之一，便是他在大英博物馆留下了如此多卷马尔伯勒和戈多尔芬文件的抄本，进入那里的手稿阅览室阅读，或许与置身在布伦海姆阅读原始手稿一样美妙。在考克斯的藏集和历史手稿委员会的拾遗之后，如果布伦海姆的文书中仍有什么重要的秘密有待揭示的话，那么，当全世界都殷切期待的家族虔诚之作[①]面世时，我们将很快知晓。同时，我感谢马尔伯勒公爵对我的个人礼遇。在大英博物馆，除了考克斯的手稿抄本集，还有J.麦金托什爵士、哈顿·芬奇的抄本，埃利斯和斯特普尼档案，赫米塔日（L'Hermitage）抄本和许多其他文件集，此外还有档案馆存放的外交和领事文件。

当内陆出身的历史学家处理海军事务时，很容易茫然不知所措。

---

① 指温斯顿·丘吉尔正在写作的《马尔伯勒公爵传记》。——译者注

在我游弋于这一时期的海军史时，我很庆幸能够得到著名的海军史学家朱利安·考伯特的令人敬佩的《地中海上的英格兰》一书最后几章的帮助。我也受益于我的朋友海军上将赫伯特·里奇蒙爵士的善意批评，尽管我不想暗示他要对我所写的东西负责。

至于陆上战争，约翰·福蒂斯丘爵士作品的第一卷以及法兰 vii
克·泰勒的《马尔伯勒的战争》(*Wars of Marlborough*)，是研究大量当时记录的绝好起点。

在政治方面，有人可能认为存在更多的争议。诚然，存在上百种可能的观点。然而，令我惊讶的是，对于有着狂热的党派精神统治时期的主要轮廓与问题，当代有才能的历史学家们的看法竟是如此一致。那些特定的狂热早就消耗殆尽了。所有学者都将清楚地看到，我的朋友基思·法伊林爵士与他的《托利党史》(*History of the Tory Party*)对我的影响。对于辉格党、保守托利党、温和托利党的政策与特征以及安妮和马尔伯勒的性格，如果我没有提出一套新的惊人的看法的话，那么，我只能向那些应该恳请的人申明：任何新的惊人的理论都是错误的！只有那些没有关注近期历史书写的人，才会对我认为安妮有独立于她的宠臣的、自己的政策感到惊讶。

的确，如果我们文学全盛时代（Augustan Age）的重大事件和伟大人物的故事能够以雅典人的独具的真实又简洁的方式讲述，那么，这段历史从头至尾就像一出五幕悲剧，轮流展现了路易十四的飞扬跋扈和跌落神坛；马尔伯勒和辉格党的得势与失势；托利党的起与伏；同时，在每一场接踵而至的战争与政治危机的碰撞下，英格兰在命运的潮流中向前推进。那个小小的乡土的英格兰能孕育出什么样的人啊！一个拥有550万人口的国家知道天才二字怎么写：建筑师有雷恩，科学家有牛顿，哲学家有洛克，学者有宾利[①]，诗人有蒲柏，散文家有艾迪生，演说家有博林布鲁克，小册子作家有斯威夫特，还有赢得战斗的马尔伯勒。

viii 我想对达特茅斯勋爵致以谢意，感谢他善意地邀请我阅览其闻名遐迩的祖辈们的全部手稿，其中只有一部分由历史手稿委员会出版了。我也要感谢基督教堂、牛津大学图书馆、兰贝斯图书馆和海牙的国家档案馆的帮助。我必须感谢戈德尼上校和直布罗陀驻军的其他几位军官、图书管理员，尤其是我的朋友、当时的殖民地秘书休伯特·扬少校。在他们的帮助下发现的许多材料，在下一卷中会派上更大的用场，到时我会讲述英格兰人对直布罗陀的第一次保卫战。

日期标注方式说明

读者会注意到新历（N.S.）和旧历（O.S.）日期之间的区别。在1752年之前，国内的英格兰人一直使用的是旧历，这一历法1700年之后的日期比格里高利十三世（Gregory XIII）的新历——当时已在除俄罗斯之外的所有大陆国家广为使用——晚11天。我们的水手，无论是在海上服役的，还是在像攻占直布罗陀这样的海岸行动中的，一般使用国内熟悉的旧历。我们在尼德兰和德意志的士兵，一般使用新历，尽管不总是如此。大部分在国外的外交官使用新历，但也有一些使用旧历。我用旧历表示英格兰国内事务日期；用8月13日

① 理查德·宾利（Richard Bentley）(1662–1742)，英国著名古典学学者。——译者注

（新历）或8月2/13表示英格兰以外的事务日期。

安妮于1702年3月8日登基，至少我们现在是这么说的。但我们的祖先称这一日期为1701年3月8日。因为在他们那里，新年不是从1月1日开始，而是从3月25日开始。1701年3月24日之后是1702年3月25日凌晨。这对于研究古文献的现代学者来说是很困惑的，他们很容易在1月、2月或3月初发生的事务中弄错年份，特别是在议会事务中，因为通常的会议是在冬季举行的，跨了两年。安妮统治时期的上议院和下议院的日志，在3月25日才从1701年改为1702年。所有现代历史，包括本书，都将1月1日作为新年起始。

目 录

第一章　英格兰风貌

安妮女王统治时期的历史不是地方主题的。它涉及若干重大问 1
题，包含诸多引人注目的活动，显示着遥远而广袤的图景。无论谁书写这一时期英格兰的历史，都必须展示：马尔伯勒公爵统率的各路军队，沿着莱茵河、多瑙河与马斯河曲折前行；英格兰的船舰在地中海上或比斯开湾里起伏，沿着西印度群岛或雾气蒙蒙的纽芬兰海岸航行；直布罗陀的岩石透过非同寻常的烟雾与喧嚣后显露在一片蔚蓝中；跨越陆地与重洋，大使们将戈多尔芬大人的金银与马尔伯勒令人信服的提议，散播到从里斯本至莫斯科的几乎欧洲一半的宫廷里；国内，从圣詹姆士宫到议会大厦，人抬轿子和四轮马车争奇斗艳，这里正是斯威夫特、艾迪生和蒲柏时代的政治辩论与宣传技艺的战场——远处，雷恩正在修建的圣保罗大教堂的穹顶已经高出泰晤士河上的桅杆，再远处是伦敦塔，铸币大臣牛顿在那里工作。

不过，所有这些光鲜的景象都根植于平凡的场景。如其他战争一样，马尔伯勒的战争也：

> 在铁与金两条神经的驱动下进行。

英格兰国家实力的方方面面锻造于平凡之境而非贴着美人斑与

2 戴着全底假发的世界中。同样地，萨拉·丘吉尔与马沙姆夫人，以及博林布鲁克子爵与小集团（Junto）大臣们玩的政治把戏，脱离不了生活在庄园宅邸、乡下、港口与市镇的普通人的需要与偏见，且由他们决定。如果我们想要读懂威斯敏斯特或圣詹姆士，布伦海姆或乌得勒支，必须先看看不列颠岛的整体风貌。

当总览安妮女王时期本岛的风土人文与日常生活——这些远离圣詹姆士公园中的林荫道、更远离战争枪炮的景象时，我们想到了丹尼尔·笛福。他的游记正应我们需要。笛福的任务之一是游历与观察不列颠。傍晚，当一天的旅行结束后，笛福开始书写他对本地的印象与看法，将其报告给他的雇主罗伯特·哈利——一位和他一样神秘的人，喜欢秘密得来的精准信息。周末，笛福参加不从国教者的教堂活动时，也不忘记观察周围的礼拜者及他们的经济活动。尽管除了从事商贸活动，笛福还是一名不从国教者，但他不是满嘴“常言道”式的教徒；尽管笛福八面玲珑，但他喜欢扎扎实实地工作、朴素的着装而非时髦的作秀，而且他还是一个清教徒。如一百年后骑马游览、描写英格兰的科贝特一样，笛福是现实主义者，且是平民出身，但和科贝特不同的是，笛福没有因为对权势的愤怒而看不准现实。安妮女王时代是一个漫长又丰富的时代的前奏，而笛福比斯威夫特更像这个时代的典型人物。作为商人，笛福对繁荣商业时代的到来欢呼雀跃，也发自内心地对旧日田园时光的消逝悲叹不已，这一点倒与无法继承土地的约曼农科贝特一模一样。笛福首先让报道者的技艺臻于完美，即便是他的小说也是对日常生活富于想象力的“报告”，无论是在荒岛上还是在贼窝里。由是，对于历史学家来说，此人对安妮女王时代的英格兰的描述就成为名副其实的宝库。笛福是最早以犀利的现代人的眼光去透视远去的旧世界的人之一。他的报告可以被其他大量信息补充或限定，但它仍是我们思考与想象的中心。[①]

笛福事无巨细地勾勒出的这幅英格兰图景，给人留下了英格兰 3
国民生活健康向上的印象，其中，城镇与乡村，农业、工业和商业，在一个单一完整的经济体系中和谐运转。政府行政体制也大抵如此，特别是被笛福鄙夷的一些“贫穷而衰败的自治市”，也像老古董一样笨拙又极其笃定地缓慢移动着。此时，要求改革的呼吁并未出现，因为，彼时在英格兰仍显奇特的自由原则，能够让每一个个体积极进取、奋发向上，让新的嫩芽在老丛林里茁壮成长。这一时期，夜郎自大的风气并没有抑制岛国居民的经济进取心。

如此井然有序的英格兰呈现出繁荣的景象。即便是在战争年月，也大体如此。这部分归功于安妮女王统治前半期的好收成和廉价的食物。工业、农业和商业都在扩张，社会在不知不觉地朝着工业革命的方向前行。百年之后，工业革命在笛福描述的各种景象中破茧而出。海外贸易、水上运输（尤其是煤炭运输）、养羊业和织物贸易、批发商承揽的谷物与农产品市场，这些都是笛福强调的重点。也正是这些方面让乡绅们交得起土地税，供得起马尔伯勒的战争。他们虽然发着牢骚，但还是掏出口袋里的钱，直到赢得战争胜利，他们才送走了辉格党，宣布和平。

的确，地方乡绅们一边喝着十月的麦芽啤，一边大骂食利者和贸易商，说他们是经济寄生虫、大发战争之财，还说他们是不从国教者，即将闯入土地阶层独享的政治生活。但是，就经济层面而言，

① 他在乔治一世统治时期出版了游记，但游记的大部分内容是他在安妮女王统治的早期和中期写成的。1927年，科尔先生（Mr. Cole）编辑和再版了笛福的《不列颠游记（1724—1727）》（*Tour through Great Britain*（1724—1727））的第一版。

这些不受欢迎的人们的活动让乡绅们的租金收入翻了一倍，而乡绅们其实多多少少也意识到了这一点。[1]至于《宽容法案》(Act of Toleration)，尽管每次谈及时都要悲叹道德沦丧，却给英格兰乡村带来富裕与安详。

在安妮女王统治时期，农民和匠人的生活一如往昔，但他们的
4 外在条件变得格外有利。贸易商和中间商为农民的劳动成果和手艺人的辛劳付出寻找新的市场，这在很大程度上减轻了他们的贫困，同时也没有摧毁他们纯朴简单的劳作方式。积极进取的地主们和商业投资者一样，在贸易中赚了钱或增加了财富，将收入所得持续地投入土地中。城镇和乡村活动之间的交互作用，尚未冲破旧有的社会秩序，其在宗教派别与政治派系激烈撕裂、对抗的表面下给安妮女王统治时期的英格兰注入基本的和谐与力量。

虽然宗教引发分歧，但贸易让民族团结，两者相较，后者更为重要。《圣经》现在多了一个竞争对手。六十年前，清教徒是克伦威尔手中的剑，三十年前，班扬还在监狱中唱着赞美诗，但是在安妮女王统治时期，清教徒就是笛福这种商人-记者型人物。同样地，贵格派不再当众对着教堂顶尖做预言，他们变成了节俭的商人，学会了安静。由于过去的一些事由，人们仍然习惯性地将清教徒和贵格派称作“狂热分子”。不过，若说他们大体上还能算作“狂热分子”的话，那么其中有一人是铁定无疑的，这就是法官布拉德盖特，他骑在马背上，走进路德维希的礼拜堂，告诉牧师他说谎了。[2]但是，高教会派人士的宗教热情总是为温和托利党脑海中常有的爱国热情和经济考虑所缓和，后者的领导者是哈利，为哈利秘密服务的正是我们说到的笛福。就是这样的一个岛国，假设有好运与好的领导，便能够在战争中展示出足够的团结、财富与力量，让强大的路

易十四屈膝认输。这位显赫贵族与贫穷农民的主人因撤销宽容新教徒的《南特敕令》(Edict of Nantes)，一劳永逸地摆脱了其国内的不从国教者。

鸟瞰盎格鲁–撒克逊时期的英格兰，眼前一片乱蓬蓬的荒野，森林树木、矮灌木丛、湿地沼泽还有丘陵草原从一个海岸延伸到另一个海岸，但数以万计的农用和牧场正在逐渐侵蚀这片荒野。每一块空地都有盖着木屋的小村庄，每一个小村庄又经由穿过林间的曲径， 5
与另一处村庄相连。罗马人留下的笔直但日渐废弃的道路，蜿蜒穿过还未干涸的沼泽与森林的河流，横贯整座岛屿，它们的寂静状态有时被一艘战舰或一只满载货物的驳船的穿行打破，有时被一些突出的浅滩旁发展起来的城镇打破。

今日的飞行员看到的是一幅全然不同的图景。向下望去，大地被树篱或石墙划成方方正正的棋盘状，其中点缀着精心修建的农场、村庄与立着围墙的种植园。但是，绿色被逐渐扩散的烟雾层和占据了本岛相当一部分面积的工业区的红、灰色的房顶冲淡了许多。整个岛上布满了繁忙的铁路网和更加忙碌的公路网；不过，河流或运河运输尚未出现这般景象，临海港口附近除外。

安妮女王统治时期英格兰的全景，在特征上介于这两幅全然不同的景象之间，尽管在时间上不是。大量的原始森林已经消失，但是大部分乡村，尤其是泰晤士河南部，仍然有成片的森林和灌木丛。奔宁山脉南部及威尔士荒原东部的大量土地，已经被开垦为耕地或畜牧用地。不过，这些地方还没有成为方方正正的棋盘地，因为此时，英格兰腹地最好的农业用地仍然以敞田形式耕种，尚未竖起篱笆，而浓密地向西和向东南延伸的圈地则被分成了形状不规则的果园和临时用地。在英格兰，笔直的道路比较少。罗马人留下的道路绝大部分早已被埋没，或者已被耕地分隔成几段。而弯弯曲曲的撒克逊马道已经变成了泥泞的巷道，整年都有驮马和孤独的骑手在其上行走，夏季则有大大小小的马车以步行的速度缓慢前行。河流穿过肥沃的庄稼地与草场，从一个繁荣的集镇流向另一个繁荣的集镇，承担着国家最繁重的运输任务。除大伦敦外，工业区的面积都很小，
6 几乎难以从紧紧围绕在每一个重要市镇周围的丘园、树木和游乐场之中辨认出来。那时的工业生活散见于岛屿的各个地方，已经融入乡村和乡镇生活，成为它的一个有机组成部分。每一条河流入口和海港里林立的桅杆都在讲述着有别于农民活动的故事，倘若没有这些，鸟瞰安妮女王时期的英格兰，可能还会以为它只是一片农业大地哩！

大片自然生长的原始森林的消失，让安妮女王时期的臣民忧心忡忡。尽管彼时的树木多于今日，但人们因日益减少的树木而产生的烦恼胜于今日，因为在生活必需品方面，他们还不那么适应依靠外来供应。生活中很多重要的环节都需要木材，后来，在那些环节中，铁与煤逐渐取代了它们。那时的皇家海军和商船使用木材修建；铁需要木炭熔炼；[①]在许多地方，家庭壁炉要靠柴火，泥炭和煤炭无法运输到那里，因为道路状况实在太糟了。

即便在康沃尔，过去也有大片森林，不过，在威廉与安妮统治时期，当爱冒险的西莉亚·菲尼斯小姐（Miss Celia Fiennes）行至这

---

① 安妮时期，达比父子很可能发明了冶炼煤炭和焦炭的方法，从而代替了木材与木炭，但距离其大规模投入工业生产还有很长一段时间。

一遥远的半岛时，也亲历了木材的匮乏。她写道：“我感到很吃惊，我的晚饭被架在荆豆根枝引燃的火上烧煮，而这是仅有的用来烤熟肉和煮熟肉汤的燃料。”这里就是彭赞斯，海岬尽头出入的法国海盗切断了将南威尔士的煤炭运向这里的海路；康沃尔北部沿海的情况稍微好一些，菲尼斯小姐告诉我们，这里仍然可以获取经由布里斯托尔海峡运来的煤炭，战争时期也不例外。[①]同一时期，埃德蒙·吉 7
布森，一位古物学家和未来的主教，在他编的卡姆登的《不列颠尼亚》（*Britannia*）中，评论了这位伊丽莎白一世时期的作家在100年前对牛津郡山地“覆盖着树林”的描写：“这里早已变了模样，”吉布森写道，“上次内战时，除了奇尔特恩，这里没几处有树林的了。在那些地区，燃料太缺少了，时常要称重购买，事实上，不只是牛津，本郡北部的其他市镇也是如此。”

在斯图亚特王朝时期，皇家森林那宏伟壮观的国家遗产因王室的偏袒与缺乏远见而被转让或因反叛者的贪婪而被砍伐。这些地方仍旧没有被妥善管理与看护。的确，尚有皇家森林六十余处，但是它们无法再满足皇家海军造船厂的橡木需求，哪怕只是十分之一。在此方面，格洛塞斯特郡的迪恩森林，汉普郡的新森林地带和爱丽丝·霍尔特森林，是仅有的几处发挥重要作用的森林。

海军部不得不在开放的市场里与其他人竞购木材，而此时，岛上大部分宝贵的木材可以在贵族与乡绅的打猎场、公园和林地里找到。这些地方也在内战时期惨遭践踏，雪上加霜的是，议会还罚没

---

① *Throurgh England on a Side Saddle*, *The Diary of Celia Fiennes*, 1888, pp. 221–223. 这部愉快的重要游记是基于威廉三世时期和安妮女王时期的旅行完成的。菲尼斯小姐是一名富有的不从国教者，是第三代萨耶和塞勒子爵（Third Viscount of Saye and Sele）的妹妹，她因兴趣和好奇而游览英格兰。

了保皇党人的地产，这让大量高大的橡树永远地倒在了地上。不过，还有大量树木属于私人所有，或者像猎鹿园一样被篱笆围起来，或者以其他形式被保存，用来观赏或盈利。林业仍然在庄园的经济中占据一定的位置，地主们通常会在合适的时机砍伐树木，之后再种上。的确，橡树不经百余年的成长是无法成材的，但人们相信他们的子孙后代将会继承它们。当查理二世复辟时，对上等阶层稳固性的信念也随之回归。伊夫林的《林业志》（*Sylva*）被摆在了较为富裕的乡绅的书架上。这是一本宣传性的著作，向统治阶层宣传种植与
8 护林的国家责任，尤其是在最近经历了内战的破坏后。[①]安妮女王统治初期，伊夫林还在世，他的《林业志》也还正流行，这位老人给他孙子的最后一个建议是，种植橡木、木材树和小灌木丛，以“重振沃顿木镇（Wood Town）之名”，“这才是最适合这片土地的最好的农业”。[3]

泰晤士河南部、岛屿的东部——肯特、萨里、萨塞克斯和汉普郡，这里是昔日的安德雷兹旷野（Andredsweald），土质硬且黏，是橡树的原产地。这里也因此成为海军部造船厂的主要供应地。但在这些地区，人们也开始讨论木材短缺了。尽管圣保罗大教堂前安妮女王塑像的首批围栏产自旧有的萨塞克斯冶铁厂，但制铁业正在往什罗普郡和迪恩森林迁移。

相较过去充足的木材资源以及当时的实际需要，这一时期的木材比较短缺，但与今日相比，彼时英格兰与威尔士仍有大量的木材。安妮继位之际，人们估算，齐普赛街往北仅10英里的恩菲德鹿苑，

---

① 难以确定《林业志》是否引发了“成千上万树木”的种植，但可以肯定的是，复辟时期种植的树木茁壮成长，支撑了18世纪晚期战争中海军的需要。——*Albion*, p. 131.

就有50多万棵高大的橡木、山毛榉，为那里的鹿遮风挡雨。[4] 整个岛上，即使在耕作得最好的地区，也密集分布着石楠、小灌木丛、幽谷、山楂树林、小矮树以及自然生长的果树。这里是匪徒和奥托吕科斯①们时常出没的地方，也是旧时小说里鸟儿的栖息场所，在随后一个半世纪的农业进步中，它注定要被圈占和耕犁。

海军部面临的困境——给普利茅斯、朴次茅斯、查塔姆和伍尔维奇的造船厂提供必要尺寸的橡木，并不是英格兰木材总量锐减造成的，而是源于砍伐荒僻地区的木材的困难，特别是英格兰北部、中部和西部。即便是在萨塞克斯，笛福也宣称，这里的上好木材除水运至邻乡外，基本上没有办法再找到其他市场。在一条靠近查塔 9
姆造船厂的路上，笛福看到，22头公牛吃力地拖曳着一根橡木。[5] 用以修建战舰的橡木又大又重，在没有碎石铺面的道路上，要将它们运输到需要的地方，困难极大、成本很高。冶铁厂可以依木材储量的变化从萨塞克斯搬到什罗普郡，但是造船厂必须建在面对着欧洲的沿海。基于这些原因，海军部极不情愿但又不得不转向波罗的海和美洲，那里的大量木材可以从林木采伐场直接海运至英格兰。

商船和渔船已经习惯于从海外购买大量木材。而且，建造小型船只还可以使用英格兰较小体积的树木，大型战舰却用不了它们。波克郡的木材可以沿着泰晤士河从雷丁运到伦敦，随后被那些需要建造商船的人买走。[6] 只有从事与东印度贸易的巨型商船——它们是名副其实的战舰，才会真正与皇家海军争抢英格兰产的优质橡木。

对焦油以及木材的需求，尤其是对于英格兰无法种植的、用于建造高大笔直的桅杆的冷杉的需求，在安妮的对外政策和殖民政策

---

① 奥托吕科斯是古希腊神话人物，指偷盗者。——译者注

中占有重要地位。波罗的海南岸向我们提供橡木和冷杉，人们在但泽、梅默尔和里加这些十分有利于通航的河口处，源源不断地将条顿人和斯拉夫人森林的木材运往英格兰。瑞典诸港口则为我们提供冷杉和焦油。因此，我们的政治家的头等任务就是确保波罗的海的贸易向英国开放，并阻止这片内海落入任何一个强国之手，无论是丹麦、瑞典还是俄国。我们努力促进波罗的海诸国的势力平衡，如同我们想让西欧各国实现均势一样。但无论是哪一个均势，都不容易实现。1700年，英格兰的舰队保护了瑞典国王查理十二（Charles Ⅻ），瑞典的许多邻近国家试图趁国王年少攻打他。不过，总览整个安妮女王统治时期，查理十二暴烈和反复无常的脾性让英格兰人坐
10 立难安，他不仅在私下争吵时多次威胁要进攻丹麦和奥地利——英格兰的反法盟友，而且愤恨于英格兰的《航海条例》，他还对我们采取报复性经济措施，要求除非使用瑞典的船只并以瑞典人的价格向我们出售，否则拒绝向海军部供应焦油。

严厉的《航海条例》规定，运往英格兰的商品必须由英格兰船只运输，即便在对法战争期间。我们放开这一政策的步伐也很慢，波罗的海的外交和经济纷争的确由此变得更加错综复杂。为了缓解供应压力，海军部出台了一项殖民政策，鼓励人们进口北美殖民地的木材和松脂。在安妮女王时期，英格兰就已经从新英格兰的森林获取冷杉和焦油了。1704年，英格兰与瑞典的关系十分紧张，英格兰政府出台了一项法案，提供高额奖赏，鼓励人们从美洲进口松脂，皇家海军则对其拥有优先购买权。该政策比较成功，尽管波罗的海仍旧是主要的海外供应之源。不过，当我们给沿海或河岸的原始森林的树木标上宽大的箭头时（意味着专门为海军部预留），英格兰当局经常会与美洲殖民地居民发生争执；新英格兰边远地区的人，他

们在陆上的无法无天与在海上的海盗和走私者一样，毫不尊重王室垄断，数以千计的标记了宽大箭头的树木就这样从人迹罕至的野外消失了。即便如此，还是可以确定地说，在安妮女王统治时期，政治家和咖啡馆的政客们之所以看重殖民地，其中一个主要原因是，这里是皇家海军木材可靠的来源。[7]

安妮女王继位后不到100年的时间里，英格兰人已经对食用不是由小麦做成的面包形成了深深的偏见。即便是出于济贫的需要，在1795年开始实行的斯品汉姆兰制度中，小麦的价格本身就已经被作为计算的基础。然而，在18世纪之前的每一个世纪里，我们的祖先 11
吃的面包一直都由裸麦、大麦、燕麦或其中一种与小麦混合而成。在英格兰，就像在欧洲北部的所有地区，纯粹由小麦烤制的面包历来都被视作只有有钱人才会食用的奢侈品。只有到了乔治国王们统治的时期，小麦才成为人们的主食。本国气候条件下自然经济的这一成就，是通过将大型农场、资本和资本主义的生产方式运用到农业耕作中实现的。如果英格兰仍然是一个小农遍布之地，那么它就不会比德意志或斯堪的纳维亚生产出更多的小麦。

在安妮统治时期，英格兰的农业得到较大发展，种植的小麦已经远远超过了中世纪。据估计，全国人口食用的面包中小麦面包占38%，裸麦次之，大麦和燕麦分列第三和第四。因此，小麦和裸麦的价格成为定价标准。

不过，小麦在实际生产的谷物总量中的占比远远低于其用于制作面包的比例，因为本岛种植了大量用于酿造麦芽酒的大麦。比如，剑桥郡，在杂草丛生的已排干水的沼泽地之外，笛福注意到这里“几乎就是一个谷物之乡”，“所植谷物中六分之五都是大麦”，它们被销往韦尔、罗伊斯顿以及赫特福德郡的其他大型麦芽酒集市。[8]除了西部几个郡的居民饮用苹果酒，麦芽酒从很早之前就是英格兰男人、女人和孩子们每日每餐必不可少的当地饮品了。此时，麦芽酒才刚刚开始感受到来自烈酒及茶与咖啡的竞争。麦芽酒仍是小姐夫人们的饮品。1705年，卡那封夫人将库克小姐“极度的身体消瘦和声音绵弱”归咎于“她整个夏天都在喝腐坏了的啤酒”。[9]

大麦不仅为各地提供了主要的饮品，而且是某些地区的主食。威尔士山区的小农场主们能够吃到上好的大麦面包。北部各郡的农民用燕麦和裸麦制作各类食物。而在苏格兰，燕麦“养育着人民”，
12 约翰逊博士在若干年后依旧能如此坚称。在英格兰中心各地，裸麦和大麦与小麦同等重要，只有在气候相对干燥的东南各郡，小麦才可以说是占了优势。

不过，安妮女王统治时期，地区之间的农产品交易已经十分盛行，尤其是可以河运的地方。很可能是因为这一点，加深运河与修建水闸在安妮女王时期蔚然成风，此时正是布里奇沃特人工运河时代来临前的20年。①在泰晤士河自牛津以下的河道及其支流威伊（Wey）、里亚（Lea）以及梅德韦，到处是一片朝气蓬勃的繁忙运输景象——食物、酒和木材流向伦敦，泰恩赛德的煤以及来自海外的商品则从伦敦运回内地。阿宾顿与雷丁均是大型农业区的商业中心，

---

① 对此，安妮女王时期的法条、下议院日志以及地方史的记载都提供了大量相关例证。此处合举一例：1699年，威兹比奇和毗邻郡（剑桥北部）向议会下议院请愿，请求疏通拉克河——因为陆路运输不可行，而他们所在的地区只生产黄油、芝士和燕麦——以获得萨福克的小麦、裸麦和麦芽酒供应。（*Watson's History of Wisbech*，1827，p. 385.）这一时期加深和修建了水闸的河流包括，布里斯托尔的埃文河、约克郡的德文特河，剑桥郡的“从克莱港渡船到王后磨坊（Queen's Mill）”的斯塔尔河与康河。（*Statutes or the Realm*，Ⅷ，pp. 56–59，172–178；*Barrett's Bristol*，p. 697.）

这里将各自区域里的产品经由水路运输到首都。萨塞克斯与汉普郡沿岸向伦敦运出它们的谷物，柴郡和其他西部郡向伦敦运出自产的芝士，经由海路运输还会遇上来自敦刻尔克的法国海盗的夹击。尽管路面土质松软，时常难以承载四轮马车，但在大部分天气里，北部和中部各郡的羊、牛、鹅与火鸡都可以一边吃着青草一边被驱赶至首都。甚至在英格兰与苏格兰联合之前，苏格兰每年都向英格兰输入3万头牛；伦敦周边的道路上随处可见操着奇怪口音的威尔士牲口贩子；只有爱尔兰的牛市贸易因查理二世颁布的一道法令而终止，以此消弭英格兰养殖者的妒忌。

在欧洲，英格兰与威尔士已经组成了国内最大的自由贸易区，
1707年，苏格兰也加入其中。“在英格兰，我们是何其幸运，”笛福 13
写道，“我们还没有征收盐税或谷物税，而在意大利以及其他很多国家，这些都是司空见惯的。”1706年，当敏锐的维也纳使节莫塞尼戈即将结束在英格兰的驻留之时，他向其主报告说，免予内部关税的自由贸易是“英格兰的工业比世界其他地区更加发达的一个原因”。对于各类物品来说，伦敦和每一个地方城市都是一个开放的市场，不收取通行费。得益于这种自由环境，谷物经销商和农业中间商遍布整个岛屿。他们投机式地从农民那里收购还在地里生长的庄稼，或在谷仓还未脱粒的谷物。他们渗透到最意想不到的地方，甚至到危险的高地河谷去寻找可以放进英格兰人牧场养肥的牛，这里有手持双刃大砍刀的苏格兰人和詹姆士党人。农业中间商所到的每一个地方，都为边远地区和小村庄的物品打开了新的市场，推动了农业的发展。[10]

在这个进取和发展的时代，英格兰向海外大规模地输出谷物。自革命发生以来，政府曾发放赏金，鼓励人们出口。到了安妮女王

统治中期，格洛斯特郡从事煤炭贸易的雇工们起而反抗谷物高昂的价格，这是布里斯托尔的商人将当地的谷物大量销往海外所致。甚至在特伦特北部，平凡的乡绅们还将海外销售额计为他们及其佃户收入的一项重要来源。①

尽管如此，我们绝不要被这幅令人愉悦的农业发展与贸易繁荣图迷惑，误以为安妮女王统治时期的英格兰已经是一片农业先进与交通发达之地。这要等到18世纪末才能实现。水运的繁忙从侧面折
14 射出糟糕的陆上运输。英格兰最好的谷物种植地——中部地区的林肯郡与诺福克郡——仍然有大量没有圈占之地。在那些地区，大面积的没有围起篱笆的“村社公用地”仍然以中世纪的三圃制方式耕种，这可能会赢得末日审判特派官员的赞许，但注定会让亚瑟·扬一般的现代农业专家诧异不已。

有进取心的地主或农场主的创新总是受到“村社公用地”的严格限制，在这种土地内部，土地被切割成条状，每一条块土地的所有者必须执行整个社区制定的耕作计划。虽然庄园法庭有所衰弱，但不太正式的村社会议仍然管理着公用地的农业耕作、镇子里犁的使用、拾穗的规定、公共牧地以及在无主地和荒地上放牧的权利。像戈得曼彻斯特这样的乡村小镇，仍然由百户长召集所有农场主在法庭大厅集合。这是根据古老习俗而来，人们在这里确认自己“同

① 1709年7月，罗伯特·莫尔斯沃思在唐克斯特附近的埃丁顿给他的妻子写信：“如果上帝降临丰收的天气，那么王国内将存储大量谷物，这正是海外所需要的，因此很有可能未来几年都能卖个好价钱。这必让我们的农民变得富裕。”次年，他又写道：“谷物的价格肯定要涨了，波罗的海突发的瘟疫将很快让我们与荷兰人禁止在此地的所有贸易，而荷兰一定会从我们这里买粮食。”[11]

意在（1700年）3月21日周五之前不在公用地播种大麦，而且在那一天，也只在畦头未耕的一条块土地上耕种”。[12]

在乡绅们私有农场的圈地以及英格兰南部、西部和北部的圈占土地上，更可能有变革的动机，因此更可能出现进步，尽管并不是必然如此。但是，一些圈地最为普遍的地区，大体来说，都是岛上产出较低的地区，当地的气候也是最恶劣的。的确，肯特郡的啤酒花种植地和西部乡村的果树林与蔬果园肯定可以被看作早期的圈地，但是，西部与北部饱经风霜的荒野之地上的临时圈地也可以被同等对待。英格兰中部最好的谷物种植地以及东安格利亚的大部分地区尚未被圈占。[13]

由于很多牛羊被喂养在荒野和公用地上，没有以草根或人工草料饲养，它们体形都很瘦小。1710年史密斯菲尔德（Smithfield）的市场上，牛羊的重量不足1795年普通牛羊重量的一半。[14]在世纪之初，让牲畜过冬仍然不是一件容易的事，当它们失去了夏季的草料补给后，相当一部分牛羊都要被屠宰和腌制。当1703年盐价上涨时， 15
下议院收到了反对的请愿，陈述的理由是，“加重了穷人的痛苦，他们大多靠吃腌制品过活”。[15]

汤森德勋爵种植芜菁及诺福克的库克饲养肥硕的牛羊的时光仍在遥远的未来。尽管如此，专为西部毛呢商供给羊群的威尔特郡和科茨沃尔德山地，已经是值得一看的场景了。笛福得知，在多切斯特方圆6英里以内的“那片令人愉悦的开阔丘陵”上，大约喂养着50万只羊，笛福还发现，随着每晚建起一个羊圈，索尔兹伯里平原和多塞特丘陵的土地因为羊群的堆肥而变得十分肥沃，以至白垩地很快就能够用于耕种了，尽管除了牧草之外，其他什么都无法生长。[16]

自都铎时期以来，尤其是自复辟王朝以来，一大批如何提高农业耕作方法的书籍接连不断地出现。从皇家学会各个领域传播出来的对人们日常生活进行科学探究的精神，持续不断地刺激着这股趋势，但也给那些实践派的农民出了难题。专家和现代化主义者经常难以达成一致。杰思罗·塔尔是一名杰出的农业改良者，在安妮女王统治时期，他曾将播种机和马耕机引入自己的农场耕作中，但他在其他很多方面都是错的，正如后来的争议所证明的那样。然而，人们却十分留意使用新方法，只要人们自己证明了方法的合理性，这在那些个人可以自由改变耕作方式的圈占土地中十分盛行。[17]

在农业改良思想如是传播的同时，圈地运动不仅已经付诸实施（实际上已经开展了数个世纪），而且被近代理论家宣扬成一项对国家的义务。在安妮登上王位后，农业专家们把下议院谴责为“懒汉和鸡鸣狗盗之辈的发源地”，他们的羊“瘦小不堪、毛皮破烂，因羊肝蛭病而腐烂”，他们喂养在荒野上的牛则“饥饿瘦小，形体孱弱，
16 既不能提供乳制品，也不能用来耕地”。这里，我们已经全面感受到了那一著名的关于普通人权利的社会价值观念的争议，100年之后，科贝特将为那些被打败的普通人做辩护。关于这次争议的实质，我们今天的历史学家们仍然持有不同看法。在安妮女王统治时期，议会立法推动的圈地并不多，圈地主要是基于社区同意或在其他普通法的运作下进行。①

① 马尔伯勒伯爵在向布伦海姆行军的那个夏季，一个约克郡的乡绅给他的妻子写信，其中说道：“根据英格兰的法律（正如我现在根据经验所知）每一个自由农都可以圈占大量他自己的以及毗邻于他的共有土地（通常都是有大量土地的贵族），只要他将足够多的共有地留给那些有权利使用的人，并声明放弃任何在自己离开的共有地上放牧的要求。这就是正在审理的情况，赫拉比的弗莱特维尔先生（我们的邻居），他甚至用此法律反对庄园主人卡斯尔顿勋爵，这也是我们与科恩斯伯勒之间的问题。”[18]

在圈地运动全面展开、工业革命来临的前夕，古老的乡村英格兰往往给后人们呈现出两幅完全迥异的画面。一方面，我们被要求端详一片独立和有自尊心的农民的土地，他们中的大部分人依据个人享有的小份额权利而固着于土地，满足于乡村生活的宁静与幸福。而这一切后来都被破坏了，他们在有关“丰收家园”（Harvesthome）的酒馆歌曲中庆祝他们的乡村幸福，我们则已经把这些歌曲带到了会客室里。我们也被提醒，这片土地还是乡村与城镇集市的手艺人的故乡，他们并没有因为投身工业而与乡村生活带来的愉悦割裂开来，他们使用工具劳作而不是照看机器，因此，他们怡然自得于每天的劳作，就像个体艺术家一般。这一点在我们现代娱乐活动——不过是为了平衡枯燥的机械和文职工作而大规模组织起来的活动——的狂热兴奋中却只能找到一个拙劣的替代品。另一方面，我们又被展示了一幅完全不同的景象：我们被要求记住前工业时代那些白天持续13个小时甚至更长时间的繁重的体力劳动；那些童工而非就读在初级学校的孩童；那些医学或医院无法控制的疾病与早死；那些我们今天认为是必需品的清洁与舒适条件的稀缺；那些不仅对 17
罪犯、欠债者，而且经常是对妇女、儿童以及大部分穷人所施加的严苛对待；以及那时英格兰和威尔士大约550万之多的人口，其生活标准远不如今日，而今天的我们养活着是其7倍之多的人口。[①]

对这一时期历史的研究，证实了这两幅图景同时存在。但要确认哪一幅景象是当时大多数人的生存现实则是非常危险的。这一方面是因为，争议的问题是关于难以捉摸的观念——我们无法将自己

① 见本书（边码）第75页注释中关于人口数据的介绍。

置于祖先们的所思所想中，即便我们可以，我们也弄不明白；另一方面则是因为，即便在数据可以说明的地方，数据也是缺失的。的确，安妮女王继位之前的十多年，有能力的宣传家乔治·金，曾根据炉灶税以及社区各阶层的其他可以用于统计的数据做过一个估算，但他给出的数据最多也就是一个高明的推测。事实上，这些数字打击了那些赞美过去的人（*laudator temporis acti*）的热情，因为它让人们想起，甚至是在大规模圈地以及工业革命发生之前，农民和约曼农的数字也相对较小，而农业中最底层的人数相对庞大。在金的分析中，最大的两个阶层是“茅舍农与接受救济的人”和“劳工和粗工”。[19]我们或许可以认为，前者代表的是那些试图不靠工资过活的人，而根据金的说法，他们的尝试很失败。但是，那些继续在共有地擅自占住空屋的人或是那些靠自家小屋后面的一小块土地过活的人，可能过着比金所知道的更加幸福的生活，即便他们的贫穷程度要比现代那些将过去理想化的人所意识到的更甚。金的分析里，第二个比较大的阶层是“劳工和粗工”，是赚取工资的人。但是，他们中的很多人依然对共有土地、庭院或小块土地拥有某些权利，这些能让他们的收入增加、生活体面，而无须让它们的主人忝列自豪的英格兰约曼农阶层。甚至许多工业雇工也拥有一些
18 小的庭院或小块土地，他们，特别是岛上各个地方的羊毛织工，在不务工时进行耕作。在哈利法克斯周围布满石头的高地，每一个织工都在自家小屋所在的陡峭的山地上竖起篱墙养着“一两头牛”。[20]

另外，农业和工业中都有大量的雇工，他们没有与土地相关的任何权利，也没有除获取工资之外的其他任何谋生的方式。

农业与工业中的工资应当根据治安法官给每个郡颁发的预定表

进行调整，治安法官有时也会对某些商品的售价设定限制。这些预定表并不会装模作样地规定具体工资或物价，而只是设定不能超越的上限。因此，各郡的情况经常会不太一样，毗邻的两个郡之间也会有差别。进一步说，实际操作中，设定的上限也经常被逾越。①

从反面证据看，我们可能会认为，协同一致的罢工与联合起来要求提高工资的做法不常发生。它们可能会受到当时的法律的惩罚，这些法律在小皮特颁布的著名的《联合法》出台很久之前就已经出现了。1706年，利兹季审法庭重罚了六名拉丝工，因为他们联合起来拒绝工作，除非将工资从当前的一小时一便士提高到一小时三个半便士。伊丽莎白一世时期的《工匠法》仍然部分起效，其对未完成工作而离开的行为进行惩罚，也对付给或得到超过治安法官设定的最高工资限额的行为进行处罚。然而，实际上，当超额的工资有利于雇主和雇工时，超过最高限额工资的事便会经常发生。彼时还 19
没有工会主义，更多的是个体间有关工资高低的讨价还价。[22]

从现代的工资标准看，那时英格兰的工资的确较低，即便将低水平的物价考虑在内也是如此。②但如果与当时的欧洲相比，英格兰

---

① 每个庄园所支付的工资有所不同。1710年，一个约克郡绅士写道：

"在巴恩斯利和沃特利周边的地区，要雇到一个好的农夫，每年不超过3英镑。戈弗雷爵士只给他的门卫3英镑14先令，百户长4英镑，因此我们都花了更多的钱，但是享受了更糟糕的服务。沃特利附近的农夫每天早上3点钟就都起来和牲畜们一起工作了，而在我们的庄园里，他们都躺到差不多7点才起来。但是沃恩的20英镑尤其令我愤怒。"

那一年，我们应当记得，小麦价格为一夸脱34先令，其他的谷物价格更低。在伦敦西区，花2个便士就可以买到一块鸡肉。[21]

② 用物品支付工资是一种常见的虐待。威廉三世时期设定的固定汇率事实上对其进行了约束。但是，农场主和百户长仍旧强迫"贫穷的农民收下谷物以及其他的食物，而不是他们的雇用工资"。[23]

的工资则比较高。英格兰人的特性，无论是过去还是现在，都不是节俭，而是对较高标准生活的坚持。笛福当雇主的时候写道：

节约不是英格兰人的美德。英格兰的劳作者爱吃爱喝，尤其是后者，他们喝的酒是世界上任何一个国家的人的三倍。

笛福说，在喜爱花费的英格兰人眼中，一个靠工资过活并养活家人的荷兰人是可悲的。值得注意的是，在这份小册子中，笛福还说到了当时的英格兰工人每周可以赚到9先令，这远远高出季审法庭的预定表中的最高限额。笛福说自己“每周给门外的乞讨者们发9先令，这些人经常当着自己的面说，他们可以讨到更多钱，我也曾见过一个身体健壮的家伙正在将讨到的钱存起来”。这当然不是唯一的例证，（大量记载表明）尽管季审法庭尝试控制工资上限，但各个地方的工资总是有很大差别。

笛福遇到的几近于敲诈的乞讨者见诸每个历史时期，而整体来说，这一时期的情况对他不利。事实上，很多游荡着寻找工作的人会受到过于严厉的惩罚。1662年，查理二世的骑士议会十分轻松愉快地通过了极其可恶的《穷人安置法案》，该法在此时依旧未经修改地执行着。根据法案规定，每个堂区可将新定居在本区的人遣送回他出生的堂区，因为担心新定居本区的人可能在未来某一天变成本区济贫的负担。十分之九的英格兰人，事实上是除地主这个小阶层
20 之外的所有人，都有可能在被逮捕或当众出丑的情况下被从出生地之外的堂区驱逐出去，无论他们的品格有多好，或是他们已经找到

了赚取报酬的工作。一些堂区的管理者甚至因过度担心新来者在未来变成本区的负担而在一些十分没有必要的情况下也使用了这项不合理的权力。该法案限制了劳工的流动，其粗暴程度无异于征兵队对于英格兰人所吹嘘的自由的侮辱。但是，这项法案几乎没有受到多少批评，直到亚当·斯密以毫不留情的言辞谴责它。很难确定该法案到底实施到了何种程度，而亚当·斯密的批判看上去夸大了它的危害，也可能夸大了被误判的案例的数量。但是，这项法案至多只是一个巨大的恶；它背离了都铎和斯图亚特王朝早期由地方当局在济贫方面所做的值得称赞的努力。总的来说，该法案之下的努力也不是不成功，基本上可以解释这时英格兰社会的平静。

在安妮女王统治时期，由私人捐助建立的济贫院填补与缓和了堂区救济的不足。泰恩赛德煤炭贸易的驳船船员们筹集了2000英镑，为他们中的年老体弱者捐建了一所养老院。不过，更为常见的是，富有的男人或女人们，急切地想要安排不那么幸运的邻居们，建立适用于没有工作的人的济贫院和援助计划。安妮女王时期，人们像修建慈善学校一样慷慨地修建这种类型的济贫院。

除了私人捐建，在地方税收支持下，公共政策支持不断建立新的济贫院，并扩大“堂区储备”的物资，以提供就业。安妮女王继位时，英格兰大约有四分之一的人口会不时地接受堂区救济，每年用于济贫的资金达到了八十万英镑。到了安妮去世前，每年用于济贫的则达到了一百万英镑，不过，到乔治二世时期又降到了七十万英镑。这是收成更好了和采用了济贫测试的缘故。虽然英格兰的济贫法案有太 21
多可被批评之处，特别是《穷人安置法案》，但其至少提供了一个公共救济体系，英格兰也因此没有被玛丽·沃特利·蒙塔古夫人在1718

年英法斗争末年旅行途中所注意到的场景羞辱：

我想，没有什么比这些可悲的人更加糟糕的了，法国各地的村庄一穷二白。除了驿马来回奔走，整个城镇都在乞讨，他们的脸庞是如此瘦削、衣着单薄破烂，已经无须言说自己的悲苦了。在来到枫丹白露之前，这就是法国的胜景。

路易十四在教会与国家中建立的声名显赫的专制主义，让法国走向了社会革命，而我们与这一社会革命之间，矗立着的不只是议会的权利，还有英格兰的济贫法，无论它有多少缺点。[24]

中世纪的社会建立在农奴与农奴主两个阶层上，约曼农不是这个社会的主要特征。但随着14—15世纪农奴逐渐被解放，约曼农登上了英格兰历史的舞台。这个阶层活跃在都铎与斯图亚特时期，此时小地主与大农场主的数量成倍增加，即便是在都铎早期一些地方农户因圈地而遭到破坏的时候。15—18世纪的文学领域，诗歌与散文特别喜欢赞美英格兰的约曼农。

安妮女王统治时期，英格兰自由约曼农的财富在开始下滑之前攀升到了最高点，与此同时，佃农的财富也在持续增加。①据估计，自由约曼农占英格兰人口的八分之一，佃农的比例也不低；通常认

---

① 直到18世纪末，“约曼农”一词在使用中仍然包括大量的佃农和自由垦殖农。在对约曼农阶层最著名的所有描述中，休·拉蒂默在爱德华六世面前传教说，他身为“约曼农”的父亲耕种着另一个人的土地。

为，自由约曼农比佃农富裕。①100年之后，情况正好相反，如果说 22
还存在自由约曼农这个阶层的话。乔治时期，农业的进步让佃农受益于地主对土地进行的资本投入，而小土地所有者没有资金来源，因而没有跟上时代的脚步。不过，安妮女王统治时期，这两种类型的约曼农的经济状况并没有非常显著的差别。

两者的差别主要是政治与社会层面的。自由约曼农在议会选举中有投票权，也经常可以自主使用这项权利。佃农没有投票权，即便有，可能也不得不投给他的地主老爷。即便是模范地主罗杰·德·科弗利爵士（Sir Roger de Coverley），在艾迪生的笔下，也在一个值得赞许的世界里对自己的佃农们行使绝对的家长式控制。

但是，自由约曼农的独立性得到极大的珍视和坚决的维护。我们在郡县乡绅们有关选举事宜的通信中看到了这样的表述，"自由约曼农没有坚持说他们将以投票的形式显示自己的权利"。[25] 基于这个原因，控制了佃农们的乡绅经常想去收买自由约曼农。随着时间的推移，本世纪很多自由约曼农也准备好以合理的条件离开乡村，他们在这里的古老的独立性受到了大地主及其佃农们日益增多的财富的威胁。

不过，在安妮统治时期，金所估算的大约18万自由约曼农，在

---

① 1688年，格里高利·金计算得出，在英格兰和威尔士有30万人，其中有16万（或18万）自由农家庭年收入在55英镑到91英镑；与此同时，15万个佃农家庭的平均年收入刚刚超过42英镑；15000个乡绅家庭的年收入则在280英镑至450英镑，这还不包括拥有头衔和更广阔土地的地主。在安妮女王统治时期，许多阶层的平均收入明显增加了。

要将这些收入转换为现在的金钱是非常困难的。钱到底贬值了多少？一方面，小麦的价格与安妮女王统治时期的平均价格相差不是很大。另一方面，很多东西现在的价格是当时价格的5倍、10倍、20倍或者30倍。

紧随革命所带来的大动荡和逆流之后的艰难岁月里，仍然是这样一个阶层——国家与教会体制主要依赖于他们非强迫、非购买的支持
23 的基础，就像方舟停靠在阿勒山（Ararat）一样。安妮女王统治时期的每一次选举中，辉格党与托利党的利益被内部持有不同立场的“40先令的自耕农”巧妙地调整或平衡着，他们大多是自由约曼农。事实上，“40先令的自耕农”是英格兰和威尔士每个郡的选举权的统一标准。另外，在有特许权的城镇，选举资格与方式五花八门——有时由市镇团选举，有时由部分居民选举——这使得很多“衰败选区”成为某个大人物的囊中之物，或者说，这里成为大人物施加影响和贿赂的重灾区。因此，选举时，郡县的自由约曼农投票者是把真实的政治立场表达得最充分的阶层，也是距离引诱和恐吓最远的阶层；正如在上一代人中，骑士党和圆颅党以别的方式在同一阶层中招募了最勇敢的骑兵，而不是靠赏给这些人酒钱。

不过，比政治更甚的是，鹧鸪也能让乡绅与约曼农彼此冷眼相待。斯图亚特王朝晚期，有关乡绅阶层的立法将年收入低于一百英镑的自由人——也就是约曼农阶层中的绝大部分，排除在可以打猎的行列之外，即便是在他们自己的土地上。这样，很多贫穷的家庭就被剥夺了本该属于他们的很多美味。即便有极个别约曼农的年收入超过了这项引人注目的法律的规定，他们打猎的权利也受人怀疑。就连罗杰爵士这样好心的乡绅，面对“年收入约一百英镑的约曼农”“属于打猎法许可范围之内”，最多也只会说，“如果他没有打掉那么多鹧鸪的话，他将是一个好邻居”——这里所说的是约曼农在自己的土地上打猎。[26]

在接下来的几个世代里，乡绅们对捕猎的过度热切带来了一些

严重的社会后果。随着猎枪的使用，他们对捕猎的兴趣成倍增长。24
在斯图亚特王朝，用枪打猎逐渐取代用鹰行猎，结果是鸟类数量急剧减少，鸟类供应看上去不再是耗之不尽的了。在安妮女王统治时期，“射击鸟类”（shoot flying）已经是普通捕猎方式了。但是，这种方法仍然被看作颇具难度，且越是这么认为，人们就越会骑在马背上时不时地去练习。不过，围捕“栖息着”的野鸡，并当它们站立在较粗大的树枝上时射杀它们，仍然是乡绅们的传统捕猎项目。在草地上用网捕捉鸟也是流行的狩猎活动，其往往需要猎犬的参与，它们会在很深的草丛里找到猎物。罗杰爵士写道，“在他年轻的时候，一整个季节捕获过四十群鹧鸪”，可能就是通过这种方式（捕获的）。在《绅士娱乐》（*The Gentleman's Recreation*）中，将粘鸟胶涂在细枝上，诱捕野鸡、野鸭还有画眉、鸫等各种鸟类落网，仍然占有重要地位。引诱野鸭落入水边埋设的陷阱，是沼泽地里的一种行当，也是庄园“诱饵池塘”里的一项娱乐活动。但是，用枪打猎显然变得越来越流行，随之而来的是，捕猎活动越来越局限在射击特定的“猎物”——鸟类。近期，在这个神圣的领域里，法律为松鸡与黑色的雄松鸡专门划定了一块地方：可供它们藏身的石楠与蕨已经受到了保护，除了每年特定的时期，它们不可被烧掉，如果牧羊人违背法律而在这里放牧，则要受到鞭刑。艾迪生的托利党乡绅说，《狩猎法》（Game Law）将成为革命以来议会通过的唯一一部好法律。[27]

中世纪村庄生活的脏乱与悲惨，早已退出乡村中产阶层体面舒适的家庭生活。在安妮女王统治时期，各个地方的人们都在用石头、砖块或半木制材料修建或扩大农舍的住房，修建风格与所用具体材料依本地特色而定。随着乡村繁荣而修建的建筑，在那些布匹制造对当地羊毛有大量需求的地方最显著，比如科茨沃尔德从15世纪至17世纪用石头修建的大型农场，还有坎伯兰和威斯特摩兰山民的住
25 宅，他们的收入因肯德尔的布匹贸易而增多。[28]

除了为今日湖区的游客们所熟悉的建造优良的旧农舍，那时还有很多普通农舍，后来都消失或废弃了，更为贫穷的山民们在那里养育一大家子。孩子们围坐在母亲膝下，为肯德尔的布匹商们纺纱，等到孩子们长到可以爬上山岗，就可以牧羊了，他们还要将大块的石头沿着悬崖边砌成一道墙。现在不用那么辛劳的同龄孩子们可能会对此感到惊奇。华兹华斯故乡的盛景也只是在18世纪里才逐渐成为人与自然之间美妙平衡的典范。数个世纪之前，山谷中“乱七八糟、杂乱无章、沼泽遍地、毫无特色”，今天的人们则使用机器，过于成功地整改了山谷的自然面貌。但是在安妮统治时期，与山上及其周围不凡的建筑景观相比，山谷刚刚开始展露乡村的简单美好，既有序可循，也不过度有序。

尽管如此，到湖区的访客非常少。在笛福的游记以及同时代人的眼中，这里仍然是英格兰“最荒凉、贫瘠和恐怖”的地方。只有为数不多的人，出于个人所从事的行业的需要或者好奇心，会骑行在温得密湖的另一边以及哈德诺陡峭崎岖的山路上，并抱怨湖区谷地的面包“黑、粗糙又坚硬”，这里的房子则是由未经灰糨糊涂刷的石头所建造的“阴暗破小的陋室”，适合牲畜而非人居住。不过，“各处可以看到一些涂了墙泥的房子”，有时也能吃到一些精心烤制的可口的“燕麦面包”。从这些旅行者的印象中我们可以推断，在安妮女王统治时期，这一令人愉快的地区还没有那么繁荣，农场建筑与设施也没有取得太多发展。不过，温得密湖有名的特产“嘉鱼，已经出现在伦敦人的锅碗里”。[29]

邻近的诺森伯兰郡最近战火纷飞、一片荒蛮，但旅行者沿着南泰恩河岸及河谷前行，会看到“大量的面包和啤酒”以及母鸡与鹅，还有享有盛名的红葡萄酒——无疑，这是邻近的苏格兰乡绅们即便 26
在战争时期仍会从法国进口红酒的缘故。当安妮女王继承王位后，诺森伯兰仍然设有郡看管人一职，其领取500英镑的报酬，负责赔偿所有被盗而未归还的牲畜，尽管雷德斯代尔与罗马城墙之间的旷野名声糟糕，却是最适合郡看管人讨价还价的地方，他也会“告知旅行者们这里的劫掠行当基本已被抛弃，而且本地每年都会为发生在这一地区的所有抢劫提供小额补偿”。与苏格兰的和平，泰恩河畔的煤矿财富以及纽卡斯尔的贸易，促进了边境地带的人们生活水平的提高。[30]不过，诺森伯兰外围的乡村地区仍然很贫穷，尽管居住人口比后来更加密集。很多现在包括一个单独的繁荣的牧羊场的镇区，在那时聚集着大约六个自耕农的小农场，养活着边境地带吃苦耐劳的人们。他们不习惯于舒适的生活，为产量甚微的燕麦而在荒原上耕种。

英格兰更南边的地区的文明更为古老，长久的和平让这里的生活舒适。各处都能看见正在形成中的人与自然之间的美妙平衡景观，这是18世纪的标志风景。尽管灌木篱墙与果园仍然在荒野中占据主导，但农舍、农庄和集会场日益增多，其既有传统风格，也有更加典雅但更加简单的“安妮女王式”风格。我们现在的人认为，这种风格属于英格兰本土特色，但它在起源上受到了荷兰的影响。内部装饰也与建筑不相称：1710年，一名外国旅行者注意到，“现在，挂毯在英格兰已经不流行了，但是所有挂毯都是以不菲的价格镶嵌在墙上的”。陶瓷由荷兰和英格兰东印度公司的人带到欧洲，受到女士们的青睐，我们可以就此推断出，安妮女王时期城镇与乡村的大多

数庄园的装饰方案为，蓝色与白色的陶瓷制品摆放在用裙板装过的
27 壁龛里，带摆的落地大座钟装饰着东方的漆器工艺。格林林·吉本斯仍然打造着他那令人称赞的木制工艺。美洲印第安的红木开始输入英格兰，人们用此制作了被我们视作18世纪品位的更轻、更精美的家具。外国艺术品贩子们早已惊叹于这里随处可见的商机，“他们基本不需要靠诈骗英格兰人，就能将自己从意大利和法国进口的无用之物高价兜售出去”。外国艺术家们声称，安妮统治时期贵族与乡绅们在乡村的大厅中挂着的意大利著名画师的画作，就像在罗马的所有宫殿和博物馆中能找到的一样多。[31]

范布勒的布伦海姆庄园，其宏大的构想和意想不到的细节，绝不是安妮时期的建筑特色。一般来说，安妮时期的宗教、学术和公共建筑，流行一种更为单一的风格，而普通居家建筑则秉持“优雅中简单”的理念。雷恩在生前活跃于伦敦的教堂和汉普顿宫的修建中，吉布斯正在学习那一随后在牛津大学修建了拉德克里夫图书馆的技艺，他们一起教授子孙后代，让他们“将古典的优雅与本土的活力相融合”。这些杰出人物留下的比例原则，被写入地方设计师和建筑师常用的教科书中，为漫长又幸福的18世纪的普通英格兰乡村与城镇的建筑奠定了基础。只是到19世纪这个学派衰败后，人们试图恢复古代雅典或中世纪的建筑时，英格兰才失去了自己的建筑传统，取而代之的是一种丑陋无序的业余创造和异域风格。[32]

第二章　乡绅

依据财富与文化的差别，可以将绅士群体分为不同等级。这一社会阶层的顶端是公爵，在任何其他国家，他都会被称为诸侯，生活方式华丽无比，宫殿富丽堂皇，超过了那些与英格兰结盟并获益的君主们的宫廷。这一社会阶层的最底层则是乡绅，他们的收入为每年300英镑，操着一口浓重的方言，与约曼农生活在一起，但他们与约曼农还是有区别的。他们会建立起小型体育设施，佩戴纹章，得到他人对“绅士”的尊敬。如果在他的一生之中，这位乡绅去了一趟伦敦，那么他就会因为他马鬃制的假发、专业骑师的腰带以及老式的无袖外套而为人们所知。[33]至少从传统的角度看，他的书房里应当有《圣经》、贝克的《编年史》(*Chronicle*)、胡迪布拉斯(Hudibras)与福克斯的《殉道史》(*Martyrs*)。而且，无论他是否读过这些书，他对于清教徒和天主教徒的看法都与后两本书中对这两类人所表达的看法别无二致。 28

但是，在为我们自己描绘当时乡村住宅的文化图景时，我们也不能忘记，除了这些乡绅的房子，还有一些显贵在乡间也建立了府邸。他们用意大利的画作、法兰西的家具以及意大利语、法语和拉丁语的书籍来装点自己的住宅。的确，他们不仅收集这些书籍，还会阅读它们——在下一个君主统治时期，伏尔泰称赞他们为文化与

科学的赞助者，相较之下，法国贵族过于逊色。英格兰乡村有像年
29 轻的沙夫茨伯里一样的哲学家贵族；也有像萨默斯和蒙塔古一样的学者型政治家；更有所有古籍收藏家中最伟大的罗伯特·哈利，当他作为“国家的伟大支持者”而无暇亲自去猎取书籍和手稿时，仍然有他的私人代理人在四处寻找。① 辉格党小集团中的贵族们与他们在威斯敏斯特及圣詹姆士的追随者和敌人，均以自己是乡村绅士而自豪。无论是白手起家的，还是与生俱来的，每个人都有自己的乡村根据地——至少在理论上，疲倦的政治家们焦急地想要返回那里。当一个政客、律师或战争投机商用公款发家致富后，他就把钱投到土地上，组建一个乡村家庭。更古老的家庭大多属于托利派，他们抱怨暴发户，后者大多是辉格派。不过，这一过程仍在继续，而且农村和城市社会在这个意义上是浑然一体的。

伦敦社交季在6月的第一周就结束了，赶时髦的人们纷纷回到乡间别墅，或去巴斯逗留。[34] 在城里多住一段时间，会毁掉许多破例把女儿带到伦敦的婚姻市场的家庭，而他们的邻居们却满足于把女儿嫁到郡首府，或者乡间的环游旅行就可到达的地方。例如，在夏天，女士们乘坐马车即可抵达，而在圣诞节，则由兄弟们骑马载着她们蹚过泥泞的道路。城市和乡村的对立主张因而就在那时的一首流行歌谣中被表达成这样：

再见市场，

---

① 关于在哈利最繁忙的政治活动期间，哈利的庞大收藏的组织方法，可见于 Harleian MSS.（B.M.）7526。

公园和运河；[1]
圣詹姆士广场，
还有那里的浮夸之徒：
赌场也不过如此，
大点数的骰子和小点数的骰子，
在各个阶层人手中摇晃。
再会吧，骑士！
昨晚当了冤大头，
只剩下一件上衣，
去拿老婆出气；
现在他急急忙忙，
来抵付他输掉的一切，
派人回家砍伐他的树木。
让我们再向这个小伙子道别，
他改善了每一小块，
从未经过他手的土块，
来付给账单或者还债，
总不能拿他的羊群，
去换酒或寻开心，
欺骗他后半辈子。
但是钓鱼和打鸟，
打猎和滚木球戏，

① 圣詹姆士公园和其中长长的人工水域。这首诗来自D'Urfey, *Pills to Purge Melancholy*, 1719，Ⅰ，p. 5。

是他永远的消遣。

30 “城镇”自然的回应是，不停地夸大乡绅们对于饮酒、打猎和射击的执迷程度。我们知道，没有哪个描述可以概括整体状态，而在知道这一点的情况下，这种如此普遍的说法的确有一定的道理。才华横溢的玛丽·沃特利·蒙塔古夫人曾在一封信（这封信最无聊的部分是她所引用的塔索［Tasso］的话）中指责萨塞克斯某地的乡绅，除了喝酒和追逐的快乐之外，“对其他的享受都不感兴趣”。“家族中可怜的女性成员几乎没有坐马车的机会，她们的男主人们没有必要坐这玩意，因为他们早上和猎狗们一起度过，晚上则与野兽般的同伴们在一起——他们会弄来所有能弄到手的酒，然后再一起喝掉。”[35]然而，就在同一封信里，她怀念并称赞了北安普敦郡的绅士们。相较于萨默维尔的叙述，这一叙述或许更加罕见，但其真实性并没有打折扣。萨默维尔用简洁的语句表示，粗野的地主韦斯顿也是一位有文化的乡间绅士：

不为世人和宫廷所知的乡间绅士，
隐居在他那小小的房间里，但并不孤单；
因为他身边环绕着希腊和罗马的圣人，
那些有教养、比他年纪大的同伴。[36]

无论如何，在翻阅了数百封安妮女王时期富裕乡绅的信件之后，我们所产生的印象是，他们既不是身居乡间的学者，也不是无知的乡
31 巴佬。我们读到了乡绅们真实的想法，他们担忧自己的账簿、女儿的婚姻、儿子的负债与职业；他们处理自己地产上的事务，作为治安法

官处理乡间的公共事务，也自己照看猎狗和马；此外，比起书籍，他们更喜欢多花一点时间在花园和池塘上。正如我们所想的那样，他们的生活是健康且有益的，把一半的时间花在公共生活上，另一半时间则用在私人生活中。这些乡绅有充分的闲暇时光，享受自然之乐，过着体面、有尊严的生活。正如他们的书信和日记所写的那样，许多过得更好的乡绅每年都能从他们的地产中获得几千英镑。[37]

无论贫富，这些乡村绅士在某个方面的支出都非常小。在那个时候，花费大笔金钱把乡绅的子弟送往专门的贵族学校还没有成为惯例。就在当地最近的文法学校里，乡绅的孩子们和被选来在未来从事牧师职业的自由农以及店主的孩子们坐在一起学习。另一种选择是，年轻的绅士们就在家里由邻近的牧师来教导。再富裕一点的家庭会给孩子们请私人牧师。如果乡绅们专门请来一位老师担任家庭教师，那么，这个人很有可能是流亡在外的胡格诺教徒。此类受过良好教育的人在这个国家随处可见。他们因自身的法语优势而受到许多考虑周全的家长的欢迎，还因自身的境遇与原则而备受辉格派家庭的垂怜。的确，伊顿、温切斯特和威斯敏斯特公学都是由一些贵族（不是大部分贵族）赞助的。在安妮女王统治的末期，即便是在威斯敏斯特公学，人们也能够找到这样的地方，“男孩每年只需支付20英镑的寄宿费，而学校教育只需支付5基尼或6基尼”。直到乔治一世统治时期，哈罗公学才跻身有钱人学校的行列。[38]

今日，一位中等收入的绅士往往会觉得，他要把自己全部收入的1/6花在一个男孩的教育上。而在那个时代，只要花费收入的1/100，他就会相当满足了。因此，拥有大约2000英镑年收入的莫尔斯沃思，每年只肯花费20英镑在他每个儿子的教育上，而这笔钱已

32 经涵盖了他们的住宿费、学费、服装费以及其他费用。只有等他的两个儿子离开学校，年幼的那一个入伍，他沉重的家庭负担才刚刚开始。事实上，到了那个时候，“迪克每年都要花100英镑，不然他将寸步难行。他需要买马、衣服以及装备”。由于“他没有在最近那场荣耀的布伦海姆之战中阵亡（如果阵亡了，他的家族就不用再花费如此多的钱，但这种节省无疑令人悲伤）”，也还没有在“对里尔的一系列令人绝望的攻击中死去”，因此，他在很多年里一直给他约克郡的家人带来荣耀，也是他们巨额花费的根源。莫尔斯沃思的长子杰克选择从事外交职业，这种为国效力的方式也需要花费大量的金钱。1710年，他们的父亲写道：“我十分相信，在过去的七八年间，我在两个儿子身上花了1万英镑。”女儿们和他们一样“需要很多钱。她们很幸运，有一个肯让她们待在家里的好父亲”。5年后，迪克对军队服务的热情令他“在预定的花费之外，还需要再花费600英镑。他就是这么热爱军营”。[39]

地位较低的乡绅们同样不会在儿子的教育上花费这么多钱，然后让儿子们进入花费更低的行业当学徒，而不是支持他们去军队或是当外交官。在康格里夫和法夸尔的剧作中，乡绅们较小的儿子可能仍被期待成为“学徒”，例如“在什鲁斯伯里的一名毛毡制造者手下”；斯蒂尔则表示，“年纪稍小的儿子往往会被送到商店、学校以及律师学院里”。①这样一来，绅士们才能养得起更多的孩子。尽管

---

① 在1732年的《绅士杂志》（*Gentleman's Magazine*）中，我们可以读到这样的一段话：“我（快73岁）记得，最有地位的家庭里的幼子们往往会成为大商人的学徒。但现在，一旦年轻的绅士们能够很好地行走，他们就会被送进军队。”*Gentleman's Magazine*，No. XXII，Vol. Ⅱ，p. 1015. 参见*Way of the World*，Ⅲ，15；*Trip to the Jubliee*，Ⅰ，1；Tender Husband，Ⅰ，1。

乡绅们的孩子有相当一部分都过早死去，他们还是为英格兰培养了一批又一批斗志昂扬的年轻人。无论在国外还是国内，这些年轻人都引领着英格兰，让这个国家持续向前。这是因为，英格兰乡绅的“幼子们”往往乐意从事普通的行业，不“享受绅士身份所带来的红利”，而这是欧洲大陆贵族的幼子们所不愿做的。乡绅的幼子们往往会在军队、法律及商业领域闯荡，这成为他们支持辉格党以及他们在这些利益体系中的同伴而反对高教会派托利党仅将土地贵族当作统治阶层意图的一个普遍原因。土地贵族的确在接下来的一个世纪 33
里维持了自身的统治地位，但仅仅是建立在欢迎新来者这一条件上，并通过各种各样的方式与农业之外的利益群体建立紧密联盟，出现在远离了庄园和乡村教堂的景象中。乡村绅士统治着18世纪的英格兰，但他们主要是为了商业和帝国的利益而统治它。

事实上，15至19世纪英格兰社会的一大有趣之处在于，尽管土地贵族看不起商人，把他们视为较低的社会等级，但很多拥有土地的家族都是依靠商业财富来获得自己的地产的。不仅如此，进行各种各样的投资还成为了一些土地贵族的家族事业，在他们的家族内部代代相承。罗素家族是辉格党土地贵族的主要支柱之一，在整个金雀花、都铎和斯图亚特时期，与其说罗素家族是通过收购修道院的土地崛起的，不如说该家族是通过对贸易的明智投资而兴盛的。在威廉三世和安妮女王统治时期，泰恩河畔的主要商人和矿主，偶尔在纽卡斯尔担任辉格党议员的威廉·布莱克特爵士，也在诺森伯兰农村中心地带拥有了土地。他在那里买下了贫困的詹姆士党人约翰·芬威克爵士的产业。下一代的布莱克特家族成员在“奥斯巴尔德斯通”（Osbaldistone）农村社会的影响下成为托利党人，但他们仍然是商人和土地大亨，并将他们在泰恩河畔获得的大部分财富投入到农业改良当中。这些情况是其他无数事例的典型。土地利益和贸易利益之间密切的个人联系，让英格兰的社会结构具有稳定性和统一性。这是法国“旧制度”所缺乏的，因为法国的贵族和资产阶级之间有着明显的利益区别。

即使在那个年代，中上层阶级的普通学校教育也因其过于僵化
34 的古典课程设置而受到批评。有些人甚至宣称：“比起一个只懂得拉丁语的16岁男孩，一个与母亲一起在家接受教育的12岁女孩更聪明。”然而，第二种古典语言在学校以及大学里教得太少了，即便是基督教堂优秀的拉丁文学家们也没有足够的希腊语知识，他们甚至不知道本特利在《论法拉里斯信札》（*Letters of Phalaris*）中把他们称作笨蛋。只有到了19世纪，一位典型的英格兰学者才会在家里同时摆放阿里斯多芬和与贺拉斯的著作。[40]

如果认为学校里除了古典学之外什么都不教，那就错了；绅士们赞助的学校类型多种多样。生了一个伟大儿子的罗伯特·皮特，在1704年给他同样伟大的父亲马德拉斯总督皮特（Pitt，Governor Madras）写信：

> 我的两个兄弟在靠近索荷广场（Soho Square）的穆尔先生的学院里，那里被认为是英格兰最好的学院。他们学习拉丁语、法语、算术、击剑、舞蹈和绘画。我想明年夏天把他们安置在荷兰，让他们接受更好的教育：如果我妻子的继父斯图尔特将军陪同马尔伯勒公爵，我就把他们交给他照看，去观摩一场战役。[41]

在对我们教育方法的批评者中，有睿智的洛克和良好教养的斯

蒂尔，他们都敦促说，无休止的鞭打不是传授知识和维持纪律的最好方法。大家都承认上流社会的教育需要改革，却没有采取任何措施来改革它。斯威夫特虽然对苏格兰人恨之入骨，但他这一次同意伯内特的观点，即苏格兰领主给他们的儿子提供的书本知识比更富裕而更懒惰的英格兰人更多。

然而，尽管18世纪的教育存在缺陷，但在那些上过学的人之中产生了很多卓著且富有创造性的人物，比例远超我们这个受过过度教育和过度管制的时代所能取得的成就。尽管存在“那些有特许权的暴君——校长”的残酷鞭打，以及未经许可的纪律涣散的同学的霸道欺凌，但在男孩时代也有很多快乐，孩子们仍然有闲暇，在乡村的自由内度过。严厉也不是普遍的：一位刚到伊顿公学的年轻领 35
主给家里写信说：“我认为伊顿公学非常宽松。我相信，除非一个人只想成为众矢之的，否则他不会去冒犯他人。”[42]

妇女的教育状况就相当令人悲伤了。在下层社会中，妇女的教育也许并不比男子差多少，但富裕阶层的女儿所受的教育确实比她们的兄弟少。那是在“女子学院”的时代之前，虽然也有女子寄宿学校，但数量很少，而且不受重视。大部分女孩子是从她们的母亲那里学会了读书、写字、缝纫和管理家庭。在那些日子里，我们没有听说过像简·格雷和伊丽莎白女王那样美丽的希腊学家。但是，有为数不多的女士能读懂意大利诗歌，因此被她们的情郎崇敬。而至少有两位女性可以在类似才智平等的情况下与斯威夫特相会。然而，正是他发出了这一哀悼：“一千名绅士的女儿中，无一人能阅读她的母语，或对用自己母语写作的最简单的书作出评判”。女性缺乏教育的问题被当作公认的事实来讨论，一方认为这对于保持妻子的适当服从是必要的；而另一方则由当时的主要文学家领导，将时尚女性的轻浮和赌博习惯归咎于她们的成长环境，妨碍了她们获得更加严肃的兴趣。

然而，这一时期的乡间书信向我们展示了妻子和女儿作为男性聪明的建议者的笔迹。这些通信者比起无脑的花瓶或家务苦工来说要好得多。当时，自《旁观者》（*Spectator*）发行以来，有一整类的文学作品既是面向女性，也是面向她们的父兄的。而且，女士们被评价经常过于热衷参与导致城镇与乡村分裂的辉格党和托利党的争斗。至于农村的消遣，戴安娜·弗农的原型可以被看作法夸尔笔下的贝琳达，她告诉她的朋友："我可以在狩猎的号角声响起后滔滔不绝地讲一整个上午，或在小提琴声响起后叽叽喳喳说一个晚上。总之，除了饮酒与射击飞行物，什么都可以和父亲一起做。"[43]

36 在上流社会和中产阶级中，人们都是直白地以交易原则来为女孩选择丈夫的。"至于克洛基，"她的父亲乡绅莫尔斯沃思写道，"我们的钱不足以在这里为她找一个丈夫"，所以，他必须把她送到爱尔兰去，在那里以较便宜的价格寻找丈夫。另一位名叫吉斯的乡绅正在为自己寻找妻子，他写道："戴安娜夫人派了一位令人尊重的人来看我的庄园，而且对于我的报告很满意，我想我确实有得到她女儿的希望。"但是，她的女儿显然另有想法，因此吉斯在其他地方找到了安慰：

> 在季审法庭上，一位治安法官把我拉到一边，问我是否愿意娶一位有2万英镑的女士。那位女士我见过，但从来没有说过话，而从整体上来考虑，我欣然接受了他的提议。

一名骑兵以同等的直白写道：

我对这次征战不抱任何期望，于是我改变了想法，打算在爱神维纳斯这里碰碰运气，因此，在大约两个星期前，我（经由一些朋友）向一位非常富有的女士求婚，但我不知道怎样才能进一步发展（已经比让人产生兴趣的对话更进一步了）下去。

由于几乎每个人都认为保持单身是一种严重的不幸，妇女并不会反对由他人处置自己的婚姻。毫无疑问，根据性格和实际情况，人们或多或少会就她们的命运征询她们自己的意见。在给“一位非常年轻的女士”写信“讨论婚姻”的时候，斯威夫特提及“由你的父亲和母亲选择你的丈夫”，但他几乎立即补充说，“你的婚姻是出于谨慎和共同喜好的结合，没有掺杂任何荒谬的浪漫恋爱的激情”。这种描述可能涵盖了当时很大一部分“被安排”的婚姻。但由于“荒谬的激情”有时会显现出来，私奔也很普遍，例如，玛丽·沃特利·蒙塔古夫人的婚姻就是私奔的结果。离婚几乎是闻所未闻的。37
只有教会法庭才有权裁决离婚，而且，只有在议会的特别法令的批准下，离婚才可以实现。因此，在安妮女王统治的12年里，只有6对夫妻合法离婚。[44]

无论男女都可以随意赌博，上流社会的女士和先生们甚至比乡下的绅士们更喜欢赌博。在伦敦、巴斯、坦布里奇·韦尔斯（Tunbridge Wells），赌桌是人们兴趣的中心，而在庄园里，赌桌的重要性不如马厩和狗舍。赌博和运动的开支，以及对建筑、打理花园和设置林荫大道的崇高热情，使庄园主人负担沉重。为此进行的抵押贷款，对农业的改良和家庭的幸福带来了严重的阻碍。大量的钱财在纸牌和骰子上易手。正如虔诚的罗伯特·纳尔逊给他年轻的亲戚写的那样，“赌博让脚夫坐上了马车，又让他输掉了马车，再次成为脚夫”。由于政治的流行程度不亚于赌博，因此出现了一副副政治扑克牌，有辉格党的、托利党的和爱国的——“奥伦治牌（里面有快乐革命的图片）”①，萨谢弗雷尔牌，还有“安妮女王牌”，让人们回忆起她统治时期的军事和海军辉煌。不从国教者保持了清教徒对赌博的不赞成，甚至对玩牌的不赞成。在1711年浸礼会大会上通过了一项决议：

> 对这些信奉基督福音的人来说，在基督徒家庭中打牌和认真地赢得牌局，是不合适的，也是不合法的，他们不适于参加教会的圣餐。[45]

酗酒是所有阶层的英格兰人公认的民族恶习，尽管妇女很少受此指控。在家家户户都能喝到茶或咖啡之前，彻底的戒酒运动是不可能的。但是，宗教团体和忧心忡忡的爱国者们自发地散布赞成节制饮酒的小册子，其中吸引人的细节描述了醉汉的各种可怕命运，有些人在试图骑马回家的路上死去，有些人在亵渎神灵的时候突然昏倒，所有的人都直接下了地狱。在平民百姓中，麦芽酒仍是重要
38 的。但麦芽酒有一个新的、更糟糕的对手，那就是劣质烈酒。劣质烈酒具有致命的吸引力。廉价烈酒的饮用虽未达到乔治二世时的

① 这里指用奥伦治·威廉命名的一种牌，奥伦治·威廉本是荷兰最高执政，于1688年在“光荣革命”中成为英国国王。“光荣革命”在18世纪时经常被称为“快乐革命”“不流血的革命”等。——译者注

“盛况”，如同贺加斯的《杜松子酒巷》里描绘的那样，但事情已经在朝着这个方向发展。

与此同时，上层阶级有时喝麦芽酒醉倒，有时则喝葡萄酒醉倒。将这些城里人和乡绅对比，很难说谁才是更糟糕的酒鬼。或许，比起圣詹姆士广场的赌棍和政治家来说，诸如猎狐、狩猎以及种田等户外活动能够让乡绅们更好地消化他们晚上喝下的酒，更能逃脱辉格党不断敬来的波尔图红酒、托利党不断敬来的法国干红葡萄酒和香槟所带来的糟糕影响[①]。治安法官们经常在酒后出席法庭。首都著名的医生拉德克里夫以高超的医术和慷慨的性格闻名，这在他母校最高贵的一座建筑中得到纪念。他曾在一个不合适的时刻被派去照顾安妮公主，借着酒劲，他大声说，“公主殿下的病根本没有什么”。他的传记作者告诉我们，这段酒后真言传到了宫廷中，其结果是，这位未来的女王和她的家人再也没找拉德克里夫看过病，而是向其他医术不那么高超的人寻求帮助，而这很可能对英格兰的历史产生了重要影响。

人们仍然用陶制长烟斗抽烟，一些乡下的房子里还预留了“吸烟室”。但博·纳什禁止在巴斯的公共房间吸烟，因为这是对女士们的不尊重，招人厌烦。在西南各郡的老百姓中，男人、女人甚至孩子们都会抽一个晚上的烟斗。当1707年《安全法案》在议会通过时，圣大卫教堂的高教会主教布尔博士对一些法官的辉格党倾向心存疑虑，一直“坐在上议院的大厅里，抽着他的烟斗”，注视着他们。斯威夫特描述了他的牧师兄弟们是如何在他们最喜欢的休憩胜地特鲁

① 指的是辉格党支持英国与葡萄牙的贸易，托利党支持英国与法国的贸易。——译者注

比咖啡馆破坏他的形象的：

> 然后停住，吸一口烟，满怀疑虑地点点头，
> 暗示诗人从不信仰上帝。

39 在安妮女王统治的第一年，吸食鼻烟在英格兰变得很普遍。这是因为，在维哥湾行动中缴获了满载鼻烟的西班牙船只后，伦敦市场里涌入了大量的鼻烟。[46]

社会的饮酒和赌博习惯以及政治派别的激烈斗争，导致了频繁的决斗，许多决斗带来了死伤。如果幸存者能够证明这是公平的，他通常会被判杀人罪，并被短期监禁；或者，偶尔"恳求他的牧师"，他会"被冰冷的铁触碰"，然后得以释放。这是所有绅士的特权，从公爵以下，人人都会佩剑，并按照规则互相残杀。人们在晚上一喝得酩酊大醉，就容易吵架，一吵架就忍不住在房间里拔剑相向。如果不是当场杀人的话，就会移步到房子后面的花园去，当晚用热血和颤抖的手来决个胜负。如果没有佩剑，争吵可能会在清醒的早晨被搁置并忘记。幸运的是，佩剑虽然在伦敦很常见，但在乡间深处的那些没有礼貌但心地善良的乡绅中并不常见，他们的咆哮声经常比互相撕咬还要恶劣。甚至在巴斯，博·纳什也会运用他的专制权力，迫使弄潮儿们在进入他的领地时放下他们的剑：在这方面，他为社区做了很好的服务，不亚于教乡巴佬在晚间聚会和舞会上丢弃他们的长筒马靴和粗俗的语言。在他长期担任司仪期间，几乎涵盖了安妮和前两位乔治统治时期，在教授被忽略的人类文明礼节方面，纳什所做的工作也许比18世纪的任何其他人都多。[47]

这类萨克雷（Thackeray）在《埃斯蒙德》（*Esmond*）中留下不

朽印记的决斗往往发生在伦敦和郡首府。蒙塔古府邸后面的开阔地带（也就是现在的大英博物馆所在地），即莱斯特广场上演的决斗更多，这里被决斗者们挑选为当时新伦敦边缘的决斗场。以下的双重 40
事件经常会扰乱小镇，但这对小镇来说司空见惯：

据报道，内德·古德伊尔杀死了博·费尔丁，并且逃脱了。争吵始于德鲁里巷的游乐场。就在同一天晚上，这里的一位上尉对年轻的富尔伍德也做了同样友好的工作，这样，沃里克郡又少了两位花花公子。那位上尉现在在新门监狱。[48]

就像安妮女王时期英格兰的许多其他机制一样，猎狐在这一时期开始呈现出明显的现代特征。在都铎时代，狐狸被从地里找出来、装袋，像獾一样被下饵，或者被农民扑杀。在那些日子里，雄鹿仍然象征着追求卓越。但是，英格兰内战时期的混乱摧毁了开放的鹿园，死亡的鹿数量巨大，以至于在复辟时期，许多地区的人被迫用狐狸取代鹿。18世纪的前几十年，没有由公众捐款支持的郡或地方的成群的猎狗，但乡村绅士们自己豢养猎狗，他们也允许近邻效仿。乡绅们应该用自己的猎犬并“在自己的树林里猎杀鹿和狐狸”的想法，只是非常缓慢地让位于他们应该在各地（无论土地归谁所有）追逐的想法。当时已经有了猎狐的歌曲，其中有这样的副歌：

有时候会跟着，有时候会跟着，
有时会跟随狐狸的踪迹。

安妮女王去世后的第二年，艾迪生以“猎狐人”取笑托利党贵族乡绅，把这项运动当作他们一伙儿的徽章。追逐野兔虽然更加老式，但同样具有特色，其中有对猎犬“有音调的责骂”，骑马的绅士和由手持杆子的猎人率领的、奔跑着的普通人。

41 乡村的乐趣就这样在当时的一首流行歌谣中得到了体现：

> 乡绅喜欢放出
> 一群猎犬奔跑。
> 另一个乡绅热爱猎取
> 在他土地上的野鸭子。
> 这个打猎，那个打鸟。
> 这个驯鹰，那个打滚球。
> 没有更大的快乐愿望。
> 但任何一个明白最高级运动的人，
> 把所有的赞美都给了钓鱼。[49]

自从复辟以来，外国人一直羡慕英格兰的滚球草坪，“它的弧度如此地均匀，他们在上面打球就像在大台球桌上一样容易。而且，因为这是乡下绅士们惯用的消遣方式，他们用一层又一层的石头来保持草坪的平稳”。在安妮女王统治时期，与更古老的足球一起，板球刚开始在乡村里的体育项目中占据一席之地。最以这个新游戏出名的当数肯特郡，而且，“在肯特郡的人中，达特福德的人自称是最优秀的”。[50]

斗鸡时，所有阶层的人都围着小型的露天圆形剧场大喊赌注。我们被告知，如果一个外国人偶然进入这些斗鸡坑，“他肯定会认为这群人都疯了，因为他们不断而又急切地喊着‘六比四’‘五比一’，每一个观众都代入他最喜欢的公鸡参与其中，仿佛它是集会的目的”。赛马在一个更开阔的舞台上呈现出同样的景象。其观众大多是骑马参加的。这些集会仍是地区级的或者是郡级的。唯一的一次全国性的赛马会是在纽马基特举行的。在那里，“在平原上的比赛中，庞大的骑手队伍包含了从公爵到乡下农民在内的所有人，都处于公平竞争的平台上。没有人佩剑，但都穿着适合马术运动场合的衣服。每个人都力争以智力取胜”。女王从给秘密情报部门的钱中，拨出一部分给纽马基特和温莎附近的达切特的赛马会。戈多尔芬和其他贵 42
族赞助人引入了阿拉伯马和巴博马。对于英格兰马匹躯体的特性和外观来说，这是一个即将带来显著后果的变化。[51]

斗剑是一幕粗俗的流行景象，除了在英格兰集市里打斗造成的伤口会使人丧失能力但并不致命这一点，它与古罗马的角斗表演相差无几。对我们现代人来说，没有什么比1702年4月“向所有绅士、赌徒和其他人”发布的通知更吸引人的了。这个通知提到，“米德尔塞克斯的一个赤条条的家伙与科·克罗斯的一个处于农闲中的家伙”之间爆发了一场战斗，“对于所有老赌徒来说，这是他们日常的消遣。人们在斗剑的现场放出一头愤怒的、全身绑满烟花的牛，两三只猫被绑在它的尾巴上，狗跟在它的后面”。男人拿着棍子或用拳头打架、“女人穿着连衣裙打架”也是很受欢迎的场面。在哈里奇等船的外国人惊奇地看到，为了“两位老爷”许诺给两位水手的一克朗，这两个人脱光了衣服，挥拳相向，直到满脸是血，“每当他们想让步时，观众就扔给他们一先令，让他们继续打。这是乘客们常见的消遣”。见惯了国外不那么繁华街景的著名外交家理查德·希尔，把他的同胞形容为“醉醺醺的哥特民族，喜欢喧闹和血腥鼻子”。[52]

搏击也有好的一面。绅士们认为一定要以牙还牙，而处于那些会决斗的绅士阶层以下的英格兰老百姓则认为，用谋杀来报复对自己的伤害是可耻的。在英格兰，老百姓的争吵是用拳头而不是用刀子解决的。有一个故事，说的是一个来到某个港口的英格兰水手，在街上被一支官员的队伍粗鲁地推开，于是他向官员和他的随从官员提出挑战，要与对方比试拳击。故事的结局是，“杰克”在公平的决斗中打倒了官员的手下，这逗乐了官员本人，也赢得了他的欣赏。这就是英格兰人对自身已有的认知，尤其是对在外国港口的英国人的看法。[53]

43 当我们试图想象我们的祖先是如何在户外活动的时候，我们必须记住，他们中的大多数人生活在分散的乡村。对大多数人来说，村子是他们交往的最大单位。乡村板球比赛、足球或在草地上的比赛都与现代语境当中“有组织的运动”非常不同。但是，大多数人在工作的过程中“运动”，或者在耕地时，或者在家与工作地点之间来回步行或骑马时。在上层和中产阶级中，骑马是最常见的日常行为之一。

许多人最经常做的“运动”是捕鱼、射击和捕捉各种鸟类。这些活动大多是“狩猎”①②，但也不完全是。狩猎给英格兰注入了活力，许多鸟类因此到现在濒危或灭绝，从唐斯的大鸨、威斯特摩兰和威尔士的鹰到许多体形较小的、幸存下来并被记作比氏苇鹪鹩的鸟。很多土地都被严格保护起来，主人则在那里虔诚地打猎，但有很大面积的土地向任何能买到网或枪的人或者那些擅长设下陷阱的

① 见上文（边码）第24页。

② 脚注提及页码均为原书页码，下同。——译者注

人开放。在安妮女王统治时期，实际上在18世纪的其余时间里，正如冈宁所记录的那样，剑桥周围的沼泽地和未开垦的土地是大学生们共同的游乐场，他们从那里带着野鸡、鹧鸪、鸭子、鹬、苦鲈和海雀回来，没有人会禁止他们的这种行为。在这个可爱岛屿的每一个地方，无人照料的荒地、灌木丛和沼泽地注定要在不久之后被抽干、变为耕地或变为宅邸，但那时仍然是各种野生动物的藏身之处。英格兰人只需走出家门几码远，就能接触到大自然最好的部分；他对野外运动的热爱也引领着他去更广阔的天地遨游。

第三章　神职人员

44 在中世纪，乡村神职人员的经济和社会地位与农民的经济和社会地位是一致的。堂区神父积极参加了瓦特·泰勒（Wat Tyler）反对有产阶级、富裕的修道院和教会大贵族的起义。宗教改革不仅允许神职人员结婚，废除了他们令人反感的特权和权力，卸下了他们身上不受欢迎的重担，而且逐步提高了牧师的社会地位。在乔治三世统治结束之前，简·奥斯汀描绘了这样一个社会，其中，乡间牧师在教育和地位上几乎与乡绅没有什么区别，同样是年轻女性结婚的好对象，尽管即便在那个时候，也有一类贫穷的牧师，但我们在那些有关乡村生活的小说中听不到他们的声音。

在安妮女王统治时期，乡村神职人员的地位既不像中世纪时那么低，又不像汉诺威王朝时期那么高。此时的他们正处于地位上升期，而正因为如此，他们的地位难以被解释清楚，也经常引发争议：

至于他的神父身份（一位当时的作家如是说），我没有看到这一身份令他有超越普通绅士的品质，因为就我看来，他的礼仪也就是英格兰的普通水平，和律师或在物理学上有所造诣的人一样。而且，他是一个职业上的绅士，比出生时就是绅士的人要差。①

牧师队伍中确实有许多乡绅的子弟，但大多数乡村神职人员本 45
身就是教士的孩子，或者是农家的孩子。拥有一个大家庭的约曼农往往会把一个儿子送到当地的学校去学拉丁文，然后在他半饥半饱的情况下把他送进大学。在牛津大学，这个阶级的工读生有时会四个人一同睡在一个阁楼里，被贫穷压得喘不过气来，靠伺候“绅士自费生”来谋生。一个工读生的财富在1704年被描述为，包括“绅士自费生留下的旧鞋、被称为衬衫的两片破布，一本折了角的语法书和奥维德·德·特里斯布斯著作（*Ovid de Tristibus*）中的一篇”。这就是旧时代粗糙的教育阶梯，许多了不起的人都通过它爬了上去。19世纪的大学里，学生之间的平等原则不证自明，但这在那个时候是不可能存在的，因为假设这一原则存在，它一定要么把富人，要么把穷人排除在牛津和剑桥之外。②

---

① 选自一本于1700年出版的、奇怪的文献，题为《阿比盖尔太太》（又名《乡间绅士之妻和神学博士之妻争吵的记录》）（*Mrs Abigail, or an account of a female skirmish between the wife of a country squire and the wife of a Doctor in Divinity*）。它阐明了教士和他们的妻子的社会地位问题。

② 一首于1790年创作的、直截了当的讽刺诗，《工读生》（*The Servitour*），描述了一个农夫的儿子通过上大学走向教士职位的历程：

因为他怀了一个强大的念头，
关于生活在绅士的行列中；
他应该获得的荣誉。
以前谁也不知道，
除了他的庄园主，或者其他同等的人，
他昂首阔步，不向任何人脱帽，
为了掩饰，他背叛了农夫。
但为了克制傲慢行为，（转下页）

在人们普遍接受阶级差异，就连哲学家都不怀疑这一点的时代，
46 穷人对于提升自己社会阶层的态度是不明确的，他们成为当时那些怀有恶意的讽刺诗所嘲讽的糊涂蛋，此类讽刺诗在当时的政治和文学当中占据了重要的位置。令事态更为糟糕的是，当时的教会行业竞争激烈，很多人争抢着要担任教会职位。饥渴的候选人谄媚地对待那些能够轻易提供土地或私人牧师职位的庇护人是常有的事，（以便）他们从并不充足的供应里争抢自己的一份。即便骄傲的斯威夫特也是如此，尽管他信誓旦旦地说自己不是谄媚之人，但关于自己的晋升，他也是出了名地花费心思。

支持和批评教会的人都对当时牧师生活的这些特点发表了评论。同时对教会持有褒贬两种态度的艾迪生，谴责那些在享用甜点前把牧师从餐桌上赶走，并禁止他们触碰果酱的庇护人的行为。但是，他笔下的罗杰·德·科弗利爵士与他任命到堂区的牧师有着平等的友谊关系，这位牧师“懂一点双陆棋”，而且“是一个好学者，即便他没有展示出这一面”。[54]

的确，如果这位私人牧师碰巧遇到了不体贴的雇主，那么他确实要忍受别人对他的任何侮辱。但是，一个堂区牧师一旦入职，就是一个自由约曼农，可以不受惩罚地蔑视主教和乡绅，除非他准备

（接上页）害怕失宠，
既然他的职责如此重要，
他会在二十码外向一位先生脱帽。

同可参见C. E. 马拉特（C. E. Mallet），《牛津史》（*History of Oxford*），第三卷，第66—67页。

斯威夫特在《淑女的教育》（*Education of Ladies*）中写道：“由于父母的贫穷，通过学习而走向成功的教会人员子弟数量必然很多，许多人都只是学院里的工读生，继而被发现没有任何长处。”

努力攀爬，拿这份自由换取更多的职位或更好的生活。在穷困潦倒的时候，这样的做法是可以被原谅的。格里高利·金曾估计，在革命那年，1万名神职人员的平均年收入为48英镑；而在安妮女王统治时期，林肯郡领有圣俸的神职人员的收入并不能让人认为情况发生了很大改善，就连很多教区长的年收入都在30英镑到60英镑。有些圣俸领的年收入只有10英镑，而许多人的土地实在太小了，几乎没有人能在其上居住。即使有时是一种滥用，身兼多职更经常是出于现实需要，它受到教会规则的限制，即任何治愈灵魂的人都不能拥有两块相距超过30英里的土地。[55]

许多堂区只由助理牧师主持各项事务。在伍尔斯特堂区，一个 47
助理牧师的年薪是24英镑，而主教的年薪是其50倍。事实上，有些神职人员的圣俸收入可达200英镑，如塞缪尔·韦斯利——他儿子们的名气比他更大——的圣俸埃普沃思①。可即便是塞缪尔·韦斯利，也经常负债累累。1703年，诺威奇教区的大法官写道：

在我来到这里之前（两年前），我们只有一个牧师对自己下了狠手，但有很多人已经破产。上个星期，两个表现很好的教士离开了这里。[56]

虽然神职人员享有的收入比今天同样的收入的购买力要强得多，但他们的收入非常少，特别是当我们想起牧师住宅里往往有拥挤的育儿室和教室时。主教的邮袋里装满了这样的信：“我有六个孩子都

① 这里指塞缪尔·韦斯利靠其领地埃普沃思可以有200多英镑的收入。——译者注

要靠我养活，我的妻子处于产褥期，我欠了16英镑，不知道怎么偿还。”[57]《牛津国家人物传记大辞典》中有许多出生在牧师家庭的杰出人物，与苏格兰的“长老会牧师之子”相呼应。生育和试图抚养孩子的责任，给牧师本人留下的空间较小，令其无法在一个偏远的村庄追求高尚和自由的文化。

为了补救这种境况，安妮女王制定了著名的“赏金”制度。原本由教皇收取的“初年俸和什一税”，在宗教改革后被划给了王室。名义上，教士不得不支付入职第一年的全部收入和每年收入的十分之一。但事实上，“初年俸和什一税”，就像许多古老的英格兰税收一样，已经成为一种有些恼人的固定费用，估计每年从全国能征收大约1.6万英镑。这笔被王室当作私人收入来源的税收资金，并不总是以最体面的方式使用的。当安妮登上王位时，这笔费用中，每年有一千英镑付给了一位贵族，因为他买下了查理二世的情妇朴次茅斯公爵夫人享有的这笔资金的收入份额；每年还有一千英镑付给了王室后代圣
48 奥尔本斯公爵内尔·格温，他已经成为辉格党人且是威廉的士兵。伯内特是研究宗教改革的历史学家，他通过研究了解了这笔资金的历史，最先提出了资金使用合理化的问题。伯内特是索尔兹伯里的辉格派主教，是低教会派强悍的中心人物，他为他的牧师弟兄们的辱骂和嘲笑提供了一个宽阔的靶子。他以一个基督徒应有的方式回报他们，不仅以一个主教的热情不断地与教区更为贫困的神职人员交好，而且敦促他的庇护人威廉国王将“初年俸和什一税”的收入用于救济收入干瘪的牧师。威廉由于面临财政窘境，无法答应伯内特的请求，但他对这个请求给予了积极的考虑，而且这个请求得到了萨默斯的支持。不过，几年之后，安妮女王被说服，成为名副其实的最热爱教会的人。这一部分是伯内特的原因，另一部分是出于安妮的宗教顾问——

约克的托利派大主教谨慎的夏普的建议。

因此，1704年2月，安妮女王的“赏金”制度出台，同年，一项议会法案出台，使之生效。她不仅免除了所有拖欠政府“初年俸和什一税”的贫困神职人员的欠款，而且将这笔资金用于增加不足的津贴。由于坏账和资金既有的支出，在她去世前，能支付给神职人员的钱很少。但到了乔治二世统治初期，安妮女王“赏金”的管理者就可以经常拨款了，这些钱被投资起来，以增加贫穷圣俸的土地价值。[58]

也是在安妮女王统治时期，人们开始尝试在地方神职人员中传阅书籍，除了这个方式，这些人就没有支付其学费的办法了。这个意图是极好的，在那个派别林立但慈善的时代，高教会派和低教会派在这个运动中并肩工作，就像在其他类似的运动中一样。不幸的是，这种努力的规模太小。1711年，英格兰大约有45个城镇经由这个运动获得了由40多本书籍组成的“文库”，代表了教会中的两个主流思想流派。但文库运动几乎没有触及农村堂区的边缘。在那个 49
年代，蕴藏着学问的笨重书籍并不便宜，因此，比起这些贫穷的神职人员在维多利亚女王黄金时代的继任者，他们更不习惯脚踏实地地阅读柏拉图和希腊教父的书，也就不足为奇了。[59]

如果一定要选择一幅描绘乡村牧师的图景的话，我们可以选择斯威夫特对“乡村牧师”的描写。对于英格兰教会的爱冲淡了作者自带的尖酸刻薄：

牧师，拥有这些东西
比主教的祝福更好。
一个会做果酱的妻子；
一匹在必要时能负担两倍重量的马；

储藏的酒和最好的弗吉尼亚烟叶，
用来缴纳什一税的猪和用于丧葬的基尼；
免费寄来的《公报》(Gazettes)，
为此，每周都要感谢庇护人；
一部很久之前就制作完成的词语索引；
致查理一世的布道词，那时他还是王子；
一本古代编年史；
一本《君士坦丁堡牧首传》(*Chrysostom*)，以便平整你的饰带。

****

有了这些东西的人当会好好度过一生，
与绅士一同喝酒，亲吻他的妻子；
周日讲道，吃下他应得的那一份；
如果他想要，他还可以在周五斋戒；
向教会和女王敬酒，解释新闻；
在长凳附近与俗人执事交谈；
为新的赐予而全身心地祈祷；
对着斯威夫特博士摇头。

斯威夫特的大多数教士弟兄会对他的《木桶的故事》(*Tale of a Tub*)中的大胆想象“摇头”，但绝没有责备他对天主教徒、辉格派和不从国教者的猛烈抨击，在这些抨击中，斯威夫特的热情几乎没有超越教士大会下院中的大多数人。

那时，对英格兰国教会事业的热情为两种负面的激情所煽动，即反教宗主义和反清教徒主义。每一种激情都是基于过去痛苦的经历和因此而产生的对未来的恐惧。史密斯菲尔德的大火[1]是英格兰历史传统中最有生命力的部分，因福克斯的《殉道史》（*Book of Martyrs*）而广为传诵，这是除《圣经》之外唯一同时受高教会派和不从国教者欢迎的书。而詹姆士二世为了在英格兰重新建立罗马天主教专制制度而推翻国家法律的行动，以及法国对多年来 50
一直是善良和忠诚臣民的胡格诺派教徒无端的、残酷的、大肆的迫害，都让这些感情复苏和加强。英格兰有许多当代罗马天主教所不容忍的法国受害者，他们的情况不可能被遗忘。在安妮登基时路易十四在欧洲的至高无上的地位几乎已经确立，这很可能会导致罗马天主教徒僭位者在英格兰复辟。这位法国伟大君主曾站在詹姆士二世临终的床边，有正当的理由支持僭位者的事业。在这些情况下，英格兰教会，甚至是其中独特的高教会派部分，都没有表现出对罗马的屈服。

但是，如果说那一代人的事件重新唤起了人们对罗马的恐惧，那么五十年前的事件则是对清教主义恐惧的回应。教会和贵族被推翻、国王被斩首、圣徒的僵化统治，给人们留下的负面印象，几乎与对“血腥玛丽”和詹姆士二世的记忆一样可怕和永久。即使在革命之后，骑士党和英格兰国教徒也坚守对大内战的看法；辉格党人私下里对其嗤之以鼻，但只是偶尔才敢在公开场合反驳它。对参加不从国教派教堂的沉默的商人的敌意被煽动了起来，即他们都是“狂热分子”，即将拔出剑来再次摧毁教会。这种恐惧几乎不是来自对当代事实的仔细观察，而是历史记忆的结果，其在教区讲坛、托利党的小册子和人们的谈话中活力永存。不从国教者可能看起来是

① 玛丽一世曾在史密斯菲尔德对新教徒施加火刑。——译者注

卑微而无害的乡绅，但他们是强大而危险的辉格派领主的盟友，除
51 非他们被迫保持低调，否则1641年发生的状况就会再次出现。这就是他们的信念。有关克伦威尔的记忆让人们对未来惴惴不安，其程度并不比苏格兰长老会真实出现在切维厄特所带给人们的恐惧更甚，后者是既定的、不宽容的。

低教会派则认为，罗马和法国对英格兰教会的危险是真实的，来自不从国教者和苏格兰的危险则是想象的。自革命以来，威廉任命的主教和伦敦大多数受过高等教育的神职人员都是低教会派。因此，当安妮登上王位后，教士大会的上院是低教会派，下院是高教会派，而他们之间几乎只有憎恶。艾迪生笔下的托利派猎狐者评论道："除了主教，全郡几乎没有一个长老会教徒。"辉格派则以嘲讽高教会派神职人员作为回应，说这些神职人员自己就是长老会的人，因为他们总是在藐视主教的权威。这些争论，如同旧时代的大多数争论一样，其中咒骂之难听，令研究这些早已被人遗忘的小册子的学者感到震惊。当时，高教会派的主要拥护者萨谢弗雷尔指责低教会派全体，包括半数最可敬的主教，都过着不道德的生活，有不可告人的恶习；而除了党派仇恨，他根本没有任何这样说的理由。①这种辩论方法在当时引起的惊愕比现在要少。然而，即使是那时这种在神灵之中的愤怒也会加速削弱神职人员的影响力，加强"嘲笑者和自然神论者"的影响力。

低教会派希望在反对法国和罗马的共同斗争中与英格兰的不从

---

① *Character of the Low Churchman*, 1702, pp. 17–18. 这段令人惊奇的咒骂之语在1706年里出现，第11页。

国教者以及国外的新教教会建立友谊。尽管高教会派准备坚持争取民族独立的斗争，但是不希望在国内争取不从国教者和苏格兰人的友谊，也不希望在国外争取荷兰人和其他盟友的友谊。因此，虽然1702年的马尔伯勒仍是一个托利党人，但根据经验，他会发现，要推行他的欧洲战争政策，他只能与高教会派的政治家决裂，先是逐 52
渐增加对温和托利党人的依赖，然后越发依赖辉格党人。

因此萨谢弗雷尔本人界定了高教会派的特点：

一个人之所以能够被称作高教会派，是因为他支持主教的神权地位，是因为他的职位一直在家族内传承，是因为他反对临时的教会仪式，也因为他支持古老教会的仪式与原则。对于苏格兰圣公会遭到毁灭，他感到非常惋惜，并且向女王陛下诉说，希望能够恢复它。他认为脱离英格兰国教会是一种该死的分裂行径，而且尽管有宽容，但不从国教者处于一个非常危险的状态……他是如此高尚，遵守传统的习俗以及教会的成文法，而且他总是在祭坛前和在耶稣的名下摆出非常低的姿态。[60]

但是，高教会派没有向罗马靠拢，也没有革新自身礼仪的倾向。除了在一些像罗伯特·纳尔逊这样的非神职人员之中，高教会派的圣餐教义和实践仅限于每周举行圣餐的尝试，而许多低教会派在宗教社区的工作之中也与他们一同进行了这项活动。在城市里，比较常见的习俗是神职人员每月举行一次圣餐，而在农村的堂区，则是一年三次到七次。[61]

在对天主教或清教徒统治恐惧的驱使下，英格兰国教会吸引了普通人的激情。在整个安妮女王统治时期以及此后很长一段时间里，要吸引一群暴徒烧毁天主教或非国教派的教堂是非常容易的。但这些激情，在普通英格兰人看来，并不是高教会派教义的结果，而是反教权的本能。英格兰国教之所以受到人们的喜爱，是因为它没有像天主教和清教那样以不同的方式试图干预生活。但是，当高教会派对平信徒提出自己的教权要求时，它立刻激发了与曾先后摧毁了罗马的权力、劳德的权力和清教徒的权力一样的急躁脾气。
53 除非我们认识到，除了敌对的宗教之外，还有另一种力量在起作用——没有组织起来但是非常真实的反教廷主义的激情，否则我们将永远无法理解英格兰的历史。这种激情是为教会反对教皇和清教徒服务的，是为辉格党反对“高高在上”的神职人员的自命不凡服务的，当他们叫嚣着要压制非正统的意见和加强教会对教友的纪律时。

对教会的敌视不再像在皮姆和克伦威尔时代那样，表现为好战的清教主义的形式，即要求“虔诚且彻底地改革”。不从国教者只会非常感激，因为他们确信可以不受干扰地享受《宗教宽容法》的和使用他们为教育自己的孩子而建立的学校，而不会因为再一次试图占据主导而引发迫害。在萨默斯和沃顿的时代，给辉格党带来最大活力的反教会情绪与克伦威尔的反教会情绪不同。这是新世纪新生的自由主义，是一种以各种形式反对“牧师技艺”的情绪，这种情绪已经出现在不少小册子和普通人的对话中。天主教和新教、清教徒和英格兰国教，长达两个世纪的对立的宗教迫害，以1688年的反罗马天主教的革命而告终。这在英格兰掀起了一场抵制各种教士主张的运动，当路易十四迫害政策的破产在欧洲大陆完全显露出来时，这场运动注定要以一种更凶猛的形式传到那里。伏尔泰的时代还没有到来，但在威廉和安妮统治下的英格兰，对神职人员公开不尊重的态度已经引起了高教会派的警觉，特别是与“自由思想者”[①]的“索齐尼派”（Socinian）和“自然神论”（Deistic）哲学有关的。教会作家们抱怨说，“牧师”这个词被许多群体当作蔑视的字眼，年轻的律师们称他们为“黑蝗虫”。主教特里劳尼在1703年写道：“在威斯敏斯特大厅，无神论者、索齐尼派、憎恶大学原则和体制是被允许的，也是合 54
理的。”

然而，可以置疑的是，大学自身是否是麻烦的根源。柯林斯、托兰和自封的神学家们发出了声音，但并没有承受其重。更深刻和具有最终影响力的是，巴罗、牛顿、洛克和本特利等巨人所进行的精确推理以及皇家学会的工作，它取代了复辟前由单纯的学习和演讲构成的学术世界。这些更伟大的人有时会屈尊进入反对“自然神论者”的领域，但他们自己对18世纪更大范围理性和宗教信仰上的自由主义奠定了基础。

在滥用“牧师技艺”这个词的同时，这些公然反教权的作家们也小心翼翼地将他们的哲学论点限制在一定范围之内。他们回避了他们被指责的“无神论”，但声称理性必须是所有学说的仲裁者；虽然他们倾向于通过暗示来抹去超自然的东西，但他们保留了宗教中

① “自由思想者”一词在这个时候出现了。“‘无神论者’这个词已经过时了，孩子，我是一个自由思想者。”Addison, *The Drummer*, Act Ⅰ.

的神圣元素。在安妮统治时期，托兰、柯林斯和年轻的沙夫茨伯里勋爵的著作中都没有布莱德劳的影子，在随后几位君主的统治下，在博林布鲁克和蒲柏的著作中也没有。因此，他们所遭受的痛苦，除了一定程度的社会诽谤和一连串小册子的愤怒攻击，就再没有比这更糟糕的了，甚至这些惩罚也只是针对他们中那些既是辉格党又是议员的人进行的。[62]

尽管教士大会下院大力呼吁这一点，但在此时的英格兰并没有适合迫害的时机。教会自己的政治分歧撕裂了教会，它的官方代表属于赞成宽容的一方。而大多数英格兰人，虽然他们的政治观点主要来自对其他宗教的厌恶，但他们对实际上的迫害感到厌倦。查理二世在位时严厉地执行《克拉伦登法典》（Clarendon Code），让每个人的生活都变得很不舒服，而且这显然对做生意很不利。此外，1702年，许多强势的高教会派人士，如著名的托利党小册子作家达
55 文南特和安妮女王本人，出于爱国主义的考虑，都希望建立对法战争的统一战线。辉格党贵族保护意见的自由表达，无论是清教徒还是自然神论者的看法，都要保护。清教徒巴不得和理性主义者联合在一起，这样一来，宗教宽容就能得到保证。其中一些诸如圣约翰（后来的博林布鲁克子爵）一样的托利派领袖，和柯林斯本人一样，还是自由思想者，最不想要的就是恢复教会法庭对道德的权威。流行的托利党诗人奈德·沃德（Ned Ward）的诗，虽然充满了对牧师和不从国教者的讽刺，但也充满了污言秽语、自由思想以及类似于嘲讽宗教的某种言辞。高教会派的神职人员曾认为安妮的登基意味着回到了劳德时代，他们大声疾呼，要求恢复强制性的忏悔和“教会的原始纪律”，但这种主张在英格兰已是明日黄花，尽管得到了英

格兰教士民主制的积极执行。[1]

出版界也完全摆脱了教会的控制。出版检查制度自1695年失效后，就再也没有更新过，因此，任何人都可以出版他喜欢的东西，但必须承受随后在议会或法庭上以煽动、诽谤或亵渎罪对他提起的 56
诉讼。虽然《宗教宽容法案》的条文严格限制了可以出版的范围，但在实践中却被扩大到实际规定之外的人，如一位论者（Unitarian）和教皇党人，并且营造了一种反对迫害的、很不受欢迎的气氛。英格兰已经不再是伊丽莎白时代的英格兰了，那时，一位论派的教徒被烧死在火刑柱上。

罗马天主教团体因这种气氛的变化而受益。在为新教继承权而与法国开战期间，英格兰的罗马天主教徒几乎不可能不成为詹姆士

---

① E.g. The *Church of England's Wish for the Restoring of Primitive Discipline*, 1703.

值得注意的是，1705年，伍斯特教区的大法官在主教法庭上对一位男爵的淫乱行为进行了宣判，责令他在规定日期的礼拜中身披白布出现在大教堂。判决是否得到执行并不清楚。*Diary Francis Evans*, p. xvii. 这种纪律在苏格兰很常见，但在安妮女王统治时期的英格兰却罕见。在回答主教的问题"自从我上次探访后，有没有进行过公开忏悔？"时，几乎巴克斯的每个牧师都会回答"没有"，除非为了保护妇女的人格不受诽谤，而不是为了惩罚不道德行为。在林肯郡，整个县有大约半打的忏悔。但在一些农村地区，教会法庭对罪恶的权威消亡得更慢。在牛津郡的乡村教区，教会主管偶尔还是会履行他们越来越不受欢迎的职责，将淫乱的邻居或其淫乱"恶名"呈送教会法庭。在这种情况下，一般会下令进行公开忏悔，但很少强制执行；偶尔会以金钱来换取，但更多的时候会被忽视。偶尔有人会因此或者因为拒绝支付教会的税款或其他费用而被开除教籍。但是，在安妮女王统治时期，开除教籍不过是指被排除在教会的仪式之外，而罪人和异教徒当然不希望参加这些仪式。在马恩岛，早在威廉四世统治时期，人们就在教堂里用白布做忏悔。见A. G. Bradley, *Our Centenarian Grandfather*, pp. 162–163）. *Wake MSS.*, *Misc. 5 and 11*, *Epist*. 5；*Lambeth MSS*. 1115. S. A. Peyton's *Oxford's Peculiars*（1928, Oxf. Record Soc.）, pp. lxx–lxxv 及以后诸页。

党人，他们可能会遭受类似于法国胡格诺派所遭受的残酷待遇。不过这种情况并没有发生。罗马天主教徒的礼拜，只要是以某种程度的私密性进行的，就根本不会受到干扰。在圣威尼弗里德的圣殿里，不断有朝圣者来来往往，一支简单伪装过的神父团负责接待，而附近的新教徒对此表示理解和尊重。在英格兰的每一个郡，罗马天主教贵族或绅士们都有神父，他们的存在既不会引起公众的注意，也不会被当局调查。他们向以庄园为中心的小规模会众提供服务。那位德文郡的辉格派公爵曾在詹姆士二世手下吃过苦头，是“天主教和法国势力的坚定反对者”，但他与查茨沃斯附近的罗马天主教绅士们关系极好，“而且记得他的主人威廉国王说，他来是为了保卫新教徒，而不是迫害天主教徒的”。

18世纪，天主教是一个属于贵族的却已过时的信仰。它之所以衰落，是因为它不敢在法律和敌对的舆论面前进行公开宣传。除了在爱尔兰穷人开始移民的某些贫民区，罗马天主教在城市中的力量最为薄弱。罗马天主教势力只在兰开夏强大，而且只有在那里他们
57 受到了公开宣传的指控。他们在诺森伯兰、达勒姆、约克郡和威尔士边境的英格兰各郡的地主中也有一定的表现；在威尔士本地，他们是微不足道的。而在典型的中部和南部郡，他们的数量很少。对于整个统治期间频繁的询问，一个又一个的堂区在牧师的保证下回答道：“没有天主教徒”，偶尔也会加上一句“感谢上帝，也没有不从国教之人”。[63]

仅仅通过阅读法令汇编来判断罗马天主教徒所受到的处置会导致错误。因为在英格兰，针对他们的严酷法律中唯一得到实际执行的是排除他们担任公职的法律，就像新教不从国教者被排除在文官行列之外一样；另有一条是要求罗马天主教徒缴纳双倍的土地税。

"只有这两条法律付诸实施，"红衣主教保罗·鲁奇的秘使在1710年写道，"至于他们的宗教活动，则完全自由地进行。"这是罗马天主教官方对其在安妮女王统治下的英格兰的地位的描述。但是，同一个密探对他在爱尔兰的同胞的待遇作出了非常不同的报告。①

根据1689年《宗教宽容法案》的规定，新教的不从国教者（而不是一位论者），获得了在他们自己的会堂里进行公共礼拜的特权。在安妮女王统治期间，不从国教者在任何地方都可以进行公共礼拜，除了在政治骚动的时候偶尔会遭到煽动性暴徒的袭击。但没有执照的传教士，就像希钦的丹尼尔·斯金格尔（Daniel Skingle）一样， 58
仍然会受到宗教法庭的惩处，被迫停止传教并请求赦免。很多乡村没有礼拜堂，但很少有集镇会没有。

三个主要的不从国教团体是浸礼宗、长老派和贵格会。目前还不确定哪个教派在全国人数最多。乔治·福克斯和他的直系弟子们的信仰复兴热情在克伦威尔和查理二世时期席卷了英格兰老百姓，在那之后，贵格会教徒的人数和宣传热情开始下降。宗教宽容并没有使他们的数量增加。但是，即使是在偏远的小村庄，贵格会教徒仍然比后来的时候多得多。对贵格会教徒亵渎神明和错误信仰的谴

---

① P.R.O. *Transcripts*, 9, Rome, 101. 该报告（以意大利语写成）补充说："没有任何一个有身份的人，如果他想聘请一个私人牧师，无论是在城里还是在他的乡村所在地，可以不经政府询问。"像当时的许多外国报告一样，它称托利党为安立甘人（Anglicani），称辉格党为长老会人（Presbiteriani）。*H.M.C. Portland*, iv. pp. 86–87，给出了不执行旨在阻止天主教徒拥有武器和好马以及在英格兰自由旅行的法律的典型例子。即使在战争的危机时期（1704年），他们也是想骑什么就骑什么，想去哪里就去哪里，想怎么武装就怎么武装。但在1715年诺森伯兰的天主教乡绅起义后，牧师和他们的会众都在北部郡受到了一段时间的迫害，见*E.H.R.*，1929年7月。

责仍然是教会文学的重要组成部分。在一些城镇，富有的和受过教育的不从国教者开始倾向于一位论，这成为英格兰宗教有别于苏格兰长老派的显著特征。

根据达文南特的说法，在安妮女王统治时期的航海者中，在“低级行业的人和工匠、制造商和散工”中，不从国教者十分普遍。在一些农村地区，如巴克和德文郡，不从国教者的势力比其他地区要强得多。在全国范围内，他们在集镇上比在乡村强，在城市里更强，而在伦敦他们的势力最强。[64] 1711年，下议院的一个委员会报告说，英格兰的不从国教者和法国的胡格诺派教徒加起来占伦敦郊区（不包括伦敦城）50万居民的1/5，他们自己建造了88个小教堂，[65] 郊区剩下的40万潜在的教会成员只有28个堂区教堂。在威廉统治末期，伦敦的一位市长行动鲁莽，戴着伦敦市的官方徽章参加了非国教教堂的活动。这引发了一场愤怒的风暴与“教会处于危险之中”的疾呼，而托利派女王的加入又给这一点增加了新的鼓励。在攻击不从国教
59 者时通常使用的语言暴力是占统治地位的党派口中常见的暴力，清教徒的答复是比较温和的，与50年前他们处于繁荣时期的不宽容语气截然不同。[66]

然而，在一些地区，国教人士和不从国教者的关系比当时有争议的文学作品可能引导人们推断出的关系要更加友好，在约克郡谷地，不从国教者的势力很强，但人们的感情很好；在一些堂区，甚至在南部的一些地方，也有宗教人士同时参加英格兰国教会和不从国教派小教堂的活动。[67]

一方面，科学的进步和怀疑论已经为人类赢得了一场重要的战斗。对所谓的女巫的迫害在清教共和国时期达到了顶峰。此后，这

种迫害一直在下降，在受过教育的阶级中，下降得最为迅速。安妮女王统治时期见证了女巫审判的真正结束。法官和乡村治安官拒绝根据邻居的偏见想象，甚至是她们自己的疯狂忏悔，来判定老妇人因与魔鬼签约而有罪。这标志着共同的善良和良知极大地超越了原始的残酷与迷信。这是一个理性的胜利，是受过教育的贵族强加给乡民的，乡民仍然保留着对女巫的古老信仰，但是无法违背比其“更有才智之人”的意愿。

巫术定罪的减少也是证明科学的证据法则被法官和律师更好地理解的一个迹象。比起在提图斯·奥茨的时代和所有以前的时代——每一个誓词都是誓词，而且都在司法天平上起到重要的作用，法院开始权衡证词的价值，他们不那么信任告密者或偏狭无知的人的誓词。

1702年，一个名叫理查德·哈撒韦的无赖在萨里巡回法庭被定罪，因为他从嘴里吐出针，说是一个老妇人把针放在了他的肚子里，并以此为证诬陷她为女巫。1712年，英格兰发生了最后一起因巫术而定罪的案件。在那起著名的案件中，陪审团的确认定简·温纳姆 60
犯有巫术罪，但法官约翰·鲍威尔爵士在她被指控飞行时轻描淡写地说，没有任何法律禁止飞行，她也因此获得了缓刑并被赦免。她的案件引起了人们的普遍关注，且成为小册子论战的主题。一些教会神职人员上场反对被告并攻击法官，但大多数上层人士不能肯定，有些羊死于痉挛是否就是因为农民所说的简对它们施了魔法；还有人指出，即使有人看到几只猫在村子里走来走去，每只猫都长着简·温纳姆的脸，魔鬼也可能已邪恶到没有她的默许就能做到这件事。但是，一些胆大的人宣称他们不相信任何此类现象，尽管《圣经》里有这些经文。他们是少数派。但英格兰的巫师审判已接近尾声。1736年，判处巫术死刑的法律被废除了。[68]

同样地，在这更具怀疑的一代人中，上等阶层开始对怀疑女巫感到恼火，当时，他们被仆人们的恐惧所逼迫，关闭了一座老庄园里一半的房间，因为那些房间“闹鬼”。舞台上关于假鬼的喜剧并不完全是唯物主义，而是反映了一种新的乐于观看口耳相传的超自然故事的意愿。首都的氛围对古老的乡村传奇特别不利。

> 我知道，许多乡下的女士带着可怕的故事来到伦敦（艾迪生的《鼓手》（*Drummer*）中的一个人物说），说厅堂里闹鬼，说有精灵、鬼魂和女巫；当她看了一出喜剧，参加了一场集会，在一两个舞会上闲逛之后，她已经不怎么害怕虫豸了，无论是晚上几点，她都敢壮着胆子回家。[69]

但无论男、女村民，其中只有一小部分人去过镇上。大多数人一生都停留在潘和他的魔法的影响下。英格兰孩子们的精神食粮就是此类村舍中的火边故事，“厅堂里闹鬼，里面有精灵、鬼魂和女巫”，也许他们只是半信半疑，但乐于因此感到害怕。现在，女巫可
61 以被指认出来，但不再被绞杀或被投入水里，这种土生土长的传说也不是什么不健康的精神食粮。精灵们还在树林里跳舞，不过当路人绕过灌木丛时，它们总是已经消失了。村里的书很少。普通农夫几乎看不到任何形式的印刷品，除了《圣经》《祈祷书》以及：

> 墙上贴着的民谣，
> 有关法国的琼和英格兰的莫尔，
> 美丽的罗莎蒙德和罗宾汉，

还有树林里的小孩子。

因此，即使是在“理性的世纪”的末尾和统治阶级撰写诗歌的末期，英格兰人民也没有失去好奇的能力。华兹华斯把自己头脑中想象力的增长部分归功于童年时听到的北方乡村的童话和民谣，这与19世纪学校课堂上的理性主义形成对比。[70]

没有哪份城市制作的报纸或杂志带给了全国统一的心态。在安妮女王统治初期，村民们很少看到印刷的报纸，他们的新闻都是靠八卦或城里的通信员写给乡绅的“新闻信”得来的，这是乡绅和神职人员很容易改变村民的政治意见的原因之一。

在这种与世隔绝的情况下，每个郡、每个小村庄都有自己的传统、利益和特点。除了一些不寻常的事件，如布伦海姆战役或萨谢弗雷尔博士的审判，乡下人除了自己的事务外，几乎没有什么可想或可谈的。他们对自己所知晓事情的机智的乡土评论，都是用通俗易懂的方言来表达的。至于八卦和享乐，他们满足于自己村子里的日常人情世故，偷猎事件和走私冒险，恩怨情仇和自杀，以及磨坊主和旅店老板、牧师和乡绅的争吵。

斯威夫特不喜欢天主教徒、不从国教者和自然神论者，也不喜欢辉格主教和荷兰盟友，在这一点上，斯威夫特与他高教会派的弟兄们是一致的，并成为他们永远的喉舌。但是，作为一个爱尔兰新教 62
徒，他并不是一个典型的英格兰高教会派。他更像威廉的信徒，而且直到最后，他比他的许多英格兰托利党盟友都更加全心全意地敌视僭位者。我们不应在斯威夫特的著作中寻找一般高教会派人士对不抵抗、神圣的世袭权、革命和汉诺威继承权等问题的不安和犹豫的态度。

为了保护英格兰国教会不受詹姆士二世的直接攻击，高教会派与社会上的其他阶层一样，在1688年的革命中起了主导作用。①随后一年，为了赢得不从国教者对英格兰国教会反对詹姆士二世一事的支持，《宗教宽容法案》在高教会派充分自主的同意下通过了。1701年，议会中的托利党人率先通过了《王位继承法》(Act of Settlement)，规定安妮死后王位归属汉诺威家族，把詹姆士二世的天主教儿子排除在外。尽管如此，许多高教会派仍然难以接受自己成功的反叛所带来的后果。他们担心在《宗教宽容法案》下不从国教情绪的增长。他们无法忍受被称作叛乱者和君权神授的抵制者，因为他们在查理二世统治时期，就把不抵抗和神圣的世袭权作为优秀教士品质的口头禅。在每一次王室挑衅下，臣民的义务是不抵抗，这种非人道的学说在实践中确实已经崩溃，但在理论上还没有过期。因为他们是人，托利党人抵抗了詹姆士二世；也因为他们是人，所以他们后来试图否认自己的不一致，为自己的行为辩解，逃避其逻辑结果。在安妮统治时期，一些托利党作家拒绝承认他们所爱戴的女王是“基于革命”而继位的。但他们几乎不知道该如何评价她那
63 被流放的兄弟，如果革命没有发生的话，他肯定会成为国王。很多托利党为了良心安宁，认为僭位者的出生是可疑的，而辉格党不再遮遮掩掩，并且为议会法令能够排除一位合法的王子而感到高兴。[71]

---

① 按照斯威夫特的说法，革命完全是“由英格兰人控制的教会”带来的，旨在针对不从国教者(*Examiner*, No. 37)。这是对于事实的片面歪曲，但与之对立的看法，即革命是由“辉格贵族”针对托利党而造成的，对现实的反映也好不到哪里去。很难说究竟是辉格党还是托利党，英格兰国教人士还是不从国教者，在将奥兰治的威廉从托贝带到伦敦的反叛中发挥了最大的作用。

托利党急于回避他们在1688年曾是叛乱分子这一明显的事实，以至于他们经常争辩说，革命里并没有“抵抗”！①

许多教会人士对革命和革命所造成的王朝问题所持有的分裂和不安的态度，是托利党根本弱点的源头，如果不是这些弱点的话，它就是这个国家最大的政党。这些困难由于不肯宣誓效忠者或坚定的詹姆士的神职人员的行动而大大增加。在那场著名的詹姆士诉七主教案的审判中，有五位主教拒绝向威廉宣誓，理由是议会不能改变世袭继承的神圣性。其中奇切斯特的莱克主教在临终前宣称：“英格兰国教会教给我的是不抵抗和被动服从，我认为这是英格兰国教会的显著特征。”[72] 在这些不宣誓的主教之后，约有400名其他神职人员也拒绝宣誓。他们都在经受了适当的法律程序后被驱逐出他们的教区和领地。他们认为，议会法案对主教地位的剥夺没有任何效果，因此他们自己形成了一个小规模的英格兰国教会的竞争者，在虔诚和学识方面比其人数要强，但在常识方面却很欠缺。他们把大部分英格兰国教会的教士弟兄当作分裂分子，甚至有一种允许一个来自假的英格兰国教会的忏悔者加入这一更优秀的团体的赦免方式。[73]

在威廉执政期间，不肯宣誓效忠的主教教座，包括桑克罗夫特
空出的坎特伯雷教座，都由低教会派——或者我们现在应该称呼他 64
们为广教会派，即新政权的唯一毫不犹豫的教会支持者——来填补。任命这一派的人，对于与国内外敌人进行生死搏斗的国家来说是必要的，但这自然引起了包括大多数堂区牧师在内的高教会派的反

① The Best Answer，by a student at The Temple，1708，P. 8. 有关高教会派和托利党的态度，我特别建议读者阅读Keith Feiling的*History of a Tory Party*，*1640–1714*。

感。在整个安妮统治时期，不肯宣誓效忠的分裂主义的持续，使高教会派神职人员失去了许多最精明、最诚恳、最有学问的成员的领导。作为这一派的领导人，萨谢弗雷尔是桑克罗夫特和肯的一个次等的替代者，尤其是从他自己的表现来看，萨谢弗雷尔应该是一个不肯宣誓效忠者。同时，法官席上坐满了像特尼森和伯内特这样能干而博学的低教会派主教，他们是教会的官方教父。当高教会派处于他们的主教领导下时（就像前两个查理国王时期），比他们被领导着去反对其主教时（就像威廉和安妮统治时期的教士会议），更令人生畏。

在牛津运动（Oxford movement）时期，不从国教者的抗议活动对英格兰国教思想产生了深远的影响，该抗议活动中不朽的部分是，他们坚持英格兰国教会作为一个自我抑制的组织的精神独立性，而不仅仅是国家的附庸。国家出于政治原因罢免不肯宣誓效忠的主教的职务，这被认为是束缚国教会的证明。但他们对教会独立性的要求是以一种意味着教士主导英格兰的形式表达出来的。不肯宣誓效忠者并不主张教会与国家分离，而是主张国家向教会屈服：由于国教会曾经相信国王神圣的世袭权，他们宣称，英格兰将永远是一个绝对的君主制国家，受罗马天主教君主的统治——即便在政治上，英格兰人民的意志也要服从于神职人员的意志。不肯宣誓效忠者主张教会自治，即只由神职人员管理。那时，俗人在英格兰教会的管理中几乎没有任何发言权，除了被至高无上的“王在议会”代表，
65 因此，一个不受国家控制的英格兰国教会意味着一个不受控制的教权阶层，其能在精神和政治事务上对平信徒发号施令。

被剥夺地位的詹姆士党的神职人员站在他们已经离开的国教会的边缘，搅动着受恩的高教会派的不安的良心。后者并不想成为像

布雷牧师那样单纯混日子的人。但他们听到愤愤不平的不肯宣誓效忠者和不敬的众人都这样称呼他们。[74]詹姆士二世信仰英格兰国教的女儿安妮取代威廉继位后不久詹姆士二世去世，略微缓解了高教会派良心的困境，甚至使一些不肯宣誓效忠者重新回到了国家的怀抱。但是，部分由于新的誓约中关于放弃僭位者的条款更加严格，①这种缓解只是局部的。女王统治结束后，在王朝问题上，英格兰国教会和此后的托利党都从上到下出现了分裂，此时，留给微妙和矜持的时间临近结束，在斯图亚特家族复辟和汉诺威家族继位之间的实际选择变得迫在眉睫。

就这样，当教会和国家这一最高问题密不可分时，宗教和政治之间的界限就既无法界定，也无法得到遵守。人们常说，在堂区讲坛上听到殉道者查理的声音比听到耶稣基督的声音还多，这无疑是被夸大了。无论如何，威廉三世和安妮女王时期是一个纯粹的宗教活动的复兴时期，它在国家的生活中留下了永久的印记，并为未来的伟大发展播下了种子。这个慈善学校和基督教知识促进会出现的时代并没有完全沉浸在高教会派和低教会派的激烈的政治争斗中。在这些较好的活动中，教会两派的成员相互合作，并与不肯宣誓效忠者合作，还得到了平信徒不肯宣誓效忠者罗伯特·纳尔逊的极大帮助。在他身上，对每一项善事伸出援手的本能发挥着更强大的作用，胜于他所属教派的排他性和学术性精神。 66

宗教复兴起源于詹姆士二世短暂且风雨飘摇的统治时期。那位国王在其兄长查理在位期间一直观察着英格兰公众人物的行为，并

① 见下文（边码）第159页。

得出了这样的结论：英格兰没有任何宗教信仰或道德情感足以反抗王室的不悦和王室的偏好，如果稳定地施加这两种力量，就能让人们改变他们的宗教信仰。这种挑战是对民族的侮辱，也许并非完全不是他们所应得的。但它引起了令人难忘的反应。把詹姆士赶下王位的不是个人的背叛或阴谋，而是整个民族的道德号召力。在安妮女王统治的早期，托利党的小册子作家达文南特是这样回忆那些年是如何搅动人们的灵魂的：

詹姆士二世国王为改变国家宗教而采取的措施，在各种人的头脑中唤起了新的热情；他们更紧地抱住他们害怕失去的东西。廷臣们确实自行去辞去他们的职务，而不是被带去做可能损害英格兰国教会的事情。舰队和军队中的放荡生活方式也没有动摇我们的海员和士兵的原则。他们都坚守着自己的原则。神职人员表现出准备与他们的教众共存亡的姿态，并以原始的勇气和令人钦佩的学识来处理神学中有争议的部分。教堂里到处都是拥挤的人群，迫害的前景虽然距我们有一段距离，但催生了虔诚。[75]

这种道德和宗教复兴的症候并没有随着产生它的危机的消退而完全消退。首先，它极大地推动了英格兰国教会内部已经存在的宗教团体的工作。这些团体由“严肃的年轻人”组成，他们通常在一些活跃的神职人员的影响下聚集在一起，在宗教生活和实践中互相支持。许多年后的约翰·卫斯理，他最初的想法只是在教会内成立这样的“社团”，就像那些在威廉与安妮时期他父亲曾经帮助和捍卫过的热心的教会人士一样。这些团体的第一个目标是在个人和家庭
67 中推行一种宗教生活，鼓励参加教会活动、家庭祈祷和学习《圣经》。

在这样的推动下，更多的公共活动很快出现。在这些活动中，一些是与不从国教者的竞争，另一些则是与他们的合作。[76]

不从国教者既被法律排除在大学之外，也被法律或习俗排除在很多类别的学校之外，他们在全国各地创办了许多自己的优秀学校和学院，涵盖了小学、中学和高等教育的整个领域。这些学校招来了许多人的妒忌，在安妮女王统治末期，高教会派终于成功地通过了《分裂法》（Schism Act）来镇压这些学校。这一迫害行为很快就在乔治一世时期被废除了。但国教会也以更慷慨的方式对不从国教派学校的挑战做出过反应。在安妮女王统治时期，全英格兰有数百所慈善学校成立，承担着对穷人的孩子进行阅读、写作、道德纪律和英格兰教会原则教育的责任。这些学校是非常必要的，因为国家没有为穷人提供任何教育，普通堂区也没有任何形式的捐办学校，尽管在许多村庄里，“夫人”（DameHs）和其他非官方人士通过收取费用来教乡下人读书，各个地方都有捐办的为中产阶级提供中等教育的文法学校。[77]

领导慈善学校运动的能干之士将民主合作的原则引入教育捐办领域。他们并不只是依靠少数富有的创始人的支持。这些能人的策略是激发当地堂区民众对建立学校的兴趣。小店主和手艺人被诱导去认捐和募集捐款，并被教导要对学校的成功有个人的兴趣，以及对学校的控制有个人的参与，每年都帮助学校支付费用。在那个时代，“股份制企业”的原则被应用于生活的许多方面，其中包括慈善事业和教育事业。到安妮女王统治末期，伦敦地区有50万名以上的男孩和女孩在新的慈善学校上学，在英格兰其他地区则有2万名左右。在苏格兰，长老会全国代表大会已经在推行这项计划了。计划 68
的主要内容是让孩子们在学校期间穿上好的衣服，并在之后让他们成为好的行业的学徒。1708年，在伦敦的一所学校里，要让一个“穷小子”穿着得体，需要花费9先令和2便士，而一个“穷女孩”的服装费用为10先令和3便士。[78]

这一时期另一个有特色的组织是“礼仪改革协会”（The Society for the Reformation of Manners）。在这个组织中，教会成员和不从国教者公开合作，反对这个时代的放荡现象。数以万计的小册子被印发，反对醉酒、说脏话、公共场所的不雅行为和星期日的交易。我们不知道在伦敦的马车夫中分发的禁止说脏话的善意告诫，以及在西部各郡的驳船中分发的类似的对水手的善意告诫，取得了怎样的成功。更有效的可能是无数的检举。治安法官们令人羞愧地执行了已经过时的法律。这些活动激起了人们激烈的反对。一些高教会派成员，如萨谢弗雷尔，主张用“古老的教会纪律”来镇压恶习、不道德、异端和分裂，而不是用这种新式的礼仪改革协会来镇压，因为在这个协会中，平信徒甚至是不从国教者都可以参加。一些如夏普一样谨慎的主教和如霍尔特一样谨慎的法官，担心有组织的控告会导致反感、腐败和勒索。许多地方法官明确拒绝接受慈善告密者的证据。有些地方的暴徒很危险，至少有一名协会的活跃成员被直接谋杀。

然而，成功的检举有数万起。据说，除了有身份的人，没有人可以在公共场所安全地咒骂。事实上，有一种强烈支持这些检举的舆论。许多沉默的市民发现，自复辟以来，治安法官在制止醉汉骚扰没有喝醉的人、保护妇女不受侮辱以及维护任何体面和秩序等方
69 面，表现出的松懈是可耻的。星期日的交易也不是社会大多数人真正想要的。戴尔镇镇长是一个勇敢且精力充沛的人，他单枪匹马地对该镇的行为进行了讨伐，他的大部分观点都得到了采纳，并在

1708年再次当选为镇长。的确，许多检举，特别是对说脏话和周日旅行的检举，很可能是令人讨厌的，而且在乔治国王们的统治时期，该协会弊大于利，检举就消失了。但在安妮女王统治时期，它的活动使街道和酒馆对体面的人来说不那么不愉快，使醉酒现象减少，并确保星期日作为不进行商业和劳动的休息日。

1710年，一位德意志游客对英格兰周日更阴沉的一面印象深刻：

> 下午去圣詹姆士公园看人山人海。星期天，我们不允许有其他的消遣活动，没有什么地方比这更严格的了；不仅所有的游戏都被禁止了，公共场所也被关闭了，甚至很少有小船和马车行驶。我们的女主人甚至不允许陌生人演奏小提琴或长笛，以免她受到惩罚。

他颇为酸溜溜地补充说，对休息日的遵守是英格兰人作为基督徒的明显标志。[79]

但宗教复兴最重要和最持久的影响是由“基督教知识促进协会”及其分支“国外福音传播协会”带来的。两者的支持者是同样的人，尤其是不屈不挠的托马斯·布雷博士（Dr. Thomas Bray）。像后来废除奴隶贸易和奴隶制的社团精神一样的精神，激励着这些属于平信徒与教士、高教会派与低教会派、不肯宣誓效忠者与不从国教者的自愿的宗教社团。威廉在位的最后几年和安妮在位的第一年，他们充分地发挥了作用。传播《圣经》和其他宗教文献是他们的主要目标。因此，他们是慈善学校的伟大倡导者，在这些学校里，经过教导，穷人就可以阅读它们；这两个运动是同步进行的。该协会的出版物受到陆军的马尔伯勒、海军的本博和鲁克的欢迎。廉价的《圣 70
经》和《祷告书》被输入到乡村地区。《圣经》和其他书籍开始被大规模地输入到美洲，向世界其他地区的传播也呈现出一定的规模，这些与该协会后期的巨大工作相比还很温和，但随着英格兰在海外的力量和财富的增长，其规模不断扩大。这些活动预示着英格兰宗教界的一种本能行为，即至少在一方面摆脱它所纠缠的教派和政治争斗，进入一个视野更广阔的领域，在这一领域，热忱可能产生比仇恨更好的东西。

在安妮女王统治时期，就像之前和之后很长一段时间一样，宗教分歧是政治激情背后的动力。英格兰历史学家如果要解释其他现象，就得加倍重视宗教因素。但是，他绝不能被其引诱以至忘记，在这个意义上，还有比争斗更多的东西。许多安静的堂区和卑微的家庭的宗教生活按步调进行，很少关心高低教会的派系之争。英格兰的宗教主要是旧世界生活中的一个自由且健康的机能，巧妙地指引着自己穿行在迷信、狂热与物质主义的野蛮之间。

作为宗教热情的一个出口，朝向慈善事业而非世俗化的运动是革命的特色成果之一，同时也是政治和刑法公正度提升的一个结果。由于英格兰革命安排（Revolution Settlement）不是一个党派的胜利，而是辉格党与托利党、国教会与不从国教者之间达成的妥协，它让人道、温和与合作成为18世纪事务的主要潮流。当安妮登上王位时，
71 在面对敦促恢复旧时方法的暴力建议时，还不能确定这些成果是否安全和稳定，但她本人和她选择的仆人马尔伯勒，在国内有所保留地站在新的温和制度一方，并准备用武装抵御国外的攻击来捍卫它。路易十四通过在安妮登基前几个月明确支持僭位者，一时间动员了整个英格兰以保卫英格兰革命安排。托利党人对路易十四行动的愤怒程度不亚于辉格党人。最重要的是，伟大的伦敦城是新制度的后

盾，并准备用财力和人力来保护它，对抗路易十四。在伦敦，国教会人士和不从国教者在慈善事业或爱国事业中更容易合作，宗教宽容被认为是一个伟大的贸易社会生活的基本条件。伦敦已经是这样的一个贸易社会，而整个英格兰也即将成为这样一个贸易社会。

第四章　大伦敦

72 距离威斯敏斯特议会和圣詹姆士女王宫两英里远的地方，是世界上最大的城市中心。相比英格兰境内的其他地方，伦敦更加不受法院和议会的管辖。伦敦由选举产生的治安法官管理，由本市治安官维持治安——如果说有治安这档子事的话，由民兵守卫，还有让毗邻的政府中心感到畏惧的岛上最大和最难控制的暴徒群体。（彼时）伦敦的人口只为它现在人口的十分之一，面积也不到它现在的十分之一，但是，那个时候伦敦的重要性超过了现在。规模最接近于伦敦的是布里斯托尔和诺里奇，可伦敦的居民人数至少是布里斯托尔和诺里奇的15倍。伦敦的商人和市场紧紧地控制着英格兰城镇和村庄的商业命脉，“把至关重要的贸易握在自己手中”。最值得布里斯托尔人吹嘘的一点是，他们是能让自己的贸易独立于伦敦之外的人，能把美洲货物运到自己的港口，然后通过自己的货船和代理人在西边处置货物。其他地方的贸易都是由伦敦在幕后操作的。“诺里奇收购埃克塞特的哔叽，埃克塞特收购诺里奇的东西，而这些活动全部发生在伦敦。”[80]每个郡都加入了向伦敦供应食物、煤炭或其他原
73 料这一伟大的全国性活动之中。作为回报，伦敦把它的奢侈品和外国商品送到每个郡里。事实上，伦敦港承载了英格兰所有的东印度贸易，大部分与欧洲、地中海和非洲地区的贸易，以及很多与美洲

的贸易。

首都的下层人——大型集市和港口的码头工人及非熟练工人——生活在最肮脏的条件下，他们生活的地方过度拥挤、没有卫生设施、没有警察和医生，完全没有受到过慈善、教育和宗教的影响。当新的世纪和新的统治时期开始时，无论是在市区还是在其他地方，他们的状态都是如此。这些人的死亡率是惊人的，而且还在上升，因为他们学会了喝烈酒而非啤酒。“阿尔萨萨”（Alsatia）①为不法之徒提供的特权庇护所让圣殿律师的尊严受辱，这个地方在几年前确实已经被取缔了，但盗贼、强盗和妓女的团伙从那里散布到各地，蜂拥向整个大都市地区。他们的秘密组织者是大名鼎鼎的乔纳森·怀尔德（Jonathan Wild），他在安妮统治时期颇为风光，此人表面上是一个热心的地方治安法官，实际上在大规模地收受赃物。迟至1725年，怀尔德才被曝光、审判和处决。在紧随于此创作的《乞丐歌剧》（*The Beggar's Opera*）的开场之中，他在下属中维持纪律的一些方法被嫁接到了皮丘姆（Peachum）②这个角色上。他的一生证明了治安法官和治安官的低效。这种情况直到18世纪中叶才开始得到补救——著名的菲尔丁兄弟在弓街设立了他们的办事处。

在非熟练工当中，就连那些正直的人也没有接受过教育。驳船船员乔纳森·布朗向不从国教的传教士卡拉米坦言，他们“从未听说过耶稣是谁，也从未听说过他是干什么的”，[81] 即便他们很容易就会听从更有才智的人的言辞，根据当时的宗教要求去烧掉教堂或 74
者天主教小礼拜堂。正是为了与这种状况作斗争，公众才募捐成立

① “阿尔萨萨”是伦敦加尔默罗修会地区的旧称，为负债者和违反法律的人提供庇护。——译者注

② 皮丘姆是剧中决定囚犯生死的人。——译者注

了慈善学校。而且，1711年，议会投票决定用纳税人的钱在郊区建造50座新教堂，供既有教会未覆盖的几十万人使用。至于不从国教者，他们已经有了自己的小礼拜堂。据委员会估计，他们在该地区有10万人。① 类似地，为了补偿被忽视的这一群人的物质需求，在汉诺威王朝前两个君主治下，有人动用自己的财产建立了医院，提供医疗上的帮助。这一时期，伦敦的物质与医疗状况的改进极大地降低了死亡率，到了工业革命的初期，人口数量急速上升。我们可以想象，在霍加斯的孩童时代，伦敦穷人的生活是什么样的②。[82]

但伦敦首先是一个对比鲜明的城市。英格兰及其之外的货物在港口和集市上易手，这不仅需要非熟练工人的体力劳动，而且需要一支由工头、文员、店员和各种中间人组成的监管队伍。此外，伦敦不仅是一个集市，它还是精加工和奢侈品行业的所在地，这些行业雇用了岛上最熟练的工人。数以千计的胡格诺派丝绸制造商最近在斯皮塔菲尔德定居，难民们还在朗格尔和索霍区从事着这些人过去在法国从事的其他技术行业，这些人迅速成为英格兰人，而且已经开始投辉格党的票[83]。最好的本地手工艺者也集中在伦敦。在伦敦最好的商店里，学徒们都是乡绅的儿子，他们很可能比其兄长们更富有，就连下班时也戴着全底假发。[84] 大伦敦是英格兰文学与智识生活的中心，也是时尚、法律和政府的中心。基于这些原因，首
75 都除了最野蛮的无知，还蕴藏着大量的、多样的技能和智慧。伦敦人机敏的头脑不仅通过国家和世界的商业交往，而且通过与威斯敏斯特的律师和政治家以及圣詹姆士的贵族、时尚人士的日常接触而

① 见上文（边码）第58；*H. of C. Journals*, April 6, 1711。

② 威廉·霍加斯，1697—1764，英格兰绘画家和雕刻家。——译者注

变得越发敏锐。在社交季节里，社会团体的领袖们住在私人豪宅里，或者住在律师学院西边的寄宿学校里。他们对伦敦的归属感，就像每年归来的燕子对英格兰的归属感一样。

在旅行的困难仍然将宫廷、议会与英格兰其他城镇、郡相分离的日子里，这样的一个城市——拥有全英格兰1/10的人口[①]和超过一半的训练有素的知识分子，又离威斯敏斯特统治中心极近而可以形成独立的城市中心——无法不对英格兰的历史进程施加决定性的影响。事实上，在任何时候，伦敦都没有寻求像罗马管理意大利或雅典管理希腊那样管理英格兰。只要仍在伦敦城门外的威斯敏斯特的统治者，使伦敦古老的市政自由不受干扰，只要他们主要按照伦敦流行的原则处理国家的宗教和外交事务，伦敦就接受君主制或议会对英格兰的管理。伦敦所偏爱的国王和女王——亨利八世、伊丽莎白、威廉三世和安妮——所创建的政治结构流传至今，而那些与它争吵的人——玛丽·都铎、两位查理国王、詹姆士以及护国公——创建的政治结构只流行于当时，尽管奥利弗和查理二世的上台主要归功于伦敦的支持。

在都铎时代，伦敦的举动使一个强有力的国家君主制在教会和封建特权的废墟上得以建立。在接下来的一个世纪里，伦敦与君主制的争吵导致了政治权力向议会的转移。英格兰政府所在地就在伦 76
敦城门外，它是伦敦的人质：当查理一世在威斯敏斯特试图逮捕五

① 据估计，1700年，当英格兰和威尔士的居民数量超过550万时，首都（伦敦）地区的人数超过674350人。其中，“伦敦”本身约有20万人。（Mrs. George，*London Life*，etc.，pp. 24–25，329–330.）关于英格兰和威尔士的人口数字，见Talbot-Griffith，*Royal Statistical Society Journal*，1929，Vol. XCII，Pt. II，pp. 256–263。

位议员时，伦敦为他们撑开了保护伞，查理则被迫从他的宫殿里逃出来，除了作为俘虏，再也没有回来过。在内战中，伦敦市的财富、智慧和海上力量被证明超过了王室。

1660年君主制有条件的复辟是已经厌倦了圣徒和士兵统治的伦敦的自愿和乐意之举。然而，查理二世和他的兄弟又与伦敦争吵起来，并与法国联合起来反对伦敦的权利。这对王室兄弟利用伦敦市内辉格党和托利党的分歧，夺取了伦敦的特许状，让伦敦暂时成为专制权力的奴隶。詹姆士活到了付出代价的那一天。在听闻奥兰治的威廉即将出海的传言之后，大法官杰弗里低声下气地将旧的特许状带回了市政厅，但他已经来不及拯救自己和自己的主人了。当威廉和玛丽以比查理二世的复辟条件更严格的条件登上王位时，伦敦认可了这一行动，没有产生任何改变这一政体中其他一些因素的犹豫和遗憾。

从此以后，伦敦就成为新政权最牢靠的根基。作为回报，英国的革命协定保证伦敦市被恢复的特权以及伦敦在其国家决策中的崇高地位完全不受侵犯。伦敦市在议会中可能只有四名议员，但在革命后，它的影响力就像王国的一个独立庄园所具有的影响力那么大。托利党乡绅们极为反感这种不存在于宪法性法律之中的影响力，他们认为土地所有者应当垄断政治权力。但是在革命时期，无论是辉格党政府还是托利党政府，都不得不为生存而与法国作战，而只有伦敦可以为战争提供支持。在威廉统治时期建立的银行和国债，在大臣和商人之间创造了新的联系，并强调了新建制的政治和金融意义。

安妮也是这些东西的继承人。无论她自称是辉格党还是托利党，是高教会派还是低教会派，她都必须接受与伦敦的联盟，因为她是
77 革命的继承人，需要抵御路易十四及其代理人，即她的弟弟，后者

的王位由安妮坐享。伦敦人在1702年要求他们与地中海和美洲的贸易不受新的法国–西班牙势力的公开攻击。首都伦敦不会再让英格兰政府对法国采取查理和詹姆士二世所采取的依赖态度。因此，由于公共生活中一系列相互联系、不可抗拒的事实，也由于安妮对萨拉·丘吉尔的个人依恋，安妮一定会选择马尔伯勒和戈多尔芬作为她的秘密顾问，而不是依靠她的亲戚罗切斯特和更高调的托利党人，这些人在国际和国内事务上所持有的看法与伦敦方面不同。在安妮登上王位的那个11月，一个外国人指出：

晚上，伦敦人点火照明，以纪念威廉国王的到来。（第二天）一个用稻草做成的、身后有一个魔鬼的教皇被放在一辆马车上：他们挨家挨户地为一堆巨大的篝火寻找捐助，并将教皇和魔鬼扔进火里。[85]

在伦敦民众的这种情绪下，可能会出现一个托利党的女王和一个托利党的议会，但尽管如此，路易和僭位者还是要小心提防。七年后，当路易被打倒，伦敦的暴民们开始为萨谢弗雷尔欢呼，并焚烧教堂而不是教皇时，被推迟的高教会派假日就可以安全举行了。①

让市民们感到敬畏的伦敦塔是征服者威廉建造的，位于伦敦远离威斯敏斯特的一侧。这是它没有让市民们在太长时间内感到敬畏的原因之一。在斯图亚特王朝时期，由于伦敦塔孤立的位置，它无法保护威斯敏斯特和白厅免受伦敦暴民的侮辱。在安妮女王统治时

---

① 奈德·沃德在他赞颂1709年萨谢弗雷尔暴徒焚烧教堂行为的托利党诗歌《不列颠暴徒》（*Vulgus Britannicus*）中明确并多次指出，这个伦敦暴徒以前是辉格党人（例如，在1710年版本的第43—47页）。

78 期，伦敦塔仍然是一个巨大的军火库，大炮和火药从这里被运往海外战场，它也是一座铸币厂，由牛顿本人主持工作。伦敦塔的外墙之内是这两个机构的官员居住的街道区域。伦敦塔偶尔还会发挥国家监狱的作用。但伦敦塔已经有了它轻松的一面，即作为首都的动物园和博物馆。如今游客们被带去参观王冠上的宝石以及新完工的军械库，其中陈列着一排骑着马、以战斗队形排列的英格兰国王塑像。自从伦敦塔成为中世纪国王最喜爱的住所以来，这里就一直养着狮子和其他野生动物；北非“巴巴里”（Barbary）的君主们送给安妮女王的礼物成了它们很好的补充。正是这些君主与英格兰商人进行贸易，也是他们与直布罗陀的俘虏签订了对抗法国和西班牙的联盟条约。[86]

伦敦城区从东边的伦敦塔延伸到西边的圣殿关；其南北向的跨度有限，从泰晤士河向北仅到史密斯菲尔德、霍尔本和白教堂的“关卡”。①但砖块和灰泥的推进已经突破了城市的界限，主要向西边扩展，一直延伸到威斯敏斯特的国家政府所在地。威斯敏斯特的管辖范围从河岸街开始，但是，威斯敏斯特的市政特权并不能与伦敦的特权相提并论。伦敦、王廷和议会都不希望与威斯敏斯特市长打交道。因此，威斯敏斯特从未被允许享有自治权，也不被允许形成共同意识。它由高级执事任命的12名终身议员统治，就连这些人的权力也迅速被治安法官和各个堂区教区委员会的权力取代。诚然，威斯敏斯特的议会选举是民主的，而且在大多数市镇都还只有很少的人拥有选举权的时候，威斯敏斯特的议员选举就已经引起了不寻

① 当然，这些“关卡”的边界比伦敦原本以城墙和城门划定的界线更加宽阔，例如，圣殿关比勒德门（Ludgate）更加靠西。

常的政治骚动，远早于查尔斯·福克斯所引发的骚乱[1]。例如，1710年斯坦霍普将军作为辉格党候选人参选，在激烈的竞争和激烈的拉票之后被击败。不过，威斯敏斯特的地方政府仅仅是一个官僚机构， 79
就这一点而言，它就比混乱的无政府状态要好。

另外，伦敦市以异常民主的形式享有完全的自治权。那时，很少有如此不受寡头政治影响的英格兰市镇，除了伊普斯威奇或诺里奇。在伦敦，多达12000名交纳税款的住户在他们各自的选区投票，以选出26名市政官和200名市议员。这些选区里的纳税人差不多就是行会和商团的89个会员：具有双重资格的他们运用投票来控制伦敦复杂的中世纪自治机制。

店主选择同属他们阶层的人而非在高级金融和政治世界中闻名的大商人以在市议会中代表自身的利益。城市大亨们更多地被选为市政官。对伦敦的特权和权力的共同自豪感，以及对其独立性小心翼翼的呵护，阻止了大商人和小店主之间严重分歧的产生。但有时也会有摩擦，在安妮女王统治时期，一种趋势变得很明显，即民主的市议会为托利党所控制，市长、议员和富裕的城市大亨们则大多是辉格党人。

伦敦民选治安法官的管辖权并不局限于他们自己的城市范围。他们的权力止步于威斯敏斯特，但他们将自己的权力触角伸向每一个角落。他们控制着米德尔塞克斯郡郡长的任期和南华克辖区。他们管理并对伦敦的港口征税。市长是河流的监督官，他所监督的河流从格雷夫森德和蒂尔伯里流到斯泰因桥上方某处——其河道超过

① 查尔斯·福克斯（1749—1806），辉格党重要政治家，小威廉·皮特担任首相期间的主要对手。——译者注

60英里。伦敦在方圆12英里的范围内征收煤炭税，并垄断方圆7英里的市场。[87]

当时的伦敦是英格兰人口最稠密的地区。与现在不同，在夜幕
80 降临时，它并不是“猫和看门人”的天下。大商人和店主都与家人一同睡在自己的生意场所，仆人和学徒睡在上面的阁楼里，搬运工和信使则在地窖和仓库里找一块地方睡觉。尤其是老犹太区和贝辛霍尔街，据说那里居住着英格兰最富有的一些人。但贵族们已经离开了他们祖传的宫殿，这些宫殿位于拥挤的伦敦城区，那里的花园正在迅速消失。在社交季，“大人物”在考文特花园、皮卡迪利、布鲁姆斯伯里或圣詹姆士广场周围居住，或在威斯敏斯特的其他区域居住。出于商业和情感的原因，一些伦敦富商仍然居住在他们心爱的伦敦，而在伦敦方圆20英里内的树林、田野和宜人的村庄中，他们也有自己的乡间别墅。在他们郊区和河边的度假地——汉普斯特德、西汉姆、沃尔瑟姆斯托，以及已经是著名娱乐胜地的埃普森唐斯以南，特别是切尔西以北的泰晤士河的绿色河岸——吃吃喝喝的伦敦人也许和伦敦城里的一样多。比较穷的人则到乡下远足，选择杜利奇等不是太远的地方作为目的地。[88]

在伦敦，河流是最拥挤的交通线。在船夫和驳船工人惯常的谩骂声中，船上的乘客一直穿行于繁忙的商业交通之中。在北岸，在伦敦桥和议会阶梯之间，至少有30个登陆点，船只在台阶上等待着载人前行或渡河。去兰贝斯的政治家和牧师，或去丘比特花园办事的牧师和新晋大律师，都是乘船过河。有的渡船上有平板，可以运送马车和马匹。在1738年威斯敏斯特桥建成之前，伦敦桥是过河的唯一通道。经过大火的蹂躏之后，矗立在桥上的街道已经被重建得

更加具有现代风格，但伦敦桥古老的桥墩的突出部分仍然阻碍和威胁着交通。“过桥”仍是一种冒险。据说，伦敦桥是为了让智者从上方走，并让愚者从下面走而建造的。

因此，巨型船只的高度不超过大桥的桥面。在桥下，一片桅杆 81
森林覆盖着伦敦池，除了阿姆斯特丹，世界上没有任何地方的景象可以与之相比。那时的航道更加拥挤，因为在那个时候，除那些在德普福德的码头和用于停放东印度公司船只的黑墙码头外，几乎没有开挖任何大型码头。[89]

要经由陆路从伦敦市到威斯敏斯特，首先要穿过舰队沟，其上是连接舰队街和霍尔本的桥梁，桥下是满载煤炭的、镀金的驳船。今天，这里是法灵顿街，车辆行进的速度没有比那时的驳船快多少。但是，舰队河的上游在汉普斯特德和海格特的山丘中涨起，流经圣潘克拉斯和克勒肯维尔的绿地。

女王登基前几年，博学的埃德蒙·吉布森为他所编辑的卡姆登的《不列颠尼亚》（*Britannia*）一书增补了100多种“生长在米德尔塞克斯的野生珍稀植物”。在读到这些内容的时候，今天的植物学家们可能会产生妒忌之心。蕨类植物紫萁仍然生长在汉普斯特德荒野，人们对鸟类和植物生活的无知仍然给了不太常见的物种一个蓬勃发展的机会，而且这位收藏家还没有在英格兰大肆劫掠。

在泰晤士河岸的干草场中，切尔西休养院孤零零地矗立着，里面住着400名穿红色衣服的塞奇摩尔、兰登和博因的侍卫，他们以特灵下士（Corporal Trim）① 的专业态度讨论马尔伯勒的每周新闻。离这里不远就是切尔西村，在那里，一些上流社会人士带着为自己建

---

① 《项狄传》中的人物。——译者注

造隐居地的幻想，远离了伦敦的喧嚣和威斯敏斯特的动荡，就像肯辛顿宫所做的一样。[90]

几乎伦敦的每一个壁炉都在烧煤，空气受到严重污染，以至于一位外国学者抱怨说，“每当我阅读伦敦的书籍时，我的袖口就像煤一样黑”。在东北风带着烟云的日子里，即使是切尔西休养院也会给哮喘病人带来危险，正如哲学家沙夫茨伯里伯爵恰如其分地抱怨的
82 那样。[91]难怪威廉三世能住在汉普顿宫就住在汉普顿宫，必要时才住在肯辛顿宫，威斯敏斯特会让他遭受灭顶之灾。在安妮登基之后，她可以安全地将王室住所从乡下搬到城里，从肯辛顿宫搬进圣詹姆士宫。但这也是她能让爱她的臣民满意的一点。她不仅经常待在巴斯，而且更经常逗留在温莎，即使她来到城里，圣詹姆士宫的大门也只对她的大臣们和女侍从们以及那些被大臣们或女侍从们介绍来的人开放。在她统治期间，安妮一直是个病人。哮喘对威廉的影响，就像痛风或水肿对安妮的影响一样。乘坐马车到威斯敏斯特去宣布议会开幕，或到圣保罗教堂为一些著名的胜利公开致谢，这是她偶尔才会同意忍受的一种苦修。

因此，安妮女王的宫廷规模像她前任的一样小。无论是从隐喻还是从字面上看，快乐君主（Merry Monarch）①的白厅都成了一片废墟，再也没有建造起来。除了具有悲剧性记忆的宴会厅，白厅已于1698年被烧毁，其残垣断壁仍是破坏河岸景致的景象。白金汉宫仍然是一个臣民的住所。上流社会人士——坐在人抬椅子与六匹马的马车中在林荫道游行，或在圣詹姆士宫窗户下的更加私人的花园里

---

① 指查理二世。——译者注

散步——不得不满足于记住他们的附近就是看不见的女王。更能说明这件事情的是，在另一个方向上，议会大厦距离上流社会中心只有几分钟的步行路程。

与查理二世统治时期一样，咖啡馆仍然是社会生活的中心。对于当时严重的酗酒恶习来说，咖啡馆提供了一种必要的调剂，因为这里的原则是不能饮酒。一份安妮女王统治时期部分咖啡馆的名单上列有近500家咖啡馆的名字。每个受人尊敬的伦敦人都有自己喜欢的咖啡馆，他的朋友或客户可以在特定的时间前来找他。

"记住，约翰。 83
如果有人问起，我就在咖啡馆。"

这位市民在离开商店时对他的学徒说。

然后，在劳埃德的咖啡馆，他从来没有错过
阅读信件和参加销售。[1]

上流人士聚集在圣詹姆士街上的怀特巧克力屋里，正如哈利愤

---

① 在奈德·沃德的《富有店主》(*Wealthy Shopkeeper*, 1706）中，他一天的时间是如此分配的：五点起床；在账房待到八点；早餐吃吐司和柴郡奶酪；在店里待两个小时；去一家邻近的咖啡馆听新闻；再度返回店里，一直待到十二点，拖着"咯咯作响的关节"回家（位于店铺楼上）吃午餐；下午一点钟去交易所；下午三点去劳埃德咖啡馆处理事务；回到店里再待一个小时；然后再去一家咖啡馆（不是劳埃德咖啡馆）娱乐，然后去一家"干白葡萄酒店"和熟人喝酒，回家后吃"简单的晚饭"，"在教堂的钟敲响九下之前"上床睡觉。

怒地向斯威夫特抱怨的那样，年轻的贵族们在那里受到了时髦的赌徒和暴发户的欺骗和腐蚀。托利党人去可可树巧克力屋，辉格党人则去圣詹姆士咖啡馆。靠近考文特花园的威尔咖啡馆是诗人、批评家和其赞助人的胜地；特鲁比咖啡馆为神职人员服务；希腊咖啡馆为学术界服务；也有为不从国教者、贵格会教徒和詹姆士党人设立的咖啡馆。长期以来，在吞云吐雾时展现的“英格兰民族普遍的言论自由”——无论是反对政府和教会还是他们的敌人，都同样言辞激烈——令外国人啧啧称奇。它是咖啡馆生活的精髓。

咖啡馆发挥了当今俱乐部的作用，但是以一种更廉价、更非正式的方式发挥的，而且对于陌生人的到来更加开放。在那个看重自己地位的时代，咖啡馆产生了一种平等的影响：在咖啡馆，“你会看到一流的人物与二等绅士热络地坐在一起，好像他们把自己的品位和距离感留在了家里”。但这还不是全部。在电报和有效的新闻报道出现之前的日子里，新闻最容易在咖啡馆获得。位于查林克罗斯的温莎咖啡馆宣传自己提供“最好的巧克力，售价每夸脱
84 12便士，而且，邮差一到达，就能在这里听到《哈林报》(*Harlem Courant*)上的消息”。人们需要新闻，不仅是为了政治、军事和公共利益，还出于严格的商业目的，就像在劳埃德咖啡馆里一样。今天，当人们谈到航运时，爱德华·劳埃德的名字便会立即出现在人们的嘴边，而当他在世时，他只不过是安妮女王时代伦巴德街上的一个咖啡馆老板。商人们来到他的咖啡馆，是为了了解最新的信息，并获得所有交易所需的个人交往和建议。当时的报纸没有商业专栏，也没有航运的细节。面对面的交谈发挥了今天的印刷文字所发挥的作用，而对于商人来说，面对面的交谈是在劳埃德咖啡馆进行的。在安妮女王统治结束之前，劳埃德咖啡馆已为拍卖和宣读新闻设立

了一个讲坛。[92]

六点，剧院开始爆满。一个爱国的英格兰人这样描述当时的情景：

> 剧场正厅里是坐在长椅上的绅士；第一层的包厢里都是有地位的女士；第二层是市民的妻子和女儿；第三层是平民和脚夫；因此，在两幕之间，你可以欣赏观众的美貌，也可以观察他们对戏剧主题的反应；而且，整个剧场照明的效果极好。在国外，只有舞台有照明，小屋或包厢是关着的，你就失去了看到同伴的乐趣。事实上，英格兰人这样做是有道理的，因为世界上没有任何一个国家的剧场能像这里一样聚集这样多光鲜靓丽的美女。[93]

那些坐在高处的“奥林匹斯”位置上的脚夫，原本是作为职业观众而被允许免费进入的，而他们把这一让步当成了不可剥夺的特权；他们成了剧院里的暴君，也成了管理者和较有礼貌的观众的祸害，他们用野蛮的喧嚣打断剧中最有感染力的情节。[94]

但总体来说，伦敦的剧院是为那些有文化或希望被认为有文化的人服务的。戏剧还没有脱离与文学的联系并与商业联姻，保留剧目仍然在轮番上演。莎士比亚的地位不降反升，尽管其戏剧呈现的版本极其糟糕。安妮女王统治早期贝特顿和布雷斯格德尔夫人的天才，以及女王统治后期《观察家》（*Spectator*）上的评论，都为加里 85
克和约翰逊时代民族诗人的封神打下了基础。演员们的名声是因《哈姆雷特》（*Hamlet*）和《奥赛罗》（*Othello*）形成的，今天则很少有这样的情况。

的确，有时候，有地位的女士们甚至对贝特顿表演的莎士比亚剧的魅力都无动于衷。1709年，一名多愁善感的爱尔兰男爵抱怨说："在她们身体里最柔软的激情被召唤的时候，她们却可以谈论无关紧要的事情。而我诚实地说，如果不是苔丝·狄蒙娜非常丑陋，我肯定会掏出手帕。今天晚上的《哈姆雷特》还会对她们进行另一次审判。"

贝特顿的力量与他的克制是匹配的。在鬼魂进入时，他扮演的哈姆雷特没有咆哮，而是"以简短的沉默的惊愕开场；他慢慢发出一种庄严、颤抖的声音，令鬼魂变得对观众来说和对他自己一样可怕"。在扮演布鲁图斯与卡西乌斯争吵时，"他的精神只体现在眼睛上；只消用稳定的神情就表现了恐怖，那种他不屑于用声音达到的恐怖"。但他扮演得最好的角色是奥赛罗。[95]

但大多数演出的剧目都属于当代的风俗喜剧；最好的风俗喜剧作家康格里夫、范布勒和法夸尔，在两个多世纪后仍然为"城里人"（或至少为郊区人）所熟悉。在他们生活的时代，不从国教者杰里米·科利尔发起了对舞台不道德行为的攻击，这一主题在整个安妮女王统治时期被不断地重复讨论。科利尔第一次发起攻击是在1698年，但这场攻击被其他牧师坚持了多年。范布勒在前言中称他们为"有毒的牧师"。教会的批评家们拥有一个令人生畏的武器库，能够引用一大堆当时戏剧中不受欢迎的段落。[96]这种攻击虽然是夸张的，而且有一定误导性，但既不是无缘无故的，也不是无效的。演员经理和戏剧家科利·西伯承认：

> 严格要求我们的戏剧作家，产生了非常有益的影响。他们现在
> 86 对自己的警惕性提高了很多；不雅行为不再是一种风趣；渐渐地，

美丽的女性又开始在新的喜剧上演的第一天涌进包厢，既没有恐惧，也不会受到谴责。[97]

科利·西伯自己的戏剧《粗心的丈夫》(*The Careless Husband*)于1704年问世，讲述了一个犯错的丈夫被妻子的美德救赎的故事。西伯与蒲柏后来所描绘的那个呆子相距甚远。他在安妮登基后不久就意识到，是时候创作一部有道德结局的戏剧了，但仍能插入不太高雅的对话和情节以使之更有活力：在南斯·奥尔德菲尔德这位新星的帮助下，在布伦海姆战役之后的那个冬天，《粗心的丈夫》成为戏剧界的又一成功之作。平均来说，安妮统治时期的戏剧没有前几十年的那么无情。相较于1700年之后从未写过戏剧的康格里夫的那些更高明的著作，艾迪生、斯蒂尔和森特利弗尔夫人的喜剧作品，对人类的看法更亲切、更不愤世嫉俗。事实上，到了女王统治的末期，多愁善感成了近代剧作家们的一个缺点，无论他们创作的是喜剧还是悲剧。罗的悲剧，就像艾迪生的散文和戏剧一样，是写给“美丽的女性”的，现在她们与男性观众混在一起，不用担心会感到羞愧。而且，越来越多的剧院的基调是由中产阶级而不是由宫廷确定的。因此，与复辟时期上演喜剧的舞台相比，这一时期的舞台变得更加体面，更加感性。

这一时期舞台的一个特点是，几乎所有的剧作家都是辉格党人，因此，马尔伯勒战争期间的军队被以很有同情心的笔触描绘，而不是像斯威夫特等托利党作家在提及红衫军时那样，被用愤怒的笔触描绘。[98]康格里夫、艾迪生、罗、森特利弗尔夫人和科利·西伯都是辉格党人，法夸尔、范布勒和斯蒂尔不但是辉格党人，而且是军人。但观众的政治立场绝非完全是辉格党的。事实上，在马尔伯勒

最不受托利党欢迎的时期，在他为英格兰赢得的战争快要结束时，
87 管理层认为，在已故法夸尔的《征兵官》(*Recruiting Officer*) 里插入穿着制服的士兵合唱团所唱的、指责马尔伯勒贪得无厌的下流歌曲是一种恰当的做法。这首歌每一节都以这一句副歌结束：

但马尔伯勒不值一文。

在场的马尔伯勒公爵的一个女儿“涨红了脸”，但因为托利党女士和先生们疯狂的欢呼，这部戏中断了一刻钟。[99]

在音乐领域，安妮女王时期见证了意大利歌剧对英格兰的入侵与征服，其中，尼克里尼和他那一帮毫无男子气概的乐队成员发挥了重要的领导作用。英格兰方面曾做过短暂的斗争，本土音乐传统试图保持自己的地位。斯蒂尔在他的《温柔的丈夫》(*Tender Husband*) 的后记中劝说观众：

不要再允许意大利人的吵闹，
他们说着听不懂的语言；思想里带来天主教。

艾迪生的另一位朋友蒂克尔则将其谴责为：

好听的胡言乱语和可爱的愚蠢。

但女士们喜欢看“尼克里尼以极大的勇气扼杀狮子”，意大利歌剧也因此大行其道。贬低珀塞尔和古老的英格兰歌曲和音乐成为一种时尚，而这些歌曲和音乐一度被认为是欧洲最好的。再没有什么

比英格兰人在艺术上无法坚持自己的本土传统更引人注目了；对法国时尚的追随为向意大利音乐的投降做了多种准备。到了安妮女王统治末期，艾迪生不得不悲哀地承认："现在在我们中间表演的一切都要用外国的语气和方式，这让音乐本身陷入了困境。直到下一个君主的统治时期，在喜剧或民谣歌剧中被创造出来的、机灵的盖伊先生才为英格兰的幽默和英格兰的音乐天才创造了一个庇护所，在迪布丁的帮助下，它们在半隐蔽的状态下生存下来，直到吉尔伯特和沙利文的出现。"[100]

当时的读者群体还很小，作者不可能只靠销售作品来维持生计。的确，笛福、艾迪生和斯威夫特正在创造各种形式的文学和新闻，大大扩大了文字的影响范围。但是，作者仍然需要赞助来维持生计， 88
而且可以通过各种方式争取：有志之士可以向"有身份的人"赠送书稿，或将其出版的作品献给"有身份的人"。后者可能会给他一袋金币，或者可能给他一笔生活费，或者给他一个公共或私人服务的职位。否则，他可能会为辉格党或托利党写政治诗、小册子和评论，以从政党领袖那里获得类似的回报。

关于作者和赞助人的个人关系，下面的例子可以说明问题，尽管在这里也可以发现政治因素——某位名叫约瑟夫·哈里斯的人写信给托马斯·科克议员：[101]

> 前段时间，我向您赠送了一本我写的关于马尔伯勒公爵大人的书；去年夏天，我又向您赠送了另一本书，名为《卢扎拉》（*Luzzara*），是对萨伏依亲王欧根的赞美之作。到目前为止，我还没有收到任何关于这两份礼物的回应。现在，我因风湿病而病得很重，

> 瘸了腿，我谦卑地斗胆向您求助，希望您要么发一点点善心，要么把书归还，我好将它们送给其他有身份的人。除了翻译拉丁文、希腊文和西班牙文，我没有任何养活我的妻子和四个孩子的办法。

这就是格拉布街的真实而不快乐的声音。在缪斯的仆人中，比起像国务大臣艾迪生、主持牧师斯威夫特或理查德·斯蒂尔爵士一样的人，有更多的人像可怜的哈里斯一样在生活。

约翰逊博士在他有关马修·普莱尔的传记中说：“在威廉和安妮统治期间，没有任何繁荣的事件是不被诗歌毫无体面地淹没的。”献给国内所有政治家和将军这样的爱国诗篇，已经像洪水一样沉入地下，被理所当然地遗忘了，除了艾迪生的《战役》（*Campaign*）还在为布伦海姆增添光彩。但辉格党和托利党的论战散文中，有更多的东西注定要经久不衰：身为作家的斯威夫特和艾迪生谈论的是他们自己的时代，但是之后世代的人都听到了他们的声音。小册子和政治评论的重要性，以及政治领导人愿意支付其作者的报酬，自然
89 来自议会和公众舆论的管理。正是由于这一点，年轻的伏尔泰发现，文学家在英格兰比在他自己的国家受到了更多的尊重。在英格兰，除非首先说服广泛的公众，否则就无法行使政治权力。由于当时没有对演讲的报道或议会辩论的出版，也很少有任何形式的政治会议，因此有必要雇用文人来向人民传达政治领导人希望说的话。因此，具有这种天赋的人在安妮女王统治时期的社会中占据了非常高的地位，他们的同侪诗人却在阁楼里挨饿。

尽管文人们仍旧创作诗歌与韵文，即便是在韵文里，他们也从诗意和想象转向了18世纪清晰的、理性的朴实与纪实精神。出现这种情况的一个原因就在于政治文学的丰厚回报。弥尔顿确实写过政

论小册子，但其中最好的段落保留了伟大诗歌的品质，而不是按成熟的政论小册子的标准写作的。安妮时代的任何作家都无法得到这一评价。

1695年，审查制度被取消，自由文学的既得利益者随之涌现。当1703年有人提议恢复新闻检查制度，以便“抑制新闻界无法无天的行为”，伦敦的印刷工人们向下议院请愿，说如果该法案成为法律，他们将成批下岗。[102]这个诞生于自由的民族产业几乎完全集中在伦敦。伦敦把七十家印刷和出版商的产品送到了英格兰最远的地方。

在天主教阴谋案和革命时期，人们对新闻的渴望往往是通过首都寄给各省通信员的手写的“新闻通讯”而得到满足的。但当安妮登上王位时，手写的通讯开始被伦敦印刷的十几份报纸取代。报纸通常是一张两面印刷的纸，有时折叠成四页；报纸一周内出版两到三次， 90
包含国内和国外的主要消息，不加评论。最后半页专门用于刊登广告，诸如专利药品、房屋销售、“高贵而英勇的斗鸡运动”集会，或布鲁克和赫利尔先生的葡萄牙红酒。一些报纸的新闻带有托利党的色彩，如《邮报》（*Postboy*），另一些则带有辉格党的色彩，如《邮差》（*Postman*），但新闻大体上都是一样的，也没有头条新闻。

然而，还有另一种类型的定期出版的刊物，如辉格党的《观察者》（*Observator*）和安妮女王统治早期笛福创办的《评论》（*Review*），它们只刊登很少的新闻，但详细地评论其他地方报道的新闻。几年后，这种新的方法在斯蒂尔、艾迪生和斯威夫特的《旁观者》和《审查者》（*Examiners*）中达到了完美的程度。

到了安妮女王统治末期，英国几个大的郡都府已经按照伦敦的模式创办了自己的报纸。《纽卡斯尔报》（*Newcastle Courant*）就是如此，该报于1711年开始发行。安妮统治时期，新闻业迅速且健康的发展所遭遇的第一个严重制约来自博林布鲁克采取的有效措施，他在1712年对报纸及其广告征收了重税。[103]

一些郡根本没有印刷厂，最大的郡首府也大多只有一两家印刷厂。全英格兰都把伦敦视作新闻、意见以及政治、宗教、文学和时尚等各方面论点的源头，并把伦敦、牛津和剑桥视作有学识的作品的来源。印刷商一般都是出版商，而出版商一般都是书商，他们出售自己印刷的书籍。伦敦的书商大多依附于辉格党或托利党的事业，其中一些依附于詹姆士党人的事业。①

伦敦不仅是文学、新闻和公共新闻的焦点，甚至也是私人信件
91 的焦点。拥有40名分拣员的邮政总局（General Post Office）在伦巴第街成立，英格兰几乎所有通过公共邮政发送的信件都必须经过它：第一批"交互邮件"（cross post）是在安妮女王登基前几年才出现的，这些邮件在两个重要的城镇之间直达，不经过伦敦。但在农村地区，信件由私人信使发送的情况要比现在多得多。伦敦地区已经有伦巴第街邮局管理下的一便士邮政，每隔数小时就送一次信。[104]

邮局在乡下送信所需的时间，就像所有陆路交通的速度一样，根据道路的潮湿或干燥情况有很大的不同。邮差们估计，完成从伦敦到爱丁堡的旅程平均需要六天。但在冬季的暴风雨中，邮差、马

① Nichols's *Lit. Anecdotes*（1812），Ⅰ, pp. 289–312. 1711年，泰恩河畔纽卡斯尔的印刷商和出版商在他的报纸《纽卡斯尔报》上刊登了这样的广告："这是为了通知所有愿意在北部地区出版书籍的绅士和学术爱好者，住在泰恩河畔纽卡斯尔的印刷商约翰·怀特收到了各种各样的信件和印刷品，并准备以合理的条件印刷它们。"

匹和邮包在穿越洪水泛滥的山谷时很容易消失：马匹的损失很可能比信件更大，因为有时从伦敦寄到苏格兰的信只有一封。在一个晴朗的夏日，从早上5点到晚上8点，一辆好的四匹马拉的车可以走完从伦敦到剑桥的53英里。在现代，这一纪录很容易就能被本科生徒步的纪录打破。只有最好的马车才有机械装置，这些笨重的机器只有在可疑的骑士出现时才会加速，而这一事件并非不常见。拦路抢劫者安全地潜伏在未开垦的灌木丛和未圈占的荒地上，并与许多旅馆老板结成联盟，就像《博克斯的诡计》（*Beaux' Stratagem*）中的博尼法斯一样。事实上，在苏格兰，人们见不到拦路抢劫者；他会疲于等待稀少的乘客，而且在掠夺之后也不会比之前更富有。但在英格兰，在开启一段旅程的时候，没有人会完全不担心在旅途中遇到这种情况。

在道路上，比马车更常见的是速度更慢的“篷车”（hooded wagon），里面有乘客和行李，赶车人走在他的八匹马的前面。最常见的是满载的驮马队，有时多达50匹，排成一列，跟着一匹脖子上挂着铃铛 92
的头马。[105]

在与法国的战争期间，通往欧洲大陆最常见的方式是从哈里奇到鹿特丹。乘坐普通马车的旅行者从伦敦到哈里奇需要花费两天时间，而且他们经常在港口停留一个星期，等待天气好的时候过关，在旅馆里则“无事可做，饭菜很差，账单长得吓人”。过关本身可能需要一个星期，如果风力不减，又能避开敦刻尔克的法国私掠者，也可能在24小时内完成。

即使在北方大道（Great North Road）上，在冬季或恶劣的天气下，发生延误和遇到危险的可能性也会大大增加。1709年1月，古董商托尔斯比离开亨廷顿前往伦敦，导游在一夜的大雪和洪水后拒绝继续向南走。然而，这支队伍在没有导游的情况下继续前行，引得罗伊斯顿的居民们跑出屋子来看这些冒险的旅行者。他们那天走了30英里，在帕克里奇睡了一觉。第二天，他们到达了伦敦，但在那之前，“由于冰层的破裂”，托尔斯比的马在恩菲尔德的路边跌入了齐腰深的水里。

冬天的北方大道最好地段的路况就是如此。在格兰瑟姆以北，它只是一条狭窄的石质堤道，两边都是松软土地。在这样的路上，马车几乎无法在潮湿的天气里通行；即使是骑着马的人，当被一队驮马挤下堤道时，有时也很难从泥沼中回到路中央。许多道路都是这种“堤道”类型。乡村道路只是泥泞的小路或宽阔的绿道。也许，这么多道路的大部分路段都是不封闭的，这是好事，因为乘客可以骑马或步行离开道路本身的泥沼，取道邻近的旷野或玉米田。农民们抱怨这些事，但法律在这个问题上维护了受苦的旅行者的权利。在肯特郡这样的封闭地区，两个骑手几乎无法在伦敦和坎特伯雷之间的主干道上的许多地方并行，一辆马车就可完全挡住树篱之间的
93 道路。萨塞克斯郡的荒原被描述为“一个宽达14英里的水槽”，排水不畅，以至于南北唐斯之间的道路满是泥淖，直到干燥的夏天。笛福描绘的一幅图景令人们印象深刻：

> 我在离刘易斯不远的一个乡下村庄的教堂里看到一位年老的女士，而且我向你保证，她是一位地位很高的女士，用六头牛拉着她的马车去教堂；这样做也不是为了好玩或幽默，而是出于必要。那道路又深又陡，没有马匹可以行进。[106]

路况糟糕是由于缺乏重建或修复道路的机构。道路穿过的每一个

堂区都有法律义务维护它，由农民每年提供六天的无偿劳动，除他们自己选择的一名测量员外，没有任何监督。不让大道的使用者承担维修责任，而让大道经过的堂区承担维修责任，这种不公平的做法与期望农民无偿充当熟练的公路修建者的愚蠢程度相当。其结果是，自从罗马人离开不列颠后，几乎没有修建过硬实的道路。在中世纪，当商业活动很少的时候，这一点并不重要。在后来的斯图亚特王朝时期，当商业规模变大且迅速增长时，这一点非常重要；人们开始觉得这是国家的耻辱。因此，在一些最糟糕的地区，议会立法推行了新的公路维护体系，即让道路使用者支付维护费用。当安妮登上王位时，地方治安法官的一般机制被用来管理公路，但到了安妮女王统治末期，有时会根据法规设立专门的公路托管机构。然而，直到汉诺威王室在位一段时间后，某种程度上的普遍改革才以立法的形式开始推行。[107]

在这种情况下，海运和河运，无论多么缓慢，都比陆路交通有
更大的优势，特别是对重货而言。鱼可以由快马驮着，从莱姆雷吉 94
斯分程运送到伦敦；但是煤炭是经由海路到达的。即便如此，在泰
恩河畔的矿井口只需花费5先令就可买到的煤，在伦敦需要30先令，
在泰晤士河上游的城镇则需要50先令。之所以煤在各个地方价格不
同，部分原因是海上运输的煤炭被征税，这既是为了支付圣保罗教
堂的重建费用，也是为了支付与法国战争的费用。约克郡、兰开夏
和西米德兰郡的煤更便宜，因为在那些城镇，煤可以从矿井口漂流
到像考德尔河或塞文河这样的河流上，在内陆河流上运输的煤炭不
像海上运输的煤炭那样被征税，而且它既不会受到敦刻尔克私掠者
的攻击，也不会受到皇家海军在泰恩河和泰晤士河之间提供的、不
充分的护航的限制。[108]

怀特海文通过向爱尔兰出口坎布里亚的煤炭而迅速崛起。布里斯托尔的船只则把煤炭运出南威尔士。在今天英格兰开采煤矿的郡中，有3/4的郡在安妮女王统治时期就开始开采煤炭了。拥有矿场及矿场工作利益，不被认为是有失大贵族尊严的事，因为，不同于欧洲大多数国家，在英格兰，除了金银，所有矿产资源均被认为是土地所有者的资产。达特茅斯勋爵就是当时的贵族煤老板之一，位于他在桑德维尔的乡间别墅附近的许多斯塔福德郡矿井都是他的财产。他的对手是一位名叫威尔金斯的乡村绅士，据说，威尔金斯“将莱斯特郡的煤矿据为己有”。

当时，留下煤柱来支撑矿顶而不是使用木材支撑，是常见做法。矿井的深度可达地下400英尺，甚至更深，在兰开夏，工程师于1712年设计出了一台用于将水从矿井中抽出的机器，它被描述为“第一个真正的蒸汽机”。在泰恩河畔，人们用木制轨道将卡车运到河边，以装载龙骨；仅在纽卡斯尔周边地区，就有两万匹马被用于运输煤炭。比起中世纪时的情形，较大的矿藏在地下埋藏得更深，
95 因此，沼气引发的爆炸已经很频繁，如1705年在盖茨黑德和1708年在切斯特勒街发生的爆炸，当时有100名矿工丧生，“此外，周围几英里内的许多房屋和人员都受到了巨大的损害。有一个人被炸出了50英尺深的井口，并在离该地很远的地方被发现”。两年后①，仍是在北达勒姆地区，在本斯海姆发生了另一次爆炸，又有80多人死亡。但露天采矿量仍然相当大。在西部，有许多小型矿井，每个矿井由两个或三个矿工负责，有时由一个人负责。[109]

在老英格兰，工业是在家内进行的，这种说法有一个重要的例

① 原文如此。应为1710年。——译者注

外，即各类矿工和各郡的采石工人。还有其他的例外情况，但它们更难具体说明和界定。许多工场有如此大的房舍，并有如此多的学徒和带薪工匠，以至于它们可以被视为家庭和工厂体系之间的过渡。工业的正常基础仍然是学徒制，这是进入某一行业的唯一合法途径，无论是男孩还是女孩。一方面，学徒制度经常被残忍的男女主人滥用，贫穷的学徒所受到的对待，至少和后来工厂制度发展最糟糕时期的儿童所遭受的一样恶劣。没有检查员，也没有针对虐待行为的检查。另一方面，学徒是其主人"家庭"的一部分，而一般人不喜欢在自己的家中看到不愉快的面孔。此外，学徒制是非常宝贵的，因为它为那个"课余时代"提供了纪律和技能培训，而我们今天很少重视这一点。它在很大程度上弥补了学校教育的不足。学徒制是培养英格兰古老的手工艺和品格的培训机制。①

在达到当学徒的年龄之前，小孩子有时会被安排在父母的小屋 96
中工作，其年龄与后来进入工厂的儿童一样小。这种方式在布匹行业的纺纱行当中尤其盛行。笛福在科尔切斯特和唐顿的制布业地区带着肯定地注意到："在该镇或其周围的村庄里，没有一个五岁以上的孩子是挣不到钱的，如果没有被父母忽视，没有人教的话。"在西区的制布业山谷地区，他还发现，"几乎没有四岁以上的孩子不能靠自己养活自己的"。可怜的小东西！但至少，每当他们的父母让他们去玩的时候，他们有近在咫尺的田地，而不是贫民窟的无边

① 早在安妮女王统治时期，就已经有人在抱怨学徒制不像法律规定的那样是强制要求的。1702年，肯德尔市政委员会要求制定一项更新且更严格的法律，因为"尽管此时有法律规定，不能在没有度过七年的学徒生涯之前就开始任何工作，但一旦有人因此受到指控，他们往往在接受惩罚之前就已经达到这个要求了，因此最近很少有人受到惩罚"。*H. M. C. Bagot*, R. 10 , pt. iv., p. 336.

荒野。[110]

纺纱主要是由妇女和儿童在乡间小屋里完成的，而织布主要是由男人在城镇和城市地区完成的。这两个过程虽然都是在家庭条件下进行的，但都需要资本家的组织和监督。这一任务要么是由雇主，要么是由购买小屋货物的中间商承担的。在英格兰布匹行业发达的地区，该行业的组织方法各不相同。[111]

虽然我们对安妮女王统治时期的煤炭行业感兴趣，特别是因为它的前景，但布匹行业是当时的典型产业。2/5的英格兰出口产品就是在英格兰织造的布匹。英格兰的许多国内法律和许多经济及外交政策措施都是为了实现国家的伟大目标，即促进布匹的生产并推动其在国内外的销售。英格兰人认为，在世界的运输贸易中，他们之于其荷兰对手的真正优势就在于此，因为他们有这种伟大的支柱产业的制成品可以装满他们的出海船只，而荷兰人除了鲱鱼几乎没有别的产品可供出口，主要是在其他国家之间充当承运人。

布匹产业受到各种立法手段的鼓励，甚至死人也被强迫裹上上好的英格兰布下葬：

> “可恶！穿羊毛！即便是圣人也会被激怒。”
> 这是可怜的纳西莎说的最后一句话。①

97 英格兰通过并部分执行了禁止向国外出口原毛的严厉法律。但是，“走私”，即把英格兰的原毛运到法国，在整个对法战争期间都在进行：或者是从肯特郡的罗姆尼沼泽运出，那里是走私者和詹姆

① Pope, *Moral Essays*, I.

士党人最喜欢的地方；或者从萨塞克斯和林肯郡的沼泽地运出，在那里，走私者和龙骑兵之间爆发了许多小冲突。在英苏联合之前苏格兰政府的纵容下，许多英格兰羊毛从苏格兰出口到欧洲大陆。被走私到法国的爱尔兰羊毛的规模更大，而且在道义上更有理由，因为英格兰议会在1699年禁止爱尔兰布匹的出口，这是议会为了安抚英格兰商人的嫉妒情绪而通过的最不公正和最短视的法律之一，甚至完全无视邻岛的“新教徒利益”。[112]

让世界最大的市场对英格兰布匹保持开放的愿望，是1702年英格兰拿起武器反对法国–西班牙势力的主要动力。当时，在路易十四的指挥下，法国–西班牙势力正着手向英格兰的货物关闭西班牙、荷兰、南美和地中海市场。1704年攻占直布罗陀，不仅仅是陆军和海军野心的体现：一个自由进入地中海和土耳其贸易的入口对布匹工业至关重要。英格兰的布匹在这些地方大量销售，英格兰的商人还从西班牙和南意大利带回了布匹行业所需要的油。西班牙的美利奴羊毛在英格兰加工成布匹后，再卖回西班牙，而西班牙的本土工业正处于最后的衰退阶段。近年来，英格兰生产的羊毛的质量和数量进一步提升，因为使用了“苜蓿和其他草籽”来喂养羊群。美洲殖民地在很大程度上被视为英格兰的布匹市场。在俄罗斯，对布匹的需求也在18世纪不断增长。[113]

只有在远东地区，厚重的英格兰布匹才会没有市场，这是东印度公司在议会面前自我辩护时不得不面对的最不利的理由。但是，东印度公司为英格兰带来的茶叶和丝绸，足以弥补其未能出售英格兰 98
布匹并敢于出口金银来购买布匹替代品的严重经济罪行。竞争对手土耳其公司的商人们徒劳无功地恳求说：“如果从印度运来丝绸，就会破坏我们与土耳其的贸易，因为在那里，丝绸是用金银廉价购买的，而我们是用布来换取土耳其的丝绸。”对时尚和奢侈品的需求的重要性超越了制衣商、土耳其商人和正统经济学家的论点。“我们庄重的老爷们更欣赏自己穿上印度长袍的形象，而不是穿上斯皮塔菲尔德的长袍的。”此外，女士们都在喝“茶”（tay）。就这样，印度贸易被允许蓬勃发展，而布匹贸易也同时在蓬勃发展。[114]

虽然布匹行业是在城市里组织的，但大部分布匹是在集镇和小村庄、农场和茅屋里被纺织出来的。在农村环境中的布匹制造业也不例外。与金雀花王朝时期相比，工业在城市中的地位有所下降。全国只有一小部分制造业活动不再是在城墙内进行或受市政控制的。许多城镇，特别是伦敦和其他一些海港，规模确实比以前大得多，因为商业活动已经增加，而商业必须集中在城市。但还有许多城镇已经衰败或停滞不前，因为制造业已不再是市政性的，而是全国性的。在选择工厂所在地时，工人们更愿意把自己安置在令人厌烦的市镇法规之外，而不是在城市的围墙内寻求安全，那是中世纪那个犯罪盛行的社会的做法。乡村和开放的集镇现在已经足够文明和安全，可以成为高度精细的手工业的家园。

随着现代机器和现代工厂制度的出现，工业在较晚些时候回归城市。但从伊丽莎白到乔治三世，大部分工业人口都生活在农村。典型的英格兰人是一个村民，却是一个习惯于与各种职业和阶层的
99 人打交道的村民——绝不只是一个除了犁柄对一切一无所知的乡下人。耕作和农业确实是一种技能门槛很高的行业；但组成斯图亚特和汉诺威王朝早期村庄和小集镇社会的人，不仅是农夫，还有各种类型和地位的人。部分出于这个原因，那个时代的英格兰人令著名的殖民者、手艺人能够适应新的环境，而且，比起无知的封建时代

的农奴或者今天过度专业化的矿工、城市工人和书记员，他们更容易满足对他们的聪明才智和技能的突如其来的各种要求。

部分由于工业打破了市政控制的界限，在安妮女王统治时期，各选邑的市政生活已经处于衰落状况。市民们的合作精神已变得如此衰弱，以至于他们无法设计出新的形式来让它焕发新的生机。他们满足于眼睁睁地看着他们所在的城市或选邑的老掉牙的机构沦为一块古董木头，直到1835年的市政改革法案（Municipal Reform Bill）将其一扫而空，并开启了以现代民主为基础的城市管理的新纪元。

除了伦敦和其他几个城镇，市政府都是这样或那样的寡头政府。在一些城镇，寡头政治由来已久；在另一些城镇，自由民的权利仍处于消失的过程中。如果英格兰的贸易仍然像中世纪那样依赖于城市行会和治安法官的有效控制，那么，在边沁的时代之前很久，商业和工业的需求就一定会引发市政改革的需求。但在安妮女王的统治下，只要工业不受限制，只要个人享有当时所理解的政治、宗教和经济自由，效率低下和腐败的市政府就不会受到深深的怨恨。

英格兰众多城镇的政府之间存在着千差万别的情况。它们中几乎没有两个是完全相同的。一种非常常见的地方政府的形式是由城镇治安法官行使权力，他们要么被等同于市政官员，要么由市政官 100
员任命。在这一点上，城镇治安法官在该行政区被赋予的权力与王室提名的郡治安法官的权力大致相同。[115]从这种意义上来说，虽然没有统一，但城市和乡村的政府类型大体上有相似之处。这造就了18世纪英格兰人生活的平和特征。如果城市生活中出现一种自信或民主的精神，那它一定会与统治英格兰的拥有土地的贵族发生冲突。但事实是，除了伦敦这一明显的例外，这些城镇几乎总是准备好在行政和政治上保持一致，极大地服从于整个国家的现代秩序（motd’odre）。很多时候，市民们都愿意看到在威斯敏斯特代表他们的议会议员由附近有土地的大人物提名，这些人越来越多地宣称自己拥有“衰败选区”（rotten borough）的所有权。这种相互适应的制度的另一面是统治集团对真实的或假想的行业利益的尊重。乡绅篡夺了威斯敏斯特的自治市成员资格，但他们利用在那里的权力发动战争，制定法律和条约，以维护英格兰工商业的利益。

在农村地区，地方自治的程度甚至比城镇还要低。诚然，农村的议会选举没有衰败选区的选举那么闹腾。但没有旨在进行地方管理的农村选举。在1888年的《郡议会法》（County Council Act）颁布之前，英格兰乡村一直由王室从当地贵族中任命的治安法官承担审判、管理和征税的任务。在安妮女王统治时期，这些治安法官的权力正逐年变得更加独立，其范围也更加广泛。自革命以来，王室比以往任何时候都更害怕干涉所任命的地方治安法官的行事程序。在安妮统治的早期，笛福向哈利报告了十几个郡内的高教会派托利党
101 治安法官是如何公开煽动公众反对温和托利党战时政府的。他们似乎并不担心仅仅因为反对王室的政策就会被王室解雇。相反地，许多政治家认为，农村治安法官应该与政府共进退，当托利党政府出现时，所有辉格党的治安法官都应该被解雇，反之亦然。在这个问题上，没有确定的理论或实践。和在其他问题上一样，女王和她的一些大臣在这个问题上主张采取温和的做法，趾高气扬的托利党人和狂热的辉格党人则吵着要建立一个“胜利者分赃”的制度，并将所有“邪恶”党派的地方治安法官赶走。安妮女王在位期间，很少有纠纷会比这一点引起的争论更加激烈了，事实上，也没有什么比

这个未解决的问题更重要的了。①

治安法官的权力一直在增加，就像过去几个世纪一样。在没有像服务于法国君主那样的付薪的官僚机构的情况下，地方政府的大多数新职能都必须由治安法官来承担。这些政府业余人员的能力和善意的极限就是英格兰王室权力的极限，这正是詹姆士二世得到的教训。除了治安法官自己的办事员，英格兰中央政府没有任何可以依靠的训练有素的官员来执行其在农村的命令。但威斯敏斯特的议会成员们相信治安法官，只因为他们和自己一样是乡绅。事实上，议会可以被称为大型国家季审法庭。于是，一条又一条的法规将新的职责推给了业余的地方法官。例如，1702年，一项法案赋予了在季审法庭上集会的法官对每个城镇或堂区的桥梁维护征税的权力，税率不超过每镑3便士。[116]警察工作、小规模司法、济贫法以及地方政府的每一项职能，都依赖于这些地方治安法官。如果没有专家团队执行工作，以我们后来的标准来看，治安法官并不能适当地履行他们的所有责任。英格兰人的自由以及英格兰人固有的对税收和官僚主义的厌恶，都不利于完美的行政管理。 102

没有什么比监狱的状况更能说明政府机器的不足了。季审法庭在维持监狱作为公共机构方面会遇到财政和其他方面的困难，而且监狱的公共职员都是领薪的，因此，监狱被外包给了露西·拉克的父亲那样的狱警。这种制度在伦敦和各省都很普遍。囚犯们任由这些高利贷者摆布，这些人以高价向当局购买狱卒的职位，并敲诈被交付给他们的受害者，以收回自己的钱财。囚犯一到监狱就被戴上镣铐，只有在付款后才能解开。如果他在新门监狱不能或不愿支付

① 见下文（边码）第206—208页。

"勒索金"，他就会被转移到被称为"丹吉尔"的牢房，在那里，他会被"以非常暴力的方式鞭打、殴打和虐待"。较为贫穷的囚犯，尤其是债务囚犯，遭受的痛苦最为严重；无辜的人或被释放的债务囚犯往往在他们本来可以获得自由的情况下，仍然在监狱里待了好几年，完全是因为他们没有办法支付他们所产生的监狱费用。人们经常得不到被褥，几乎没有食物，直到他们死于虐待或找到朋友来支付他们的"勒索金"。1711年，玛丽·皮特在门房监狱（Gatehouse Prison）被"扔下了楼梯，因为她没有钱支付床铺的费用"，她被安置在一个地方，在那里，15天大的婴儿的尸体的臭味让她"几乎被毒死"。①

这种暴行终于开始引起慈善家的愤慨了。在安妮女王时期，针对狱卒的行为进行了报告和调查，至少在伦敦是这样。但众所周知，直到19世纪末，霍华德才采取了第一批有效的改革措施。[117]

103 这就是安妮女王的英格兰——一片拥有许多缺点和弊端的国土，在公共组织的效率方面匮乏得令人担忧，但是，在此方面，英格兰也并不比当时的其他国家逊色多少，且在自由以及公民个人的活力和主动性方面优于那些国家。持续了整个安妮女王时代的战争，注定要使英格兰在政治上首次成为欧洲文明的领导者，取代路易十四的法国。正是由于权力分配的这一变化，自由制度及其精神开始在人类的思想和愿景中占据重要地位。

---

① 另一方面，那些能在监狱里付得起巨额资金的人，按照同一标准，获准购买不一般的特权，包括在有担保的情况下"秘密搭乘出租马车"离开舰队监狱或王座法庭监狱，或者"在所谓的出监令下公然"离开。Macky，*Travels*，Ⅱ，pp. 1–3，234.

第五章　威廉三世与政党

在安妮统治时期，无论是国内还是国外，有关权力的斗争都围 104
绕着马尔伯勒一人。而在前一个统治时期，在这片国土上，除了国王本人，没有哪一个臣民拥有过如此大的影响力。在那个时期，斗争更多的是在党派之间进行，而不是发生在个人之间。威廉国王、辉格党和托利党几股力量，他们的相互吸引和相互排斥支配着英格兰政体的不稳定运转。我们或许可以把威廉比作一个马车夫，在没有鞭子、手握腐烂的缰绳的情况下，他试图赶着两匹桀骜不驯的马通过一段险阻的道路。这两匹马对彼此心存戒心，还对赶马人心存质疑，而就在这样的条件下，威廉还想要不跌落下来。

这位荷兰国王对英格兰国内的争斗不闻不问，把它留给英格兰大臣们自娱自乐，就好像迦流[1]对犹太法漠不关心一样。这既是威廉与他的英格兰臣民打交道的弱点，也是他的安全所在。威廉三十年的公共生活的目标和激情，是在欧洲遏制法国君主的权力。

当他在22岁第一次走上世界舞台的前台时，这位年轻的王子比他慈祥的先祖（人们意外地称之为“沉默者”）更加严厉和沉默寡言，当时正在发生的事件为他指明了毕生的事业。1672年，在海上盟友

① 《圣经》中不过问自己职权范围以外事务的官员。——译者注

英格兰的协助下，法国军队粗鲁地占领了联省共和国七省中的四个。
路易十四宣布，他所征服的领土将被并入法国王室。荷兰省本身只
105 是由于法国将军们拖拉的行动而得以幸免，法国将军们的拖拉给了
荷兰人时间，让其断开堤坝，淹没了通往阿姆斯特丹和海牙的道路。

那一年的恐惧与屈辱永久地改变了荷兰的命运。不仅威廉余生的政策，而且在他之后的马尔伯勒战争时期的荷兰国务家们的政策，都源于1672年的事件。这些痛苦的回忆，既让威廉拥有了作为荷兰最高执政官的权力，也让他拥有了在欧洲的影响力：在世人眼中，他是路易十四最敬畏的敌人，而路易的野心早已成为所有人的噩梦。

两年后，法国人被赶出了共和国的领土，但荷兰省并没有恢复它以往的安全感。在德维特兄弟（De Witts）时代，它过于依赖它的海军，但现在，它又恢复了莫里斯亲王时代的老传统，再次需要一支庞大且纪律严明的陆军以获得额外保护，这支军队还将从欧洲的每一个新教国家中招募士兵。此种做法影响了它的财政和繁荣，但它别无选择。荷兰人的军队注定要在马尔伯勒的战争中发挥巨大作用，这支军队在数量和质量上都与以前的军团大相径庭，后者曾在1672年一败涂地——在路易第一次进攻时未能保护共和国领土。

因此，联省共和国主要通过与外国建立联盟体系来确保安全。在联盟的形成过程中，年轻的威廉展示出非凡的外交技艺。无论是对较小的德意志与意大利的邦国来说，还是对巨大的、毫无生气的西班牙君主国（横跨两大半球，就像是一个已经死去的利维坦）来说，抑或是对在维也纳的哈布斯堡家族的神圣罗马帝国皇帝来说，法国已然成为一个明显的威胁。欧洲的每一个国家，无论信仰天主教还是新教，但凡仍然渴求国家独立的，都把威廉视作能将他们从法国的霸权中拯救出来的领袖。

奥地利君主、西班牙君主和教皇面临着成为路易十四封臣的危险，这就将这些天主教力量推向了威廉一边，使其成为威廉的盟友。而对
1685年 于新教徒，路易威胁着要灭绝他们。他正在清洗法国国内的新教徒，一边动武，一边撤销《南特敕令》。

在征服荷兰或任何一个国家后，法国军队很快会在被征服地区 106
清洗新教徒。因此，对于新教徒来说，他们是为了捍卫自己的宗教而向路易宣战，尽管这场战争是在天主教盟友的配合下打的。威廉和安妮统治时代的大众读物向我们展示出，英格兰也是如此看待这场战争的。

威廉毕生的目的是遏制法国的力量。在他看来，这个目的只有通过让英格兰在这场战争中扮演一个积极的角色才能实现。正是出于这一原因，而不是为了获得英格兰人的青睐或为了王冠上那个闪闪发光的小玩意儿，威廉才决定冒着巨大的风险，于1688年11月入侵英格兰的岛国。路易十四的舰队和陆军就在他的两翼，威廉别无指望，除了暂时团结起来反对詹姆士的英格兰各阶层。这场冒险行动带来了一场不流血的革命，整个过程充满了一系列不可思议的巧合，以至于人们认为它们是“上帝”的旨意。威廉的入侵并未让英格兰陷入一场新的内战，不像路易轻蔑地估计的那样，当时他默许威廉启程，还命令法军不要干预。与前斯图亚特王朝统治时的先例相反，两大对立的党派就一项政策达成共识，即选举威廉和玛丽为他们的国王和女王，并作为一个团结的民族加入反对法国的战争。威廉来此的目的已经实现。他已经把英格兰纳入了反对路易十四的阵线。

“光荣革命”的“光荣”，并不在于一个党派的胜利，而在于党派之间的妥协与和解。事实上，仅仅把一个愚蠢的凡人从对他产生普遍厌恶情绪的岛上赶出去一点也不光荣。“光荣”在于政变之后签

订了互相宽容的持久有效的条约，在于英格兰革命安排平息了国教派与新教徒以及圆颅党和骑士党之间的血腥斗争，也在于英国重新走上了追求国内团结与自由、迈向欧洲、跨洋扩张的道路。在威廉统治时期，英格兰仍然因为革命之后的政治动荡而步履蹒跚，但是
107 它站稳了脚跟。只有到了下一任君主的统治时期，英格兰革命安排带给英格兰的力量才会充分显现。

作为英格兰国王，威廉用对抗法国的立场指导自己的行为，这一点的明显程度与他作为荷兰最高执政官的程度一样。既然这是英格兰的利益，就不能说他为了满足自己的私人目的而偏离了英格兰的方向。他再次让英格兰走上正轨，因为英格兰真正的道路恰好也是威廉和欧洲的道路。

对路易的恐惧并不是辉格党的特有信条。在很多年前，托利党人丹比和骑墙派哈利法克斯勋爵就已经看到，反对崛起中的法国是真正符合英格兰国家利益的政策。然而，辉格党和托利党围绕《排斥法案》（Exclusion Bill）的斗争以及查理和詹姆士二世的罗马天主教政策，都推迟了英格兰进入欧洲角斗场的脚步。在英格兰国王和政治家们从路易十四那里领取年金的那些年，法国在欧洲大陆的力量迅速上升，到了1689年，所有的英格兰人都能像1674年的丹比一样，看到来自法国的危险。在1689—1697年威廉把这个岛国的资源运用到海洋和欧洲大陆的战争中的时候，无论是辉格党还是托利党，都没有表示反对。从革命到《赖斯韦克和约》（Peace of Ryswick）签订的时期里，英格兰议会都十分愿意投票支持战争。

在威廉和安妮统治时期，英格兰人必须要和路易十四开战的理由与从伊丽莎白统治时期到乔治五世统治时期周期性促使英格兰在

欧洲的巨大危机中采取行动的理由一样，它们包括：商业和殖民的敌意，早年间各个国家排外的商业与殖民政策加剧了这一态势；阻止欧洲大陆上任何一个国家的实力过分强大，确保英格兰的小岛安全无恙，也就是所谓的均势政策；确保英格兰的海上安全，务必不使低地国家落入一个强大的海陆军事帝国。这些是英格兰与菲利普二世、拿破仑和威廉皇帝作战的原因，也是其与路易十四作战的原
因。不过，在威廉与安妮统治时期，还有一个动机迫使英格兰与法 108
国战斗。1689年与1701年，路易收留了逃亡的信奉罗马天主教的斯图亚特家族，并试图以武力帮助他们在英格兰复辟。因此，辉格党与托利党都不得不战斗，以捍卫《王位继承法》、新教或英格兰国教会以及民族的政治独立。罗马天主教斯图亚特家族的命运与法国军队的命运息息相关。詹姆士党的复辟机会因其被置于危险的战争中而增加了还是减少了，无一定论。至少可以肯定的是，只要威廉或安妮的战争还在继续，除非法国人取得胜利，否则他们没有任何实现复辟的办法。在战争时期，英格兰人绝不会为他们的国王向敌人的宫廷送信。

威廉仅仅把辉格党和托利党看作两个中立的必不可少的工具，让他们服务于他遏制法国的任务。威廉带着些许蔑视的眼神，不偏不倚地看待他们。威廉不喜欢他们的党派气质，也不喜欢他们在琐事和过去的事上小题大做。对他而言，那些事没有任何意义，还会损害他们在共同事业上的团结。

统治伊始，威廉对辉格党有些疑虑，毕竟他们持有反对君权的观点。威廉认为辉格党比实际表现得要更加倾向于共和主义。他不能立刻忘记，正是这些人曾在沙弗茨伯里的领导下对他和他妻子的

王位继承权置若罔闻，为的是将辉格党的工具——私生子蒙茅斯推上王位。早在查理二世统治时期的托利党人丹比才是主张由奥兰治家族继承英格兰王位的最积极的支持者。正是他（而不是辉格党）突破了重重困难，安排了威廉与詹姆士二世的女儿玛丽的联姻，目的正是加固他们的继承权，并且把英格兰和荷兰绑在一起，共同对抗法国。

因此，起初，威廉对托利党并没有成见，也不反对该党在国内
109 政治中的原则。他们是保皇主义者，而威廉并不排斥保皇主义。因为，他本人就是一个有着自己主见和政策的亲王，在荷兰反共和派领袖的抚养下长大。他对托利党的真正的不满在于他们的高教会派原则。威廉既是一个加尔文派教徒，又是一个不拘泥于宗教教条与形式的人，尽管他的后一个特点让他的加尔文主义变得没有那么严苛，但是这两者加在一起还是让他不能同情高教会派的立场。他对于高教会派的宗教热情并没有那么关心，但是他很害怕它所带来的政治层面与欧洲层面的后果。高教会派的教义对国王的议会名头表示轻蔑。在战争时期，高教会派对英格兰不从国教者的敌意分裂了整个民族，而他们对外国新教徒的敌意妨碍了英格兰与加尔文派的荷兰结成友好的同盟。这些困扰着威廉的势头也注定会给他的继任者带来同等的麻烦。尽管这位继任者本人就是高教会派，但她也领导着一个对抗法国的同盟。

辉格党和托利党都充分参与了1688年11月和12月将詹姆士赶出英格兰的武装反抗。但是，在1689年1月的非常议会中，是辉格党多数决定将威廉和玛丽以同等的条件推上王位的。非常议会中的少数托利党人则一度打算将威廉置于他的妻子的地位之下，仅让他担任摄政王或者王夫，尽管他可以执掌英格兰政府。在1689年，托利

党并没有从个人立场出发来抵制威廉对英格兰王位的要求，而是作为神圣继承权的使徒进行了抵制，为的是挽救自己的脸面。当辉格党的得票超过他们的时候，他们终于默许了辉格党的要求，即让威廉和玛丽以同样的名号登上王位，该举措并不是源自严格的继承权，而是议会的投票结果。

辉格党想为他们支持了这一里程碑式的伟大事件而收获丰厚的回报。他们期待威廉以辉格党国王的身份行事，就像查理二世晚年当了托利党的国王一样。但威廉更想当整个英格兰的国王。他最初采取的措施是建立由辉格党人与托利党人共同组成的混合政府，即便辉格党 110
在议会下议院明显占据多数时，也是如此。1690年，辉格党多数试图对托利党仇敌复仇，提出了《赦免法》（Act of Indemnity），而没有继续推进战争，这时威廉解散了议会，支持托利党在新的大选中获得了多数席位。这一严格的变革给这片土地带来了国内和平，威廉赢得了托利党数年的忠诚与感激。新议会中的托利党多数帮助威廉度过了他统治时期最严重的危机——博因河战役（Boyne Campaign）与重新征服爱尔兰。

1690—1692年

不过，随着时间流逝，政策重点转移到了欧洲大陆的战争，威廉与托利党的关系日渐冷淡。1694年，玛丽二世女王去世，这切断了党派和国王之间的个人联系。托利党人爱戴斯图亚特家族的成员——只要其成员信奉英格兰国教。玛丽和安妮是信仰罗马天主教的詹姆士的女儿，但她们都信奉国教，拥有托利党的完全忠诚，这是她们的父亲一度拥有但最终在宗教狂热的祭台上所失去的。事实上，如果这种忠诚没有延及她的丈夫，那么它对玛丽本人别无用处。但是，安妮一向与威廉的关系不佳。她和她的朋友萨拉·丘吉尔私底下叫他“凯列班先生”（Mr. Caliban）。在1694年玛丽去世之后，托利党的忠诚和托利党未来的希望就全部寄托在安妮身上了。

因此，在威廉统治的最后八年里（当然他此时的统治很稳固），托利党渐渐失去耐心，期盼安妮继承王位的那天到来。安妮完全符合他们的愿景。她是詹姆士的女儿，但也是一个虔诚的国教徒。玛丽的确也符合这两个条件，但安妮有一个玛丽从未有过的身份——她是高教会派成员，因此是托利党人。托利党人充分相信，在她的统治之下，再也没有辉格党人会被任命为主教、国家官员或者治安法官。他们也期待，在选举的时候，来自王室的帮助会让辉格党再
111 也无法在下议院占据多数。如果不是重启的反法战争横插进来，这一党派关于安妮女王统治黄金时代的憧憬将会在很大程度上实现，甚至超出他们真正的预期。

1698—1700年

在《赖斯韦克和约》签订之后的几年里，国王和他的历届议会之间一直麻烦不断，托利党和威廉之间与日俱增的嫌隙仅是其中的一个原因。许多人，甚至包括辉格党人，他们的态度总是不冷不热或者抱有敌意。的确，辉格党政府大臣越来越忠于威廉。辉格党小集团中最能干的两名大臣，即大法官萨默斯和理财能手查尔斯·蒙塔古，此二人是战争期间及英格兰国家危急存亡之际国王最信赖的人，因而得以看到威廉个性的内在本质。威廉呈现给世人的冷酷是如此令人反感，他在面对重大危机时却又如此明智且持之以恒。1697年，当和平终于到来的时候，辉格党大臣们受到了恭维，并在某种程度上被威廉误导，即国王倾向于将他们而非对手托利党留在政府职位上，即便他们不再受到欢迎。

但是，在和平重新到来之后，很多独立的辉格党议员认为没有必要再去支持政府大臣或者满足国王了。对于辉格党的后座议员来

说，辉格党在革命之前的旧有传统仍旧强烈，那就是，他们应当发挥“乡村党”的作用，与宫廷对抗。而且，人们依旧把对抗行政权力这一点认定为下议院的任务，而这一任务不分党派。独立议员仍然认为自己是他的选区派来的，目的是监督国王的大臣——这些大臣被极其无礼地称为“禄虫”（placeman），遏制他们私人贪婪的计划，挫败他们违背这片土地的自由的阴谋。诚实的独立议员，无论他自称为托利党还是辉格党，都对这一职责富有热情，直到他获得一个政府职位或为本人获得一份王室薪酬。

1698—1700 年

基于这些原因，许多辉格党人在下议院中与广大托利党人联合起来，他们的目的不仅是使辉格党政府大臣们感到烦恼，而且希望在和平时期维持一支常备军、爱尔兰封赏和荷兰护卫队问题上推翻国王的决定。

很明显，辉格党的纪律在威廉统治时期不如在安妮统治时期严 112
格，当时，辉格党小集团绝对控制着下议院中他们的追随者的行动。在1698年，许多辉格党议员认为萨默斯和蒙塔古不是辉格党的大臣，只是国王的大臣，因此是可被批评和嘲弄的。政党政府的含义还没有被完全理解，即便在党派内部也是如此。

但是，在和平到来后的头三年里，威廉和他的大臣们不仅没有得到辉格党整体的有效支持，还承受了托利党人的全部不满。托利党人对威廉的敌意越来越大。原因有很多。他对低教会派主教的任命，既引发了宗教上的愤慨，也引起了政治层面的不满。玛丽去世后，英格兰王位的非世袭性和荷兰人的特点被凸显出来，这两点都是托利党人所反感的。对法战争的结束，使爱国的政治家们对英格兰国王政府的反对成为可能。令托利党非常气愤的是，威廉将王室领地慷慨地赏赐给诸如第一代波特兰伯爵本廷克等荷兰亲信们，爱尔兰的土地更是被慷慨地赠予了他们。本廷克是一个忠诚的人，但脾气不好，不讨人喜欢。他对英格兰人的恶劣态度以及他贪婪地接受了可耻的丰厚礼物这两点，对他的主人造成了巨大的伤害。1698—1700年的议会中，由托利党人和反对政府大臣的辉格党人构成的下议院多数，迫使威廉接受了一项全盘撤销爱尔兰封赏的法案。此种做法在原则上虽然是正确的，但在细节上是一项粗暴和不公正的措施。下议院还通过将其“附加”在有关钱款的法案上迫使上议院通过法案——这种做法在宪法上的正当性是值得怀疑的，可这种

1700年

做法在安妮时期越来越多。下议院还迫使国王把他的荷兰卫队遣送回荷兰。威廉早已习惯于指挥多国军队为联省共和国效力，他不能理解英格兰人在他们的岛国上反对外国军队存在的意义。

113 这些措施在乡村很受欢迎，得到了许多辉格党人的支持。但托利党在这些措施中起了带头作用，并因表达了反对荷兰的民族感情而广受欢迎。辉格党是反对法国的民族感情的倡导者，托利党则是反对荷兰的。这种差异在威廉执政前并不明显，在他的继任者统治时期却成为政治中长期存在的一项特点。

但迄今为止，这届有点不负责任的下议院采取的最严肃的措施

1698年

是，将陆军削减到和平时期的7000人水平，此外还需要12000人的驻军以维持爱尔兰的稳定。在这一点上，许多辉格党人也加入了托利党，他们也惧怕常备军。这种情感在托利党人中最为强烈，但绝不限于他们。与此同时，路易十四则继续保留了18万名步兵。在随后发生的就西班牙王位继承问题进行的谈判中，法国和英格兰的军事力量相差悬殊，这无疑减少了和平解决的机会。因为，路易的印象是，就英格兰现在的关切程度，他可以在欧洲为

所欲为；而西班牙人为了维护其帝国的统一，认为路易是万能的，威廉则是无能的。

1698年至1700年，国王与议会之间最棘手的问题是那个时代英格兰政治正处于过渡阶段所造成的。自革命以来，王室大臣们一直向议会负责，依赖下议院的支持在国内或国外采取有效行动。革命之后，一个与下议院对立的政府再也无法扮演暴君的角色。它仅成为寸步难行之物，就像没有风的帆船一样。随之而来的是，在未来，政府大臣只能从下议院中占多数的党派中遴选。不过，无论是国王、议会，还是制造了革命的主要政治家们，并没有立刻意识到这种逻辑上的必要性。只有缓慢的经验使人们最终得出那一结论，其中许多惨痛的经历发生在威廉统治的最后几年。

在威廉所继承的制度中，大臣们不是对彼此忠诚，不是对下议 114
院忠诚，不是对政党忠诚，更不是对首相忠诚，而是只对国王忠诚。那时，仅凭国王的意愿，政府大臣们就能团结起来，而如今，这种团结是通过政党关系和首相的影响力来实现的。在威廉在位期间，他手下的大臣有一半是辉格党人，另一半则是托利党人。尽管下议院中辉格党占多数，但威廉的第一届政府中两党人数基本持平。在1690年托利党占多数的下议院中，政府仍然是两党混合的；到1697年战争结束之际，政府基本上成为辉格党的，1695年选出的议会下议院中辉格党也占了多数。但是，在《赖斯韦克和约》签订之后，托利党和独立的辉格党的人数在1698年的选举中超过了支持政府的辉格党人数。如果国王立即改变内阁的党派属性，朝着托利党的方向调整，他就是明智的。他让一个以辉格党为主的政府来面对一届以托利党为主的下议院，这种做法并不被认为是违宪，但这让下议院对设立常备军、使用荷兰卫队和赏赐爱尔兰土地的攻击变得无比激烈。如果威廉在1698年选举结束后立刻做出了他在1700年最终所做的事，如果他知道解职萨默斯和蒙塔古并不是因为他本人不再信任他们，而是因为他们不再受到下议院的信任，那么，即便荷兰卫队仍有可能被遣送回国，用作赏赐的爱尔兰土地也有可能被收回，国王至少不会被过于怨恨和粗鲁地对待。当然，如果政府中有得到下议院信任的大臣，可以同他们一起提出请求，那么军队也不会被如此糊涂地裁减到7000人这个十分有害的数字。

威廉小心谨慎地恪守革命时期的《权利法案》所规定的政治法律和习俗。我们不能因为他没有立即意识到议会制政府是革命解决方案的必然要求而责怪他。英格兰政治家与他们的外国国王一样，没有预见到英格兰在未来的发展方向。就像紧紧附着在岩石上的帽
115 贝一样，1699年的萨默斯和蒙塔古拼命依附国王，直到他们在下议院的人身攻击中被拉下台。

1700年，国王终于从经验中吸取了教训。他让一些托利党领袖代替辉格党小集团成员进入政府。最重要的是，他与温和派托利党人、经验丰富的议会管理者罗伯特·哈利达成了谅解。从那一刻起，英格兰的事务进展开始有所改进，但好景不长，因为法国军队即将占领西班牙帝国的领土。1701年，在下议院议长哈利的帮助下，托利党占多数的下议院采取了两项重要举措，它们主导了安妮女王在位期间国内与国外的历史进程。1701年，托利党通过了《王位继承法》，确定新教汉诺威家族为安妮之后英格兰王位继承者。同年，托利党逐步授权同意了威廉建立的欧洲联盟以及他重启对法战争的各项准备。对于托利党而言，这两项重大的决定都没有令其像辉格党那样感到愉快，但在这两个问题上，1701年的托利党都是按照国家

利益行事的。

麦考莱的《英格兰史》的最后几章对威廉与他后来的议会之间的争吵进行了富有启发性的描述。但麦考莱在完成这些章节之前就去世了。他连贯的叙述结束于1700年4月。在那之后，我们只能看到两个片段：一个片段涉及1701年9月詹姆士二世去世，路易宣布僭位者为英格兰国王，以及随后英格兰举行的大选；在另一个片段中，这位命无多久的历史学家描述了威廉的死亡。他没有活到写下关于1701年的《王位继承法》或同年托利党逐渐接受战争政策的过程的那一天。这些措施是由托利党内阁和托利党占多数的下议院采取的，在那几个月里，他们正以最激烈的党派斗争弹劾倒台的上一届辉格党大臣们。由于麦考莱未能写完就去世了，他的《英格兰史》一书给人留下的印象十分不利于爱国主义和理智，而事实上，在1701年的议会中，理智与党派的恶斗是并存的。我们这个时代的一 116
位杰出的历史学家，填补了英国历史上的这一重要空白。基思·法伊林爵士的《托利党史》，公正地评价了哈利引导托利党站在国家利益一边，包括关于西班牙王位继承战争的必要性和立法确立汉诺威家族的王位继承权的必要性。

要清楚地说明托利党人在什么情况下同意重启战争，需要单独写一章。但《王位继承法》不需要太多解释。1700年7月，安妮公主唯一幸存的孩子，年幼的格洛斯特公爵去世。随着他的去世，英格兰的希望，特别是托利党人的希望也破灭了，他们希望有一个在国教信仰中成长起来的、直接来自詹姆士二世的后代继承王位。格洛斯特公爵如能继位，辉格党会比托利党更加欢迎这一局面，因为这样，詹姆士党人就再无成功的可能。这的确会让詹姆士党的力量从英格兰事务中消失。公爵的去世则使王朝的未来再次变得不确定，因为革命时通过的议会法案，虽然禁止任何教皇派统治英格兰，但并没有规定威廉与安妮及各自的后代之后的王位继承人选。现在几乎可以肯定，威廉和安妮都将无子而亡，而且他们都很有可能很快死去。在任何时候，也许在与法国开战的时候，这个国家可能会面临一场王朝危机。有争议的继承权可能会导致内战，甚至导致天主教斯图亚特王朝的复辟。这就有必要由议会立即通过法案，确定新教徒的继承权。

萨伏依家族与斯图亚特家族的关系最为密切，但该家族信奉罗马天主教。事实上，曾经确实有人提议把萨伏依公爵维托里奥·阿梅迪奥（Victor Amadeus）的一个儿子带到英格兰，将其作为国教徒和王位继承人进行教育。这位年轻的萨伏依家族成员是查理一世
117 的曾孙。[①]公爵本人不是宗教狂热分子，他对这个提升其子地位的计划表示欢迎。但在上一场战争（九年战争）结束之前，他又一次狡猾地改变了立场，抛弃了盟国，暂时加入了路易一方。因此，在1700年，维托里奥·阿梅迪奥和他的家族失去了威廉和英格兰的青睐。

汉诺威家族不仅是一个新教家族，而且还坚定地站在反对法国的盟国一边。太后索菲亚女选帝侯是英格兰詹姆士一世的孙女，她是波希米亚的伊丽莎白与帕拉丁的女儿，是新教的女英雄和三十年战争的受害者。在威廉和他的许多臣民心目中，索菲亚被认为是安妮之后继承英格兰王位的最合适的人选。将继承权转移到她和她的孩子身上的建议是在1689年提出的，但随后又被搁置了十年之久。她是一位性格和智力远超常人的女性，她的哲学家式的政治家朋友莱

---

① 见下文（边码）第121页。

布尼茨能够很好地为她做推荐，而不显得咄咄逼人。她本人对这个光鲜亮丽的奖品漠不关心，这可能是真的，也可能是假装的。她说自己是个老妇人，已经没有野心了，她的孩子则对英格兰感到陌生。她的儿子，即在位的选帝侯，也就是后来的乔治一世，确实比他活泼的、具有国际视野的母亲更像一位德意志王子。索菲亚向威廉的使者陈述了她对她的家族继承英格兰王位的明确的反对意见，并对詹姆士二世的儿子表示了个人的同情，在索菲亚看来，詹姆士二世的儿子并不是冒充的。历史学家们就她的抵制有多坚决并未达成一致。她坚持了一段时间，但最后，在莱布尼茨和威廉——亲自来拜访她并敦促她接受英格兰的请求——的影响下，在1701年的最初几周里，她代表她自己和她的子孙同意成为议会的王位候选人。[118]

据说，威廉在他死前确定王位继承权还有另一个目的，其并非没有可能。威廉对安妮对于她那流亡在圣日耳曼的同父异母的弟弟 118
的真正态度产生了怀疑。有人说，威廉当时收到了一份来自巴黎的英格兰驻法大使的警告，大意是：安妮正在与她的父亲詹姆士通信，她请求他允许自己在威廉死后继承王位，但条件是她应尽力将王位传给她的弟弟“詹姆士三世”。詹姆士二世给后人留下了一段残缺的文字，似乎记录了他的女儿向他提出了一些此类建议，而他拒绝了这个建议。但我们既没有安妮给她父亲的信的文本，也没有它的日期。没有人知道，在她最后一个孩子去世之后，她心里到底在想些什么。但是，无论如何，命运将她与她父亲的家庭的关系置于令人非常痛苦的境地，这使得在她临死之前由议会立法以确保新教继承人变得更加可取。她显然不适合承担指定自己的继承人的任务。[119]

1701年的下议院的构成情况很特殊，除非托利党充满善意，否则议会不可能通过《王位继承法》。但是，1701年托利党的詹姆士党情结降到了最低谷，而1714年则达到了最高峰。在威廉统治末期，他们热切地期待着安妮登基；他们认为詹姆士党是参与最近暗杀阴谋的血腥叛徒；而且他们还没有理由把汉诺威的继承人视为敌人。在安妮统治的末期，这一切都发生了变化。当时，许多托利党人与詹姆士党人关系密切，而且当时该党已与未来的乔治国王发生争执。从1701年年轻的托利党人中最杰出的亨利·圣约翰（也就是1714年的博林布鲁克）的态度中，可以看出高教会派托利党人在这两个时期里对汉诺威王朝的不同态度。在《王位继承法》成为法律的几周后，圣约翰给他的朋友威廉·特朗布尔爵士写信：

> 我可能会冒险去汉诺威，在那里，我打算通过接近那些即将戴上英格兰王冠的人，为我的国家服务，并为自己的未来打下基础。[120]

119 如果这个充满希望的计划得以实施，它可能会对英格兰的历史，或至少对圣约翰的人生，产生巨大的影响。

就在这种情绪的感染下，1701年的托利党放下了所有君权神授与世袭继承的理论，听从了威廉的要求，将王位的继承权交给了索菲亚和她的后代，他们都是新教徒。根据这份《王位继承法》，乔治一世在1714年毫无异议地继承了王位。在这一年，包括博林布鲁克在内的一些托利党人懊恼地发现，他们在十三年前就已经束缚了自己的手脚。

但《王位继承法》的形式并不像其实质那样那么符合威廉的口味。将王冠给予国外的汉诺威家族是以对王室行动自由的八项限制为前提条件的，其中一些条款暗含着对威廉这位外国国王的批评。

自革命以来，托利党已经不再是一个宫廷党，当王位不能再由诸如安妮等斯图亚特家族的人和英格兰国教徒继承时，他们至少和辉格党一样渴望限制王室的权力。在放弃神圣的世袭继承权时，托利党也放下了对王室特权的维护。

第五章附录

1701年《王位继承法》 120

1701年3月3日，下议院通过了这项决议：

为了维护本王国的和平与幸福，以及法律规定的新教的安全，绝对有必要进一步声明，在陛下（威廉三世）和公主（安妮）以及他们各自的继承人之后，沿着新教的方向限制王权，规定王位继承，并首先对人民的权利和自由的安全作出进一步规定。

根据这项决议，特别是最后一句话，在提出将王位交给汉诺威家族的动议之前，通过了以下八项规定。这八项规定体现在《王位继承法》中，其将在汉诺威家族继位时生效。事实上，第四条和第六条从未生效过，因为它们在1705年被修改了，因此，法律并没有阻止议会内阁制度在汉诺威王朝时期的发展。

Ⅰ.此后无论谁继承王位，都应按照法律规定加入英格兰国教会。

Ⅱ.如果本王国王位和尊号今后由任何非英格兰王国的人拥有，未经议会同意，本民族没有义务为保卫不属于英格兰王室的任何领地或领土而参与任何战争。

Ⅲ.未经议会同意，今后继承王位的人不得离开英格兰、苏格兰或爱尔兰的领地。

Ⅳ.从本法的进一步限制生效之时起（即汉诺威家族的一位君主继位之后），与本王国的良好治理有关的所有事项和事情，凡是根据本王国的法律和惯例可在枢密院适当审理的，都应在那里处理，在那里作出的所有决议都应由枢密院中建议并同意的人签署。（从未执行过，因为1705年被废除了。）

Ⅴ.在限制生效后，在英格兰王国、苏格兰或爱尔兰或其所属领地以外出生的人，尽管他已入籍或成为居民（父母是英格兰本土者除外），也不能成为枢密院成员，或议会两院的议员，或享有任何职位或委任（无论是民事还是军事），或从王室为他本人或受托于他的任何人获得土地、财产或世袭财产。

Ⅵ.凡在国王手下担任职务或获利的人，或从王室领取津贴的人，均不得担任下议院议员。（从来没有执行过，因为这一条在1705年被修改，以便允许议员在获得从“王室获利的职位”后重新当选。如果它以原来的形式生效，那么我们所知道的议会内阁制度就不可能发展起来。大臣们可以坐在上议院，但不能坐在下议院。）

121 Ⅶ.在限制生效后，法官委员会应被列为法定机构，并确定其薪酬。但是，在议会两院的提议下，他们的职务可以被合法地解除。

Ⅷ.加盖英格兰国玺的任何赦免令都不能用作议会下议院弹劾的辩护。

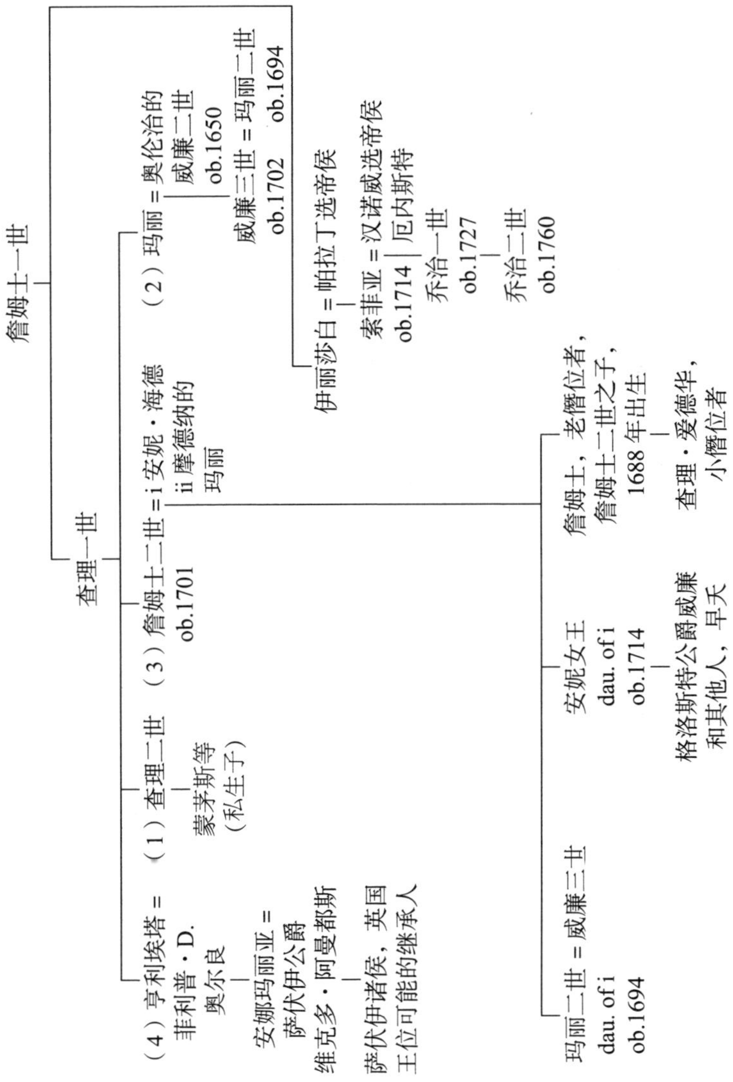
詹姆士一世
查理一世
伊丽莎白 = 帕拉丁选帝侯
（2）玛丽 = 奥伦治的威廉二世
ob.1650
威廉三世 = 玛丽二世
ob.1702　ob.1694
索菲亚 = 汉诺威选帝侯
ob.1714　厄内斯特
乔治一世
ob.1727
乔治二世
ob.1760
（3）詹姆士二世 = i 安妮·海德
ob.1701
ii 摩德纳的玛丽
詹姆士，老僭位者，
詹姆士二世之子，
1688 年出生
查理·爱德华，
小僭位者
安妮女王
dau. of i
ob.1714
格洛斯特公爵威廉
和其他人，早夭
玛丽二世 = 威廉三世
dau. of i
ob.1694
（1）查理二世
蒙茅斯等
（私生子）
（4）亨利埃塔 =
菲利普·D.
奥尔良
安娜玛丽亚 =
萨伏伊公爵
维克多·阿曼都斯
萨伏伊诸侯，英国
王位可能的继承人

第六章　西班牙王位继承风暴

122　在17世纪末，西班牙是欧洲病夫。西班牙帝国没有民族或经济上的统一，帝国并不是通过任何中央的合理管理或各省的自治原则来维系的，其只是因为帝国的各个部分不断地萎缩才免于土崩瓦解。古老的联姻与战争曾将众多不相干的土地与民族聚集在一起，除了同受马德里的不当管理外，它们之间没有任何共同之处。

西班牙和它在美洲的混血儿①的殖民地之间确实存在着语言上的联系。被称为“西班牙殖民地”的地方包括：佛罗里达、墨西哥、巴拿马地峡、古巴和其他岛屿，以及除圭亚那和葡属巴西以外的南美洲。太平洋上的菲律宾和非洲沿岸的加那利群岛也属于西班牙。在欧洲，西班牙至少还拥有对通往地中海和英吉利海峡要道的控制权。由于在一个有活力的大国手中，米兰、西西里、那不勒斯、撒丁岛和巴利阿里群岛，除了让他们的君主掌控西班牙的疆土之外，还可以使其君主享有对意大利所有邦国和地中海所有水域的控制权。地中海的北部海岸属于西班牙的尼德兰，相当于现代的比利时和卢森堡，它们构成了保护荷兰不受法国影响的缓冲区。如果

---

① 印第安人与白人的后代。——译者注

法国拥有了荷兰，法国还不能获得英吉利海峡控制权的话，那就太奇怪了。因此，在威廉三世的战争中，当西班牙加入反对法国 123
的联盟时，荷兰一直由英格兰和荷兰的军队保卫，因为西班牙人自己不能再在伊比利亚半岛之外的地方做出任何实质性的军事努力了。

“海上大国”，即荷兰与英格兰，两国通过海上运输日益繁荣。他们与世界上任何一个国家一样，对未来西班牙帝国遗产如何处置充满兴趣。因为，如果西班牙帝国整体落入法国的统治之下，英格兰的商业和制造业以及荷兰的运输贸易将受到灭顶之灾。近年来，西班牙人已经没有能力开展自己的工业或商业活动。对于那些简单伪装成西班牙人的英格兰和荷兰商人，他们睁一只眼闭一只眼，允许他们经由加的斯港在西班牙和它的美洲殖民地之间进行贸易。在英格兰纺织的布匹，即使它的原料是在西班牙美利奴羊背上长出来的，也被大规模地进口到西班牙本国、它的美洲殖民地以及它在意大利和荷兰的属地。[121] 但是，如果法国的影响力在马德里变成压倒性的，这一切都将结束。在所有这些大的市场中，荷兰和英格兰的商人将被排除在外，而他们的对手法国商人则将占据优势。地中海将不再向两国船只开放。除了经济上的毁灭，建立在对英吉利海峡控制权上的英格兰国家的独立性，也将受到来自尼德兰的法国人的严重威胁，与此同时荷兰将暴露在路易军队的威胁中，他们已经集结在斯海尔德（Scheldt）和马斯沿岸边境上了。

这种担心并不是虚幻的。当安妮登上王位时，西班牙帝国的每个省，要么被路易的军队占领，要么被作为其盟友的西班牙驻军占领。如果这些新划定的法国的势力范围真的成为一个永久的事实，

有公认的条约与国际法做保障，那么，除了英格兰，欧洲的每一个独立的国家都将处于这位大帝的支配下。诚然，西班牙的舰队和军
124 队不再像“无敌舰队”甚至“三十年战争”时期那样，在均衡欧洲上占有重要地位。永远无法出海的战舰和永远无法上战场的军团没有什么用处。但是，这两个方面仍然可以在属于西班牙的港口、堡垒、领土和人口中得到极大的利用。1700年11月，这些一下子全都处于法国的处置下。大量的西班牙省份和数以百万计的人，他们在1697年战争结束时曾是威廉的盟友，4年后的现在却站在了与他对立的一边。

为什么西班牙帝国就这样不再是路易的对手，并且实际上成为他发动一场新的战争的财产了呢？在尝试解开安妮女王和她的大臣马尔伯勒的战争与政策之前，有必要对这个问题做出回答。

从1665年到1700年，西班牙帝国处于孱弱多病的查理二世统治时期。麦考莱在他的《英格兰史》的最后一章中，描述了这位地位最崇高而又活得最悲惨的人是在什么样的条件下续命的。[①] 真是命运的嘲讽，对于他本人和欧洲来说，没能早点死掉是一件十分残酷的事，他荒唐又痛苦地度过了一年又一年，超出了所有人的预期。他

---

① 麦考莱在《英格兰史》中关于1697—1700年西班牙王位继承问题的叙述，比起他年轻时创作的《西班牙王位继承战争》（*War of Succession in Spain*）更为精彩，而且更加可靠。那篇文章，正如他自己在信（坦珀利博士十分好心地将这封信交给我）中所写，是为《爱丁堡评论》所写的，“写得很着急，几乎没有参考书本，而且恰逢利兹那场有争议的大选所引发的骚乱”（1832年）。鉴于这些写作时的特殊情况，其成果虽然不是一部历史权威著作，但也是一次历史壮举（tour de force），显然不是任何其他议员所能完成的！

一直苟延残喘到1700年11月才离世，正好死在除一场世界大战外没有什么能够决定西班牙帝国遗产的时刻。

如果查理二世在1697年《赖斯韦克和约》之前去世，那时西班牙还在与法国交战，那么西班牙帝国就会将王位传给奥地利或巴伐利亚的继承人，而法国则无力干涉。这就是路易急于促成全面和平的原因之一，因为，只要法国处于反对西班牙及欧洲的战争中，那么法国就自然而然地失去了对西班牙帝国遗产的要求。 125

因此，在《赖斯韦克和约》签订之后，欧洲政治家的注意力

1697年 立即集中到在查理二世去世之前解决西班牙王位继承的问题上。

三位最重要的王位继承人选均是年轻的王子——法国波旁家族的菲利普、奥地利哈布斯堡家族的查理，以及巴伐利亚的约瑟夫·费迪南。路易十四和奥地利的神圣罗马帝国皇帝利奥波德（Leopold）都是西班牙菲利普四世的女婿，也是菲利普三世的外孙。按照王位顺位继承法，路易十四的长子将继承查理二世的王位。但在路易十三和路易十四分别与西班牙两位公主结婚时，法国人因此而获得的继承西班牙王位的权利已经被相关各方庄严且正式地宣布放弃了。接下来是巴伐利亚王室的要求，他们也宣布放弃了继承权，只不过是以私下且不影响西班牙法律的方式进行的。鉴于以上情况，神圣罗马帝国皇帝利奥波德要求奥地利哈布斯堡家族继承整个西班牙帝国，尽管他准备放弃他本人和他的长子（未来的约瑟夫皇帝）的继承权，但要求由家族中的幼子查理大公继

承西班牙王位。[①]

126 除维也纳外，没有人指望路易会同意奥地利家族的任何成员吞并整个西班牙帝国。奥地利或任何渴望独立的欧洲国家也不会容忍一个法国王子成为西班牙、西属印度、意大利和尼德兰的领主。在这种情况下，妥协是欧洲存在下去的必需之物。只有瓜分西班牙帝国才可以避免战争，而瓜分最终经过12年的战争，在乌得勒支被精疲力竭的各方接受。

在这三位王位竞争者中，在对欧洲均势感兴趣的欧洲政治家眼中，年轻的巴伐利亚王子是最受欢迎的一位继承人。因为在他领导下的西班牙帝国，将继续独立于奥地利和法国。西班牙帝国的邻国——荷兰、英格兰、德意志和意大利各国——不用担心一个拥有全部西班牙遗产的来自巴伐利亚的统治者。比起一位奥地利的继承

1698年11月 者，法国更愿意接受他，而比起一位法国的继承人，奥地利也更愿意接受他。因此，查理二世立下的第一

---

①

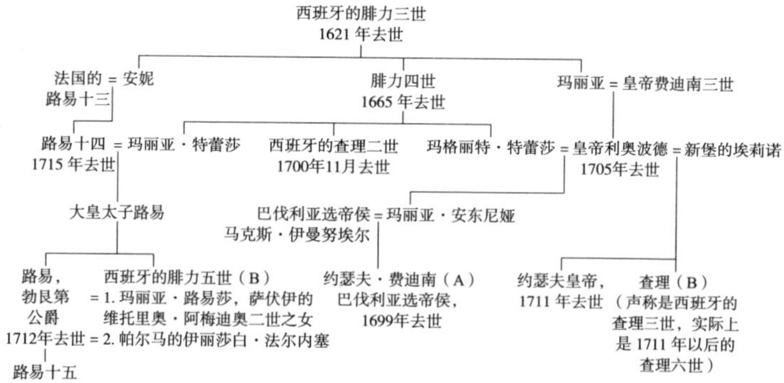

（A）查理二世承认的继承人，也是他去世后第一次瓜分条约的主要受益人

（B）查理二世之后西班牙王位的继承者，两人的兄长都放弃了他们对王位的主张

有关各方做出的放弃的本质，见《历史》（*History*），1928年1月，理查德·洛奇爵士的文章。

份遗嘱确立约瑟夫·费迪南继承西班牙帝国全部遗产，以此对抗比利牛斯山以东正在策划的瓜分西班牙的方案。

尽管如此，某种瓜分是不可避免的。因为尽管欧洲大多数国家都会接受巴伐利亚人作为唯一的继承人，但奥地利和法国都不会同意无偿放弃各自的要求。正因如此，威廉和路易在法国、英格兰和
1698年10月 荷兰之间签订了第一份瓜分条约，以保住欧洲的和平。
根据该条约，西班牙帝国的大部分领土归年轻的巴伐利亚继承人所有，但法国和奥地利则将获得重要的安慰性补偿。特别是，米兰将归属于奥地利的查理，而那不勒斯和西西里将从西班牙人手中分离出来，归属于法国王室。

威廉和路易为避免另一场欧洲战争做出了诚实和值得称赞的努
力。人们可能认为，如果法国、英格兰和荷兰同意通过支持某种瓜
分计划来维持和平，和平就会得到维持。但是，和平和瓜分有两个 127
永恒的敌人——奥地利的固执和西班牙自己的固执。

奥地利的神圣罗马帝国皇帝利奥波德继续声称他的小儿子查理应该继承西班牙王位，维也纳不妥协的态度是西班牙王位继承战争爆发的一个主要原因。

同样致命的是，西班牙宫廷和民众拒绝同意对他们自己所承认的无力捍卫的世界范围内的领土进行任何形式的缩减。高贵而单纯的西班牙人对应该由法国人、巴伐利亚人还是奥地利人来继承他们的帝国并不在意，只要他们在欧洲和美洲的全部遗产能够不受损害。欧洲其他国家的安全和利益如何受到影响，和平是否得到维护，对卡斯蒂利亚人的骄傲来说并不重要。即使是为了避免世界末日，西班牙也绝不能放弃任何一个省和要塞。

从第一份瓜分条约失效到最终在乌得勒支签订瓜分条约，在这

15年的外交与战争中，人们可能会怀疑法国、西班牙、奥地利、英格兰或荷兰的任何一位政治家是否无私地考虑过意大利人、佛兰芒人、瓦隆人（Walloos）或美洲混血儿们的愿望或利益，他们的未来受到这些重大争端的影响。这种想法在当时并不流行。欧洲的外交官们忙于调整国家和边界的工作，当时并没有被要求去制定使他们的外交法则符合民族性或自决权的尴尬要求。西班牙帝国的臣民不过是他们讨价还价中的数字和实现均衡的筹码。除了西班牙本土居民，有关民众也没有对被如此对待而表现出任何有效的不满。

如果查理二世在1698年的最后几个月去世，可能根本就不会有西班牙王位继承战争，而且几乎肯定不会有涉及海上强国的全面战争。根据查理二世的遗嘱，巴伐利亚王子将成为他的继承人。他在
128 美洲、西班牙和荷兰会被接受为继承人；奥地利由于没有海上力量，不可能在这些地区提出要求。西班牙人也同样无法做更多的事情，最多抗议第一份瓜分条约给予法国和奥地利在意大利的补偿。如果查理二世在巴伐利亚继承人之前去世，那么，可能发生的最严重的破坏和平的行为不过是法国和奥地利的军队在意大利的争夺。

不幸的是，1699年2月去世的不是这位濒死的西班牙国王，而是那个巴伐利亚男孩。在这一记偶然的重击中，威廉和路易精心建造的和平大厦轰然倒塌。这两个老对手即使在那时也不愿意对和平感到绝望，因此又开始了他们基于良好用意的谈判，并制定了第二份瓜分条约。路易害怕他那变得贫穷的国家再次发生大规模的战争，于是在瓜分的道路上走得很远，以避免战争。1699年，路易有多温和与谨慎，两年后他就有多傲慢与无礼。他在与威廉签订的第二份瓜分条约中，实际上同意奥地利的候选人应该成为西班牙、西印度

的国王，以及西属尼德兰的统治者。正如在第一份瓜分条约中一样，法国将得到那不勒斯和西西里作为补偿，此外还将得到米兰；但是，法国同意将米兰交给洛林大公以交换他的辖地，尽管洛林实际上已经在法国手中。[①]

假如路易同意这样的条件，那么这件事看上去就极好了，这可以说是威廉的外交技艺的一个杰作。然而，那些从这一安排中获益最大的人却并不感激。奥地利的利奥波德非常愚蠢地拒绝支持一项在法国同意下将四分之三的西班牙帝国交给他的小儿子的条约。他 129
宁愿为获得整个西班牙帝国而战，即便没有任何胜算。

英格兰人民并不比皇帝利奥波德高兴。他们忽略了一个更大的事实，那就是威廉诱使路易放弃了对英格兰和世界来说更为危险的要求，而把注意力集中在一个点上，即法国将获得那不勒斯和西西里。关于这一安排的危险性，托利党的乡绅、辉格党的商人以及布匹制造商们持有共同看法。威廉的臣民们被说服了，认为法国如果拥有那不勒斯和西西里，地中海将不再向敌对国家开放。他们认为，英格兰的土耳其和黎凡特贸易可能经受不住在西西里和意大利南部的法国海军基地的夹道攻击。另外，威廉确信，如果西班牙有一个友好的君主，英格兰舰队在战时就可以在地中海保持自己的地位，并切断法国和那不勒斯之间的海上交通，而奥地利在意大利的军队可以争夺陆上通道。那不勒斯和西西里岛远没有增加法国的实力，事实上，它们将约束法国的行为。这至少是威廉的观点，他没有向

① 严谨著作《剑桥英国外交政策史》（*Cambridge History of British Foreign Policy*），第1卷，第42页出奇错误地指出，查理将只得到西班牙，而荷兰、西班牙殖民地、西西里群岛和米兰则将成为法国的辖区。如果威廉达成了这样的协议，他就背叛了英格兰、欧洲乃至自己毕生的事业。

路易让步的习惯。

英格兰伟大的海军历史学家朱利安·科贝特指出，威廉是克伦威尔之后第一个充分认识到一支位于地中海的海军对英格兰的重要性的政治家，还是根据这一想法制定了外交和海军战略计划的政治家。马尔伯勒后来对直布罗陀和马翁港实施的战争计划以及针对加的斯和土伦的军事尝试，都是从威廉那里继承来的。在与路易谈判瓜分条约的过程中，威廉为英格兰要求获得马翁港和直布罗陀或休达，以确保在西班牙被分给法国继承人的情况下英格兰在地中海的海军地位——这一建议与历经多年的世界大战后在乌得勒支签订的瓜分条约的实际结果一致。特别是，威廉预见到马翁港是最适合英
130 格兰需求的基地。因此，既不是因为太爱法国，也不是因为忽视了英格兰在地中海的海洋利益，威廉才准备把西西里岛和那不勒斯让给法国以作为和平的代价的。[122]

但是，不管人们对瓜分条约的内容有什么看法，从英格兰惯例来看，条约签订的方式会招致严重的反对，威廉在英格兰大臣们不知情的情况下谈判了这些条约，并向他们提交了既成事实（fait accompli）的条约。而议会则一直被蒙在鼓里。

这些程序并不违法，但托利党人成功地给这些程序打上了违反宪法性法律的标记。那些程序在“光荣革命”之前可能还是符合要求的，但在国王与议会建立的新关系下就很难保持了。议会对萨默斯在这一事件中的默许行为进行弹劾，有助于阻止未来的君主采取这种行动。诚然，对辉格大法官（萨默斯）的攻击是以当时党派斗争中常见的报复心态进行的，而且下议院在对他的指控中加入了许多不相关的内容。上议院则保护了萨默斯，在议会两院就弹劾程序

问题发生争吵后，弹劾案最终被撤销。

威廉吸取了教训。他觉察到，在英格兰外交政策的重大决定中，他必须同时征求大臣和议会的意见。因此，在1701年，当查理二世去世后，西班牙王位继承危机以一种新的、可怕的形式发展到紧要关头时，威廉十分小心地让他的托利党大臣和托利党占多数的下议院参与到他在国外采取的每一项重要举措以及每一份他让英格兰加入的条约和承诺中。因此，他在他生命中的最后一次行动中取得了巨大的成功，即在马尔伯勒的帮助下，建立了1701年的大同盟，以对抗即将到来的西班牙王位继承战争。他曾奋力避免战争，但徒劳无功，他曾为英格兰和欧洲煞费苦心，但受尽辱骂。但是，当他试图避
免的灾难变得不可避免时，威廉为这场斗争所做的外交准备获得了 131
英格兰国家的同意，并为安妮女王的荣耀大厦牢牢地奠定了基础。

在奥地利的神圣罗马帝国皇帝利奥波德顽固不化，未能在第二份瓜分条约上签字并接受该条约给予他儿子查理的最大份额。部分只是因为他拖延和无法做出决定，这是维也纳政治家的特点；但也有部分原因是他相信查理二世非常有主见的德意志妻子会一如往常地坚定己见，迫使查理二世将整个西班牙帝国遗产留给奥地利继承人。在相信那位德意志血统的王后具有如此影响力时，皇帝利奥波德忘记了法国在马德里的能干的代表们，尤其是阿尔古大使。自从四年前欧洲实现和平以来，他们在西班牙的宫廷和民众的帮助下获得了很多反对德意志派的声援。他还忘记了，如果路易被藐视了，路易会把他的军队开进西班牙，而那里没有能够抵抗的本土军队。

西班牙的王公贵族们对他们国家的实际情况的了解比在遥远的维也纳的利奥波德更真实。一想到他们与路易成倍增长的军团之间

仅有比利牛斯那些未受保护的通道，他们就不寒而栗。他们听说威廉与他的议会发生了争执，威廉的军队被解散了。他们想，英格兰总是这样，一个充满异端疯子的国家是不值得被信赖的。他们知道，奥地利没有舰队，不能派军队保护西班牙不受法国入侵，也不能维护奥地利的查理在美洲或荷兰的权威。然而，他们决定西班牙不能被瓜分。那么，既然巴伐利亚王子已经死了，他们就只有一条路可走——宣布路易的孙子为西班牙国王菲利普五世，并要求他的祖父保护整个西班牙的遗产，反对一切来犯者。由于法国有能力保卫西班牙帝国，而奥地利没有，所以必须选择法国的继承人。

基于上述理由，在马德里暴徒的支持下，红衣主教波托·卡雷罗（Porto Carrero）与西班牙贵族把德意志王后和她的支持者从垂死
132 的国王床边赶走，并用实质上是命令的请求恐吓他虚弱的心灵，一些老手还使用了恐怖的迷信，以达到同样的目的。查理二世就这样被制服了，他放下了他毕生对波旁家族的敌意和对哈布斯堡家族另一个分支（奥地利）的感情。他签署了最后的遗嘱，支持路易的孙子菲利普，并很快于1700年11月去世，把这个祸端留给了世界。

著名的查理二世的遗嘱既不是法国通过阿尔古大使进行阴谋活动的结果，也不是低能的查理二世个人心血来潮的产物。它代表了卡斯蒂利亚的西班牙人的骄傲而盲目的决心，即维护他们称之为西班牙帝国的每一寸土地。为此，他们准备让世界上所有的国家都来战斗。最强大的斗士法国现在要为西班牙人的事业而战斗，他们的王子被西班牙人指定为西班牙国王了。但西班牙对法国并没有什么特别的爱，只是把它当作西班牙雇来维护其帝国统一的斗士。因此，查理二世在波托·卡雷罗的支配下，在把帝国遗产留给法国王子的临终遗嘱中规定，如果路易不同意菲利普接受整个帝国，那么整个

西班牙帝国将归奥地利的查理所有。

路易会怎么做呢？全世界都在等着听。事实上，他被这个垂死之人的提议置于一个即便无比骄傲却万分棘手的境地。他刚刚与威廉签署了一份新的瓜分条约，将西班牙和西印度群岛划归奥地利，而现在，如果他放弃瓜分条约，那么他的孙子将获得整个帝国。他是一位大人物，他能不顾自身的地位违背他对另一个国王刚刚作出的承诺吗？毫无疑问，如果他能让瓜分条约生效，他就有义务维护它，从而给欧洲带来和平。但事实上，他无法让瓜分条约生效，他不接受查理二世的遗嘱也不会给欧洲带来和平。因为，奥地利并没有接受瓜分条约，尽管该条约条款对其继承人非常有利。因此，如 133
果路易现在拒绝代表他的孙子菲利普继承全部西班牙遗产，利奥波德就可以大摇大摆地代表他的儿子查理接受遗产了。

托尔西这位聪明的法国大臣在他的回忆录中陈述了这一情况：

> 如果国王拒绝接受这份遗嘱，那么这份遗嘱就会将全部继承权转移给查理大公。被派往法国的同一信使将前往维也纳，而西班牙人将毫不犹豫地承认皇帝（利奥波德）的次子为国王。奥地利家族父亲和儿子的联合将会重新塑造一个近似于查理五世时期的权力疆域，这一古代帝国对法国来说曾经是非常致命的……国王若拒绝了这份遗嘱，除了完全放弃西班牙王位，他没有别的路可走，要不然就是诉诸战争，以征服瓜分条约分给法国的那部分。

这样一场战争的前景对路易来说并不诱人。瓜分条约分给法国的领土中，最好的部分位于意大利，这里是奥地利军队最容易到来的地方。而且，英格兰与荷兰是否会武力支持路易也不能确定，因为路易要根据瓜分条约将西西里和那不勒斯以及某些托斯卡纳港口并入法国王室的管辖范围，而正是这一安排激起了英格兰最强烈的商业和民族嫉妒心。在1700年的圣诞节，托利党人大声宣称，在法国与西班牙永远不合并在一个君主治下的条件下，由波旁家族的菲利普继承西班牙王位好于将那不勒斯和西西里划分给法国。当时，许多荷兰人也持有同样的观点。

因此，英格兰和荷兰都不可能对威廉的瓜分条约进行武力上的支持。如果路易拒绝接受遗嘱，并为瓜分条约规定的那部分领土而与西班牙和奥地利开战，那么他将在这条充满荆棘的荣誉之路上孤立无援。但是，如果他选择了一条愉悦之路，接受了遗嘱，那么西班牙就会站在他这一边；西班牙的领土、要塞和港口在战时都会向法国的军队和舰队开放，而英格兰与荷兰不一定对菲利
134 普的继承持有异议。当然，奥地利肯定会向法国宣战，但如果没有海上大国的帮助，奥地利就无法将军队运往美洲、西西里、低地国家或西班牙。战争将会在非常有利于法国的条件下被限制在意大利地区。

鉴于这些因素，很难责怪路易代表他的孙子接受查理二世的遗嘱。在面对奥地利和西班牙的顽固以及英格兰和荷兰的不可靠时，还能指望他做什么呢？1700年11月，路易决定接受遗嘱，并将他的孙子送到马德里，以菲利普五世的身份统治那里。

直到这一刻，路易在西班牙的继承权问题上一直表现得非常温和。多年来，他最不想在法国当时的经济状况下与海上强国再次发生战争。如果他能将这一政策坚持到底，那就不愧是一个伟大的国王。但现在，正如西班牙大使在那激动人心的时刻所宣布的那样，

比利牛斯山已经不存在了，新前景的光芒吸引了法国宫廷中每个人的目光。路易再次成了太阳王，无人可及，威廉在两人一生的竞争中被打败了。伟大的君主和自命不凡的荷兰最高执政官的关系又回到了三十年前的模样。

这就是法国宫廷的声音，在欢乐和赞美声中响起。在凡尔赛这样一个充满感染力的环境中，难怪路易禁不住又犯了他周期性发作的傲慢病。在短短几个月内，他严重损害了他最初接受遗嘱时所占据的道德优势地位；他让反对他的敌人们联合并武装起来，并激起了英格兰与荷兰的反对，让他们从默许法国接受遗嘱到决定与奥地利并肩作战，争取公平地瓜分西班牙帝国遗产。

这场大战不可避免，倒不是因为路易接受了遗嘱，而是因为在接下来的几个月里路易对这一遗嘱的解释：他占领了法国与荷兰之间的屏障地区，展示出他将西属尼德兰视作法国领土的态度，将英 135
格兰的商人拒之于美洲殖民地贸易之外，以及将西班牙帝国视作法国商业开拓的奖励与法国军队演练的场地。他的这些举措，在路易为他的帝国基业加冕并愚蠢地宣布僭位者为英格兰国王之前，已经把英格兰的托利党人变成战争的支持者了。

针对这些被证明是对法国非常致命的错误，路易收到了应有的充分的警告。路易派驻英格兰的大使是塔拉尔元帅（Marshal Tallard），此人的名字很快就与他此刻向其主人发出的预言的实现过程中最令人难忘的事件联系在一起。1700年12月，塔拉尔在给路易的信中写道，英格兰人讨厌瓜分条约，这份条约已经失效；他宣称，英格兰人更愿意接受遗嘱而非条约；但是，他又补充说，他们这样做是因为相信英格兰在西班牙帝国的贸易仍然是安全的，而且佛兰德斯的统治将独立于法国的影响；他说，英格兰人希望和平，但前提是要有安全保障。[1]

威廉同时向海因修斯（Heinsius）承认，英格兰和荷兰都不愿意打仗，这份遗嘱在两国都被公众舆论接受。此时此刻，他无权无力，他也很清楚地知道这一点。他的力量就是安静地等待，不再向他那些易怒多疑的臣民说任何进一步疏远他们的话，直到路易为他完成工作，从而说服英格兰的托利党人和荷兰的市长们，要么战斗，要么被奴役。

1700年的圣诞节，乐观主义和和平主义在英格兰人的聚会中占
136 了上风。但随着新年的到来，这些情绪受到了一系列粗暴的冲击。在1701年2月的头几周，法国军队涌入西属尼德兰，占领了所有的要塞，包括英格兰海岸对面的尼乌波尔特和奥斯坦德。塔拉尔报告说，这个始料未及的消息极大地扰乱了舆论，并对当时的大选结果产生了不利影响。虽然辉格党人没有在新一届议会下议院中占据多数，但他们的人数比塔拉尔预期的要多，甚至托利党也开始对法国产生敌意。早在2月，他就注意到罗切斯特勋爵和他的法国朋友们的受欢迎程度正在下降。他对这次大选的描述非常引人注目，他写道，在上一次选举中，各选区选择了坚定地维护他们的权利和保持低税率的乡绅们；但这一次，通过支持宫廷以及通过花费自己的钱财，43名之多的商人被选为议员，这些人不需要缴纳土地税，因此，他

① 圣西蒙（St. Simon）把塔拉尔描述为一个有趣、愤怒和荒唐的人，因为他推动达成的瓜分条约被推翻了，其重要性不如遗嘱。但是在他的信件中完全看不出这种态度。1700年12月，他坦然地接受了新情况，而且基于这些情况给了他的主人非常好的建议，如果这些建议被采纳，那么将会把法国从灾难中拯救出来。P.R.O. Tr. 3. France，186，ff. 270–280 及以下。

们会更容易地投票支持战争。他说，辉格党是长老会的人，托利党是国教会的人，除此之外还有附属于马尔伯勒的第三派。舆论正在向强硬地反对法国的方向发展。他能做的就是告诉英格兰人，一旦西班牙有能力保卫自己的省份，路易就会把法国军队从西班牙帝国撤出。这种情况可能到猴年马月才会出现。与此同时，塔拉尔请求路易多送来些金路易（louis d'or），用它来贿赂汉密尔顿公爵和查塔姆的海员，从而引发叛乱和革命。但是，运用这些手段让英格兰改变其看法的时机已经过去了；它们只会在上议院激起群愤，在那里，辉格党人宣称，法国人正在玩弄使用金钱贿赂英格兰民族的老把戏。[123]

法国军队占领米兰是合理的，理由是奥地利军队正涌向阿尔卑
斯山，并以查理大公的名义争夺菲利普五世的意大利占有权。但在
尼德兰，没有这样的借口。没有奥地利军队能到达佛兰德斯。海上 137
强国在那里，事实上在其他任何地方，都没有对菲利普的继承权提
出异议。巴伐利亚选帝侯在过去几年中一直担任西属尼德兰总督，
他支持菲利普的继承，且没有遇到任何反对。如果他只是忠于西班
牙，他就不需要法国军队了。但事实上，他是与法国结盟的。西属
尼德兰是以他的名义由他的副手贝德马尔（Bedmar）管理的，贝德
马尔接受的是来自凡尔赛而非马德里的命令。

从路易自己的信件中可以看出，法国军队被派往西属尼德兰并不是替西班牙保护他们，而是为法国而吞并他们。1701年底，他开始在马德里提出在他和巴伐利亚选帝侯之间瓜分西属尼德兰的建议。起初，他的大使向路易保证，他甚至不敢向菲利普提及此事，以免菲利普的臣民听闻此事。西班牙人正是为了避免瓜分，才把西班牙帝国交给了菲利普，但事情已经发展到这个地步了！[124]

路易并没有让自己满足于占领西属尼德兰的要塞。他还占领了国际条约规定的荷兰的屏障。自从三十年前法国入侵以来，荷兰政策的重中之重就是防止那场灾难再次上演。现在，荷兰不仅保有一支庞大而有效的军队，形成了欧洲联盟，而且拥有条约赋予的权利，即可以在西班牙领地中的一些要塞驻军，这些要塞从卢森堡一直延伸到海边，形成了一条虚线。西班牙驻军和军队的低效率完全证明了这种预防措施的合理性。但是，这种预防措施是不够的，因为荷兰的驻军彼此之间相距甚远，而且被置于西班牙的指挥之下。

这就是1701年的荷兰屏障。它在军事上很弱，而且它没有因为政治和商业特权——在马尔伯勒恢复尼德兰领土后，荷兰要求给
138 予屏障地带的权利——而变得自给自足。1701年，西班牙人对荷兰驻军的存在没有任何异议，马德里的宫廷也并没有要求他们撤出。这是路易本人为了执行一项纯粹的法国政策而采取的不容分说的行为。[①]

背地里将荷兰屏障要塞让给法国一事，是布夫莱尔元帅（Marshal Boufflers）和巴伐利亚选帝侯所为，后者虽然是西班牙总督，但现在已经完全投入法国的怀抱。在他的命令下，法国人被允许进入这些要塞。他们解除了荷兰守军的武装，这些人几乎不知道是否有职责进行抵抗。他们被当作战俘关押了几个星期，直到荷兰正式承认菲利普为西班牙国王后，他们才在嘲讽下被允许回家。

---

① P.R.O. Spain，S.P. 94，75. 1701年5月4日，阿格利昂比（Aglionby）从马德里写信说，西班牙人“从未对留在佛兰德斯城镇里的荷兰驻军感到忧虑，是法国人把荷兰人赶出去的，不是西班牙人，法国人还不愿意把要塞的控制权还给西班牙”。

第一个荷兰屏障就这样于1701年被摧毁了，其成员包括卢森堡、那慕尔、沙勒罗瓦、蒙斯、阿特、奥德纳尔德和尼乌波尔特。

荷兰省和它的六个姐妹省曾希望通过怯懦地承认查理二世的遗嘱来确保自身的安全。他们一觉醒来，发现屏障地带已经消失了，尼德兰的道路和要塞充斥着法国军队，他们自己的边界随时都有可能被攻击。1672年又来了——几乎一模一样。这一次，联省共和国拥有一支纪律严明的45000人的陆军，其被立即下令增加到80000人。英格兰对这一危机的准备则截然不同，1698年的议会将英格兰的军队削减到了7000人。如果不是因为荷兰的兵力比较充足，路易可能在英格兰还没有回过神来且重整其被解散的军队之前，已经畅通无阻地进入了海牙，并阻止了反对他的大同盟的形成。随后几年，荷兰回想起了这一巨大的军队，当时的斯威夫特和托利党人在抱怨他们把战争的负担越来越多地留给了英格兰。[125]

1701年夏天，路易和威廉都在拖延时间。尽管位于其本土以外的荷兰屏障已经被占领，联省共和国本土还没有遭到入侵。威廉这 139
边则高度警惕地行动着。他正在谈判以促成欧洲大同盟，其将向新的法国－西班牙帝国开战。这样的联合不是在一周内就能完成的，而是要一步一步来。对于他在海外采取的每一步外交行动，威廉都不得不获得他那躁动的英格兰议会的同意，在那里，面对法国国王突如其来的侵略，整个舆论环境都很混乱。

法国人占领比利时的消息对英格兰人来说是一个晴天霹雳。就像两个世纪后德国占领比利时的消息对英格兰人的打击一样；它同样确定地把英格兰带入了战争，尽管在那个时光更为悠闲的时代，所有事件的发生速度都比较缓慢。紧接着传来的另一个消息就不那么令英格兰人愉悦了。路易迫使西班牙人把梦寐以求的向美洲贩卖非洲黑奴的阿西恩托（Asiento——或者说契约）转交给一家法国公司，该公司的垄断权将由在美洲海域巡逻的法国皇家海军船只来保障。西班牙政府表面上完全禁止其他国家与它的殖民地进行贸易，但在阿西恩托之下被许可的奴隶贸易中有一半是公认的其他走私货物。据报道，“法国的船只”，“经常到西印度群岛的所有西班牙港口，假装按照他们的合同运载黑奴，同时带来他们和其他国家的商品，然后带着收益返回法国，西班牙人对此很反感，但也无能为力”。这一阿西恩托及其附带大规模走私物品的机会，是英格兰在随后的战争中为自己赢来的最令人垂涎欲滴的利益之一，其被写入《乌得勒支和约》予以承认。[126]

美洲贸易并不是唯一处于危险之中的贸易。在英格兰国家和公共人物的眼中，“英格兰的布匹出口”始终是一个首要目标，但由于法国军队进入尼德兰和意大利，以及西班牙半岛受到法国的影
140 响，它有可能被排除在这最大的三个欧洲市场之外。阿格利昂比是英格兰杰出的外交家之一，曾在2月到达马德里，他在写给国内的信中说，法国大使阿尔古正在“他自己的房子里召开会议”，波托·卡雷罗和西班牙的贵族们都来向他表示“最卑微的服从”。“这个国家”，阿格利昂比在1701年4月写道，“不过是法国手中的一个工具”。那么，在西班牙帝国任何一个地方的或者正在成为法国湖泊的地中海的任何一个地方的英格兰贸易，继续存在下去的前景是什么？阿格利昂比在6月的报告中写道，“在伦敦和莱亨之间，没有一个能够让我们在发生战争的情况下进行修整的港口。莱亨本身现在也很不安全，因此，英格兰与土耳其的贸易已经完全没有门路了”。阿格利昂比从马德里发来的报告得到了他在荷兰的同事舍恩贝格（Schonenberg）的证实。6月，葡萄牙与法国和西班牙结成联盟。10月，西班牙港口的英格兰商人和荷兰商人，在当局的强迫下以半价出售

他们的货物。每过一个月，西班牙宫廷对英格兰和荷兰的憎恨就会更进一步，对法国也会越发依赖。[127]对于英格兰人来说，路易十四所解释的查理二世的遗嘱含义变得越来越清楚了。英格兰要么与法国人作战，要么将商业繁荣和制海权拱手让给它的对手。

这就是1701年2月选出来的议会下议院批准了威廉在这一年采取的一项又一项的措施的原因，那些措施让英格兰和欧洲做好战争

1701年

准备或至少展示了让路易恢复理智的战争实力。早在2月20日，下议院请国王与联省共和国以及“其他潜在的君主们”开启谈判，并承诺支持1677年的条约。根据该条约，如果荷兰受到攻击，英格兰有义务提供10000名士兵保卫荷兰。这就是英格兰对法国入侵荷兰的即时反应。这个由新一届托利党议会下议院做出的首项决议，引发了通往布伦海姆战役、拉米伊战役以及《乌得勒支和约》的整个行动。对于巴黎和马德里而言，这是个并不愉快的惊喜。 141
阿尔古向西班牙人坦言，他并不希望看到这一幕，“但英格兰人是最不稳定的民族，其容易被煽动起来通过极端的决议”。[128]

在迈出了第一步之后，事情在一段时间里进展得比较缓慢。托利党在下议院中占据多数，而他们想要和平，如果和平能够在保持安全和荣誉的情况下维持的话。他们相信，如果他们对路易的侵略展示出强硬的立场，那么路易会知难而退。他们最重要的宣传家查理·达文南特正在从事双重任务，一方面对辉格党进行最严重的诽谤，说他们是腐败分子；另一方面通过海外媒体宣扬，英格兰可以与法国达成诚恳的协议，但并不是投降。4月，塔拉尔离开英格兰，留给他的下一任普桑（Poussin）一项任务，即密切接触达文南特，劝服他修改其小册子中十分不利于法国的段落，承诺路易会理智起来，怂恿他将火力对准辉格党。尽管达文南特攻击辉格党沉迷于战

争，但是他自己也说，“哪个英格兰人能忍受佛兰德斯在法国人手中？从法国人像西班牙和意大利的主人一样的行事方式来看，还有哪些对我们贸易的损害是不可预见的？”但如果达文南特认为，不经战场上的失败就能让路易从尼德兰撤军，让英格兰商人进入西班牙的市场，那么，他就是让普桑和他自己的愿望胜过了他平常出色的判断了。[129]

另外，辉格党反对派正在全国为战争奔走相告。随着路易在商业上的傲慢行为变得众所周知，伦敦和各郡的战争情绪高涨起来。辉格党致力于乘着这股高涨的风气展开自己的风帆。他们攻击托利党人收受了法国的财物，不忠于英格兰国王，大敌当前还解散了本国的军队。5月8日，由梅德斯通季审法庭的大陪审团和自由农起草的著名的“肯特请愿”被呈送议会下议院。它“谦卑地恳求尊敬的下议院重视人民的呼声，使我

1701年5月

142 们的宗教和安全得到有效的保障，使你们忠诚的致辞转变为征税法案，使我们最神圣的陛下能够在为时已晚之前强有力地帮助他的盟友”。肯特郡的请愿以及其他以此为蓝本的请愿书，其实是辉格党有组织的宣传活动的一部分，但它们也是这个国家正在改变的态度的真实表达。

托利党因被指责为不爱国而盛怒不已。为了报复，他们以加倍的热情来弹劾萨默斯。他们大声疾呼，说辉格党打着民主的旗号恐吓下议院的独立性是在摧毁政体，于是在余下的议会会期里关押了呈递“肯特请愿”的五名乡绅。但是，普桑不得不向法国报告，辉格党在伦敦和其他省组织的请愿已经对舆论产生了不利于法国的影响，当威廉请求下议院英格兰有必要在荷兰遭到攻击时派兵去保卫时，下议院同意了。[130]

1701年

夏天，议会主要忙于制定与通过《王位继承法》。[1]国内派系的愤怒与对外战争的紧迫性只是加速了它的通过。9月，随着《大同盟条约》在海牙的签订以及凡尔赛承认了僭位者为英格兰国王，欧洲危机达到了高潮。

---

① 见上文（边码）第119页。

第七章　走向战争

143 英格兰、荷兰和奥地利之间的大同盟是威廉和马尔伯勒历经数月工作的成果，他们怀着急切之情调整了神圣罗马帝国皇帝与海上强国之间的不同立场。在这项微妙的任务中，马尔伯勒以威廉学徒的角色处理着重大国际事务，他注定要接替他的主人，担任欧洲反法同盟领袖。

在威廉统治初期，马尔伯勒曾领导安妮公主和不满的托利党人反对威廉；他一直深陷于复杂难懂的詹姆士党人的阴谋之中，他的确切动机，当时没有人知道，现在也没有人知道。自从玛丽女王去世后，安妮成为王位的直接继承人，马尔伯勒家族与国王的关系已经有了一些改善。而且，威廉在整个国家处于危险之中时不计较个人恩怨，他确定由马尔伯勒来继续他本人越来越无法胜任且很快完全放弃的工作。这是一项既宽宏大量又精妙绝伦的安排，让他的前敌人进入自己拯救欧洲的最核心的决策圈中；将一名前些年还领导着反荷兰派系的英格兰人派到海外，在海牙与海因修斯共事；让马尔伯勒近距离观察欧洲，这是他未来施展雄心抱负的地方，从而让
144 他将兴趣和情感投入反对法国的伟大战斗中。当马尔伯勒从内部看到欧洲大陆事务的真实情况后，他的战略天才绝不会允许他采用他的托利党同僚所持有的那种舒适信条，即英格兰遏制法国的野心，

只需要动用海军去打击西班牙的殖民地及舰队就能大功告成。威廉希望，在自己退出历史舞台之前，马尔伯勒应该亲自投入欧洲的共同事业中。可以相信，安妮会听从他的领导。这位未来的女王长期以来一直习惯于接受萨拉·丘吉尔的丈夫（马尔伯勒）向她提供的英明建议。

基于这些想法，7月的头几天，威廉带着马尔伯勒从哈里奇来到了海牙，他的身份是英格兰全权代表和议会同意派去保卫荷兰的军队总司令。早已是英格兰一人之下万人之上的马尔伯勒，被当作亲王一般对待，安身在莫瑞泰斯（Mauritshuis）[①]。比起马尔伯勒，这里从未展出过比他本人更好的艺术品。楼梯顶端，马尔伯勒站着迎接欧洲的政治家们，他就像是英格兰绅士光彩照人的活画像，每一寸肌肤都彰显着他军人与朝臣的本色；据说，他已经50岁了，但正处于男性之美的巅峰，气色好得与年轻女孩一样；用蹩脚的法语优雅谈吐；看上去理解所有的人，并能向每一个人表示同情。[②]

1701年7月

这是最吸引人的一幅画，无论画布后面隐藏着什么激情或计划，未来的人有可能去揭示——或许永远揭示不了他的计划。尽管荷兰人无法洞察他神秘的内心，但与他的接触给了他们新的信心。欧洲的噩梦般的处境以及他们的边境所面临的危险，仿佛因这位彬彬有礼、尊贵典雅的人在莫瑞泰斯的出现而明亮了许多，他给人一种蕴含着巨大能量的感觉。这振奋了同盟，犹如人们听到的这一消息：

① 后来为美术馆。——译者注

② 即便是在拉米伊战役之后，那时他已经将近60岁，一个与他关系很好的荷兰副手如此记录他的美貌，“肤色白里透红，和女孩相比，毫不逊色”；该副手也提及了马尔伯勒糟糕但迷人的法语。见van Goslinga的*Mémoires*, ed. 1857, pp. 42–45.

在荷兰和英格兰还在协商的时候，伟大的欧根亲王（Prince Eugene）带着他的奥地利军队突破了阿尔卑斯山口，并在波河平原开启了有
145 利的战争。奥地利人的非理性还是有那么一点用处的！也许路易并不是不可战胜的。英格兰绅士的微笑说明了这一点。

最重要的是，马尔伯勒赢得了荷兰大议长海因修斯的信任。他们应该成为朋友，因为当威廉去世后，他俩必须继续执行威廉的外交任务。他们也不得不共同密谋，当威廉这一执政－国王不能再联合两个国家的政府时，当英格兰被托利党统治时，以及当荷兰的城市寡头势力抬头时，他俩要确保两个彼此嫉妒的国家保持在同一轨道上。

在海牙平静的维沃湖边度过的那个夏季，马尔伯勒出色地掌握了他随后半生所要推进的工作中的基本要素的特点。他掌握了欧洲的政治和军事地图的细节；他学会了近距离处理维也纳缓慢而可靠的自私；一些德意志诸侯的贪婪和嫉妒，另一些诸侯的贪婪和公共精神；荷兰战地代表们和将领们的资产阶级式的胆怯；瑞典国王查理野蛮式的傲慢。他学会了像演奏乐器一样演奏其中的每一种乐器，所有这些都可以用来创造或破坏同盟的和谐。他们必须相互适应，并适应国内议会中乡绅们的岛国偏见。

1701年9月7日（新历）

这些要素的第一次艰难调整，即威廉、马尔伯勒和海因修斯的共同工作，就是1701年9月《大同盟条约》的签订。该条约由奥地利、英格兰和联省共和国签署，马尔伯勒单独代表英格兰签署。这三个主要的国家分别要求法国和西班牙作出特定的妥协，可能的话通过谈判，如果谈判失败，则通过战争；其他公国将作为辅助国被邀请加入同盟。

奥地利的利奥波德好不容易才被说服，他的盟国不可能为他的

儿子查理赢得整个西班牙帝国遗产。1701年，英格兰和荷兰都不准 146
备按照那些条款战斗，尽管两年后他们改变了主意。最初的同盟条约接受了菲利普五世对西班牙和西属印度的统治，条件是法国和西班牙的王室在任何情况下都不能合并，这是路易没有让欧洲满意的一点。但是，作为承认菲利普统治马德里的回报，同盟国承诺为奥地利家族争取“一份公正与合理的份额”，即米兰、那不勒斯、西西里岛、西班牙的地中海岛屿，还有西属尼德兰。

事实上，同盟国承诺为瓜分西班牙帝国而战，就像后来在乌得勒支实现的那样。许多年后，当博林布鲁克被指责在那些条款上签订了和平条约而背叛了同盟国的事业时，他以《大同盟条约》来为自己辩护：

> 由威廉国王筹谋并由安妮女王发动的这场战争的目的是瓜分西班牙，据此，尽管波旁家族的王子先前得到了我们和荷兰人的承认，成为了西班牙的君主，但他也会是一个被肢解了的西班牙的君主。这些建议的明智之处在于，欧洲的和平可以在此基础上得到恢复和保障，欧洲的自由也不会再受到威胁。[131]

然而，《大同盟条约》并没有将尼德兰无条件地划分给奥地利。因为荷兰省认为，它自身的最重要的利益就在这一地区。根据该条约第五条，盟国有义务收回西属尼德兰，“目的是将其作为壕沟、壁垒和屏障，将法国与联省共和国隔开”。这些话的准确含义未来会被揭晓。在猎人们为分割熊皮而发生争执之前，最好先把熊杀了。五年后，当拉米伊战役的胜利将法国人赶出低地国家时，奥地利人和荷兰人对条约第五条的解释的差异就非常明显了。当时，奥地利人

要求对重新征服的土地拥有完全的、直接的主权，而荷兰则要求在
147 战争结束前拥有实际的主权，并在战争结束后永久性地拥有一个堡垒屏障，其要比布夫莱尔在1701年2月轻而易举就破坏了的屏障更强大、更独立。《大同盟条约》在这一点的界定上模糊不清，不是因为起草工作做得不好，而是出于外交上推迟解决不可调和的争端的需要。[132]

英格兰和荷兰的特殊贸易利益得到了一项条款的保障，该条款保证它们在菲利普五世统治的西班牙范围内享有与查理二世时期相同的商业特权；该条款明确禁止法国人占有西属西印度群岛，甚至禁止法国人“以任何借口直接或间接”派遣任何船只到那里进行贸易。根据这些条款，西班牙在尼德兰、意大利和地中海的岛屿的属地移交给奥地利统治，英格兰的总体利益得到进一步保障，奥地利不会成为英格兰嫉妒的对象，因为它是一个没有舰队和海军野心的内陆国家。

在马尔伯勒在场的情况下，一项条款被增加，其授权英格兰在和平时期夺取并持有它所渴望的西属西印度群岛的任何部分。他知道，这种殖民远征是他的许多托利党同僚在这场即将到来的战争中最想实现的目的，尽管在他自己心目中，在欧洲大陆上和海上的行动占有首要地位。在南美洲进行领土掠夺的同等特权已被让给了荷兰人，这些人就更不可能行使这一特权了。

1701年10月

在同盟条约签署后的最初几个星期里，马尔伯勒表现出了令人钦佩的谨慎和坚定：他抵制了海因修斯的恳求和威廉的愿望，即保证英格兰提供特定数量的军队以平衡奥地利和荷兰的类似义务。“对上帝发誓，我宁可死也不愿意做如此致命的事情。”马尔伯勒在给戈多尔芬的信中写道，其笔调饱含激情，

这在他的笔下不常有：人数必须由议会自由投票决定，否则那个多疑的议会会毁了一切。在给国务大臣赫奇斯的信中，他写道：

如果国王被说服用他自己的权力来解决这个问题，在英格兰我们将再也看不到安静的日子，结果不仅会毁了我们自己，也会毁了欧洲的自由。因为，如果国王和议会以争执开场，法国就会制定他们想要的任何规则。 148

因瓜分条约事务而对萨默斯发起的弹劾已经发出了此类警告；英格兰的外交程序正在适当地被调整至适应议会制政府。[133]

事实证明，马尔伯勒并不只是一个从威廉那里学到了外交技艺的学徒。他也不像波特兰或萨默斯那样只是威廉政策的工具。在这些为大同盟奠定了良好基础的谈判中，马尔伯勒坚持了自己的个性和英格兰政府及国家的权利，但他使用的方式并没有冒犯到他的主人。他精心准备《大同盟条约》，使之能被议会接受。如果马尔伯勒不了解英格兰的战争努力和国内政治之间的必要关系，他就不会成为英格兰在战争中最伟大的领导者之一。在此方面的认识上，查塔姆本人也没有超越他。即便他长期在国外，在战场上取得巨大的胜利，得到整个欧洲的奉承，马尔伯勒都保持冷静的头脑，从未忘记他必须就他所做的一切向英格兰议会下议院负责。

马尔伯勒还牵头与瑞典国王查理十二世签订了一项安抚对方的条约。他说服了这位挑剔但信奉新教的君主，让他与路易十四切断利益关系，并放任他的前敌人丹麦国王自由雇佣丹麦军队为同盟国在西线作战；作为回报，他将得到英格兰的黄金。这并不是马尔伯勒最后一次劝阻暴躁的瑞典人不要悄然降临在同盟国的后方。[134]

那年冬天，英格兰与普鲁士国王、明斯特主教、汉诺威选帝侯以及其他德意志诸侯的条约被迅速签订。根据这些条约，每个国家都承诺派遣规定数量的骑兵和步兵，英格兰与荷兰则向他们支付特
149 定数额的款项。这两个海上强国已经成为大同盟的付款人。此类附属条约越来越多，密密麻麻，附在由三个主要国家建立的《大同盟条约》上。即将由马尔伯勒在春天率领的国际军队在英格兰和荷兰财政部的信任下被签了字、盖了章。对于这一切，英格兰议会欣然同意提供资金，部分原因是马尔伯勒的谨慎，但更多的原因是路易十四的轻率。

1701年9月7日，《大同盟条约》已经签署，尽管它还没有得到批准，并且保密了几个星期。[①]路易还不知道条约的具体内容，尽管他已经得知了同盟国的基本态度和意图。9月13日，路易站在詹姆士二世弥留之际的床边，承诺自己会承认其子为英格兰国王詹姆士三世。几天后，这位年轻人在他父亲去世后在法国被宣布为英格兰的新国王。

1701年9月13日（新历）

通过这一行动，路易向世人告知他凌驾于所有规则之上，除了他自己的意愿；他打破了《赖斯韦克和约》的规定，根据该和约，他承认威廉为国王，并以庄严之词承诺，不支持任何破坏英格兰政府的企图；他公然藐视英格兰议会三个月前才通过的《王位继承法》——其目的正是阻断这位王子未来的继承希望，而路易现在当着全世界支持了他。

---

① 11月10日，瑞典官员向路易十四透露了《大同盟条约》的内容。Klopp，IX，pp. 397，410.

在托尔西的诡辩中找不到为路易的此种行为的辩护。这位能干的法国大臣急于将英格兰的愤怒降到最低，以他最好的外交辞令争辩说，承认僭位者的公告只是一种纯粹的形式，其含义不过是说明英格兰国王保留着法国国王这一古老的称号。在欧洲，没有人相信这一点，尤其是托尔西本人。就在路易公开承认詹姆士三世的那个月，他正与他的盟友新教皇克莱门特十一世密谋，要在威廉死后重新建立詹姆士的统治地位。教皇把现金送到了巴黎，这些现金将由法国政府通过汉密尔顿公爵这位代理人去贿赂苏格兰议会。托尔 150
西本人虽然正在向欧洲各国保证承认僭位者仅是做做样子，但他同时向教皇在巴黎的大使红衣主教瓜尔特里奥（Gualterio）保证，如果发生战争，法国就会尝试武装支持詹姆士复辟，即使不发生战争，这个年轻人也会在法国的帮助下在威廉驾崩时登上英格兰的王位。[135]

托尔西反对和哀叹他的主人在宣布詹姆士三世一事上的草率和情绪化行为，并不是因为他不赞成推翻英格兰新教继承的尝试，而是因为当时他甚至亲自在策划这样的计划。他只是认为，让英格兰人知道真相从而激起他们的战争热情是不明智的。如果他们知道了全部真相，意识到教皇本人正与路易密谋着在英格兰恢复罗马天主教君主的统治，他们就会更加愤怒。

因此，托尔西对任何真实意图的否认并不是出于善意，这一点不需要欺骗谁。从路易的角度来看，他对自己行为的真实辩护是非常不同的。他已经决定，不做出那些大同盟以和平为筹码要求他必须做出的巨大让步，因此，尽管他仍然希望按照自己的条件实现和平，但他已经充分准备好在看上去可以确保胜利的条件下重新开战。自上次欧洲大战以来，一切都朝着有利于他的方向改变了。尼德兰和整个西班牙帝国现在都由他支配；新教皇是他的盟友；巴伐利亚选帝侯将在多瑙河畔举起他的旗帜。路易知道威廉即将去世，[136]有人告诉他，在威廉去世后，共和派和亲法国派将在荷兰重整旗鼓，推翻海因修斯。[137]至于英格兰，路易认为，即使他未能实现詹姆士三世的复辟，托利党人也会在安妮女王继位后上台执政，他们要么维持和平，要么并非真心诚意地发动战争。当威廉去世后，如果同盟国有任何军事行动的话，还有哪位诸侯或将军能让同盟国的军事行动统一起来呢？

151 路易怎么也没有想到，这些盘算会被一位英格兰贵族推翻。他就是马尔伯勒，威廉最近突然特别欣赏他，并在海牙把他推向了前方。到目前为止，对法国人来说，马尔伯勒还不是一个如雷贯耳的名字。圣日耳曼和法国大使馆更了解马尔伯勒在过去双重效忠的秘密，而他在塞季穆尔对英格兰农民的军事胜利和在科克对爱尔兰水手的军事胜利，无论在事实上多么引人注目，在国外的职业军人中都没有产生什么影响。

因此，虽然路易仍然希望和平，但他并不害怕战争，也不害怕英格兰人。既然如此，他为什么不放纵一下他个人的骄傲和慷慨之情，向垂死的詹姆士承诺尽早让他的儿子登上王位呢？这一举动将赢得富有骑士精神的法国人民的掌声。而一旦战争爆发，他还可以重新获得英格兰和苏格兰的詹姆士党的信任与合作，这些人认为法国国王在赖斯韦克背叛了他们。

但是，路易在詹姆士党那里得到的一切远不及他在英格兰其他地方失去的东西。在英格兰人眼中，法国宣布承认天主教僭位者一事令即将到来的战争具有了王朝和宗教的特征，这没有任何党派之
1702年1月 分。正是托利党高教会派主要人物爱德华·西摩爵士

在下议院提出，在《大同盟条约》中加入一项条款，直到路易承认英格兰的新教继承，否则同盟国不得收剑入鞘。1702年4月，该条款被相应地添加到条约中；荷兰和天主教的奥地利因此承诺为新教继承权而战，以此作为英格兰继续支持其各自主张的回报。奥地利对作为法国爪牙的斯图亚特家族毫无感情。英格兰的王朝问题在同盟国的战争目标中占据了主导地位；当英格兰士兵在布伦海姆和拉米伊为之而战时，在时空中盘旋的汉诺威继承权的影子离英格兰人的心越来越近。[138]

法国承认僭位者其实不是英格兰加入西班牙王位继承战争的原因。早在一周前，当马尔伯勒代表英格兰在《大同盟条约》上签下 152
自己的名字时，这个国家的参战就已经板上钉钉了。虽然托利党政府和议会在一段时间内对条约的确切条款一无所知，但他们之前已经批准了大同盟的建立，目的是从路易和菲利普那里获得安全和补偿。在任何情况下，他们都会为支持该条约而参战。但绝不能肯定的是，如果没有路易最终的侮辱性刺激，英格兰想要取得胜利，还必须做出巨大的军事和财政努力。许多像接受了战争是不可避免的托利党人罗切斯特和泽西等，仍然不愿意英格兰作为“主力”在佛兰德斯和德意志作战。他们仍然不喜欢他们的荷兰盟友，不喜欢四先令的土地税，也不喜欢常备军，他们曾希望1698年解散的军队是他们看到的最后一支常备军。他们想攻打西班牙殖民地，并尽可能地减少在欧洲大陆的行动。但是，路易的侮辱所引起的愤怒支配了威廉最后几个月生命里的英格兰事务，其足以令马尔伯勒在威廉去世之后，让安妮女王支持在1702年夏天实行一场大规模大陆战争的政策。马尔伯勒在第一次战役中的成功，使他高教会派的托利党同僚们不太可能让英格兰从如此愉快开始的事业中撤出。①

153 法国承认詹姆士三世并不是英格兰在1701年9月所忍受的唯一挑衅。9月，路易禁止法国进口所有不列颠制造的物品。[139]王朝的愤怒和经济上的伤害结合起来，点燃了整个英格兰的愤怒之火。托利党内部对战争的看法达成一致；但此时英格兰民族的暴躁使辉格党获得了选举机会。在过去的一年里，他们一直在谴责托利党人是亲法派和詹姆士党人。他们现在可以说，这就是托利党对法国的顺从和他们迟迟不宣战的结果；路易蔑视我们是因为他不再害怕我们；应该让打算赢得战争的人指挥战争，并投票采取必要的措施。在1701—1702年的冬天，英格兰民族虽然为即将到来的对外战争团结起来，但在国内却被党派的愤怒撕扯。[140]

威廉将选择哪条道路？仍然面对着议会下议院弹劾威胁的波特兰、萨默斯和其他前辉格党政府大臣，看到了重返安全和权力的道

① 1702年初，英格兰酒馆里的一首流行歌曲展示了英格兰人对路易的抵触情绪，以及对欧陆战争越来越浓厚的兴趣，那个时候，欧陆战争还局限在欧根亲王在意大利的战争里：

在赖斯韦克的条约里，
伟大的威廉之名被铭记，
但去年九月，越来越多的声音，
喊着另一个詹姆士之名；
也会击溃我们的贸易，
也会前来侵略，
会把奥廖河变成塞纳河，
我们在意大利的好孩子们，
都决心这件事绝不会发生。
喝吧，喝吧，不断地，
向欧根亲王祝酒。

D'Urfey, *Pills*, Ⅱ, p. 226.

路。他们恳求威廉立即举行另一次大选，现在是获得一个辉格党议会和一个辉格党政府的时机，这是大力推进战争的必要序曲。这是他们给国王的建议，他们的想法得到了英格兰政界神秘人物罗伯特·斯宾塞（第二代桑德兰伯爵）的支持。桑德兰曾经是詹姆士二世的冒牌天主教谋士，后来又背叛了他，现在他在幕后充当威廉的临时知己，因为他擅长在国家风暴中进行冷静预测，尽管他在最大的风暴中因离风暴太近而毁了自己。[141]

威廉听从了他们的劝说，解散了议会，尽管它存在了不到十个月。他对辉格党并不关心，但他明白，在目前的公众情绪下选出的下议院，无论是辉格党还是托利党，都会保证积极推动战争。但他仍然小心翼翼地行动。他不会在解散下议院之前换掉托利党政府；因此，王室和政府的影响——总是在选举中有重要作用——并没有决定性地投向辉格党候选人一边。

当新选出的下议院于1702年1月召开时，各党派势均力敌；辉 154
1701年11月
格党改善了他们的地位，尽管除了伦敦地区外，他们获得的席位比预期的要少。①但下议院整体上强烈地支持战争。被称为“普桑派”的达文南特和那位去世的法国大臣的朋友们，都没有被选区选上来。

威廉解散上届议会的行为从其在欧洲的结果来看是合理的。因为，尽管新议会在安妮登基后几个月被另一个托利党议会取代，但它在这两位君主统治时期内存在的时间，已经足以让英格兰根据威

① 弗农给什鲁斯伯里写信：“我希望英格兰的所有人民都能像他们曾经在威斯敏斯特、伦敦和萨瑟克所表现出来的精神来选择，在那些地方，他们已经展现出了对詹姆士党和亲法国派极大的厌恶……新选择的名单包含许多古老的成员和一些最激进的成员，只有哈蒙德和达文南特被漏下了。”B.M. Add. MSS.（Coxe）9090, f. 118.

廉和马尔伯勒的设想在海洋和欧洲大陆发动战争，也足以将罗切斯特和高教会派托利党人不真诚的政策排除在外，而且，这里迈出的第一步为整个战争的进程指明了方向。

但不可避免的是，托利党人对解散议会感到痛苦不堪。作为一个政党，他们从未原谅过威廉。这是威廉对托利党做的最后一件事，它定格了威廉在他们记忆中的色彩。威廉死后，他们忘记了威廉是如何在1689—1690年的圣诞节期间帮助他们对抗辉格党的，他们只记得在1701年的圣诞节威廉是如何解散了他们的议会。在11月威廉宣布解散议会时，一般的托利党人对威廉和辉格党的感情见于亨利·圣约翰的一封私人信件中[142]：

> 国王希望召开一届由善良的英格兰人和新教徒组成的议会，为了这个目的，他解散了我们，我们因此背负着骂名被送回了乡间。荷兰人……决心不加入战争，而是基于上一次的立场行事……于是，他们又煽动这些可恶的人（辉格党）再次来压迫我们这个不幸的国家。如果在下一届议会中，人们继续这样疯狂，而且选出来的下议院的大多数是最近的一些辉格党人（从整个民族现在的不良脾性来
> 155 看，我们有理由担心这一点），为什么还要到那时行动，至少我们正处于毁灭的边缘。但是，如果情况恰恰相反，那么……未出生的孩子可能会对今天的围攻（指解散议会）感到后悔，用舍韦·蔡斯（Chivey Chase）那首高贵的民谣中的表述来说，这些家伙在竭力毁灭他们的国家时，可能已经耗尽了自己。

幸运的是，在新选出的议会中，两个愤怒的党派是如此势均力
1702年 敌，以至于任何一方都无法压制另一方。1702年1月议会

召开，强烈要求开战，准备向欧洲大陆派遣大批英格兰军队，并向地中海派遣一支庞大的舰队。在选区要求采取更有力的措施的情况下，高教会派托利党不得不放弃仅通过补贴来打欧洲大陆战争的政策。不过，尽管议会两院中的大多数人在外交和军事政策上团结一致，但在国内事务中，辉格党和托利党仍在相互争吵，好像家门口没有敌人一般。

议会中各党派之间的高度平衡反映在政府组成人员上：托利党最杰出的管理者和理财家戈多尔芬辞职了，这让他的朋友和姻亲马尔伯勒感到非常懊恼。但威廉仍然坚持让两党都为他服务的原则。萨默斯和辉格党小集团的人也没有重新掌权。不过，两党混合政府，就像议会一样，在强力地执行战争方面团结一致。

的确，现在是英格兰表明它是认真的时候了。圣诞节前，双方都放弃了在来年春天可以维持和平的所有希望，军队也相应地进入了各自的阵地。路易的军队在低地国家和莱茵河下游地区占优势，

1701年11月

11月下旬，他们在那里进行了一次重大军事活动。为了阻止同盟军，路易扩大了他入侵尼德兰的范围，他派法军占领了列日主教区和科隆主教区内的一些重要的莱茵河要塞，包括波恩。这样一来，路易就孤立了马斯特里赫特外围的荷兰属地，占领了直抵荷兰布拉邦特（Brabant）边界的马斯河谷地，并威胁要 156
在春季从莱茵河和马斯河基地入侵联省共和国，也就是1672年的路线。他的军队和堡垒链从波恩和凯撒斯韦特（Kaiserswerth）一直延伸到海上。

路易十四凭借与选帝侯主教约瑟夫·克莱门特的新结盟，入侵了那两个主教区。克莱门特的兄弟是巴伐利亚选帝侯兼尼德兰总督

马克斯·伊曼纽尔。维特尔斯巴赫（Wittelsbach）家族的这两兄弟，把位于他们控制范围内的整个尼德兰和多瑙河上游的所有要害之处交给了路易。科隆的教会一如既往地站在反对他们主教的立场上，呼吁大同盟的军队守卫选帝侯辖区内的其他城镇。[143]

这就是威廉会见他的最后一届议会时的欧洲局势。国王的开幕演讲由萨默斯起草并经过了精心打磨。演讲号召全国人民拿起武器以捍卫自己的安全和荣誉，并要求下议院的绅士们通过投票支持供
1702年1月 应法案来表明“不会辜负那些将安全寄托于议会的人”。两院热忱地接受了国王演说的消息给国外还在犹豫的亲王们打了一针强心剂，他们加快为反对法国的大战做准备。获得英格兰议会的批准意味着四个月前签署的《大同盟条约》终于开始释放它的能量。英格兰驻维也纳公使斯蒂芬尼（Stepney）写道：“你很容易猜到，自从国王陛下的演讲和下议院崇高的决议到达我们这里后，我变得多么受欢迎。”海牙的政治家们长期以来习惯于从分析威斯敏斯特的辩论中了解自己国家的命运，他们在2月份宣布，没有任何一届下议院在更短的时间内完成了更好的工作。[144]

英格兰提供的士兵人数——马尔伯勒在1700年10月份曾如此明智地拒绝由他自己负责确定——现在由新的下议院自由投票表决，最终达到了40000人这一辉煌的数字①，其中18000人是不列颠本土士兵，其余是由英格兰付薪的外国士兵。下议院还决定投入40000名海军士兵。在签订《赖斯韦克和约》之后，许多士兵在没有收到任何
157 补贴的情况下流落街头，其中许多海军士兵当了海盗，而大量陆军士兵在公路上抢劫。现在，他们放弃了这些营生和其他更为正直的

① 见上文（边码）第147—148页以及下文附录A。

工作，重操旧业，组成一支有模有样的军队。在1702年的头几个月里，海军的强制征兵令被散发到商船和海滨城镇；威廉以前的老兵们被匆匆召回，他们注定要像马尔伯勒一样看到更好的命运。

在过去的三年里，伦敦公园里闲逛的人们经常看到这一幕，饥肠辘辘的领半薪的军官们穿戴着显示他们职业的破旧的红大衣、帽子和羽毛。这些可怜的家伙在《赖斯韦克和约》签订之后英格兰国内发生的抵制军事战争的活动中承受了太多。即便是他们的半薪也被拖欠了。参加过博因河、施泰因柯克（Steinkirk）和那慕尔战役的老兵们，被当面指责为"国家的瘟疫"，威胁着国家的政体和所有诚实的人。在一场战争结束时向士兵表示感谢的习惯是最近才形成的，至少在英格兰是这样。许多军官宁可在神圣罗马帝国皇帝或荷兰人手下服役，也不愿意上街乞讨或拦路抢劫。那些还留在英格兰的人，急切地盯着这个国家风气变化的迹象以及与法国重新开战的机会。现在，他们再次发现自己成了善变的同胞们的宠儿。国王根据议会的投票，以每天两百人的速度向他们签署委任书。剧场里回放着他们蒙受的不公，那是辉格党剧作家们的杰作。军队又开始成为主流群体。[145]

但是，尽管温和的托利党在过去所有以及即将到来的战争的有关问题上与辉格党合作，他们在内政问题上仍与高教会派托利党保持一致。托利党内的两个集团都不能原谅国王最近解散议会一事，也不能原谅在解散之前辉格党的肆意煽动。当新的下议院在1702年1月的头几天举行会议时，温和派托利党人哈利以四票的优势战胜了辉格党候选人利特尔顿，当选为下议院议长。但在接下来的日子里，辉格党又在数次选举请愿中占了多数。在那时，双方都将选举请愿

1702年3月 视作彼此在新一届议会下议院中获得票数能力的测

158 试，而不是对事实的怀疑。几周后，当威廉临终时，托利党开始在选举请愿中获胜，下议院仅以14票之差才决定放弃对上届辉格党政府成员的弹劾。没有人能够总是知道下议院将如何投票。[146]

托利党人刚刚成功地对著名的“肯特请愿”进行了追溯性的谴责。但是他们非难请求国王解散上届议会的请愿书的决议被否决了。辉格党人激烈地捍卫臣民自由请愿的权利，以及各选区对其代表的行为表达意见的权利。托利党则认为，下议院是神圣不可侵犯的，它有权选择不受外界舆论压力影响的政策。在党派激情的驱使下，关于政体的这些美好原则的辩论，在冬季的日光褪去后继续。蜡烛被点燃了，但由于桌子上只放了一根，演说家们在看不见的情况下肆意发言，他们在房间里吼出的那些话是他们绝不会在能看清对方脸庞的情况下有胆量说出来的。黑暗中充斥着愤怒的叫喊声，人们摆弄着剑柄，就像很久以前的大抗议（Grand Remonstrance）时发生的一样，这一幕被惊恐的观察者比作米尔顿的群魔乱舞或波兰的议会。[147]

在威廉生命的最后几天里，在一个在外交事务上团结一致的议会里，派系的怒火就是这样的。威廉在位期间通过的最后一项重大的公共法案是《宣誓放弃法》（Abjuration Bill）。在英格兰，没有人把最近宣布僭位者为英格兰国王一事仅视为一种纯粹的“做做样子”。托利党人和辉格党人一样愤怒，而且更加尴尬。他们急需以最直白明确的方式撇清自己与詹姆士党的关系，后者与全民族的敌人法国结盟。在新议会中，不仅西摩坚持在《大同盟条约》中加入新教继承权这一条款，①而且议会还通过了一项针对僭位者的《褫夺公权法》（Act of Attainder）。

---

① 见上文（边码）第151页。

最终，《宣誓放弃法》对所有议员、神职人员和公职人员施加了一个新的且更为严格的宣誓考验。英格兰革命安排建立在妥协的基 159
础上，妥协的一部分是为了尊重诺丁汉和其他高教会派人士敏感的良知，这些人虽然完全愿意将威廉视作“事实上”的国王来宣誓并将他们真正的忠诚献给威廉，但他们不愿意把他视作“合法”的国王来效忠。这是玫瑰战争时期英格兰旧法律中已知的一种区别，它有助于威廉的统治给这片土地带来和平。但是，路易的侮辱激起了全英格兰人民的愤怒，以至于需要一种表述清楚的新誓词，让人们重新宣誓与僭位者决裂。根据1702年的《宣誓放弃法》，每个在教会或国家政府担任职务的人都被要求否认神圣的世袭权利理论，每个人现在必须向威廉宣誓，然后向安妮宣誓，将他们视作“合法和正当的”君主，并否认僭位者及其继承人对英格兰王位的“任何权利或称号”。

多亏了路易十四，诺丁汉和高教会派牧师们被迫咽下了这碗苦水。在他们不得不进行新的宣誓之前，安妮已经登上了王位，这一事实无疑使他们相对容易服从，虽然在逻辑上并非如此。不过，当发觉自己在安妮统治下而非威廉统治时期被迫对革命原则做出更为清晰的宣誓时，高教会派托利党人对于詹姆士二世的女儿继承王位感到宽慰就有了那么一些道理。那些仍然希望在安妮死后废除《王位继承法》并实现詹姆士党复辟的人，例如一名和诺丁汉通信的人，认为“尽管有这个宣誓，但每个人都可以自由地同意由议会作出的任何改变，这是理所当然的”。[148]

不过，新的宣誓倾向于阻止不肯宣誓效忠的神职人员在安妮的统治下重返国教会。它被苏格兰主教派的人全盘拒绝。1709年，在爱尔兰，它被用作迫害罗马天主教神职人员的又一武器。

议会中的托利党人曾协助通过《宣誓放弃法》，除了一贯谨慎的
160 诺丁汉，大部分人不太敢冒险拒绝新拟定的更严格的宣誓效忠。虽然大多数托利党人确实投票反对强制宣誓，但在安妮女王时期，在托利党上台掌权的那些日子里，这一宣誓从未被废除。由议会中的托利党议员被动同意的新宣誓，激起了他们在教会和乡村的许多支持者的极度不满。但新的宣誓还是被接受了，尽管他们对通过它的那些人满腹牢骚。这就是王朝问题不断使托利党陷入的尴尬境地，如果不是因为这个问题，这个大党在英格兰肯定是最强大的。在安妮统治时期，许多托利党人像斯威夫特一样，试图为自己或自己的朋友解决这些麻烦，他们仍然对小僭位者的身世产生怀疑，而辉格党人则高兴地宣布他是詹姆士二世真正的儿子，但这位小僭位者被议会投票通过的明确且合法的革命原则拒于王位之外。[149]

1702年2月20日（旧历）

2月20日，威廉在汉普顿公园最后一次骑马。这位无畏的骑手经常猎杀野猪和雄鹿，也经常在激烈的战斗中毫发无损，但他的马索雷尔在一片平坦的草地上摔了一跤，虽然只伤了一根锁骨，但死神已无处不在地召唤他，他虚弱的身体无法从摔伤中恢复。在两个多星期的时间里，他躺在肯辛顿宫发烧，慢慢地死去，而辉格党和托利党在威斯敏斯特像以往一样激烈地争吵。在事故发生后的几天里，他们并不知道自己离大变革有多远。2月28日，威廉给两院传来了最后一条消息，提出了一个更大的愿景，建议英格兰和苏格兰形成更紧密的联盟。他曾不幸同时成为这两个国家的国王，他从苏格兰“达里安”事件中认识到，不列颠的两个议会和两套商业体系的不统一会让不列颠陷入
161 怎样的虚弱。威廉并不喜欢英格兰，但知晓它的利益所在。安妮统治时期取得的巨大成功，为不列颠在18世纪的权力和繁荣奠定了基

础，这些都是这位荷兰国王所预见和建议的。建立大同盟、由马尔伯勒领导欧洲大陆战争、组建地中海舰队、攻占直布罗陀和马翁港，以及最后一项极其重要的英格兰与苏格兰联合，都是他遗留下来的政策。

3月6日，威廉已经不能再签名了，他在床上被扶起来，用虚弱的手将印章盖在国王批准《宣誓放弃法》通过的授权书上。那些希望他在法案通过之前就死去的高教会派托利党人，认为这是他最后的暴行。[150]

两天后，国王的结局降临了。① 当这个消息传遍欧洲时，人们的心都静止了，同盟国担心一切都完了，法国人则希望不战而胜。路易的间谍们向他保证，一旦威廉断了气，荷兰和英格兰就会发生巨大的变化。几天来，法国官方一直在传言，安妮继承王位有困难，需要在国内动用她所有的军队。然而，迷雾散去，人们看到，安妮在忠诚的人民的拥戴下充满仁爱地坐在了王位上；而在欧洲，由威廉准备的大同盟这台机器，按照马尔伯勒更加充满活力的曲调走向了战争。如果说索雷尔确实是在公园里被一只鼹鼠堆的土丘绊倒的，那么，这位被詹姆士党敬为“穿黑天鹅绒的小绅士”所做的工作太

① 在《英格兰史》最后几页当中，麦考莱有关威廉之死的记录没有任何脚注，因为这位历史学家在完成这一章之前就去世了。因此，我并不知道他是否读过赫米塔日给荷兰政府的报告，也不知道，假如他读过这一报告的话，他是否认为这一报告具有很高的权威。我认为有必要引用这一报告的部分内容，以作为麦考莱记述的对照。首先，赫米塔日认为，由于国王派给本廷克的一个男仆的错误，本廷克迟到了半个小时才来到他的朋友兼主人的床边。当本廷克终于到来的时候，他看到，威廉被侍者们扶着坐在床上，“他走近国王，想听听国王陛下想对他说些什么，但他只能听到几个弗拉芒语的词，这是最后一次用法语说。陛下伸出他的手并与之握了手”。*B.M. Add. MSS.* 17677, xx, f. 248. 我们应该把“Flamande”译作“Dutch”。

晚了，既不能帮助他们，也不能帮助他们的朋友路易国王。[151]

162 历史上，在英格兰陷入绝境的时候，除了极少数英格兰本土的国王，威廉对英格兰所做的贡献比其他任何人都要大。但他对英格兰人一直很冷漠，也毫不掩饰对自己国家和人民的偏爱。因此，他在这里得到的回报一直是钦佩，有时是感激，但很少是爱。人们记得他是拯救者，常常怀着感激之情；但在圣乔治海峡这边，对他的热情主要体现在军队中，体现在那些曾目睹他的灵魂在战斗压力下燃烧的人之中。我们看到，托比叔叔，当他记起威廉在兰登从他身边飞驰而过并召集摇摇欲坠的中队准备再一次冲锋的样子时，他忘记了国王并喊道："英勇的人！"

在安妮统治时期及之后的很长一段时间里，对威廉的记忆是各党派的玩乐之物——是辉格党的祝酒词，是托利党的阻碍，是在爱尔兰燃起战斗的火焰之旗。但是，尽管对他的看法因党派或个人而异，但有一个核心的共识：当他的死讯在下议院宣布时，西部乡村的托利党议员约翰·帕金顿爵士表达了英格兰人主要的真实感受，"先生，我们失去了一位伟大的国王；我们得到了一位最仁慈的女王"。

第八章　安妮女王

安妮在位第一个星期的重要性与最后一个星期的不相上下。如 163
果说她临终前戏剧性的一幕为汉诺威家族和平来到英格兰扫清了道路，那么，她即位的最初几个小时则确保了即将到来的战争不会因为威廉的死亡而失去任何力量。这一决定对一些站在女王宝座周围的人来说是不受欢迎的，在法国是完全出乎意料的，在荷兰也是未曾指望过的。

1702年（旧历）3月8日

威廉在3月8日上午去世。那天是星期天，但没有人认为，为拯救国家而劳作是错误的。就在这一天，女王正式宣告登基，并召见了她的枢密院。她用柔和、清晰、悦耳的声音——这是她在公共场合的主要优势——向他们演讲。她告诉枢密院，从而也告诉了全世界，她的两个目标　　维护新教的继承权和削弱法国的实力。正如老桑德兰写给马尔伯勒夫妇的信中所说——“她现在身处君主之位，她的利益与他（威廉）的利益一致”。[152]

同一天，上议院和下议院召开了会议，①各自表决通过了一份致
辞，不仅表达了他们对安妮和新教继承权的忠诚，而且表达了他们 164

① H. of L. and H. of C. Journals. 在暗杀威廉的阴谋失败后，一条旨在避免国王去世后议会解散的法案获得通过。基于这一法案，上下两院得以在国王去世后继续履行职责（不长于6个月），并挫败所有詹姆士党复辟的计划。

愿以最大力度发动战争的决心。星期一，这些致辞被呈送给女王。3月10日，星期二，在威廉死后仅48小时，英格兰驻荷兰全权大使马尔伯勒就收到了安妮女王的指示：令马尔伯勒立即前往海牙，重振同盟消沉的士气，并安排春季的战役。星期三，女王在议会两院发表了她的第一次演讲。

女王以她的魅力征服了两院，因为，从来没有一个女人比女王说话更有声有色且更有风度。她迫切地支持我们在国外的同盟，这将消除荷兰人因女王陛下强调她有一颗英格兰心而产生的误会。但她在英格兰国内的影响非常好，让所有听到她讲话的人都默默赞叹。[153]

这一系列迅速推进欧洲大陆战争的措施，绝不是每个人所希望看到的，尤其是与女王有亲戚关系的海德家族。因此，这些措施一定要在威廉还在痛苦地喘息着的时候，在安妮和丘吉尔家族之间提前安排好。

伦敦市，这个王国的“第四等级”渴望重新开战以保卫商业和新教，其鼓鼓的钱包注定要用于维持同盟国的努力并使路易破产。伦敦从来没有如此团结过。在威廉统治时期，这座城市一直被新旧东印度公司之间的争斗困扰，它们在争夺东方贸易特权。旧东印度公司主要由托利党支持，新东印度公司主要由辉格党支持。这场金融和商业界的大争吵令政府陷入窘境，因为，无论政府采取何种立场，总有半个城市的人怒气冲冲。1702年1月，两家公司最终签署了合并协议，及时地让英格兰的东印度贸易可以用类似于统一战线的方式去面对重新爆发的海上战争。荷兰政府的代理人将此视作英格兰在即将到来的战争中保持团结努力的好兆头。[154]

马尔伯勒很清楚，他必须立即前往海外。一旦风向允许他离开 165

1702 年 3 月 17/28 日

哈里奇，他将立即赶往海牙，在那里，他发现同盟国正在为威廉的死而惊慌失措，一半以上的人预测自己会被英格兰抛弃。路易十四的使者巴雷（Barré）就在海牙，他试图恢复法国与联省共和国内反奥兰治派的传统关系。马尔伯勒抵达海牙之后的几天，巴雷受命承诺，如果荷兰抛弃大同盟，法国将与荷兰单独谈判。条件是什么并没有说，但肯定不包括法国人从西属尼德兰撤退。路易下达给巴雷的指示中的语气显现出，他对荷兰政局在威廉死后发生变革充满信心，届时，一个准备通过接受法国附庸地位去换取和平的政党将会复活。

但由于马尔伯勒的出现和来自英格兰的好消息，巴雷的提议被阻止了。由于确认了安妮女王政府会继续支持，荷兰人不分党派地要求发动战争以重获他们失去的国家安全。阿姆斯特丹一直有强大的反奥兰治传统，但在这场爱国主义运动中，阿姆斯特丹起了带头作用。事实上，这座伟大城市的市长拜斯（Buys）的追随者们，并不像路易所预设的会因威廉的外交政策而对死去的最高执政怀有敌意。共和派中富有的市民们认为，战争是一种巨大的罪恶，但他们不支持不惜任何代价的和平，他们也特别渴望维持与英格兰人的友谊。因此，拜斯很快就与马尔伯勒达成了秘密协议。[155]

大议长海因修斯因此继续掌权，他不是作为一个政党的领袖，而是作为一个在危急时刻团结起来的国家领袖。他和英格兰驻海牙大使亚历山大·斯坦霍普（Alexander Stanhope）均在他们的秘密信函中表示，由于英格兰女王和议会的迅速行动以及马尔伯勒的及时到来，局势得以挽回。海因修斯与这位英格兰贵族（马尔伯勒）的关系非常好，他大胆地向他谈起了英格兰的政治，建议他不要参与

166 高教会派托利党人反对辉格党和不从国教者的政策，而应该以荷兰的国策为榜样，采取“温和的立场”，以便在战时“实现人民中的团结”。马尔伯勒同意其盟友的建议。

同时，海因修斯在给波特兰伯爵本廷克的密信中坦言，有一个问题仍然“让人非常尴尬”——低地国家同盟军队的领导权问题。安妮女王任命马尔伯勒为英格兰远征军总司令，但荷兰人和其他部队是整个军队的主要组成部分。现在，威廉去世后，谁来指挥他们？好几位亲王都在竞争，但荷兰人不想要一个外国亲王，因为他可能会对战场上的荷兰代表们的命令感到不满。荷兰人准备让马尔伯勒指挥他们的部队，因为威廉把他的衣钵交给了他。但无论如何，他们都不会接受安妮女王那出了名的蠢丈夫——丹麦的乔治亲王——作为他们的总司令，而安妮现在坚持要把他强加给她的盟国。马尔伯勒的任务是说服荷兰人接受这一荒谬的提议；他以惯常的文雅礼貌的态度推进这项任务。谁会说他是否向海因修斯暗示过他的真实想法？也许这种暗示是不必要的。但是，如果马尔伯勒那舒展又完美的五官确曾因使过一个眼色而变形，那肯定是在他向大议长声明是乔治亲王要求获得最高指挥权之际。但不管怎样，荷兰人坚定的立场，拯救了欧洲。直到5月，安妮还在为她丈夫的诉求而努力；此时战役已经打响，只是到了这个时候，她才同意应该按照威廉的安排，由马尔伯勒同时指挥英格兰和荷兰军队。[156]

在解释安妮女王的性格时，必须牢记这段奇特而鲜为人知的插曲。长期以来，人们普遍认为安妮是一位软弱的女性，被她的亲信们支配，起先是马尔伯勒家族，然后是马沙姆夫人（Mrs Masham）和哈利。这与复杂的事实相去甚远。萨拉和约翰·丘吉尔从未比安妮登基那年与她更亲近。不过，她在登基两个月内就致力于将低地

国家军队最高指挥权交给乔治亲王，以取悦她所爱的丈夫，并迎合 167
她自己的心意——那是欧洲列强应该给予英格兰女王的。这项任命会残忍地挫败马尔伯勒最可敬的雄心，但没有证据表明，“弗里曼先生和夫人”①敢于在这个非常微妙的问题上与他们“可怜又不幸的莫利夫人”②争辩。令人怀疑的是，安妮是否得到过除她丈夫之外的任何人的支持，其夫愚蠢到认为自己可以比肩法国的元帅们。乔治不是高教会派托利党人的选择，他们的军事宠儿是马尔伯勒的宿敌奥蒙德（Ormonde），此人在前一年因威廉忽略了他对指挥官的要求而大失所望。[157]然而，安妮一意孤行，直到同盟国正面拒绝将他们的军队交给她的丈夫指挥，这才迫使安妮不再坚持。然后，她毫无异议地同意了对马尔伯勒的提名。不过，由于她努力将乔治亲王的诉求置于马尔伯勒的之上，所以，不能从她更偏向于马尔伯勒而非奥蒙德来断定她在1702年春天就已经知道马尔伯勒有天才般的军事才能。只是到了秋天，安妮和整个欧洲都知晓了萨拉的丈夫正是自克伦威尔以来英格兰最伟大的军人。

安妮·斯图亚特和萨拉·丘吉尔的友谊，尽管部分是由萨拉一方的私利促成的，却植根于人类真实的感情。像许多友谊一样，从哈姆雷特和霍雷肖（Horatio）的友情以来，友谊之花因彼此个性的差异而盛开，多年后，又在双方个性差异太大的压力下而枯萎。

安妮的思维像低地的河流一样缓慢，萨拉的思维像山间的激流一样迅猛。萨拉巧舌如簧。而安妮，她虽然能在公共场合顺利读完演讲稿，却不能进行持续的交谈。这种缺陷，加上健康状况不佳，使她无

① 弗里曼指马尔伯勒。——译者注

② 莫利指安妮女王。——译者注

168 法拥有宫廷。偶尔在圣詹姆士或肯辛顿举行的招待会上，“外国大臣和女士们在死一般的沉默的女王身边坐了一刻钟！”“没有任何一位来到宫廷的人会接近她”，他们把自己的谄媚留给了女王的仆人，特别是戈多尔芬。如果有人来王宫，安妮“从不在乎让他们来拜见她，对他们也没有什么好说的，只问问他们，冷热与否。”她的乐趣是与萨拉单独坐在一起，静静地听她精彩的谈话。萨拉则宣称，“一连数个小时与一位不说话但又不得不尊重的人关在一起”常常让人感到厌倦，但是，“由于她完完全全地爱我和信任我，我对她的关心超过了你会轻易相信的程度，我愿意在任何场合下冒着生命危险为她效劳”。[158]

虽然这对朋友，一个聪明，一个虔诚，但她们都没有严格意义上的对知识的兴趣。如果时间和地点允许的话，萨拉确实拥有成为一名才女的头脑。但是在查理二世的宫廷里，女士们除了赌博和耍心机外，什么都不懂。萨拉告诉我们，在那里，“我从不阅读，也没有把时间用在任何事情上，只是打打牌”——后来还玩了更大的政治赌注。安妮也曾被按照同样的方式教导。她早年写给萨拉的信中有这样一段话：“我为你昨天掷骰子的运气这么差感到遗憾。我赢了300英镑，但今天早上又输了一半。”[159]不过，在格洛斯特公爵（安妮最后一位孩子）去世后的悲惨岁月里，以及在她自己登基的时候，安妮在她幽闭的生活中花了很多时间来阅读宗教作品，她甚至阅读了一些英格兰历史，为自己成为女王做准备。以她的身体状况，她唯一能做的运动是驾驶一辆马车，还要靠两位绅士站在马头旁边、握住缰绳。[160]她用这种方式在温莎“打野兔”，前往她自己或她的臣民的公园里观看成群的鹿从她身边经过，或者检阅她的部队。

安妮至少亲历了她十五个孩子的出生与死亡，其中很少有孩子能活过婴儿期，这是她继承王位时的终章。过去的经历以及反复发

作的痛风或水肿，使得身体上的疼痛和精神上的折磨成为她生活里 169
的家常便饭。她经常缠着绷带。当她的臣民鞠着躬被带到她面前时，他们看到他们光荣的女王是一个非常痛苦的女人，“处于极度的疼痛和痛苦之中，她身上的一切狼狈和她最悲惨的臣民如出一辙”，[161]这让他们惊恐，又因此而生发怜悯。她因健康不佳而与外界隔离，虽然有一个忠诚与深爱她的丈夫，但呆头呆脑的，难怪她要靠萨拉来陪伴，靠宗教来获取安慰，也难怪安妮喜欢她的晚餐，因为她几乎没有其他常见的生活乐趣。革命后不久，王室曾被这样描述过：

威廉国王思考一切，
玛丽女王谈论所有，
乔治亲王见酒就喝，
而安妮公主只是吃。

在安妮登上王位后，她的臣民们乐于相信，她用盛在茶壶里的白兰地来安慰自己，人们对安妮女王的“凉茶”开起了玩笑。[162]

她确实不是一个美丽如画的人。然而，在包括忍耐力在内的英雄主义的那部分内容中，可怜又邋遢的安妮女王并不逊于她的女先祖，那个苏格兰故事中的女主角（Prima Donna）。而且，毫无疑问，这位斯图亚特王朝的最后一位女王拥有更加智慧地统治一个国家所需要的品质。在十几年的疲惫岁月中，这个病人每天都要面对她的日常工作。她没有把事务交给自己的宠臣们，甚至没有完全交给她的大臣们。为了在教会和国家中做她认为正确的事情，她在政府的许多琐事上劳心劳力。启发她的是那些温和、理智和仁慈的想法，而这些并不总是斯图亚特家族的强项。

她最艰难的工作之一与政治无关。那个许多罪行都可被判处死刑
的年代要求不断使用王室仁慈的特权。安妮女王痛苦地阅读这类令人
170 不愉快的案件，经常在如实审查后指示她的大臣们给予缓期执行。[163]

本着同样认真的精神，她把心思用在了更令人愉快的教会人员的任命上。在这里，萨拉立刻发现自己的影响力没有任何用处。萨拉即使不是一位自由思考者，也是一个坚决反对教士的人。自命不凡的神职人员可以对人的生活和思想发号施令，是激起她愤怒的众多事情之一。当时，高教会派人士对不属于他们派别的英格兰、苏格兰和欧洲大陆的新教徒们普遍表现出痛恨情绪，在萨拉看来，这同样有害于英格兰内部的团结以及不列颠的海外利益。萨拉对政治有自己的看法，在这个问题上，这对英格兰的模范夫妇在1702年就彼此的分歧达成了共识。萨拉是辉格党人，马尔伯勒仍然是托利党人。两人都非常敬畏和爱护对方，不愿意为此争吵。

安妮女王确实不是迫害者。她决心成为她所有臣民的女王，不受那些令人痛恨的不从国教者和低教会派人士的狭隘风气的影响，那些风气让阿特伯里（Atterbury）、萨谢弗雷尔及斯威夫特倍感苦恼。总的来说，她仍是一个虔诚的国教徒，而在那个时代，政治和宗教在某种程度上是难舍难分的。因为她在宗教上属于高教会派，所以她在政治上是托利党。但她并不允许托利党政治家支配所有教会人员的任命，正如斯威夫特在付出了代价后才了解的一样。在教会事务上，她既咨询主教，也咨询政治家。的确，她并不信任坎特伯雷大主教特尼森，因为他不拘泥于宗教教条与形式。但她经常征求约克大主教夏普的意见，他是一位非常虔诚但同样温和的高教会派人士。

因此，这一点就不足为奇了，即1704年萨拉的一位朋友请她帮忙获得一个职位，萨拉坦白地回复自己无能为力，并说明了女王在

任命教士动机上的非政治性特点：

> 我必须向你承认，我的这种恳求比其他任何种类的恳求都少，因为，无论谁就这个问题向女王说话，她都会在处理这个问题之前与主教们商量；此外，女王有那么多总是恳求她提拔的牧师，我认 171
> 为他们比其他人更有优势。[164]

因此，她的确是基于宗教理由任命大部分教会职位的。刚登基
1702年 时，她徒劳地催促圣洁又不肯宣誓效忠的肯（Thomas Ken），重新考虑他的顾虑并回到主教职位。她所能做的就是诱导他接受，正如肯最感激的那样——女王通过他在巴斯和韦尔斯的后继者，每年向他支付津贴。这位模范的基督徒对此没有敌意。几年后，她又选择了不妥协的辉格党人弗利特伍德（Fleetwood）作为圣阿萨夫（St. Asaph）的主教。这位了不起的人因著有《编年史》
1708年 （*Chronicon Preciosum*）而被认为是英格兰经济史研究的鼻祖。他亲历了安妮统治末期下议院下令焚烧他写的辉格派的布道词，也亲历了在汉诺威统治时期享受至高的荣誉。他在主教职位上的仁慈和勤奋如伯内特一样，但在许多教士眼中，这并不能弥补他对不从国教者的友善。但安妮并不担心称他为“我的主教”，并在他最不受她的托利党同伴欢迎的时候参加他的布道。

自然地，她把大部分教会职位给了高教会派人士。大主教特尼森虽然不受女王待见，却以最令人恼火的方式比女王多活了几年，因此，托利党和高教会派的人从来没有机会担任兰贝斯主教一职。当然，辉格党获得主教职位的运气也不错。不过，女王并不是在所有情况下都完全不顾政治上的考虑，毕竟教会和国家之间的联系是

多方面的。在她统治中期，由于托利党内部的分裂，她的政治顾问们对要求晋升的高教会派申请人抱有敌意，她本人也因在教士大会和议会中的行为而被高教会派人士疏远。1705年，她在两个托利党人——戈多尔芬和特里劳尼主教——诱导下，违背了她的导师夏普的建议，将林肯主教职位交给了维克（Wake），而这位博学的辉格
172 党人是主教在教士大会中反对低级教士的主角。[165]安妮在她统治时期总共任命了17名主教。最终的结果是，托利党女王的统治虽然使阿特伯里成为主教，却未能扭转低教会派的温和特征——威廉统治时期低教会派已经迅速地、不可逆转地拥有了该特征。

安妮的高教会派属性对她关于王位的看法有何影响呢？她出生在王政复辟发生后的第五年，是约克公爵詹姆士与克拉伦登之女安妮·海德的女儿。在查理二世的命令下，安妮从她父亲的耶稣会士的训导中被解救出来，在保皇党和国教会氛围最浓厚的地方长大。在那二十年里，英格兰国教会将国王神圣的世袭权作为其最显著的教条。后来，革命发生了，这一教条被粉碎了，那些仍然持有这一教条的人被怀疑不忠于新政权。现在，安妮在统治之位，这是她被虔诚地培养起来的那一教条被推翻后的结果。作为女王，她在实践中完全接受革命原则，而在理论上还没有完全接受它。即使在统治末期她最偏向托利党的时候，安妮也宣布她的权利不是神圣的，而且任何凡人都不能用此表述去拥有对其同胞的权威。①

她对辉格党的学说就接受了这么多。然而，像她的许多托利党

① 1710年10月，什鲁斯伯里公爵写道："枢密院大臣将伦敦市的致辞留给了我，我昨晚读给了女王听。她立刻就对她的权力是神授的这句话表示反对。早上，她告诉我，她想了很久，但还是没有办法喜欢上这个表述，她觉得这句话实在太不合适，没有办法交给别人看，应该删掉。*H.M.C.* Bath, I（1904）, p. 199.

臣民一样，她加强了对她天主教弟弟的反对，半信半疑地认为他终究是冒充的。他是她父亲的儿子吗，还是，他只是王室的一个丑闻？有一天，在回答萨拉的问题时：

她告诉我，她不确定威尔士亲王是她的弟弟，而且他到这里来 173
不可能不毁掉宗教和国家。

后来，萨拉写道：

我从来没有发现她对佩戴王冠有任何疑虑，也没有倾向于那些心系另一方的人，即便她总是喜欢托利党人，因为，她相信他们会支持她反对她的弟弟，如果她相信他们就是如此的话。我相信即便到了最后（1710—1714），马沙姆夫人的大臣们都没有冒险去进一步劝说女王，为了新教利益，让她的弟弟在她死后回来。[166]

很难确定在她一生中的不同时期，她在多大程度上考虑过由她弟弟接替她的可能性。①但可以肯定的是，她在生前总是坚决地捍卫自己的权利，反对她弟弟及其追随者。托利党人也同样坚定地捍卫她的权利，反对一切来犯者。1702年春天，托利党听到一个谣言，说上议院的一些辉格党贵族密谋把她排除在王位之外，让汉诺威家族直接继承威廉的王位，②这让他们很愤怒。托利党认定安妮是他们

① 见上文（边码）第118页。

② 有关这一所谓的阴谋的唯一证据是，多年后达特茅斯对伯内特的注解中的说明［Burnet，iv，p. 540（299）］。当1702年议会进行质询的时候，达特茅斯或其他人都没有提供任何证据。Parl. Hist.，Ⅵ，pp. 18–22.

的女王，对她有特殊的情感。他们会保护她免受辉格党人、詹姆士党人或法国人的攻击。但在1702年，在前一年为了汉诺威家族的利益而通过了《王位继承法》的许多托利党人，还在咖啡馆里肆无忌惮地猜测，如果法国的势力首先被削弱，詹姆士三世是否终究不能继承安妮的王位。他们不会把詹姆士作为路易提名的人，但在一场胜利的战争之后，他们认为在英格兰和英格兰国教会基础上进行复辟也许是可取的。这些谈论在安妮统治的第一年不时地出现在托利党高层人士中，在她统治的最后一年则更加普遍。[167]

因此，谁会继承安妮女王的王位看上去是非常不确定的，她能活多久也是如此令人怀疑，以至于所有党派中不太谨慎的政治家都
174 在继续玩“投保”的老把戏，即通过秘密地向圣日耳曼示好来防止复辟带来的风险。因此，1703年春天，萨默斯这位辉格党政治典范的代表，其忠心天地可鉴，却通过法国大臣托尔西不太真诚地向詹姆士流亡朝廷表示自己愿意效劳，从而给自己上了“保险”。这是一位爱国的政治家在英格兰与法国交战时期采取的一种多么奇怪的方式啊！辉格党人对复辟的恐惧胜于一切。但由于安妮女王的登基，他们觉得托利党成了这片国土的主人，觉得托利党可能在她死后利用这种主宰地位使古老的家族复辟。如果这种情况不可避免，辉格党不希望被彻底放逐在野，被永远排除在斯图亚特王室统治的权力之外。在布伦海姆战役后，辉格党恢复了对未来的信心；没有证据表明，萨默斯在晚些时候还玩过1703年这样的把戏。[168]

如果是出于这些原因，就连萨默斯都在“投保”的话，那就难怪马尔伯勒也在做同样的事情。1702年，当他在尼德兰精明且有力打击法国军队时，他保护詹姆士党的密探们进入他的阵营，他们带着来自托尔西达成和平的提议以及在女王死后在英格兰人同意的情

况下让僭位者复辟的提议。[169]

安妮对王位的看法并不完全是理性的。她虽然拒绝承认“君权神授”，但她仍然是被涂了圣油的女王。她的高教会派宗教立场仍然赋予王位一丝并非来自议会投票的那种光芒。她活动的世界里弥漫着保皇主义情绪，那是不为她的前任和继任者所知的。威廉曾因拒绝用国王的触摸治疗瘰疬而不被臣民爱戴，因为他不相信自己能够带来奇迹。安妮一即位便恢复了这一做法，这让高教会派教士和老骑士党们感到欣慰。殉道者查理国王的后代当然拥有荷兰人所不具备的魔力。在她统治时期，安妮“触摸”了数以千计她最悲惨的子民，包括小塞缪尔·约翰逊，他在1712年3月的一天，被从其他等
待被触摸的两百人中带到女王面前。疗效似乎并不显著。那些相信 175
自己的孩子患有瘰疬的父母们，在女王触摸了他们的孩子之后，又迅速将孩子带到了王室治疗师那里；更多的人，在还没有仔细诊断他们的孩子的症状的情况下，就把他们送了上去，因为女王在每个男孩和女孩的脖子上都系了一点黄金。

安妮似乎对这种起源于忏悔者爱德华时代的古老的王室职责特别感兴趣，

> 我希望（她有一次写道），你能再订购200多枚疗愈金（healing gold），因为我打算在天气热起来之前，从温莎回去尽可能多地触摸一些穷人。我现在在宴会厅做这件事，我很喜欢在这里做，因为这儿非常凉爽，可以让我自己的房间（圣詹姆士宫）整洁温馨，不会挤满了人。[170]

带着对她身为一国之君的这些观念——一半是旧世界的，一半

是新世界的；带着善良的天性和一定的固执；带着化为愚蠢的温和与善意之源；带着“一颗完全是英格兰的心”；安妮并非完全不适合在威廉之后继承王位，成为她争吵不休的臣民们的仲裁者，并统治从斯图亚特到汉诺威过渡时期的英格兰。

她承认英格兰革命安排对国王特权施加的限制，但她并不接受任何更现代的政治理论或实践。例如，她不认为自己有义务从当时在下议院占主导地位的政党中遴选大臣。当1700年威廉任命托利党政府时，他已经因痛苦的经历被迫朝此方向前进了一步。但安妮在她统治的整个时期，一直主张她有权从任何一个党派中选择自己的仆人，或者不从其中来选择：

我唯一希望的（她写给戈多尔芬）是，我可以自由地支持和任命所有那些忠心耿耿为我效劳的人，不管他们被称为辉格党还是托利党，而不是非要从这个党或那个党中进行选择。因为，如果我不幸落入任何一方的手中，我将不会认为自己——即便我仍然有女王之名——是一名真正的女王，而仅仅是他们的奴隶，这不仅会毁了我个人，还会毁了整个政体。因为这不会是党派的终结，反而会是其存在下去的持久根基。[171]

176 安妮在执政之初就是一位坚定的托利党人，对辉格小集团的主要人物抱有深深的成见，以至于在女王的这种自由选择下，辉格党在1702年获益甚微。但没过多久，甚至连高教会派托利党人也疏远了她，她在各党派之间保持平衡的理论成为一个非常重要的现实。

这两个党派的人都在威胁我（她写给马尔伯勒），我不敢不加掩饰地贸然写下我对两者中任何一方的看法，因为我害怕发生任何意外。我祈求上帝让我远离他们双方的控制。[172]

只要马尔伯勒—戈多尔芬政府处于独立于辉格党和高教会派托利党的中间位置，它就非常适合安妮女王；但一旦它被辉格党俘虏，它就失去了她的信任。

这场维护国王自主选择大臣的权利不受党派和议会制约的斗争，由女王独自发起与坚持，贯穿于她的整个统治；先是反对高教会派托利党，然后是反对辉格党；时而是为了满足她国内宠臣的要求，时而又是为了反对他们的要求。这是安妮女王个人写入她统治时期的政体和政治史中的一章。未来是不利于它的，因为议会制政府注定要取代由国王挑选大臣的旧观念。但安妮在这个问题上为君主的古老权利进行了顽强的斗争，这可能使英格兰在她统治的早期高效地发动了战争，尽管那时下议院中托利党占多数，并最终在1708—1710年实现了和平，尽管这时的下议院中辉格党占多数。如果她没有解散议会的权力，没有在选举时将王室和大臣的影响施于她希望其席位数量减少的政党，她就不可能在我们这个派别林立的岛屿上进行这场斗争。

但是，除了她高教会派的宗教属性和托利党的政治立场，除了她持有的女王必须独立于任何一部分臣民控制的理论，她还拥有作为一名英格兰女性和一位新教徒的朴素感情。她是英格兰女王，也 177
是革命的继承人，而路易轻蔑地否认了她的这两个身份。在1702年3月登基后，安妮认为她的首要职责是在战争中击败法国。无论由谁继承她的王位，都必须由英格兰而不是法国来决定。因此，战争是她的首要职责。而在第一次战役之后，她看到马尔伯勒是唯一能把胜利带到她面前的人。因此，马尔伯勒必须在国外自由地施展拳脚。如果她高教会的朋友、她跋扈的舅舅罗切斯特、她忠实的仆人以及和她拥有共同宗教信仰的诺丁汉，在外交和军事政策上阻碍马尔伯勒，那就必须把他们从马尔伯勒前行的道路上清除掉。在1702至1706年，她支持马尔伯勒作为战争领袖，这决定了英格兰和欧洲的命运。

马尔伯勒是托利党人，他的妻子是辉格党人，但在涉及战争的一切问题上，他们之间从未有过任何分歧，多年来，他们和他们的女主人之间也没有任何分歧。他们三人都是先王留下的欧洲政策的执行者，而他们对先王的爱是如此地少。

相较伊丽莎白女王或维多利亚女王，安妮女王所过的退隐又抱病在身的生活，使她经常处在一个国内的小圈子当中。马尔伯勒家族对她的影响最大，因为她不喜欢她海德家族的亲戚们，即克拉伦登和罗切斯特，他们从来没有对她好过，而且几乎不掩饰他们的詹姆士党情结。事实上，克拉伦登还拒绝向安妮宣誓，他因此被赶出了宫廷，尽管安妮允许他领取一份津贴。她曾深爱且仍然爱着的丈夫丹麦亲王乔治，因为太过愚蠢或太过精明，不想控制她的政治行动。他已经成为一个“优秀的英格兰人”，他将自己与现在的祖国联系在一起。但乔治的口音仍然暴露了他是个外国人的事实，他谨慎地认为英格兰政治太过神秘，超出了他的理解范围，如果他在这个迷宫中冒险，肯定会迷路。那些在他身边的人，即便不尊重他，也都喜欢他；他“对他的仆人非常随和，但这并不影响他受人们欢迎，
178 也不影响他出现在公众面前”。我们有伯内特主教的证言为证，乔治在婚后“没有任何恶习”。在那个时代，饮酒成性并不是什么恶习。

随着岁月的流逝，他在英格兰的愉悦生活使他变得非常肥胖。在吃了很多顿汁多味美的佳肴后，他于1708年去世——一个善良的、可以忽略不计的人。[①]

因此，在1702年，没有任何竞争对手的影响力可以超过新女王最忠实的老朋友丘吉尔家族。马尔伯勒从未被指控背叛过安妮。如果说萨拉最后与她的女主人发生了激烈的争吵，那么这种争吵的根源也在于这位仆人太过令人羡慕与嫉妒的奉献精神。

麦考莱对马尔伯勒的动机和性格的不利解读源自斯威夫特和安妮统治后期托利党的小册子作者们的著作。事实上，与其说麦考莱是被传统的辉格党观点误导的，不如说是被他本人过于自信和清醒的心态误导的，他总是以黑白两色看待事物，眼中从没有灰色地带。他的历史著作的伟大之处在于他对政治形势的描述和对事件过程的叙述。他本身就是一个公众人物，他比大多数历史学家更了解那些事情，而且他能以无人能及的方式把它们说清楚。但他不是心理学家，他内心的艺术家倾向使他用不太稳妥的富有张力的戏剧性方法来勾勒人物。他本能地想让马尔伯勒的天才在他卑鄙的一面的衬托下显得格外耀眼。他把背景涂黑了，但没有活到把这位布伦海姆的胜利者身着华丽甲胄的全部光辉画进去。

抛开麦考莱刻画的天才恶棍形象，我们实际上看到了什么？除了

---

① 将伯内特有关乔治亲王所谓的保皇主义的说明，与威斯特摩兰伯爵的判断——如果乔治活到1708年之后，他会更偏好辉格党——相对比，两人都同意，他是一个善良的人，而且不像他被描述的那样那么滑稽。Burnet，V，p. 380（515），and *H.M.C.* Westmorland（1885），p. 50. 见下文（边码）第261页，有关他作为海军上将的情况。他是科学的赞助人和牛顿的朋友。*Proceedings of Brit*. Academy，pp. 181–182（关于牛顿的讨论）。

军事天才，其他的都看不清楚，而他的军事天才，越是被仔细分析就越是闪闪发光。但马尔伯勒的动机往往是模糊的，他的性格也不像查
179 塔姆、纳尔逊或威灵顿那样可以被清晰地描绘。与那些偶尔还算是健谈的英雄人物不同，马尔伯勒极其严格地管理自己的舌头和笔头。他喜欢保守自己的秘密，在对同时代的人保守秘密的同时，也对后人保守秘密。他蔑视或不搭理诽谤他的人或在他的回忆录里写明他的真实情况。他的书信只涉及手头的事情，并不发表任何议论。在他写给妻子的一长串情书中，可以最快地找到他无意间对一些事情流露出的看法或坦率的评论。否则，只有他的行为能代表他。萨拉在《公爵夫人的行为》(*Conduct of the Duchess*)中讲述了她的故事，其坦率程度堪比佩皮斯（Pepys），写作能力堪比笛福。她用言语表达自己的心声，但她的丈夫把自己隐藏在他伟大事业的云雾里。

在反驳斯威夫特和麦考莱时，不能把马尔伯勒描绘成一个与威灵顿一样正直和高尚的国家公仆。约翰·丘吉尔生于1650年，在暧昧的复辟时期的最糟糕的派别中长大。他的父亲温斯顿·丘吉尔爵士是西部乡村的一位乡绅，曾为王室事业吃尽了苦头。约翰在还是学生年纪的时候就被送到了白厅，尽力在那里重振家族威望。他的姐姐阿拉贝拉是约克公爵詹姆士的情妇。如果这位弟弟是个有原则的人，他就会为他的姐姐感到羞耻，就不会让自己依附于詹姆士的追随者。但丘吉尔持有的道德准则不比他所在的那个世界里的更高，其把一个王子的情妇看作一位贵妇。因此，当他切断查理国王与克利夫兰公爵夫人芭芭拉随意的感情时，白厅也认为英俊的杰克·丘吉尔做了一件好事；如果这位女士真的像传言那样，用金子奖励她那穷困的勇士，那么宫廷里的人并不会吃惊地挑高眉头。但是，与1668—1670年 白厅其他贪婪凶恶的人不同，丘吉尔在职业军队中，

1672—1673年 在丹吉尔后面的沙漠山丘中，以及在德意志的图伦（Turenne）本人手下，磨炼自己的身体和意志。

几年后，他为了爱情娶了一位品行端正的宫廷女子，她的容貌 180
和智慧是她的财富。这并不是一个唯利是图或冷酷无情的人所能做
1678 出的行为。他一生深爱着萨拉·詹宁斯，即便她的幽默令他不悦。马尔伯勒的五十至六十岁是在领导欧洲半数军队进行一场又一场的大战中度过的，但他的思绪时常飘向萨拉，就像一位年轻的副官思念他的情妇一般。在世界所有著名的战士中，他似乎是拥有最热烈和最稳定的家庭感情的一位。在1702年的战役中，他写道：

> 我向你保证，我每天都期盼着收到你的来信，就算在我等待敌人向我发起进攻的时候收到它们，我也会忍不住要打开阅读。[173]

在取得巨大胜利的那场屠杀结束之前，他在布伦海姆的高原上勒住缰绳，那一刻他有两个想法：一个是为他的妻子，他在马鞍上给她写了一张铅笔字条；另一个是为那些依靠他照顾的伤员和俘虏。他和威灵顿公爵一样，在战争与和平时期都是一个有人情味的人，但他不像威灵顿公爵那样对下属十分严厉。除了烧毁巴伐利亚，没有不利于他名声的其他残忍行为。他赢得了塞季穆尔，但其他人把它变成了一个屠宰场。他教导将军们应该如何让他们贫穷的士兵吃饱穿暖并得到照顾。

在威廉进入英格兰时，马尔伯勒策划了一场反对詹姆士二世的军事阴谋并取得了成功，从而使英格兰免于一场内战的恐怖。麦考莱并不否认这场行动对公众的作用，但他认为这是马尔伯勒对他的

庇护人詹姆士二世的一场自私的背叛。但没有理由去怀疑，在那场危机中，马尔伯勒带着致力于保护英格兰自由和新教的动机，就像他的其他同胞一样。和他的同胞们一样，他认为在革命时期，阴谋是一种合法的武器，而阴谋靠的就是欺骗。的确，在某种程度上他在1688年的动机可能基于是个人的，这和其他时候一样。他不喜欢
181 在耶稣会神父的好意下担任富有前景的高级指挥官；于公于私，他都有很好的理由去支持一场革命，这将确保王位重新归属于他妻子挚爱的朋友安妮公主。

因此，当安妮终于登上王位时，他也对自己作为英格兰和欧洲最伟大的臣民的地位感到高兴。他喜欢在最广袤的战场上发挥他无与伦比的军事才能，就像每一个想有所成就的人都喜欢做他最擅长的事情一样。但从他给妻子的信中可以看出，他的确非常关心他为之奋斗的事业——为英格兰、新教和欧洲自由而打败法国。[①]

在他的职业生涯中确实有一些不好的事，特别是在威廉三世动荡的统治时期。马尔伯勒与圣日耳曼宫廷之间深不见底的阴谋令人不齿。无论他在这些秘密活动中的确切动机是什么，他都是一个极具欺骗性的恶棍——但当时的其他许多人也是如此，无论是辉格党人还是托利党人，而他们往往不被简单地视为恶棍。也许，像其他许多人一样，马尔伯勒只是在为自己的脑袋和财富“投保”，以抵御一场他并不希望看到但有可能发生的复辟。在判断他的行为时，我们必须考虑那个时代的标准，当时，罗素、什鲁斯伯里和萨默斯都认为，伪装成詹姆士党忏悔者是合适的。但是当马尔伯勒试图通过向民族的敌人出卖威廉准备进攻布雷斯特的信息以加强他忠于圣日

① 例如下文（边码）第205页，见他于1703年6月10日写给萨拉的信。

1694年 耳曼的印象时，他到达了他职业生涯中的最低点。的确，法国人已经从其他人——包括马尔伯勒的朋友戈多尔芬，那时是威廉的一位大臣——那里得到了警告。而且，马尔伯勒很可能也知道法国人提前得到了警告。 这些事情都必须被牢记于心。即便如此，作为一个英格兰士兵，做出这件事确定是很卑鄙的。[①]

除了背叛的指控，据说他还宠溺妻子、野心勃勃且贪得无厌。从他与那个别人无法迷惑或控制的女人长期幸福地生活在一起来看，他的确是万分宠溺妻子的。他的野心拯救了他的国家和欧洲。他贪 182
婪地从英格兰攫取的每一基尼都千倍奉还给它。当时，其他几乎所有的政治家都在用公共资金夯实家族根基，聚敛私人财富。马尔伯勒与波特兰、罗切斯特、丹比以及其他无数人的不同之处在于，他让公众的钱花得更有价值。

基于党派目的，有关他贪婪的议论被严重夸大了，部分是因为他养成的节俭的小习惯。这在英格兰永远不会被人看好，在荷兰或法国，则不会被人注意到。英格兰把带给他们胜利的人的这种行为看成一种罪行——吹灭不必要燃着的蜡烛、在其他富人叫马车时自己步行回家。这些生活习惯，即使真的不值得称赞，那也是他在贫穷的青年时期养成的，当时他在查理二世的宫廷里靠掌旗官的薪水生活，当他变得富有时，也没有丢掉这些习惯。

也许马尔伯勒性格的秘密就在于他没有什么秘密。他的军事才能是独一无二的，但驱使他的动机可能和平民百姓的没什么两样。他爱他的妻子，爱她机智的谈吐，爱她高高在上的脾气——他的男

---

① 我认为伍尔斯利勋爵在其《马尔伯勒传》（*Life of Marlborough*）第78章有关布雷斯特事务的评述是非常中肯的。

儿本色完全可以应对而不至于发生争吵。他爱他的国家，忠于国家的宗教和自由制度。他爱财，人皆如此。就像每一个好汉必须热爱的那样，他热爱充分发挥他的才能，他的这些才能需要在一个广阔的战场上充分施展，因此他很有野心。最后这一点也极其重要，他爱他的同胞，如果细腻的人情味和为他人考虑是爱别人的一种标志的话。他是礼节之王。诚然，礼节是他在政治和外交谈判中的主要武器之一，但如果缺乏真诚的、善意的感情，它就不会那么行之有效。老约翰·伊夫林在其日记的最后一页记录了布伦海姆战役胜利后那个冬季里伦敦社会的一个场景：

> 我去服侍财政大臣，凯旋的马尔伯勒公爵也在那里，他来到我身边，拉着我的手，非常亲切又礼貌，就像以前他习惯做的那样，他的好脾气现在也没有变。他的勋章上的圣乔治诛龙图十分耀眼，在一圈价值连城的钻石中有一颗红缟玛瑙，其余的都很普通。我已经有好几年没有见到他了，他可能已经把我忘了。

183 对于马尔伯勒穿过房间来和这位老人愉快地聊天这一幕，斯威夫特可能会怀疑马尔伯勒有什么深谋远虑的贪婪或野心。但马尔伯勒能从伊夫林那里得到什么好处呢？不应这样解读这一事件。

马尔伯勒言行举止方式的魅力是不可抗拒的，他充分运用这种魅力，把由易怒的国王、将军和议员们组成的大同盟维系了十年之久。他的耐心经常被一些身居高位的傻子——在内阁和战场上的英格兰人、荷兰人和德意志人——考验到了极限。而他的耐心和他的勇气一样取之不尽。现在，耐心不仅是一种武器，而且是一种美德。

那么，为什么托利党人如此憎恨马尔伯勒，而辉格党人又如此不愿意为他辩护呢？主要是派系的原因。党派精神在安妮统治时期飙升，其猛烈程度足以毁坏社会生活和人际交往。马尔伯勒抛弃了托利党，但从未完全成为辉格党的一员。然而，尽管他在英格兰的公共生活中两头落空，但如果他能得到配得上他丰功伟绩的民众爱戴，他就会拥有更多的朋友和辩护者。他的士兵们爱他，因为他关心他们的需要，并带领他们取得了胜利，士兵们极度厌恶战争结束后政客们对他做的那些事。但是，在军队之外，老百姓对他没有什么感情，以至于他们允许托利党人诽谤他并把他赶出英格兰。马尔伯勒有耐心、有礼貌、有说服力、有人情味，但他缺乏点燃奉献精神的火花。他那滴水不漏的严谨，尽管我们毋须怀疑他是在掩饰各种邪恶的念头，却成为他和他的时代里多姿多彩的生活之间的一道屏障，也是他和试图了解他的历史学家之间的一道屏障。他从不透露自己的身份，无论是对亲爱的朋友还是对愤怒的敌人。除了他的成就，他从未像克伦威尔或纳尔逊那样激发人们的想象力。他精神的火焰是用来照明而非燃烧的。他站在18世纪的门槛上，是理性时 184
代的新生儿之一，是宽容和理智的武装支持者。

在伊丽莎白统治时期，在位于利泽德（Lizard）和岛国海角之间的戈多尔芬公馆里的弗朗西斯·戈多尔芬爵士，带来了德意志的熟练工，这些人永久地提升了康沃尔开采锡矿的传统方法。他因此让他的郡变得富有，打下了家族基业。他的曾孙现在是英格兰的财政大臣，在为马尔伯勒提供战争物资方面展示出同样优秀的商业素质。

戈多尔芬勋爵西德尼，与其说是一个政党政治家，不如说是一名国家公仆。他为复辟和革命时代狂热的党派带来了训练有素和冷静的“公务员思想”。国家福祉中的这一不可缺少的因素，在旧的政府体制中几乎不存在。在快活王（查理二世）统治时期，“白厅”这个词的意义全然不同于今天它所暗含的严肃组织的意义。尽管戈多尔芬在他所效劳的部门中确实是一位“政治首脑”，但他觉得在不断变动的政治风向中继续履行职责并不困难，无论从詹姆士二世时期到革命爆发，还是在随后托利党占优势时期，抑或是在安妮统治后期辉格党占优势时期。他不担任职位的间歇期并不长。他悄悄地改变了自己的立场，并尽可能减少道歉和抗议的次数。他对任何人来说都是一个非常有用的盟友，以至于没人拿他过去的政治品行来反对他。

与他的许多辉格党和托利党同僚不同，戈多尔芬没有什么文学品位。他爱好赌博，尽管仍以惯常的谨慎来进行。专门诽谤他人的曼利夫人在她的《新亚特兰蒂斯》（*New Atlantis*）中不失公允地把他描述为，“这个时代最伟大的天才，但表面上一点都看不出来，他脑子里装着一个国家的事务，手里则拿着一副牌或一盒骰子，或眼睛盯着棋盘琢磨”。纽马克特是他的精神家园。他对英格兰的贡献并不小，那是他在养育赛马的过程中完成的。他是第一批引进巴尔博和阿拉伯种马的人，这改变了18世纪英格兰马匹的外观，提高了马匹的速度和品质，使英格兰成为历史上最伟大的马匹之乡。

185 1698年，戈多尔芬的儿子弗朗西斯娶了马尔伯勒家漂亮的长女亨丽埃塔·丘吉尔。1701年1月，马尔伯勒家更年轻、更漂亮的被半个城市的人称为“小辉格”的女儿安妮，嫁给了桑德兰伯爵的儿子查尔斯·斯宾塞。这个老无赖在1702年9月去世后，他比较正直的儿子成了第三代桑德兰伯爵，他从此被认为是辉格党小集团的主要成员之一，但他是马尔伯勒的女婿。就这样，当安妮登上王位时，马尔伯勒和戈多尔芬已经彼此建立了家族内部纽带且与辉格党集团的一个大家族建立了关系。事实证明，这些婚姻对英格兰甚至欧洲的王朝世系都具有重要意义。因为，马尔伯勒和戈多尔芬是没有热情的托利党人，他们倾向于将家族联姻视为不亚于政党关系的神圣关系。①

安妮与戈多尔芬也有个人交情。在安妮与威廉的频繁争吵中，戈多尔芬曾不露声色却坚定地站在她这边。在双方的最后一次争吵中，也就是在她登基前的冬天，她曾写信给戈多尔芬：

> 我非常满意地发现，你同意莫里夫人（安妮本人）关于凯列班先生（威廉三世）恶劣残忍行径的看法。[174]

他注定要成为安妮女王的忠实仆人。戈多尔芬并没有那么忠诚 186
于威廉。1694年，在担任财政大臣期间，他先于马尔伯勒几个星期给法国送去威廉打算进攻布雷斯特的情报，他也一直与圣日耳曼宫保持着联系。

1702年5月，作为自己在国外领兵打仗的条件，马尔伯勒请求安妮女王让戈多尔芬担任财政大臣。他有两个理由。首先，除非有

---

①

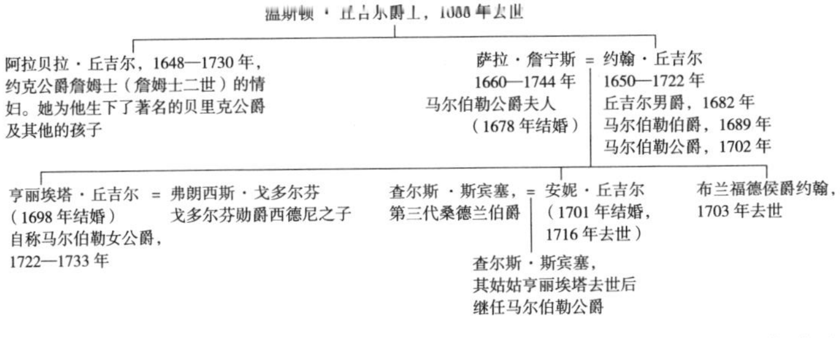

考克斯的Marl.，Chap. 7显示，1700年的马尔伯勒曾对年轻的桑德兰的辉格政治倾向表示反对，但他对于这桩婚姻的反对被萨拉化解了，这对年轻夫妇之间诚挚的爱情也超越了他的反对。

一个完全支持他全部计划的人掌控国家财政，否则他无法保证战争的资金，这个人不仅要有筹集资金的能力，而且愿意把钱用于确保议会投票通过的目的，这在那个腐败和危险的政府时代，绝不是理所当然的事情。其次，马尔伯勒在国外的时候无法保证议会和政治事务进展，除非有一个他完全信任的人担任“首席大臣”。“首席大臣”在那时就是财政大臣——“白杖大臣”（White Staff），在他的府衙的标志后面，他经常被如此称呼。如果戈多尔芬担任财政大臣，他就可以抵制罗切斯特、诺丁汉和内阁中的高教会派托利党人的任何扰乱行动，这些人从他们的党派原则出发，反对向荷兰派遣大批英格兰军队，更不喜欢由马尔伯勒指挥的远征。因此，马尔伯勒说他不会出国，除非戈多尔芬担任财政大臣，这是真心话。安妮很愿意这样做，但戈多尔芬拒绝了这个职位。最终戈多尔芬向他的这位亲戚屈服了，因为如果他不担任财政大臣，马尔伯勒就明确拒绝出国。上任后，这位财政大臣没有表现出急于辞职的意思；1710年，他被迫交出了白杖，那是他在八年前很不情愿地拿起的。①

187 对英格兰来说，幸运的是，金融人才在当时并没有被辉格党或托利党垄断，而在赫斯基森和皮尔时期，其确实被托利党垄断。在财政领域，辉格党人哈利法克斯伯爵蒙塔古拥有开创性才能，超过了更加稳健的戈多尔芬。蒙塔古建立了英格兰银行和国债制度，以应对威廉统治时期最严重的危机。非常遗憾的是，他缺乏平息敌意

① 达特茅斯在他对伯内特的注解中写道：“如果财政大臣由其他人担任，戈多尔芬勋爵会更不舒服。但是他不断地拒绝，尽管他注定会被强迫承担这些义务。”事情可能如此，或者，他再一次因为如此沉重的负担而真心感到低沉。但一旦他承担了这一职责，他那宽广的肩膀就迅速适应了这一点。Hugh Elliot, *Life of Godolphin*, pp. 204–207.

和管理人们的高超技艺。戈多尔芬更适合日常工作的才能完全可以运转由蒙塔古开创的制度，并在欧洲战争中稳步推行了长达8年的稳健的财政政策。可以说，英格兰用金钱和刀剑打败了法国，戈多尔芬的财政工作功不可没。

财政大臣（Lord Treasurer）不只是今天的财政部部长（Chancellor of the Exchequer）。在安妮女王时期，财政大臣是一个非常接近于现代意义上的首相的人。他要负责政府在国内和国外的主要行动，有责任确保他的同僚们认同彼此的行动，并为各位内阁大臣的政策注入某种统一性。威廉国王本人曾发挥了确保内阁一致的作用，至少在外交事务中是如此，他是他自己的首相，而安妮只能选择她的首相。女王的性别和她缺乏政治素养的特点，使得大部分更高级别的政治工作都落在了财政大臣身上，并使他的职务接近于首相——这个词在这一时期被偶尔使用，含义与现代相当。

只要戈多尔芬担任财政大臣，政府就被称为“戈多尔芬政府”。它在1702年建立时几乎完全由托利党人组成，但到1710年结束时，几乎完全由辉格党人组成。它的凝聚力并非源于政党的忠诚，而是来自马尔伯勒和戈多尔芬的家族联姻以及他们在公共事务上的共识。但如果没有来自女王的友谊和对女王圣名的使用，这两个亲戚就不可能完成任务。即使有王室的支持，财政大臣也需要用他所有的策略、脾气和技巧，在托利党和辉格党之间为这个家族政府指引一条道路，让它与其中一党保持关系而不完全与另一党对立。但戈多尔 188
芬天生就是那种政治家，他的本领是温和地处理危险的事情，在巨大的困难下完成国家的工作，他靠的是耐心和机智而非雄辩、天才和胆识。戈多尔芬慢节奏的方法非常适合英格兰国内的政治形势，而马尔伯勒雷鸣般的打击则是国外战场上所需要的。财政大臣在议长哈利身上看到了类似于自己的想法和品质。哈利是一位公仆和调解者，他可以在下议院为他管理议员，就像戈多尔芬在内阁和上议院中管理一样。戈多尔芬和哈利的工作方法不是皮特、坎宁及格拉斯通的那种，而是沃波尔、利物浦及阿斯奎斯的那种。①

---

① 大英博物馆里的*Godolphin MSS.*和*Hatton Finch*（Nottingham）*MSS.*展示出，戈多尔芬在他的信件中承担了近似于首相的职责，统一国务大臣和其他官员的意见，让他们在内阁的总体政策（例如，在战争和苏格兰事务）上保持一致。“首相”一词在安妮统治时期偶尔被使用。Clerk of Penicuik（*Memoirs*, *Rox.*, pp. 53, 56, 58）称呼戈多尔芬和马尔伯勒为女王的“首相们”，之后又两次单独称呼戈多尔芬为“首相”。在H.M.C. Portland, Ⅳ, p. 119和Ⅴ, p. 655中同样可以看到这一词语的现代用法，而且没有任何的贬低。登载在1930年3月的《泰晤士报文学增刊》（*Times Lit. Supp.*）上的通讯，同样可以看见这一词语的现代含义。有关戈多尔芬作为财政监管人的描述，见*C. S. P.* Tr. pp. vii–viii及以下。

第九章　辉格党与托利党

不从国教者和辉格党贵族是两类截然不同的英格兰人，他们构 189
成辉格党最核心的成分。其他人根据辉格党的政策赢得还是失去民众的普遍认可，选择支持或反对它。但是，无论是顺境还是逆境，不从国教者和辉格党贵族从未动摇过对辉格党的忠诚。这种在社会层面上分离而在政治层面上团结的奇怪组合，并不单纯是为了应付一时的危机而采取的策略。事实证明，从查理二世统治中期到维多利亚女王统治中期，它是英格兰公共生活中的两大持久性因素之一。辉格党的联盟和传统符合国民思想与性格中的某种坚持，正如在同样长存于世的托利党中教会牧师和乡绅的联合表达了英格兰需求和理想的另一面一样。在外交政策、和平与战争、自由贸易和保护等问题上，两党在安妮统治时期所持的观点，可能会被视为与他们在19世纪初各自所持的观点相反。但是，从萨默斯和圣约翰的时代到格雷和皮尔的时代，在所有的政党政策和政党命运的变化中，宗教和阶级上的天性与抵触这两个更加持久的因素保存了辉格党和托利
党传统的核心。在其他问题上，两党的政策随着新时代环境的变化 190
而改变，但托利党始终是教会利益的捍卫者，而辉格党则是教会特权的批评者。

新教不从国教者[①]在社会的中等阶级中实力最强；他们是富商、小店主、自由约曼农、工匠和手艺人——已经过时的一类人，生活在一个远离其贵族领主公园和庄园的世界里。他们更加忠实地追随罗素、卡文迪什和沃顿家族，因为他们不属于能够在议会中的任何一院获得席位的社会阶层，也被严格地排除在大学之外，还因《宣誓法》（Test Act）而无法参与任何有意义的工作，甚至是地方管理。然而，他们不会对政治无动于衷。自伊丽莎白时代以降，英格兰的清教徒传统一直与议会紧密相连。此外，不从国教者不得不保护自己免受复活的迫害的威胁。

安妮统治时期的托利党人抱怨说，连贵格会教徒都把票投给辉格党，和平人士投票给战争贩子。古老的投票簿证明了这一指控。事实上，一位贵格会教徒曾在坎特伯雷被关起来，因为，他在感恩维哥战役胜利的那一天，[175]在教堂的墙壁上贴了一些反对“基督教信徒之间的战争和流血”的诗句——

你们杀戮、劫掠，
谋杀结束后又来感谢上帝。

整体上，尽管贵格会持有和平主义信条，却有充分的理由投票反对高教会派托利党，因为后者不断攻击他们，认为他们比异教徒好不到哪里去，并威胁要关闭他们和那些更具好斗传统的新教教派的学校。在安妮女王统治之初，这些威胁开始在所有非国教团体中引起恐慌，在她统治结束时，以被写入《反教会分裂法》（Schism

① 见上文（边码）第51页。

Act）告终。

不从国教者不仅恐惧乡绅与牧师的愤怒，还害怕人民发怒。因 191
为，尽管普通人并不喜欢高教会派的教义和教规，但“反对狂热者”的呼声几乎可以像“反对教皇”的呼声一样，能够轻易地唤起人们的行动。英格兰两党最保险的呼吁不是针对普通人的宗教直觉，而是针对普通人对其他人宗教信仰的厌恶。

在一个不太友好的世界里，为了保护自己，不从国教者甘愿做辉格党贵族的门客。他们没有空手而来，他们可以在选举时为其庇护人提供客观的收益。他们中的许多人属于很有可能拥有投票权的社会阶层，要么是郡里拥有40先令的自耕农，要么是自治市里拥有各种千奇百怪的投票资格的人。虽然他们在人数上可能只占全国人口的5%，但他们所拥有的财富和投票权远远超过了这个数字。

“辉格党贵族”是一个需要分析的短语。在安妮统治时期，它由不到一半的英格兰贵族[①]和一小部分没有贵族名号但发挥着重要作用的乡绅组成。一位辉格党乡绅往往比他的邻居们更富有；他与商业或公共事务的关系更紧密。诺福克的罗伯特·沃波尔就是这样的人。在安妮统治时期，辉格党和托利党的主要政治领袖都在上议院任职，和下议院相比，上议院的地位要比长期议会时期更重要。就这一点而言，安妮统治时期的辉格党比1640年的圆颅党更加“贵族化”。但是，圆颅党及他们的辉格党后辈们，骑士党及他们的托利党子孙们，作为分别领导着中等与更低一等的社会阶层的地主乡绅，代表着教会与国家中的两种相反的理想。英格兰政治只在非常有限的程

① 辉格党在安妮时期议会的上议院中经常获得适当的多数，这是由威廉多次任命带来的主教席位里低教会派占优势的结果。当然，一些贵族没有政党派别，而且罗马天主教徒不能在议会中担任职位。

度上存在阶级冲突。

在安妮统治时期，辉格党贵族或乡绅中几乎没有一个是不从
192 国教者。100个案例中有99个都显示他们是英格兰国教徒，因此，这些人与他们的不从国教者门客们不同，他们是法律规定有资格担任职务的群体。这些人当中，有些是持宽容态度的国教徒，如艾迪生和萨默斯勋爵；有些是嘲讽者，如复辟时期的沃顿勋爵；还有些是道德哲学家，如年轻的沙夫茨伯里勋爵。他的著作在更可敬的安妮时期促使一种严肃的怀疑主义在有文化的人中间流行起来。

高教会派人士指出了辉格党内领导者和被领导者之间的差异：

> 不从国教者们（1705年一份托利党小册子指出）还没有蠢到会天真地认为，那些最近把他们推上争吵前线的人是出于对他们的教义和礼拜方式的一种真诚认可，也没有傻到会认为，那些因放纵、无信仰以及派系而不耐烦于教会纪律的人，会被带到爱丁堡和日内瓦接受酸腐的教义和无礼的侵犯。[176]

这是完全正确的，如果我们再加上“放纵、无信仰以及派系”在高教会派拥护者圣约翰那里和在不从国教者的支持者沃顿那里一样明显的话。

除了贵族和不从国教者，其他一些阶层也增加了辉格党的力量。陆军军官、战争获利者、律师、在海外从事贸易的商人、家中的幼子以及各种必须在世界上自力更生的人们发现，对古老的习俗和特权的尊重妨碍而非帮助了自身发展，所有这些人都是辉格党而不是托利党。重要的是，1703年2月，托利党在下议院通过了一项

议会任职资格法案，除了那些每年从自己土地上获得一定年收入的地主，其他人都没有资格坐在议会下议院，甚至不能成为自治市代表。该法案在1703年被辉格党略微占多数的上议院否决，但它在1711年托利党权力如日中天时变成了法律。直到维多利亚统治时期，它仍然保留在法律典籍里，但由于法律让渡而变成了一纸空文。这项法案被斯威夫特称赞为政治家式的举措，如果它达到了目的，就 193
会把除乡绅外的所有人拒于议会大门之外；它会把商人，包括律师在内的专业人员，甚至是地主阶级的幼子们排除在外。如果托利党十月俱乐部（October Club）的这项立法没有被一代又一代的律师们巧妙地规避，那么小皮特、福克斯、谢里丹和坎宁都会被排除在议会之外。[177]

议会中的托利党，当小皮特重组它时，才开始欢迎来自商业和职业阶层的成员——埃尔顿、斯托厄尔、罗斯、坎宁和皮尔。但在早期，由哈利和圣约翰领导的托利党坚信只有地主阶级才有统治国家的权利。在安妮统治时期，托利党一直抱怨“有钱人”入侵了选区和议会，且认为他们的出现是辉格党的主要罪行之一。按照斯威夫特的说法，除土地之外的任何形式的资产不过是“过眼烟云”，其所有者不适合在议会中任职。①

在长达40多年不受挑战的掌权之后，指控1760年的辉格党贵族具有排他性，一点也不为过。但在安妮的统治下，这个党派正在巨大的困难中为自己的生存而战，在大多数时间里，他们都处于反对

---

① 斯威夫特在1711年3月29日的《审查者》（*Examiner*）中因《资格法》的通过而表示高兴，他表示，“未来的议会”将会由“有土地的人”组成；而我们的财产再也不会受到那些没有土地的人的控制了，或者至少，他们仅能控制那些“过眼烟云”的利益。

派的地位，只有民众改变党派口味了，他们才有机会。因此，他们支持任人唯贤。在辉格党小集团的五位核心人物中，至少有两位，即萨默斯和哈利法克斯，是靠自己的智慧进入辉格党贵族的内部圣殿的。艾迪生则发迹于格拉布街（Grub Street），并获得了高级职位。

在这种情况下，野心勃勃的年轻人往往倾向于辉格党，因为他
194 们比对手更愿意支持与血统无关的功绩。不过，辉格党虽然从许多地方获得了财富、活力和智慧，但在工业革命之前，它是一个少数党。地主阶层和教会共同构成了旧时英格兰最主体的部分。堂区神职人员，除了主教，都是托利党人。小乡绅也是如此，特别是在远离伦敦和贸易世界影响的边远农村地区。这些阶层和他们的依附者们，被一半的贵族和更多的乡绅领导，他们在正常情况下的实力胜于辉格党。辉格党只有通过多数派的分裂和自己更紧密的联合，才有希望取得胜利。

辉格党是两个政党中比较团结的政党，这一点可能看起来很奇怪。因为他们是一个由不同的社会群体组成的联盟，而托利党则是由乡绅和牧师组成的坚实方阵，习惯于在乡村生活的管理上进行合作。然而，辉格党在当时的主要政治问题上意见统一：对所有新教徒的宗教宽容；同时在欧洲大陆上和海上打击法国；与苏格兰联盟；以及汉诺威王朝的继承。在所有这些问题上，托利党人彼此不一致。此外，虽然辉格党小集团的首领们像一个人一样行动一致，但托利党的首领们因严重的个人嫉妒而分裂——罗切斯特、诺丁汉和奥蒙德反对马尔伯勒和戈多尔芬，几年后博林布鲁克反对牛津伯爵。

议会的辉格党议员们比他们的对手更有纪律。在整个安妮女王统治期间，在辉格党小集团的命令下，辉格党像一个训练有素的营一样前行和转动。他们没有重蹈1698—1699年因无纪律而让自己受

伤的覆辙。[1]威廉统治时期最不满现状的辉格党人，如杰克·豪，把他们的性情带到了托利党阵营中。其余的议员则在1701年与托利党多数的激烈斗争中学会了支持并服从他们首领的必要性。而他们的领导人也学会了更好地管理政党的技艺。辉格党小集团的五位贵族——沃顿、萨默斯、哈利法克斯、奥福德以及桑德兰，私下沟通，共同决定本党政策，并根据这些决议，以高超的技艺在议会中执行 195
任务。他们主要的活动阵地是上议院，辉格党小集团的五位均列席上议院。从这里，由沃波尔和考珀领导的下议院的辉格党获得了他们行动的暗示。[2]

托利党没有这样的领导机制。他们从来不知道骄傲的西摩会以怎样的性情降临下议院，也不知道有良知的诺丁汉会因何来到上议院，这些个人主义者会攻击谁，或者他们会提出什么决议。只有圣约翰可以被指望去展示政党精神，哈利议长则负责督促大家谨慎行事。在重要的分歧中，托利党的首领们一次又一次地站在彼此的对立面。

辉格党小集团中最积极的管理者是托马斯·沃顿勋爵。在上议院，他精力充沛又富有手腕地领导该党。不过，选举活动才是他的专长。在他死后于1715年出版的《沃顿传》(*Life of Wharton*）中，

---

① 见上文（边码）第111—112页。

② 辉格党贵族的社会中心是KitCat俱乐部。我们读到1703年11月："去年的这个月的4日是威廉国王的生日。"全镇的主要街道都被灯光照亮了，奥福德勋爵和桑德兰勋爵还点起了篝火。在KitCat俱乐部非常棒。哈廷顿勋爵和萨默塞特公爵等人都在那里。他们为永远铭记威廉而祝酒。他们都身穿新衣服，而现在我就在KitCat俱乐部，可以告诉阁下，人们喝了很多酒，而写在酒杯上的名字里有很多是妇女的名字。*H. M. C. Rutland*，Ⅱ, p. 177. 在这一时期KitCat俱乐部的祝酒词中，最流行的是马尔伯勒小女儿安妮的名字，她嫁给了桑德兰勋爵，并以"小辉格"为众人所知。

记录了这样一个故事，详细生动地说明了威廉和安妮统治时期拉票和选举方法的发展。

> 沃顿大人在威克姆（Wicomb）市推荐了两名候选人，一些顽固的教会人士邀请了自己党内的两名候选人反对他，双方都花了钱……他们发现沃顿大人比他们先到，并和他的朋友们在镇上来回走动，确保选票投给自己这一方。这位（托利党）先生带着他的两位候选人和极少的追随者在街道的一侧行进；沃顿大人的候选人和一大群人则在另一侧行进。这位先生并不为沃顿大人或镇上的人们
> 196 所知，他走到沃顿大人一派的人马里去打探消息，而就在此时，我的主人沃顿走进了一家鞋店，并且问："迪克去哪里了？"那位善良的妇人说，她的丈夫带着几双鞋去了两三英里以外的地方，但不用担心他，她会让他做出正确的选择。"我知道，"沃顿说，"但我想看看迪克，和他喝杯酒。"妻子对迪克不在场而感到非常遗憾。"好吧，"这位大人说，"你的孩子们怎么样？莫莉已经是个勇敢的女孩了吧，我这次可以保证。""是的，托您的福。"那女人说。沃顿继续说："杰米还没有到穿裤子的年纪吗？"这时，那位先生转向他的朋友，喊道："快带着你的马走吧！我的沃顿大人站在谁一边，谁就足以当选。"

这一幕发生在白金汉郡，即汉普顿的老圆颅党的地盘，这里已经成为沃顿影响力的中心。他在约克郡也有地产和政治利益，在那里，辉格党拥有数量惊人的席位。他还在许多分散在各处的郡里组织了辉格党。在选举期间，他骑着马或坐在六轮马车里四处巡视，他和那些不幸的随行人员日夜都不得休息。他的传记作者吹嘘说，"有时，有30名议员是由收了他好处的人选出来的"。

在此类故事中，我们看到，政党生活的全国机制逐渐在纯粹的地方议员选举中发展起来。政党制度通过将整个民族划分为两个阵营去实现国家统一，因为它抹去了地方利益和分歧，而这两者在更早的时期总是主导着选举。诚然，无论是辉格党还是托利党，都没有今天的政党所拥有的中央机构或中央基金，但像沃顿这样精力充沛的辉格党或托利党大人物，他们有闲余的时间、金钱和马匹，以一种适合那个时代的品位和习惯的贵族的方式，提供了某种程度的全国性组织和控制。

爱德华·西摩爵士是托利党中的大人物，他插手了德文郡和康沃尔郡的大部分选举。在选举时，人们谈论西摩的“西部帝国”。在德文郡，不从国教者的势力十分强大，辉格党人在罗素家族的麾下取得了大部分反对西摩的席位。但康沃尔的衰败选区几乎都是托利 197
党的地盘。[①]事实上，该党在本地区还有另一位颇具影响力的选举能手，即埃克塞特的主教乔纳森·特里劳尼爵士。在詹姆士二世审讯的七位主教中，有五位在革命后成为不从国教者，只有特里劳尼和劳埃德向新政权宣誓效忠。在安妮执政之初，伍斯特的劳埃德为辉格党选举拉票，但效果远远比不上他在埃克塞特的兄弟为托利党提供的帮助。

西摩和特里劳尼是西部乡村彼此对立的两名世袭领导人，他们各自为自己的利益着想，彼此之间以及与伦敦的政党领袖之间的关系都很可疑。特里劳尼虽然是托利党人，但他看中的是重要的政治机遇和教会晋升的阶梯。在安妮登基一年前，他向诺丁汉抱怨说，

---

① 在谈论威廉三世上一届议会的时候，赫米塔日表示，康沃尔的所有议员都是托利党，但这一点是夸大其词了。在这44个人当中，我估计有6个是辉格党，或者有辉格党倾向的。

尽管他通过自己在选举中的影响力选出了11名托利党议员，却没有采取任何措施去减轻他所负责的“一个贫穷的主教辖区中数量众多的家庭的负担”。[178] 即使是西摩更加不可妥协的高教会派托利主义，也只是他个人骄傲的特点，而不是对党派的忠诚。而在另一边，沃顿的影响力毫无保留地任由辉格党使用，他是辉格党小集团的成员，与萨默斯、哈利法克斯以及桑德兰经常进行友好协商，他把自己所有的选举影响和经验都投入共同的事业中。

沃顿出生于一个圆颅党清教徒家庭，他把他在政治和宗教上的反感都归因于这个家庭，而把自己的怀疑精神、富有魅力的举止和宽松的道德观归功于他所成长起来的复辟社会。当安妮开始执政时，他是一位五十岁的充满活力和富有吸引力的浪子，同时他也是一位最快活、最厚颜无耻的骗子。斯威夫特和所有托利党人一样“对沃顿恨之入骨”，并宣布他是“我所知道的全宇宙最大的恶棍”。然而，
198 斯威夫特可以证明，他有着与查理二世相似的幽默感，早已不再为自己的名誉而烦恼。在读完斯威夫特对他最猛烈的嘲讽之后，沃顿会走到这位博士面前对他说，自己被“批得好惨啊”，然后，用世界上最简单的过渡方式，问他今天的天气或现在几点了。

他私下里没有原则，但他是忠诚于国家的典范。在一个暧昧的时代里，他一半的辉格党同僚和托利党对手都与圣日尔曼宫有秘密关系。沃顿对议会制政府原则与宽容所有新教徒理念的热忱，是一种真正的、无私的激情，这个在私人生活中以虚伪出名的人，宁愿牺牲一切，也不愿意不忠于他的政党。他的同僚们可以把他们的政治利益托付给他，但不能把他们的婚姻与荣誉托付给他。年轻的沙夫茨伯里勋爵，就是前文说起的那位道德家，十分了解沃顿，他写道：

> 如果说我曾期望，在美德完全沉沦的地方仍有任何公共善意，那就是在他身上。我在他身上看到了许多关于这种最坏和最好的畸形混合物的证据。[179]

托利党的剑客们被安排向他挑战，但他一个接一个地解除了他们的武装，并总是饶过他们的性命。他的魅力是如此之大，以至于他吸引年轻的贵族和有钱人加入辉格党，成为他的好伙伴，这就像两代人之后的查尔斯·福克斯一样。但福克斯是一个有缺点的好人，而沃顿则是一个有优点的坏人。沃顿与英格兰政党制度的发展有很大的关系，并在英格兰的历史上留下了他的印记。他也许是安妮统治时期最有影响力的辉格党人，被人们长期铭记。约翰逊博士在他的《辞典》中以他的例子来解释"领袖"一词："任何政党或派别的领袖，就像可恶的沃顿是辉格党的领袖一样。"

沃顿的声名狼藉被他辉格党小集团中的主要同僚、前大法官萨 199
默斯的庄重所平衡。他是一位优秀的宪法律师，是安妮统治时期辉格党首领中最受人尊敬的一位。但女王对他有强烈的偏见，《瓜分条约》也不利于他在公众印象中的形象，他再也无缘掌管国玺了。人类的性格就是这么奇怪，当可敬的萨默斯向圣日耳曼宫传递不真诚的效忠信息时，就犯下了连可耻的沃顿都会去嘲讽的无耻恶行。

辉格党小集团的第三位成员是哈利法克斯伯爵查尔斯·蒙塔古。萨默斯凭借其法律才能在世袭贵族中赢得了一席之地，而哈利法克斯则凭借其金融天赋。[①]但哈利法克斯虚荣傲慢，他的头脑被成功所迷惑。尽管他在威廉统治时期为英格兰做出了巨大贡献，但他既不

---

① 见上文（边码）第187页。

像沃顿那样受欢迎，也不像萨默斯那样受人尊重。

小集团的第四位成员是奥福德勋爵。他对辉格党甚至对整个国家都有很多要求。他是罗素家族的一员，是拉霍格（La Hague）战役的胜利者。但他是一个脾气暴躁、自私、心术不正的人。当安妮登上王位时，他已经丧失了影响力。1702年，尽管他的名气很大，但他已经是小集团中最不重要的成员。

这个奇怪的非正式的反对党内阁中的第五位成员是年轻的查尔斯·斯宾塞，他在其父1702年9月去世后成为桑德兰伯爵，当时他
200 继承了北安普敦郡的奥尔索普（Althorp）庄园。新任桑德兰伯爵，像那个文学全盛时代的其他几位政党领袖一样，是一位真正的米西纳斯（Mæcenas）[1]。他开始为伟大的斯宾塞家的第一座图书馆收集图书，就像哈利收集手稿一样。与他没有原则的父亲相比，桑德兰是一个真诚且直率的辉格党人。但他不善言辞且不聪明，本人也不受欢迎。安妮女王不喜欢他，但由于他是马尔伯勒的女婿，他注定要成为辉格党人成功迫使女王允许进入内阁的第一位小集团成员。

但在1702年，任何此类事件看上去是完全不可能发生的。女王把内阁职位和几乎所有更低一级的大臣职位都给了托利党人。只有一些行政上不重要的宫廷职位被交给了不属于辉格党小集团的温和的辉格党贵族：德文郡公爵成为她的王室管家，萨默塞特公爵则成为她的御马官。至于辉格党小集团，女王不失客观地认为，它是一个以党派控制女王政府为目的的组织，她不会忍受任何托利党联盟来控制她，更不会忍受辉格党联盟的控制。因此，1702年春，不仅小集团的每一位成员都被排除在职位之外，而且萨默斯、哈利法克

① 指文学的赞助者。——译者注

斯和奥福德还遭受了被从新的枢密院成员名单中除名的耻辱。沃顿对安妮女王更加憎恶了。她不仅解除了他在属于他的白金汉郡的中尉职位，还从他手中夺走了王室总管（Comptroller of the Household）的职位，并当着他的面把它交给了他的对手爱德华·西摩爵士。

托利党以外，安妮愿意去咨询的政治家是什鲁斯伯里公爵和萨默塞特公爵。她信任他们，因为他们不参与政党。在她统治末期，他们注定要发挥决定性作用，首先是帮助女王解除辉格党小集团对她的束缚，随后在她临终前挫败博林布鲁克并最终带来汉诺威家族。但是在1702年，什鲁斯伯里并没有去努力帮助女王。

什鲁斯伯里公爵查尔斯·塔尔博特的事业与个性，与两个世纪 201
后的罗斯伯里勋爵的某些方面比较相像。他是一位有教养的、超级敏感的贵族，有点自我放纵但并不放荡，他也是一个机智的人，每个人都喜欢他精彩且有分量的谈话，他还被所有官阶的男人与女人们称为“同理心之王”，是“辉格党和托利党都说好的人”。在被要求领导一个政党时，他清楚地看到了两党的缺点。他曾一度振作起来，坚决且积极地促成了革命的发生。威廉——他的王位在很大程度上归功于什鲁斯伯里——任命什鲁斯伯里担任高级职位。但是，尽管什鲁斯伯里很有能力，他却只有担任行政人员和议员所要求的一半的健康、意志力和勤奋程度。有人这样评价他：“他像换件衣服一样轻松地离开了身居的要职。”

当安妮登上王位时，他正居住在意大利，并以他惯常的健康状况不佳为由，拒绝回来为她效劳。他在罗马度过了六个年头，过着庸俗的贵族生活。他本可以在大战的危机中帮助治理自己的国家，但他宁愿把时间花在买画和雕像上，再把它们送回家里或寄给他的朋友。英格兰大庄园里的许多古老的艺术品都是什鲁斯伯里在意大利中部挑选的，当时欧根亲王正在半岛北部拼命抵抗法国军队。有一次，他给戈多尔芬送去一份由最好的意大利建筑师绘制的重建白厅宫殿的方案图。他与财政大臣、马尔伯勒、辉格党人弗农以及各党派的温和派都保持着良好的关系；他们就内政和外交事务与这位杰出的自我放逐者进行交流。但是，尽管他的立场与原则属于辉格党，但他与小集团的关系并不融洽，而且在安妮执政的头几年，他因在议会中缺席而招致辉格党的谴责。当时，上议院独自“挺身阻挡了两年之久”，以对抗下议院托利党的反攻。

在1704年，他平静的生活曾被英格兰流传的一则谣言扰乱，大
202 意是说他在罗马的长期居住意味着他正在回归他童年时的宗教。他写信给他的亲戚牛津主教塔尔博特来澄清自己：

> 我从不去教堂，除非是为了看画。我从来不和教皇待在一起。在我与我们的同胞们交谈时，我从未忘记揭露这种宗教的愚蠢和迷信。除了威尼斯，我担心那里的潮湿空气不适合我，教皇的领地是意大利最不教皇主义的地方。我经常感叹，在欧洲，没有任何一个新教国家拥有温暖的阳光，我的健康状况非常需要这样的祝福。

同盟军在战争中占据上风之前，当亲法的教皇试图实现一个必然有利于路易十四的和平时，教皇打算通过“一个隐士”接近什鲁斯伯里，但没有成功。在安妮统治中期，什鲁斯伯里回国了，和他离开时一样依旧是一位好的新教徒。他在国外居住带来的最严重的后果是带来了一位意大利公爵夫人，她是一个古怪而有趣的女人，适时地皈依了英格兰国教。但她受一个易怒的兄弟的监护，

这位兄弟最终因为在街上谋杀了自己的仆人而被英格兰司法机构绞死。[180]

查尔斯·西摩，这位骄傲①的萨默塞特公爵，他没有什鲁斯伯里的魅力、头脑和才华，但他在政治立场上也是一位具有温和辉格党原则的公爵，脱离于辉格党且疏远于辉格党小集团。在女王执政的最初几天，他得到了女王的赏识，并与女王温和的托利党幕僚们一起劝说女王——在3月11日对两院的演讲中表达她希望与苏格兰建立更紧密的联盟的愿望。因此，威廉的最后一项政策是安妮向议会提出的第一个建议。她的讲话在下议院引起了一场辩论，造成托利党人内部出现分歧。态度更为明确的高教会派人士扬言，反对与这个长老派王国进行任何交易，爱德华·西摩爵士以尖酸刻薄的话抨击苏格兰民族。但是，当辉格党人支持女王关于建立更为紧密的联盟的政策时，他们得到了一群和政府有关的托利党人的支持。一项授权女王任命一个专门负责与苏格兰建 203
立联盟的委员会的法案以165∶119的票数通过。但安妮对教会人士看待她的提议的态度感到惊讶和难过，这预示了许多即将发生的事情。[181]

1702年3月27日（旧历）

与此同时，在整个3月和4月，上议院、下议院、神职人员和王室官员，一个接一个地对安妮女王进行必要的宣誓，包括宣誓拒绝僭位者。一些高教会托利党人曾希望威廉在临终前通过的令人厌烦的《宣誓放弃法》能在新君主统治时期被废除。但旧有的议会仍在

① 他的骄傲可以反映在当时的一则逸事上，当他的第二个公爵夫人用扇子打他的时候，他说："夫人，我的第一位公爵夫人是珀西家族的人，而她从未使用过这一权利。"他曾担任60年剑桥大学校长。

运作，什么也没有改变。经过一番争辩后，诺丁汉宣誓了，紧随其后的是所有其他的顽固的君权神授论者，他们也承认了女王，即使他们（如诺维奇主教）曾公开表示过她的弟弟最终会继承她的王位。[①]

4月23日（旧历）1702

4月中旬，威廉国王的遗体在夜间被安放在亨利七世教堂里的亡妻玛丽的旁边。乔治亲王担任首席吊唁者。十天之后，在圣乔治日，安妮隆重登基。由于无法行走，她独自坐着轿子来到威斯敏斯特大厅，然后被抬上一把宽敞的椅子，穿过宽阔的圣殿，以便让欢呼的人群更好地看到。两位大主教都在场：特尼森主持了加冕仪式，而她最喜欢的约克大主教夏普做了布道。仪式结束时，奖章被一把一把地抛给修道院里的大人物，钱币则投给外面的群众。新女王受到了广大臣民的欢迎，在远离威斯敏斯特的地方，加冕日被当作一个盛大的节日来庆祝。在布里斯托尔，人们欢声笑语，载歌载舞，晚上用篝火焚烧了身穿长袍、头戴王冠的教皇人偶。在肯德尔，在镇上的十字架前，市长和市议会成员跪着敬酒，祝愿女王健康，祈福教会繁荣，随后，“灯火通明，篝火熊
204 熊，我在镇上从未见过这样的欢乐”。[182]

1702年5月2—13日

还需要一个仪式来宣告统治的开启——正式宣战。法国私掠者已经在攻击荷兰和英格兰的商船，盟军开始在莱茵河下游作战。然而，即使是现在，罗切斯特还在枢密院中抗议说，英格兰不应该“作为主力”宣战。他争辩说，我们应该只作为“辅助者”援助盟国，因为我们已经承诺这样做，但不是以

---

① 关于宣誓放弃，见上文（边码）第159页。B.M. Add. MSS. 29588 ff. 16–17, 2 1 Tindal（1744），Ⅲ, p. SH；H.M.C., R. 3（Lestrange）, p. 273.

我们自己的名义和利益与法国开战。罗切斯特刚刚被他的外甥女安妮女王接纳为内阁成员，并被任命为爱尔兰总督（他曾经被威廉免去了这个职位）。但他没有去都柏林，而是逗留在英格兰，目的是挫败马尔伯勒和戈多尔芬，他非常嫉妒这两人对安妮女王的影响。然而，当他提出不应宣战时，他未能让高教会派的代表诺丁汉或西摩站在他一边，但他确实在爱国与反詹姆士党人的原则上取得了这两人的同意。

在议会两院由衷的赞同下，英格兰在圣詹姆士宫门前正式宣战。

1702 年 5 月 4—15 日

同一天，联省共和国在荷兰正式向法国宣战。英格兰和荷兰的海员们立即开始对法国私掠者及商船进行猛烈的报复。[183]

同年5月，罗切斯特在牛津大学出版社出版了他父亲克拉伦登的《大叛乱史》(*History of the Rebellion*)第一卷的对开本，此举对高教会派托利党的原则作出了巨大贡献，远高于通过他本人直接干预政治所能作出的。这部记录了重大事件的史诗般作品，出自当时事件的主要参与者之手。他以长者的严肃和庄重的言辞来书写，这本书对所有英格兰人来说都具有永恒的价值，不会因时间和党派潮流的变动而改变。但是，当它第一次出现在这位托利女王统治的最初几个月时，它必然会对政治产生影响，刺激人们崇拜殉道者查理国王，205 激起人们对不从国教者的愤怒，把他们看作清教徒狂热分子的后代，也刺激人们痛恨辉格党，把他们视为圆颅党叛乱者的后代。罗切斯特的序言虽然用高雅的语言写成，但并没有指出这个故事的寓意，而是毫无必要地继续谴责“招募大规模的陆军”和在低地国家的好战行动，在那里，敌人“凭借其众多驻军的力量，至少在许多年内是无懈可击的”。

的确，马尔伯勒将罗切斯特视为他拯救欧洲计划的最危险的敌人。一年后，他就这个问题向萨拉敞开了心扉：

罗切斯特和下议院议长之间的谈话无疑是罗切斯特说给全党听的话，一旦他们强大到足以决定战争应以何种方式进行，他们就可以随心所欲地毁掉英格兰和荷兰……我们这个可怜的国家将成为整个基督教世界中最悲惨的国家，因为我们不仅会失去我们的自由，而且会被迫改换自己的宗教，而那些曾助纣为虐的绅士将和其他人一样悲惨。因为当法国人成为主宰者时，他们一视同仁。[184]

在下议院，关于宣战的辩论因党派对军队中的外国人这个问题的激烈讨论而变得活跃起来。英格兰人还正处于成为一个战斗民族的过程中。在威廉统治时期，英格兰人从胡格诺派流亡者的专业知识和热情中学到了很多，他们中很多人是有身份、有教养的人，有些甚至当过法国军队的军官。除了死在博因河渡口的朔姆贝格元帅，

1702年5月2日（新历13日）

以及戈尔韦伯爵吕维尼——此人在奥格里姆从侧面包抄了爱尔兰人，并在未来仍要指挥英格兰军队，还有许多此类出身的团级军官。一位托利党议员在下议院提议，对外籍出身军人的佣金施加一项限制，即便他们在上次战争中效劳于英格兰并已经加入英籍。辉格党人在哈廷顿勋爵的领导下
206 反对这项动议，认为它残酷且不知感恩。莫当特上校证明了法国出身的上尉们训练有素，宣称他们的连队比其同僚们的连队更正规、更守纪律。该议案以94票对91票被否决。[185]

除了战争和与苏格兰联盟的问题，另一个问题也从一开始就把安妮、马尔伯勒和戈多尔芬与托利党内绝不妥协的成员分开。这就

是要求将所有辉格党人从政府各部门中清除出去。

在当时人们的头脑中，并不存在现在为人们所熟知的这一清楚区分，即体现政治立场的政府职位必须在政府换届时空出来，而那些不体现政治立场的职位——公务员、陆军、海军和所有文官，可以被永久占有。今天，当政府换届时，每个人都清楚知道哪些职位会易主，哪些不会；在安妮统治时期却不是这样。缺乏界定在很大程度上是由于她的臣民之间的乱作一团的政治斗争，以及她自己在处理所有职位都被疯狂争夺时的束手无策。

根据在革命时普遍阐述的原则，法官们在所有的党派风波和变化中都可以保持自己的职位，直到《王位继承法》随着汉诺威家族继承王位开始生效，每位法官被赋予更明确的法律权利保持自己的职位，除非议会两院以行为不端为由请求将其免职。[1]但是，除了教士与法官，无论根据法律还是习惯，其他所有公职人员都不享有这样的安全任期。事实上，对军队政治不感兴趣的马尔伯勒能够确保军官们不被剥夺公权，直到他本人在安妮统治的最后几年倒台。戈多尔芬出于类似的保持效率的考虑，在财政部为辉格党的金融专家们提供了保护。但是，罗切斯特和西摩领导的高教会派托利党，聒噪地要求将所有非托利党人从行政、军队和治安法官系统的职位上解除。

女王有自己的想法，在这方面做了很多工作，但很快发现这一 207
极端的要求是不合理的。在一个不幸的时刻，为了自己的安宁，安妮任命内森·赖特爵士为掌玺大臣，保管国玺。他是个差劲的律师，但是个敏锐的党派成员。他利用自己的地位解雇了辉格党的法官们，

---

① 见上文（边码）第120页，第七条（Ⅶ）。

并全部换成了托利党人。但是，在戈多尔芬的敦促下，女王不断地压制他的热情，这让极端分子们非常恼火。

财政大臣和马尔伯勒夫妇从一开始就清楚地意识到，只有一个统一的民族才能赢得战争，而辉格党人一定不能被逼到绝境。他们知道，地方政府中很多最有才干和最有经验的公职人员，曾是威廉统治时期坐在法官席上的地方长官，这些人被赖特和罗切斯特视作辉格党人，并且经常会被他们换成有詹姆士党倾向的猎取职位者。在统治的头四年里，这场争吵愈演愈烈，安妮几乎无一宁日。托利党人索要每一个王室职位，将其作为本党的福利，但托利党女王拒绝了他们的要求。女王宣告，她“将成为她所有臣民的女王”。随着时间的推移，戈多尔芬和哈利从笛福及其他人的报告中发现，赖特任命的许多高教会派托利党法官，正在利用他们的公共地位，攻击温和派托利党政府的内政和外交政策。这一点使党内的分裂达到了顶峰。[①] 由于赖特换人的规模过大，导致这一事件变得更加严重。上议院的一项调查表
208 明，在1700年至1704年，有几百名治安法官被撤职。[186]

1702年夏天，高教会派托利党人利用马尔伯勒因带兵出国而不

① 这里有一份1704年德文郡的理查德公爵写给哈利的报告：“爱德华·西摩爵士劝说掌玺大臣（赖特）罢免几个我们最富有的法官，其中有五位与我的家产相当，约为100000英镑，代之以年收入100英镑的人。他罢免了家产50000英镑的乔·维尔爵士，他是郡里最需要的法官。我希望你有幸能够击败爱德华爵士，说服女王恢复王国里这个郡治安法官的职位，就像在更小的郡里所做的那样。”下一年，笛福写信给哈利说：

“本特福德：住在法官梅里韦瑟家里，他曾经是一个法官，但他在委员会里的职位被基本上不符合该职位且地位较低的人取代了。注意，阿克顿的兰布法官现在是米德尔塞克斯那一边的法官。

“蒂克斯伯里，一个安静而沉迷于酒精的城镇，其百户长属于辉格党，所有事情都很好。”（*H.M.C. Portland*, IV, 122，169–271.）关于治安法官，可见上文（边码）第100—101页。

能出席议会的机会，大力推行他们的排外政策。大选即将举行，人们预计这次大选会让高教会派控制下议院以及政府政策。但在许多地方，选举受到当地王室代表的影响——陆军中尉、治安法官、城堡总督、主教和大教堂神职人员，也受到对即将到来的王室恩惠的期待的影响。上至贵族，下至守夜人，来自各个阶层的许多人士，抱着在教会和国家职位上晋升的期许，选择支持辉格党或者托利党。因此，随着大选的临近，为了对大选产生影响，高教会派托利党人苛责女王及其大臣，急迫地要求重新分配已经做出了恰当安排的职位。时任国务大臣的诺丁汉，深得高教会派托利党信任，他在选举前夕收到了这样的密函：

大人：

我当时特地向财政大臣说明，除了不反对波勒克斯先生，（其余人都要换掉）但那六位老专员仍然在职，另外两名令人反感的愚蠢的关税专员也被留任，仅仅因为他们是辉格党……显然，康沃尔上次选出这些好议员时出了差错，现在必须意识到这一点……如果不拦下他们的话，这次选举真的很难有个好结果。[187]

在北安普敦郡，托利党的一位候选人贾斯蒂尼安·伊斯汉姆（Justinian Isham）爵士和一名地方上的托利党管理者格里芬，很早就在宫廷请求，让至少一名托利党人代替辉格党的治安法官，“这将使其余的人在选举中保持适当的敬畏”。几周后，北安普敦市和郡都被托利党正式占领，伊斯汉姆与格里芬共同庆祝此事说，“斯宾塞勋爵非常沮丧地回到了”奥尔索普。[188]可以举出无数的例子 209
来说明，两党都认为王室的庇护、地方行政官和选举结果之间存在着密切的联系。①

另一个在选举时同样重要的影响因素是两党的地方贵族和大人物的活动。在北安普敦郡，据说只有埃克塞特勋爵的懈怠才会使托利党失去该郡，但他似乎在1702年7月就已经达到了他的目标。同月，在邻近的莱斯特郡，托利党候选人约翰·弗尼（John Verney）写信给他在德比郡的骑士朋友托马斯·科克：

在梅尔顿那边有很多人愿意为我们投票，但两位勋爵已经把那一地区的所有乡绅的选票从我们手中夺走。因此，如果您能允许那一地区的自耕农们跟您一起到莱斯特，将给我们增添巨大的声誉。我确信我们在那一地区有足够多的人，如果他们有幸得到您这样的人的指导，那些人将变为一个非常大的数字。[189]

如果说这种考虑在郡里的选举氛围中很重要的话，其在邻近的自治市里就更加重要了。[190]在选择议员时，家族影响和个人利益的重要性至少与辉格党和托利党的原则一样重要。一定程度上由于这个原因，大量议席不需要通过竞争产生；大约有一半的选区不举行投票。

尽管如此，在安妮统治的第一个夏天里，托利党人的热情及对王室偏爱的期待，足以将新议会中辉格党人的力量削弱至其先前力量的

① 1710年9月的下列书信展示了选举活动和索取官职之间的关系。博福特公爵写信给达特茅斯勋爵："我发现如果没有女王认可的副官名单会对我们的选举产生不良影响。"根西勋爵写信给达特茅斯勋爵，请求为"我的亲戚哈维先生"获得兰开斯特公爵领大法官法院登记员的职位。这一职位每年只有100英镑的收入，但它会帮助他赢得克利瑟罗的选举，因为王室青睐会对候选人有所帮助。*Dartmouth MSS.* at Patshull，同可参见*H.M.C. Coke*（1889），p. 107。

残影。女王在5月25日对旧议会的告别演说中指出： 210

我将非常小心地保存和维护《宗教宽容法案》，并让我所有子民的心态保持平和。我的原则必然使我全心全意捍卫英格兰教会的利益，也必然让我倾向于支持那些最真心实意拥护它的人。

全国立刻明白了这番话中的暗示，在7月的选举中，各地都打着女王的旗号反对辉格党人。

随着下议院在英格兰均衡政体中的重要性日益增加，随之而来的是刺激、腐败和暴力的竞选方法，时而野蛮，时而温和又好笑。如果从长远的角度来看待英格兰的历史，我们也许会认为，“伊坦斯维尔”（Eatanswill）式选举①中的吵闹和乐趣，带来了更多的好处而非伤害：因为，即便在广大民众中只有极少数人拥有投票权的年代里，那些方式也让大部分人对选举一名议员这种令人快乐的事情产生兴趣；否则，由于民众对投票日缺乏兴趣，即便在阳光普照的大地议会机制也会枯萎和死去。

当然，安妮女王时代从事选举活动的政客们不能被指责缺乏热情。威廉三世时期议会曾通过了一项以剥夺议席的方式惩罚贿赂和恐吓者的法案。但这只是一纸空文，除非下议院的多数议员想摆脱某位政治对手。最腐败的选区是那些拥有一百位或更少选民的自治市。在塞特福德，“所有的东西都被卖掉了：那里的选举是在地方市政官中进行的，他们开出的价格是，50基尼换一张选票”。[191]在威廉统治末期，阿特伯里有些夸张地说，在全国，“一张选票的价格就

① 伊坦斯维尔是狄更斯《匹克威克外传》中的一个选区。——译者注

像一英亩土地的价格一样众所周知”，他抱怨说，托利党乡绅们的钱包被战争税掏空了，以至于他们无法再作为候选人与有钱的辉格党竞争。[192] 他们尽了最大的努力，但无论如何，1702年，托利党的荷包仍然是鼓鼓的。

不过，比赤裸裸的贿赂更显眼的是，在选举时，地主对其佃户
211 以及庇护者对其门客的权力，这在所有等级和职业中都一样。公开计票留给自主投票的空间不大，除自由约曼农外，而即便是自由约曼农，也往往是他自由持有的土地之外的其他土地上的佃户。主教们向他们教区的神职人员拉票，而牧师们有时会逃避来自主教的压力，借口说自己很不幸地要按照其世俗庇护主的意愿投票。[193]

选票的记录和计算经常被不称职的书记员弄错或为了某个政党的利益故意伪造。事实上，有时两党都“签署了条款，以防止任何争端或混乱，并规定由一名绅士代表每位候选人监视书记员”。[194] 在1702年格洛斯特的选举中，辉格党候选人约翰·吉斯爵士抱怨：

这是一个糟糕的时期，因为马尔伯勒伯爵、戈多尔芬和整个宫廷都在为托利党的利益而努力，他们通过各种方式让我落选。但是，郡长的行动最致命，因为他通过假装审查不良选票，混进去了另一个人，此人被我请愿检举给下议院……下议院没有听我的说明，西蒙·哈考特回应，说约翰·豪是按照正常程序选出来并获得通过的……在此必须指出，我后来获得下议院的议席，并看到西蒙·哈考特被赶出了下议院，他被赶出时所遭受的不公可能比他排挤我时更甚。[195]

因欠债和绑架选民而进行的虚假逮捕很常见。在1705年的选举中，大贝德温地区的辉格党候选人在选举日之前的一整晚，自掏腰包请16名可疑的选民喝得烂醉如泥，但：

不允许他们交头接耳，也不允许他们走出门去如厕，只能在乔治·宾或波勒克斯先生的两三个仆人的看守下出去。威廉·达雷尔坐在门口，双腿横在门的两侧，阻止他们出去。[196]

笛福在《评论》(*Review*)中记录了选举的另一面，其中，牧民对农民说：

是啊，是啊，我们都投给了托马斯爵士。他们说，前几天，他（托马斯爵士）的百户长和所有的佃户们待在一起，百户长还对我们所有人的妻子行了吻手礼，并说他是咱们老爷派来的。但佃户们说，老爷必须亲自来亲吻他们，他们才会为他说话；他们不会听信中间人。[197] 212

在安妮统治时期以及在她死后的50年里，很少有人认真地提议重新分配席位，以废弃衰败的自治市选区。它们的存在有时确实被说成是“丑闻”和“英格兰政治上的一个巨大污点”。[198]但无论是辉格党还是托利党，都不愿意割舍自己的衰败选区。这个时代的精神是反对制度变革的。上一个采取重新分配议席措施的人是克伦威尔，而上一个干涉既有选举权和公司特许权的人是詹姆士二世。在安妮时代，这两个人都被认为是时代的恶人。议会改革和市政改革并非那时的公共问题。

假如像1832年那样的改革法案在130年前被通过，很难说哪个政党会获益最多。郡议席数量的增加将有利于托利党，因为，即使在像1705年辉格党表现良好的那次选举中，托利党也能获得由郡里的骑士组成的议会多数。但是，增加贸易城镇和伦敦地区的代表以取代衰败选区的席位，则有利于辉格党。①

事实上，两党都满足于在各自所理解的选举战场上斗争。总的来说，托利党更加强大，但在安妮女王统治时期，他们内部的分歧往往给辉格党一个机会。在安妮的继任者执政的第一年，大法官考
213 珀这样建议他的汉诺威主人：

> 根据多次的经验，请允许我向陛下保证，两党是如此不相上下，而世界上的大多数人又是如此喜爱大不列颠国王在不超越法律界限的情况下给予的恩赐，因此，一切尽在陛下掌控中。通过在选举前某个合适的时机，向他们中的某一党展示您的偏爱，您就能在以后的每届议会中让您喜欢的一方获得明显的多数。[199]

事实上，这就是安妮统治下“反复发生的事”，从1702年7月的

---

① 早期老萨勒姆的选举里不是没有利益的影响。皮特总督的儿子罗伯特于1705年向这位在印度的老人报告：

“我当选老萨勒姆的职位，获得了一致同意。如果蒙佩森先生没有反对你在辖区的权力，我就会和他站在一边。然而，我发现他想那样做，于是我让格兰迪森勋爵与他竞争。然后选出来了两个人，包括他在内的五个人把票投给了蒙佩森先生，而另外五个人，包括一个叫卡特的人，把票投给了格兰迪森。前者由于党派的影响力较大，最终被选上了。卡特之所以这样投票，是为了获得我为你从菲利普斯先生那里得来的花园，这座花园价值500英镑，其中有100英镑是为了选举而花掉的。这个价格很高了，但是另一阵营愿意付出我所不愿意支付的价格。” *H.M.C. Dropmon*（*1892*），Ⅰ，pp. 16–17.

选举开始，当时的她对托利党“适时地表现出她的宠爱”。这位善良的女王在她的整个统治期间都在保持平衡。她先是倾向于一方，然后又倾向于另一方，背后的原因与那些动摇她的民众的原因基本相同，在许多方面她比很多更聪明的政治家更能代表民众。但是，无论我们认为她是在领导还是在追随民意，都可以肯定这一点，即在她统治期间，从未在大选中失利过的正是安妮女王本人。

在安妮的每届议会中，都有一些不属于辉格党或托利党的议员，但他们倾向于支持女王的政府。戈多尔芬曾经计算过，下议院中有190名托利党人，160名辉格党人和100名“女王的仆人”。[200]大多数“女王的仆人”可能会称自己为温和的托利党，准备支持马尔伯勒与戈多尔芬政府。下议院中，辉格党和托利党之间的划分并没有覆盖所有议员，这种划分也不总是被使用。一位当代人士列出了一份安妮统治早期的议会名单，其中，他将议员分为以下几类：“教会人士、高教会派、低教会派、不从国教者、朝臣和鬼鬼祟祟的人。”[201]但是，1702年7月的投票结果最终把下议院交到了托利党的手中，除非他们起了内讧。

当大选结果揭晓后，女王把新议会休会到10月，并前往西部巡视。这自然具有托利党胜利的特征。乔治亲王苦恼于自己的哮喘病，而巴斯对这对夫妻有着不小的诱惑，那里是他们不太愉快的日子里最喜欢的度假胜地。女王在谢尔登剧院和牛津大学学院享受了人们 214
表达的巨大的忠诚和国教热情，随后，皇室队伍在8月底慢慢向西行进。在兰斯当山顶上，有200名身穿白衣的贞女在恭迎，她们如同女战士一样，身旁放着弓箭，还有随行的牧羊人——“带着曲柄杖和塔博克斯牧羊犬，唱着歌，并用芦苇管演奏”。这些人陪同皇家马车进入巴斯市。伊丽莎白时代的庆典精神在这片土地上还没有消失。女王在布里斯托尔受到了市民们的热情欢迎，在巴德明顿受到了博福特公爵更加阔气的接待。直到10月8日，她一直把巴斯作为她的主要落脚点，她的重要幕僚和政治家们也伴她左右。从这个秋天开始，巴斯被公认为最大的地方时尚中心。年轻的博尔·纳什和该市其他让这座城市变得伟大的奠基者们，都不失时机地利用了这一声誉。巴斯精美的公共和私人建筑以及良好的社会习俗都源于安妮女王的这次访问。[202]

西巡非常成功。它至少向臣民展示了这位疾病缠身的女王的一些情况。对新统治的期望，托利党在最近一次选举中的胜利，以及从尼德兰持续传来的好消息——法国撤军、马斯河要塞城镇向马尔伯勒缴械投降，都使这次西巡变得欢快起来。

第十章　马尔伯勒的军队

爱说教的道德哲学家沙夫茨伯里勋爵是个伟大但不怎么清白的 215
人的子孙，认为自己的辉格党领袖没有反对威廉国王试图在和平时期保持一支常备军的愿望，是这个时代腐败的证明。据沙夫茨伯里和他的朋友们说，没有人比前来拯救他们的奥兰治·威廉更热爱英格兰的自由了，但任何一个真正的爱国者都不会信任陆军建制，哪怕是由“天使长米迦勒”建立的，“以免他心气高涨，偏离诫命，扭曲法律”。[203]

从这个角落传出来的这一声音，证明反常备军的情绪不只是高教会派托利党的偏见，更是一种根深蒂固的民族本性，其因斯图亚特时期人们与国王和护国公的相处经验而被加强。要使常备军制度与议会及大众政府的内在精神互相兼容，并非易事，这项工作也不是一天就能完成的。正是由于《兵变法》（Muting Act）每年到期的制度，以及前两任乔治国王时期大臣们的正确观念，英国发展成帝国所需要的小而高效的陆军建制，逐渐融入18世纪的习俗中。马尔伯勒的胜利有助于让英格兰为它的士兵感到骄傲。然而，在安妮统治的最后几年里，马尔伯勒本人受到的待遇表明，即使在那时英格兰也并不怎么在乎身着红色制服的人，也没有被战争的荣耀所迷惑。

欧洲的军队早已不是封建时代的了，但还没有成为国家军队， 216

他们不是通过征兵制组建的。当兵可以是一个人从事一生的职业，但这不意味着他必然效劳于他在政治上所忠于的国家。一支军队便是多语言的欧洲的一个缩影。长期服役是基本规则，即便在英格兰也一样，那里的人们害怕军队，和平时期到来后军队便要被解散，没有其他生活来源的人们会流落街头。每支伟大的军队，特别是荷兰的军队，甚至某种程度上英格兰和法国的军队，都包含大量的外国人。他们中的一些人是作为个人入伍的，但更多的是通过向德意志和其他国家的王侯们提供军事服务而加入的。这些王侯在自己的领土上征召他们，然后把他们租出去以作为国家收入的一项来源。在战争中，雇主的事业并不总是受雇者的事业——在伟大的荷兰军队中当然也是如此，除了在反对撤销了《南特敕令》之徒的斗争中，新教主义成为队伍中的共同动机。但在法国人和英格兰人组成的本国军团中，存在一种强烈的民族感情。

1701—1702年冬季，议会投票通过的用于参与第一年欧洲大陆战争的军队是40000人，其中只有18000人是不列颠岛本土人。这些人中的一半以上被派往低地国家，由马尔伯勒领导。到1706年，在西班牙、葡萄牙和低地国家作战的不列颠本土士兵总计33000人。在1708—1709年英国的战争投入达到最高值时，参与半岛战争的有25000名讲英语的士兵，参与尼德兰战争的人数则更多，而整个正规军，包括国内和殖民地的驻军，达到了70000人——这还不算由英国付薪的外国军团，而且完全不包括由英国纳税人补贴的其他国家的军队。[204]

马尔伯勒的士兵又是通过什么方法征召的呢？当时的欧洲还没
217 有征兵制度。即使是法国君主的军队也是通过自愿入伍来维持的，只是在他统治末期，有时不得不使用投票入伍的方式来维持法国日渐衰弱的军力。强征入伍是英格兰海军在战时惯用的方式，由征兵队在海港城镇和毗邻乡村突袭抓捕平民。但陆军不那么受欢迎，而且被认为对岛国安全不太重要。因此，在1702年强征入伍的权力未被授予陆军，国家也没有直接承担这项任务。每个陆军上校都必须征召自己的士兵。

在某种意义上，陆军上校是其军团的所有者，军团也以他的名字命名。他使用允许他服务于此目的的公共资金来支付和装备自己的官兵。在腐败的军官手下，滥用职权的情况比比皆是，他们进行“虚假征兵”，为根本不在队伍中的“假兵”领取薪酬。在一个如此有利于欺骗的制度下，可怜的士兵经常被中间招募商或他们自己的军官，骗走工资、食物和衣服。这些斑斑劣迹在没有军官的军团中最为常见，入伍者被分配到气候不利于健康的西印度服役，在那里服役令人胆寒。不过，在马尔伯勒警觉的注视下，这种事情在低地国家发生得最少。

一个常规的军团通常包含一个由700至900人组成的单独的营。[205]在战时扩充部队是对一名优秀军官的最严峻的考验之一。一年里，有六个月的时间是在战场上度过的，但冬季休战的六个月也并不漫长，因为在这六个月要进行大量的工作，包括：进行当时精心设计的战术路线所要求的必要训练，补足每年因战斗、疾病和逃亡造成的队伍人员的流失。当军团直接进入荷兰或葡萄牙的冬令营时，上校就派他最信任的军官去英格兰寻找下一次战役中的炮灰。一位约克郡上校的军团在1710年损失了200人，那年冬天，他派人回乡，“两位约克郡绅士带着大量的中士和下士”到约克郡西区招募人员。在布伦海姆战役后的一年里，普卢姆上尉和他忠实的中士凯

特，在什罗普郡招募乡下人的过程，可以在法夸尔的喜剧《征兵官》
218 中得到明示：

如果有任何绅士士兵或其他人，有心为女王陛下服务并扳倒法国国王：如果哪位学徒觉得主人过于严厉，哪个孩子觉得父母不够称职，哪个仆人觉得工资太少，或哪个男人受不了妻子的，让他们去找高贵的凯特中士，他就在什鲁斯伯里这座温馨小镇的渡鸦标志那里，这些人将立即得到即刻的救济和招待……我喜欢有骨气的人，但我不屑于哄骗，那是很卑鄙的：虽然我必须说，在我一生中，从未见过一个有好身板的人……那就把你的手给我吧：这里有一袋金子，在我的住处有一桶可口的麦芽酒。这是女王的钱和女王的酒。

罪犯被大量征召[①]，被关押的欠债人也全部入伍。有时，每个新兵的赏金可以达到4英镑，诱惑着有需要的人去参军；有时，还提供富有诱惑的为期三年的短期军役。然而，用尽了各种手段的最勤奋的军官们发现，在议会不断投票决定组建新军团的同时，要保持老军团的兵源越来越困难了。人们普遍认为，只有走投无路的人才会参军，而在安妮统治的最初几年，国家繁荣，工作机会充裕。难怪在1702年，为了招募陆军而不恰当地动用了海军征兵队。那一年，超过一千名英格兰新兵弃投到了法国那一边，“据说他们都是被逼去

① 对纳西塞斯·鲁特克莱尔的日记（1705—1706，3月12日，第6卷，第25页）中不通顺的注解可以这样解读：“差点被绞死的史密斯”是这一时期的著名人物，因为他在公共司法面前经历了不同寻常的事：史密斯在不久前差点被绞死，在他被放下来之后，他指认了大约350名扒手、入室盗窃贼等，这些人应该是卫队中的士兵，为了更好地隐藏自己的流氓行为，他们在上周集结时被抽调出来立即送往了加泰罗尼亚，大约60名妇女，因这种罪行而受到谴责，也被随军营一起送走。

海上服役的，当时被运到伦敦塔，蒙着眼睛登上了前往佛兰德斯的船”。[206]

为了补救这种状况，1703—1704年的议会通过了一系列征兵法案，从而使陆军的强制征兵在特定的严格限制下合法化。治安法官 219
被要求将那些没有办法养活自己的人交给征兵官员。堂区治安官每向当局提交一个符合征兵启事中所说的人时，就会得到10先令。选民中的少数特权阶层被明确排除在这些法案之外，这可能是为了防止有政治头脑的地方治安法官因为急于在下一次选举前清除敌对阵营的选民而将他们强征入伍。

尽管法律为征兵工作提供了便利，但征兵工作仍然被地方上的无计划与随意性主导。高高在上的大法官，如果不喜欢战争，或者不满于在本地区为自己的军团征兵的军官，就不会提供任何帮助。但支持戈多尔芬和马尔伯勒的温和的托利党治安法官，以及没有被赖特清洗掉的老辉格党法官，热衷于招募那些他们认为没有其他谋生手段的人。征兵法案被当作一个机会，用来清除乡村的偷猎者和可疑人员，并抒发个人或政治上的恩怨。在伊利岛，三位托利党治安法官将一位富裕的不从国教者牧师强行征入了队伍，这显然是违反法律的，因为他有议会选举权。王座法院不得不进行干预以使其获释。有时，暴徒们会联合起来反对征兵官员，并强行释放那些被地方治安法官当作失业者送入他们手中的人。新的“强制征兵法”是不受欢迎的，它是昧良心的人手里的暴政武器。雇员们抱怨说，如果他们向雇主要求提高工资标准或获得更多的食物，雇主就威胁要把他们带到地方治安法官面前而被强征入伍。

与此同时，有一大批人是入伍后领了津贴开小差的，他们靠从一个又一个的军团里拿女王的金币过活，但在被送到运输船之前，

他们又依次逃离。彼此竞争的军团征兵官，在遇到自愿入伍的人时，经常小心翼翼地不去盘问。逃兵很容易，因为没有军营或适当的营
220 地。①即使这些能蹦跶的家伙最终被安全地带到了佛兰德斯，他们中的许多人还是会溜到敌人的防线上，以期作为俘虏被换回到英格兰，并在那里再次玩“拿到赏金就逃走”的游戏。

马尔伯勒的征兵确实是一件随意又喧闹的事，充满了古老英格兰的喜剧和悲剧，其中的一些瞬间被揭示给我们这个时代，而我们已经习惯了如机器般恐怖的现代战争及其不可避免地对全国年轻人的点名。在那些日子里，“战争的军号”听起来仍然像“乌鸦的哀号”：

鼓上有40先令
给那些自愿来的人，
穿上衬衣与外套，拿上到手的钱
当翻山越岭，远走高飞时。

我们就要过上更幸福的生活，
摆脱了顽童和拙妻，
那白天黑夜的责骂，
当翻山越岭，远走高飞时。

---

① 在英格兰，给军队提供住所的需要造成了许多困难。1702年的《兵变法》（The Mutiny Act），在抱怨军官和士兵摧毁了很多行当的同时，要求治安法官为他们在旅馆里寻找住所，并按照标准为士兵支付工资。在没有得到主人同意的情况下，他们不能住在私人住所里。如果军官们以在旅馆住宿为由拿走钱财，那么他们将会被解雇；因此，很可能旅馆主人讨厌这些强行到来的客人，因为他们把更多的、付钱的顾客赶走了。*Stats. of Realm*，Ⅷ，pp. 211–214.

快来吧，男孩们，你们将看到
我们每个人都会当上军官，
和他们一样去嫖娼、吹牛，
当翻山越岭，远走高飞时。

治安官们四处搜寻
来寻找这等有活力的年轻人；
我说我们就做志愿兵吧
翻山越岭，远走高飞。

翻过山头，越过大路
去佛兰德斯、葡萄牙和西班牙，
安妮女王来指挥，我们来服从，
翻山越岭，远走高飞。[207]

这就是招募去海外服役的陆军的心酸机遇。招募郡和镇上的民 221
兵队伍则没有这种困难，一年只训练几周，由文职治安法官领导。这支队伍受到所有人的欢迎，尤其是托利党的乡绅们。因此，它是通过一种规范的强制制度组建起来的，那是在招募陆军时不被容忍的。负担落在了愿意承担的乡绅们的肩上。民兵是他们自己的力量，他们毫无怨言地为之支付薪酬，但他们对交纳沉重的土地税去供养战争怨声载道。每个富有的地主都被要求亲自或由代理人提供一名全副武装的骑兵；每个中等收入的地主都要提供一名步兵；而小地主则被分成若干小组，每个小组都必须派一名民兵集合点阅。

乡绅们自掏腰包武装他人在军队中为自己服务，但他们自己热衷于争夺军官委任状。庄园的墙上挂满了民兵的武器，副中尉的检阅官有权检查这些武器。因此，对国家来说民兵花费不大。它是一支重要的力量，是国家的骄傲，是我们政体的卫士。没有什么可反对的，除了像现实的辉格党人所指出的那样，路易十四一个团的老兵就可以轻易地冲锋到三个英格兰郡的民兵队面前。[208]

在三十年战争开始时，部队排成紧密相邻的纵队上场战斗。即使是骑兵，也是以六人或更多的人为一纵队在场上冲锋。他们骑马飞驰，手持短火枪或笨重的老式大手枪，在放慢速度时开枪射击，然后再拔剑刺杀。在17世纪的绘画艺术中，自伍文曼绘制的那些作品以来，绘画里便经常描绘骑兵在掉转马头撤退时开枪射击的情景，这也是当时骑兵最常见的动作。

几乎没有比这更糟糕的使用骑兵的方式了。让人们在马背上用火器而不是手握兵器作战，相当于正好在冲击之前泄掉了马的力量
222 和速度，从而限制了自身的进攻。如果要进行射击的话，纵队是最糟糕的队形，无论是射击还是被射击。事实上，古斯塔夫斯·阿道弗斯（Gustavus Adolphus）将骑兵队形从六人纵队减少到三人纵队，并教导他的骑兵冲锋陷阵，尽管他也允许他的士兵在近距离内用手枪射击，只要他们不破坏冲锋的步伐。鲁伯特和克伦威尔都让他的部队以这种“瑞典式”的方式作战；三个骑兵带着手枪和剑冲向敌方的骑兵纵队，后者在远处停下射击，然后在快速奔跑的战马和冰冷的钢铁面前溃败。

在安妮女王的战争中，一些战斗仍然是因骑兵停下来射击而失败的，布伦海姆战役中的许多法国骑兵就是如此。英格兰人则不改步调，骑着马，手握长剑向他们冲去。马尔伯勒根本不让他的骑兵

骑在马上射击，即使克伦威尔的手下经常这样做。马尔伯勒公爵“只允许骑兵在一场战役中装三发火药和子弹，而且只允许他们在草地上保护自己的马匹时射击，而不是在战斗中开枪”。[209]

那么，我们可以认为马尔伯勒的骑兵是以三人为一个纵队作战的，冲锋的时候，是以轻快的小跑而非奔跑进行的，①而且除了剑，不使用任何武器。在他早期的战役中，他的骑兵身上没有穿戴盔甲。1707年他给骑兵配备了胸甲，但其后背仍无防护。龙骑兵有双重功能：他们既可以像骑兵一样持剑冲锋，也可以骑马奔赴战斗现场，跳下马背、担当步兵，用他们的火枪在松软的地面上作战。在巴塞罗那，彼得伯勒在包围战中就使用了龙骑兵。

三十年战争开始时，步兵也以密集排列的纵队作战。主要武器 223
是位于中央的长矛阵。火枪手也排成纵队，在长矛手的两侧作战，他们危险地暴露在敌军骑兵的冲锋之下，只能用火枪的枪杆进行抵御，而这是一种糟糕的防御。古斯塔夫斯开创了减少步兵纵队长度的潮流，在纳斯比，一个营中的“可怜步兵”以不超过六人的纵队作战。但只要长矛是主要武器，纵队就是适合的队形，而不是站成一排。只是到了17世纪末，才出现了步兵战术的真正革命，那时，扣环刺刀的发明使得火枪手能够担当自己的长矛手，把扣环刺刀固定在枪上，在射击穿过扣环后，在下一刻用同一把武器刺伤敌人。

随着扣环刺刀被引入威廉时期的战争中，每个军团配备的长矛手的比例迅速减少。但在马尔伯勒的第一次战役中，每个参战国的军队中仍有一些长矛手。在1702年的英格兰军团中，基本上每五个

---

① 马尔伯勒向英格兰骑兵下达命令，让他们做决定性的冲锋：“稳步前进，直到接近他们，再发起全力冲锋。” *Parker's Memoirs*（*1746*），p. 92. 同可参见Taylor, *Wars of Marlborough*，Ⅱ, pp. 386–387。

火枪手中就有一个长矛手。个子最高的人会被挑选出来担当此役，每当他们在阅兵场上折断长矛，就会得到半克朗[①]，“以激励他们动作轻快和敏捷地冲锋”。两年之后，长矛就消失了。[②]

因此，从布伦海姆战役开始，马尔伯勒的步兵就配备了明火枪和扣环刺刀，士兵排成长队，通常是三个纵队，有时是两个或四个。当被敌人的骑兵包围时，一个训练有素的步兵团可以组成空心方阵，并保持这种队形安全地离开。[210]即使不组成方阵，步兵也会上阵，就像在布伦海姆的盟军中的步兵一样，在两军骑兵的主要行动中发挥决定性的作用，这在鲁伯特和克伦威尔时代是闻所未闻的，其只有在刺刀发明后才有可能出现。

224 18世纪初的队列战术优于拿破仑时代大多数军队的做法，彼时，法国人和每一个模仿他们的欧洲大陆国家都重新使用了更原始的步兵纵队方法。纵队队形要求进行出色的操练和保持严格的纪律。第一共和国时期，法国大批征召入伍的军队没有经过充分的训练，无法以恰当的方式整队移动。即使在拿破仑时代，他们也全年都在战场上，几乎没有时间进行操练。但马尔伯勒和他对手的军队都是小型的职业军队，他们只在战场上打半年的仗，另外半年在阅兵场上学习当时颇具难度的移动方式。

因此，英格兰人在马尔伯勒时期并没有享受到他们在威灵顿时

---

① 两先令六便士。——译者注

② 1704年2月9日，波特莫尔勋爵写信给萨默塞特公爵，讲述有关去往葡萄牙的部队：

“我荣幸地接到陛下的命令，指示店主送去450支火枪，以代替一些他们所谓的荷兰兵团留下的近似数量的长枪，这些长枪是由高贵的马尔伯勒公爵付费制造的。” *H.M.C. Somerset*（1898），p. 118；*Peur Drale's Memoirs*, pp. 50–51；*Fortescue*，Ⅰ, p. 584.

期所享受到的优势，即以队列的形式对抗挤成一个笨重的柱形的敌军。敌我双方都排成一列。但是，英格兰人的火力演练比法国人高超。他们被训练以排为单位进行射击，而法国人则以列为单位进行射击。英格兰人的命中率更高。马尔伯勒非常重视火力演习和射击术，他在冬令营中让士兵们全力以赴地练习这些技术。一个有两到三个纵深的英格兰排，在其火力全开时，可以粉碎敌军的队形和中枢。[211]

当时，“掷弹兵”还没有成为“第一近卫步兵团”（First Regiment of Foot Guards）的代称①。军队中的每一个团都有一个掷弹兵连，装备有手榴弹和斧头，正如歌里唱的那样；他们的任务是，带头攻打坚固的地方或其他障碍物。某种程度上他们是“突击队”，是根据他们的强壮体格及爆发力专门挑选出来的。

由著名的布拉德上校指挥的野战炮兵在马尔伯勒的战术中发挥了重要作用。将火炮拖入阵地的车夫不是士兵，而是穿着农民服装的乡下运货马车夫，因为，当时的炮兵部队还没有完全军事化。但 225
布拉德上校、他的军官和炮手，是有史以来最优秀的炮兵，他们在通过黑森林（Black Forest）及布伦海姆沼泽地时所克服的地面上的困难，显示出他们是专业且精力充沛的工程师。他们的野战炮在远处发射炮弹，而在近处则发射“卡特里奇”（cartridge）或“帕特里奇”（partridge）——时人对葡萄弹的称呼。重型攻城战车不随军队行进，当需要攻打某个特定的城镇时，其就会从基地运出，尽可能通过水路送达。

马尔伯勒直接负责他军队中的所有炮台，把它们小心翼翼地放

① 因为在拿破仑战争中击败掷弹兵，“第一近卫步兵团”更名为“掷弹兵近卫团”。——译者注

置在亲自选定的地点。在当时中等规模的军队中，还没有像现代的师或军团那样大的单位，即由一名下属指挥的包含三个兵种的许多小作战单位的建制。在没有任何中间人的情况下，马尔伯勒把他的命令直接发给每个旅长或上校，或者亲自骑马为他们指路。

任何更复杂的制度都会妨碍马尔伯勒的天赋，他的才华在真实冲突的硝烟和骚乱中最为耀眼。由下属将军负责解释命令的现代师团制度，会给马尔伯勒带来重重障碍。那个时代里，身居高位的王公贵族们经常为自己的地位和权利争得面红耳赤，即便在战场上也是如此。马尔伯勒则享有完全的自由，如果他认为合适的话，他可以亲自调动他的任何部队，这是他在任何时候都能取得成功的秘诀之一，用艾迪生的话说，他

> 激励被击退的营队向前
> 指导不明朗的战斗在何处决胜。

他想在何时何处攻击敌人的自由受限于外交而非军事。军中文职副官的权利以及更多时候是荷兰将军们的权利，可以否决任何让联省共和国军队参与一场行动的命令。这种情况已经好几次毁掉了马尔伯勒的计划，阻碍了马尔伯勒在原本可以稳妥地取得胜利的条件下作战。马尔伯勒虽然是荷兰和其他在尼德兰的同盟国军队总司
226 令，但他并不是在任何情况下都能完全控制他在该地区的外国军队，尽管他在多瑙河确实拥有过这种控制权。

博林布鲁克曾在布伦海姆战役那年担任战时国务大臣，对军中情况有所了解，后来在他的《历史研究和功用》（*Study and Use of*

History）一书中写道：

> 在1702年前往低地国家担任总司令之前，马尔伯勒公爵曾说过一番话，并且后来被证实了。如果法国人将自己的军队与敌军进行对比，就像在以前的战争中所做的那样，那么法国人一定会失算。那些在威廉时期的战争中对抗法国的士兵们，大部分在战争开始时没什么经验，特别是英国人。请允许我这么说，他们经过失败的教训，已经变得训练有素且纪律严明。他们在《赖斯韦克和约》签订时期已经成长为经验丰富的老兵，虽然很多人被解散了，但也只是最近被解散的，所以，他们很容易重新集结起来，而且，已经形成的精神仍存在于所有人心中。

但在1702年的行动中，军队还只是在“重新组建”的过程中，毫无纪律可言。那一年，奥蒙德的部队在加的斯登陆时的过失成为欧洲的一个丑闻。而在马尔伯勒抵达荷兰之前，英格兰军团正在掠夺荷兰村庄，就像身处敌国一样。6月9日，我们在鹿特丹的代表给诺丁汉写信说：“下周马尔伯勒大人将从哈格出发去陆军那边，那里非常需要他来维持我们士兵的秩序。”在接下来的一年里，同盟军仍然偶尔抱怨英格兰人的掠夺习惯，认为他们正在带坏其他国家的军队。[212]但这些谴责在马尔伯勒站稳脚跟后便烟消云散了。在1704年向多瑙河进军的过程中，在经过同盟军属地时英格兰军团表现良好，始终受到沿途民众的欢迎。在这场漫长战争的后期，他们的纪律也没有松散。马尔伯勒军队的声誉没有受到过败坏，不像威灵顿时代的英军那样，后者在伯达琼斯（Badajos）和圣塞瓦斯蒂安（San Sebastian）的胜利因军纪败坏

227 而顿失光彩。①

军队的良好行为是通过双重方式保证的，即严格的惩罚和周到的食物、衣服和舒适的供给。军事处决并不罕见。更常见的是恐怖的军事鞭刑，正如我们从特灵下士对不幸的“麦凯军团的掷弹手”的描述中得知：他被“鞭打到濒死状态”，“恳求被直接枪毙”。历史记载为这位小说家提供了佐证②。1712年，一名守卫者为了偷马皮而杀死了他的上校的马，他被判鞭打12600下，才打了1800下，他就快死了。如此极端凶残的判决确实是个例，而且只发生在马尔伯勒被解除军队指挥权之后。在民间，鞭刑仍然是针对包括妇女在内的贫困阶层的普遍惩罚措施，因此，在陆军和海军中，鞭打没有像后世那样被谴责为是对人性的侮辱和对人的效劳的贬低。[213]

马尔伯勒不会仅仅通过伤害自己部下肉体的方式来使他们恪守纪律。他对与部队的供应和舒适有关的一切都很上心，他也得到了回报。吃得好、戴得好、穿得好、训练得好，英格兰军队被公认为是战争中最好的军队。这在很大程度上要归功于他位居公爵却能屈尊关心幕后小事这一点，要知道当时的部队经常被忽视，挨饿，衣衫褴褛，没有工资。他“天才”的一部分在于，“有无限的能力去尽力做好每一件事”。③

---

① “马尔伯勒的军队似乎比威灵顿军队的作风更好。”Wellington, *Fortucue*, Ⅰ, p. 572. 1704年“焚烧巴伐利亚”是马尔伯勒故意为之，而且他主要指派外国军队去完成这一糟糕的事情。

② 特灵下士是劳伦斯·斯特恩《项狄传》中的人物，此处的小说家指斯特恩。——译者注

③ 包括敌军士兵在内的伤兵从马尔伯勒那里得到的关照，比当时的其他任何一位军事领袖都要来得多。但是即便在和平时期，那时的医疗水平都是低级的，护理学在当时还不为人知。

陆军和海军之间的联系往往是英格兰机动部队的一个薄弱环节。尽管马尔伯勒对两军的合作有着非常成熟和独到的想法，令他在地 228
中海采取了成功的战略，并且在维哥、直布罗陀、米诺卡取得了胜利，但他似乎并没有为海上的士兵争取到适当的条件。1704年1月，海军上将鲁克徒劳地抗议，他们在前往西班牙的长途旅行中没有适当的运输工具，“特别是没有床位”，造成整个军团拥挤在战舰上。在1706—1707年的冬天，被派往巴伦西亚的一大批部队中，有将近一半的人在上岸前就因难以忍受的恶劣条件和疾病而死亡。1708年，二等兵约翰·迪恩，一个敬畏上帝且受过良好教育的人，他无怨无悔地信任和爱戴马尔伯勒，他把在海上的士兵的命运描述为“船上天花流行，甲板间瘟疫肆虐”。他用最直白不过的语言告诉我们，即使在英格兰海岸，他们也“面临许多不便，只能躺在光秃秃的甲板上，这些艰难困苦使很多人都永远离开了这个世界”。

西班牙半岛远离公爵的保护，在那里，部队因曝露在外、气候和糟糕的食物而遭受了极大的痛苦，在那片不友好的土地上，这比刀剑的杀伤力更大，那里的葡萄牙盟友还憎恨这支部队。在直布罗陀落入英格兰人手中后，当局把钱花在用炮台加固岩壁防守，多年来却没有为士兵建造营房。在1705年西班牙人和法国人围攻这里之后，驻守在此处的卫兵们因疾病与暴露在外相继死去。在西印度群岛，士兵们像苍蝇一样死于热带疾病和严重被忽视，被陆军部和他们缺勤的军官们遗忘。简言之，在安妮女王的战争中，那些在马尔伯勒身边服役的人是最幸运的。[214]

如果马尔伯勒公爵没有政治和军事上的权威，如果戈多尔芬没有为他掌管国家财政，他作为一个普通的将军不可能应付那些不诚实的文职代理人、征兵招募商以及财政部拖拖拉拉的官员们。即使没有发生这些事，这场斗争也是很艰难的。在纸币信贷和金融科学229 发展初期，财政部面临巨大的困难，即使在最好的管理下也是如此。士兵和外交官多年领不到工资是家常便饭，这对英格兰国家在英格兰国外的威信造成了灾难性的影响。在1702年，许多军官都没有摸到过他们为上次战争服役而应得的钱。1702—1703年冬天，马尔伯勒不在时，卡茨勋爵被留在荷兰指挥，他没有得到薪水，还被荷兰商人不断讨债，受尽了难言之苦。米歇尔伯恩是1689年围攻伦敦德里的军事长官，他在那里失去了自己的妻子、七个孩子和财产，到了1704年，他还在请求国家支付拖欠他的钱，那是他为那场难忘的军事行动效劳而应得的。他是新教英格兰的民族英雄，但在安妮女王的统治下，因欠债被困在舰队上，只是因为国家欠了他的钱。还有迈凯亚·布朗宁，她是福伊尔的遗孀（福伊尔在航行时弄坏了自己的船“蒙特乔伊”号上的帆桁并丧生）。她请求得到拖欠九年的抚恤金，但只是徒劳，直到1703年，她才得到了“女王时代应有的报酬”。这就是财政部作为国家付款人时的情况。[215]

在安妮统治时期的这场漫长战争中，上述可耻的状况得到了一定程度的改善，而不是像预期的那样变得更糟糕，这要归功于马尔伯勒和戈多尔芬的认真努力与紧密合作。然而，1712年，外交官约翰·莫尔斯沃思的父亲在拜访了戈多尔芬在财政部的继任者之后尴尬地写道：“我被告知，我不会比其他使节早一天拿到报酬，直到他们有序回来。他们还有两年半的时间才能回来。在这期间，我们必须用自己的钱财维持作为一名英国人的地位。”[216]

那个时代的战争的破坏性要比20世纪的小得多，部分原因是没大规模杀伤性武器，但主要原因是，当时世界上只有一小部分男子可以退出生产领域而置身于战场之中。欧洲缺乏有效的组织，无力支付极其沉重的税务，其信贷体系也过于原始而无法从未来几代人的财富和幸福中预支大额汇票。人仍然比机器更有价值，因此人之 230
为人的权利很少被战争掌管者们遗忘。例如，在整个战争期间，有一项确保战俘被迅速交换的非常健全且公正执行的制度。法国和英格兰当局看到了交换战俘的优势，因为新兵很难招募到，养活战俘又很昂贵。在强制征兵时代到来之前，既有的征兵困难使政府和将军们不愿意让士兵在战斗中冒生命危险，也不愿意把他们置于必然会造成损失的冬季战役中。只有马尔伯勒知道，赢得战斗最终会挽救生命。

士兵们的掠夺行为在敌国自然比在同盟国更常见，但系统性的破坏很少被采用。当路易在1688年蹂躏和烧毁帕拉丁时，当盟军在1704年蹂躏和烧毁巴伐利亚时，每一次都会有一种强烈的呼声，并产生了效果。西班牙王位继承战争持续了十几年，这的确是最糟糕的情况，也是荷兰衰落的主要原因之一。但是，这场战争并没有像欧洲三十年战争毁掉德意志一样毁掉它所战斗的地区——荷兰、莱茵河谷、波河平原或西班牙，也没有像我们今天的“四年战争”（指第一次世界大战）那样把作战地点变成荒漠，并毁掉整个欧洲。场战役或一场演习，不会使超过两三个村庄的庄稼被践踏，一次猛烈的轰击或围攻可能会掀翻少量房屋的屋顶。陆路贸易仍与和平时期一样，甚至在相互交战的国家之间进行，尽管英格兰抗议荷兰与法国的贸易。对商人来说，海上商战是一个更严重的问题。

让军队靠掠夺来养活自己并不是一种惯例。三十年战争中，那些纪律涣散的匪徒到处行恶的现象再也没有出现过，文明已经从那个泥潭中向前迈出了一步。军事科学还没采用拿破仑的方法，即通

231 过系统掠夺被入侵的领土来养活军队，从而让入侵更加迅速。相反，入侵的军队进一步推进前，一支先行军队会建立一连串的补给基地，其中每一个基地都必须从后方获得补给和储备。[217]一定程度上是出于这个原因，路易十四及其对手军队的行进速度远不及拿破仑在欧洲的闪电式突进。因此，马尔伯勒在多瑙河上的进军，虽然是事先秘密准备好的，却让法国人大吃一惊，并引起了全世界的敬佩。

这种缓慢移动的战争，特别是在高度设防的尼德兰，其总体特征是一场围攻战。对那个时代的军事家来说，一场战役意味着一个夏天的围攻，调动野战军打掩护或打破封锁，并在随后的冬天征兵和训练。

不过，马尔伯勒有其他看法。就像他之前的古斯塔夫斯和克伦威尔一样，他知道，如果先在空地上消灭敌军，敌人的城镇和堡垒就会迅速沦陷。但是，这种非正统的作战方法引起了同盟军中所有将军和王子们的怀疑、犹豫和恐慌，除了欧根亲王。这种想法还遇到了随荷兰军队一同前来的绝大多数的文官代表和将军们的反对。他们是来监视马尔伯勒的，以防他过快地消耗他们宝贵的兵力，他们刚处于马尔伯勒的指挥下。

荷兰人对其来自欧洲所有新教国家的纪律严明、报酬丰厚的雇佣大军的态度，如同一个谨慎的商人对他所投资的股票的态度一般。这些昂贵的军团绝不能在战斗中冒险。从沉默者威廉第一次被西班牙人打败到威廉三世在兰登和施泰因柯克的失败，荷兰的军事历史充满了失败。因此，这种冒险在谨慎的荷兰人心中是被质疑的。荷兰的一位伟大士兵——拿骚的莫里斯在100年前就教给了他们不流血的战略，即把掩护围攻作为军队在战场上的主要用途。如果说路易十四有杰出的军事工程师沃邦（Vauban），那么荷兰人则有沃邦的对

手科霍恩（Cohorn），两人在1702年仍然活跃。 232

当马尔伯勒指出以每年成功围攻几次的速度收复西属尼德兰意味着另一场三十年战争时，只有荷兰大议长海因修斯部分地看到了马尔伯勒计划的威力。路易十四控制着意大利、西班牙、荷兰和德意志的部分地区，同盟军只有在把他从这些地方赶出去之后，才能以不可避免的消耗战结束这场战争。因此，马尔伯勒的冒险打法是拯救欧洲的唯一希望。欧洲的自由，正如在上一次战争中一样，无法不受法国侵犯，现在，必须从已经取得胜利的敌人那里夺回失去的自由。

（见后文附录C“那时的战争和现在的战争”）

第十一章 莱茵河战事

233 欧洲麻烦的主要原因在于法国的政治统一，而非德意志和意大利在政治层面的不存在。所谓的“德意志”不过是由几百个邦国组成的一片区域，其中许多公国的面积相当于一个英格兰贵族的庄园。除了即将加入法国一方的巴伐利亚，只有奥地利和勃兰登堡-普鲁士这两个说德语的国家拥有庞大且强大的军队，但它们距离法国东部非常遥远，要走很远的路才能到法国边境作战。

而且，奥地利分身乏术，长期身陷与土耳其人、波兰人和瑞典人之间的冲突和假想的冲突中，饱受不断恶化的匈牙利叛乱的折磨。然而，意大利地区反法战争的全部重担却落在了奥地利空空如也的财政和混乱无序的军队身上，直到1703年底萨伏依从法国的事业中叛离。刚开始在西班牙作战的英格兰和荷兰，从未向意大利派遣过军队，他们在1702年春天全身心地投入到保护荷兰领土不受入侵的战斗中。

在这种情况下，莱茵河的战争主要靠领土较小的德意志诸侯的军队，奥地利的军队还在匈牙利和意大利作战，而英格兰和荷兰的
234 军队也在临近处作战。因此，德意志诸侯的态度至关重要。

当时的德意志人所知的唯一政治联盟就是著名的神圣罗马帝国，这是一个由君主国家组成的松散联盟，其皇帝是不受欢迎的“主

席”。神圣罗马帝国皇帝利奥波德的真正权力在于，他同时是奥地利在东方领土的世袭统治者，那里是可以廉价招募军队的天堂。不过，哈布斯堡家族在多瑙河下游地区的世袭地位使德意志邦国的亲王们无比嫉妒地认为，皇帝凌驾于其他邦国之上。神圣罗马帝国被划分为不同的“地区”——威斯特伐利亚、施瓦本、弗兰肯、莱茵河上、下游以及其他六个地区。每一个地区都在议会中辩论，在已经开始的奥地利和法国之间的战争中是应该保持中立还是站在某一方。路易十四的追随者认为，西班牙王位继承问题是哈布斯堡家族和波旁家族之间的私人争吵，如果神圣罗马帝国参与奥地利的争吵，它将成为奥地利的囚徒。利奥波德回答说，支持帝国是每个邦国的责任，神圣罗马帝国在意大利，特别是在米兰的领地被不正当地占领，帝国在尼德兰的领土也被法国侵占，路易的权力威胁着每一个德意志诸侯的独立。[218]

1701年，这些地区在响应利奥波德的号召时犹豫不决。每个诸侯都在观望，看新形势会如何影响自己。但在1701—1702年的冬季和春季，英格兰和荷兰的决定性行动、他们向正在战斗的诸侯提供的补贴以及德意志人对法国外交官和士兵的傲慢无礼日益产生的厌恶和恐惧，使最核心的几位诸侯加入了大同盟。

其中最重要的是勃兰登堡选帝侯腓特烈，他的家族历来忠于欧洲的新教和反法事业，他本人则因其崭新的普鲁士国王头衔得到承认而感到欣慰。这个头衔是他从不情愿的皇帝利奥波德那里夺来的，作为他结盟参战的回报。海上强国很乐意地承认了他的新王地位，235
并向他优秀的部队支付报酬。

汉诺威选帝侯乔治受到了他渴望继承英格兰王位的影响。他的邻居和亲戚，不伦瑞克-沃尔芬比特尔（Brunswick-Wolfenbüttel）

公爵安东尼·乌尔里克（Anthony Ulric），已经与路易结成联盟，并正在筹集军队去为路易作战。但在1702年3月，安东尼的邦国被他在汉诺威的表亲入侵，沃尔芬比特尔迫于军事压力也加入了大同盟。[219]

在北德中心地带针对法国阴谋的这一迅速行动抵消了科隆和列日主教选帝侯叛变带来的负面影响，他曾成功邀请法国军队进入自己的领土。①

主教的兄弟是巴伐利亚选帝侯马克斯·伊曼纽尔，他虽然以西属尼德兰总督的身份完全按照法国的利益行动，但作为德意志亲王，他仍然保持着中立。他还没有表态他将把巴伐利亚的军队投向哪一边，他的部队估计有45000人，在人数和战斗力上远比普鲁士分遣队对于盟军事业的贡献要大。马克斯·伊曼纽尔允许神圣罗马帝国军队穿过巴伐利亚领土，而且迟至1702年8月，他仍在与戈多尔芬及皇帝利奥波德谈判，尽管可能只是为了取悦他们，因为他提出的不再保持巴伐利亚中立地位并为帝国效力的条件是，必须在匈牙利或意大利平原上作战。[220]

马克斯·伊曼纽尔迟迟不向路易宣战，无论其动机是什么，都使得很多位于巴伐利亚和法国之间的领土较小的德意志诸侯在1702年春天加入了大同盟一方。美因茨和特里尔的选帝侯、黑森-卡塞尔（Hesse-Cassel）和黑森-达姆施塔特（Hesse-Darmstadt）的伯爵们、巴登侯爵刘易斯和帕拉丁选帝侯都上了战场，一支莱茵河地区的德意志军队诞生了。

莱茵河地区如此多诸侯积极地与荷兰和英格兰结盟使这一棘

---

① 见上文（边码）第156页。

手的事实凸显出来，即在凯撒斯韦特和波恩横跨莱茵河两边，阻 236
碍了荷兰与其在德意志西南部的盟友们沿着宽阔水道相连通的能力。因此，阿尔卑斯山以北战争的第一次行动，就是一支由普鲁士人、帕拉丁人和荷兰人组成的军队对凯撒斯韦特的围攻。

由布夫莱尔元帅带领的60000名法国精兵努力去解围，布夫莱尔把兵力部署在普鲁士国王的领地克利夫斯（Cleves）的克桑滕（Xanten）附近。

1702年5月

但凯撒斯韦特位于莱茵河东岸，法军不敢在荷兰和英格兰主力部队面前渡河。同盟军驻扎在克拉嫩堡（Kranenburg），监视着布夫莱尔，一方面是为了掩护对凯撒斯韦特的围攻，另一方面是为了保护通往荷兰领土的通道。在战役的早期阶段，他们的兵力还不到布夫莱尔军队的一半，当时马尔伯勒还在英格兰，正在平稳过渡新统治的政治安排。他不在的时候，同盟军由阿思隆伯爵指挥，他是威廉的一位荷兰将军，在英格兰历史上以欣克尔（Ginkel）之名闻名，他在博因河战役之后完成了对爱尔兰的征服。

布夫莱尔认为，解除同盟军对凯撒斯韦特围困的最好办法是沿着莱茵河和瓦尔阿（Waal）入侵荷兰领土，路易十四的军队曾在1672年沿着这条线路进入荷兰。阿思隆的侦察员发给他的情报有误，导致阿思隆解除了戒备。

1702年6月10日（新历）

布夫莱尔从克桑滕向奈梅亨发起突击。如果当时他能在阿思隆的后方夺取它，就能切断英格兰和荷兰军队与它们的基地的联系，继而荷兰就会暴露在入侵者面前。阿思隆从克拉嫩堡全速撤退，正好在布夫莱尔军队的前锋到来之前抵达奈梅亨。在镇外的后卫战中，英格兰军队第一次在这场战争中交战，并顺利通过了严酷的考验。[1]

237 如果法军的这次打击没有因这点闪失而失败，那可能会对大同盟的事业带来重创。但是，差之毫厘，谬以千里。荷兰是安全的，尽管它被吓得不轻。几天后，凯撒斯韦特被攻陷。同盟军得到了大量的增援力量。最后很重要的一点是，马尔伯勒终于来到了这里，接过了指挥权。

马尔伯勒在战争中写给萨拉的许多信件中，第一封注定要让人们惊叹，这竟出自马尔伯勒之手！那是在5月中旬的一个早晨写的，当时他在船上看着马盖特的海岸线正从视线中消失：

无法表达当我在水边与你分离时怀有的沉痛心情。我本可以用我的生命换取回来，即便我深知自己的弱点让我不敢如此，因为我知道我应该将自己置于同伴之中。我曾用望远镜盯着悬崖峭壁看了很久很久，希望能看到你的身影。如果你能理解我现在的感受，你就会努力对我随和，我会为此高兴至极。

她不是一直对他“随和”吗？在这一点上，萨拉对后人保守了秘密，在萨拉的要求下，马尔伯勒一看完她的信就得马上烧掉。但在萨拉为了满足人类好奇心而写的《她的行为说明》（*Account of her Conduct*）中，她轻易地暴露了自己和她的朋友女王以及她们最亲密的友谊。她仅对她丈夫及他们的关系用沉默的方式去表达尊敬。

---

① 按照当时在场的帕克上校的说法，“如果布夫莱尔赢得了这场战斗的话，我们这支小部队中一个人都逃不掉，所有人不是被杀就是被俘。”与此同时，奈梅亨也一定会落入他们的手里，为他们打开通往荷兰腹地的道路。Parker, p. 64.

马尔伯勒在海牙被耽搁了几个星期，在海因修斯的不懈努力下，才最终达成一致，即马尔伯勒还应该拥有荷兰和其他盟国的军队的指挥权。①很多荷兰将军都不愿意接受他的领导。阿思隆在他的许多同胞的支持下渴望得到这个职位，并对这位英格兰人晋升为他的上司懊恼不已。必须记住，马尔伯勒作为一名军人的名声在欧洲还没有打响，他在1702年余下的短暂战役中才首次取得了声望。在1702 238
年底，阿思隆以令人钦佩的宽宏大量表示："这次战役完全归功于这位无可比拟的首领，因为作为第二指挥的我在所有情况下都反对他的意见和提议。"马尔伯勒最引人注目的胜利之一是收服了阿思隆将军。[221]

1702年7月2日（新历）

7月初，战斗季差不多已过了一半，马尔伯勒抵达前线，在克拉嫩堡接管了一支军队，其规模差不多和布夫莱尔的军队一样，大约有60000人，其中12000人是英格兰人。他的第一个目标是设法调离驻扎在布夫莱尔已经占领的在莱茵河和马斯河下游之间坚固阵地上的法国野战军。那个阵地处在克利夫斯和科隆的土地上，布夫莱尔在那里的存在是对荷兰的一种威胁，其居民从1672年起就一直生活在被从东边顺着宽阔水域而来的法军入侵的恐惧中。除非把法国人从该地区赶走，否则荷兰人绝不会同意对西属尼德兰采取任何重大行动。[222]只要布夫莱尔还在克利夫斯，同盟军就会处于防守状态，而只要路易能把同盟军队限制在防守状态，路易就会成为战争的胜利者。路易是占领者，只需要保住他已经占有的领土，就能成为胜利者。除非盟军能够采取攻势，否则盟军根本就没有必要来打仗。

---

① 见上文（边码）第166页。

马尔伯勒意识到了这一切，他看到了补救的办法。如果他在格雷夫渡过马斯河，并在河的西侧大胆向南进军，那么法军就会被迫从马斯河和莱茵河之间的土地上撤离，并飞奔回巢以保住西属尼德兰。布夫莱尔在克利夫斯的前哨地的软肋在于其交通。他的补给来自布拉班特和列日主教区；这两个地方已经受到位于马斯特里赫特的荷兰驻军的威胁和限制，因此，如果马尔伯勒从格雷夫向南行进，他就可以切断法军的食物补给线。

这一分析简单又明确。然而，马尔伯勒难以说服阿思隆和联省
239 共和国的大将军们允许他南进。他们担心，如果他向南前进，布夫莱尔会再次扑向奈梅亨。马尔伯勒不得不花三周宝贵的时间持续与海牙通信。他劝说盟国，要使荷兰在这场战争余下的时间里不用再担心受到攻击，唯一的办法就是向南采取攻势，从而迫使布夫莱尔永远地撤退到西属布拉班特。“很快，”他说，“我就会把你从这些麻烦的邻居那里解救出来。”

最终，他获得了许可。在格雷夫附近渡过马斯河，马尔伯勒向南穿过荷属布拉班特的沼泽和荒地，进入列日主教区。[①]他所预言的结果很快就出现了。布夫莱尔从克利夫斯和科隆的领土上匆忙撤退，

1702年7月26日（新历）

这些地方在余下的战争期间再也没有被法国野战军侵占过。就这样，不费一枪一弹，马尔伯勒就取得了巨大的成功。“我们的行军已经取得了预期的效果，”马尔伯勒在写给戈多尔芬的信中说，“在此渡过了马斯河，如果我们早一点这样做，情况就会好更多。”

---

① 如果荷兰人同意了的话，他就会向西转向，并且入侵西班牙的布拉班特，震慑布鲁塞尔。但事实证明，这一提议过于大胆，无法取得他们的同意。

1702年8月2日（新历）

布夫莱尔有充分的理由着急：为了到达他在西属布拉班特的防线，他就必须正面穿过马尔伯勒正在前进的军队。当法军仓促地从布雷强行向索霍文前进时，他们会在佩尔开阔的荒地上被抓住侧翼，他们还会在必然导致他们彻底失败的条件下被攻击。但是，就在马尔伯勒正要投入战斗时，荷兰战地代表们阻止了他。人们可能会怀疑，是否有人经历过刺骨的沮丧。但马尔伯勒没有任何恼怒的迹象，而是邀请代表们和他一起骑马前进，“看看敌人是如何越过荒原的，代表们和大多数将军都这样做了，随后便看到敌人在可以想象得到的极度混乱和无序中匆匆走过。在这一点上，他们都承认，他们失去了一个给敌人致命一击的恰当机会”。即便如此，才过了一天，他们又拒绝允许马尔伯勒 240
在索霍文攻击法军。这个位置是法军非常糟糕的一个选择，以至于当时最杰出的法国将领贝里克宣称，如果遭遇同盟军攻击，他们一定会被彻底摧毁。[223]就这样，布夫莱尔两次幸运地逃到了西属布拉班特，他在那里得到了支援。

1702年8月23日（新历）

两个星期后，马尔伯勒再次通过巧妙的调遣，将法军引到靠近海尔赫特伦（Helchteren）的同一地区的荒原上的打击距离内。这一次，荷兰将军奥普丹（Opdam）以地面沼泽为借口，拒绝发起进攻。第二天则轮到荷兰战地代表们拯救法国人了，他们也禁止发起前一天已经由奥普丹通过不服从命令而拦下的那场进攻。

1702年8月27日（新历）

这时，即使是马尔伯勒也要发脾气了。他的秘书卡多内尔将他描述为“失去了幽默感”。[224]然而，即使是这个时候，他也能从海尔赫特伦给戈多尔芬写信：

> 我相信我们本该很容易地取得胜利，因为他们（法军）的整个左翼都处于混乱状态。然而，为了女王陛下的利益，我想还是不要在意这一点，你可以从我给荷兰议会的信中看到。当我（向奥普丹）发出命令时，里弗斯勋爵和几乎所有的将领都站在我这一边，因此，尽管我小心翼翼地阻止他们，他们还是在为我说话。

荷兰人和英格兰人之间的情绪飙升，双方濒临破裂的关系只是通过马尔伯勒巧妙管理大同盟的直觉才被阻止，他把这种管理作为军事技艺的一个重要部分来实践。

8月，马尔伯勒曾四次被荷兰将军或战地代表们阻止出战，在当时的条件下，盟军本可以在1702年就重新征服西属尼德兰，而不用等到拉米伊战役后的四年。在拉米伊，法军被拖到自己选择的土地上，所处条件对盟军的有利程度，远不如法军在列日北部的荒地上为盟军带来的便利程度。时间自会报复。在拉米伊战役和《乌得勒支和约》之间，荷兰人对英格兰辉格党与托利党对待他们的方式、
241 对战争的拖延与实现和平的条件怨声载道。但是，如果他们允许马尔伯勒在更早的阶段赢得战争，荷兰人可能会在温和的托利党的帮助下，在荷兰因资源耗尽而沦为英格兰各派的玩物之前，获得一个“有利的和平”。

因此，同盟军并没有允许马尔伯勒在他的第一场战役中就去征服西属布拉班特与佛兰德斯。不过，他在那年秋天抽出时间去削弱了马斯河谷的要塞城镇。当着无力阻止同盟军行动的布夫莱尔的面，马尔伯勒完成了对芬洛（Venloo）、鲁尔蒙德（Ruremond）、斯蒂芬斯韦特（Stevenssweert）以及列日的围攻。

英军在9月攻占芬洛时赢得了绝佳声誉。芬洛位于马斯河的东岸，但到达这里的关键则是位于西岸的圣米歇尔（St. Michael）。圣米歇尔是一座精心设计的规模较小的土质堡垒；如今在河边的草地上仍然可以看到它的痕迹。它完全可以挺住围攻者一连数日的行动。但是，1500名服从于卡茨勋爵命令的英军，准备攻打城堡的外部堡垒。卡茨的绰号是“火蜥蜴”，火是能代表他的元素。这些人违背了所有常规围攻的规则，缩短了进程，将防御者从一个哨位追逐到另一个哨位，直到占领整个要塞。参加了这次令人难忘的追逐战的帕克上尉留下了他的评论：

1702年9月18日（新历）

就这样，卡茨勋爵不负责任的命令被不负责任地执行了，当我们反思自己的所作所为时，全军甚至我们自己都非常惊讶。然而，如果不是发生了一些意外，我们中没有一个人能够逃脱。特别是，当我们已经到达木桥的时候，如果那个军官像他本应做的那样，把松动的木板拉到他身后，我们肯定都会掉进水深十英尺的护城河里。再有，当我们通过了120英尺长的桥，爬上了城堡外的矮墙，如果草皮下的防御工事有6英尺或8英尺的石头或砖头（我们的现代防御工事总是这样做的），或者看管人像他本应做的那样，把我们借以爬上去的草割掉，那么我们的命运会是怎样的呢？但一切都很幸运，卡茨勋爵的命令获得了成功。[225]

有可能是卡茨勋爵冷静地判断了机会及其中存在的风险，他比 242
军队中的任何一个人都更了解突击队。卡茨年轻时就已经是第一个将帝国主义的旗帜插在布达（Buda）城墙上的人。他曾在博因河、利默里克、施泰因柯克、布雷斯特、那慕尔战役中为威廉效力，总是冲在进攻队伍的最前面，并一次又一次地受伤。“高大、健壮、体形匀称，是一个令人愉快的伙伴，有丰富的智慧，和蔼可亲，但过于虚荣和自负”，这位“火蜥蜴”总是出现在公众面前，而且总是欠债。他是一位诗人，也是一位机智的人，是迪基·斯蒂尔（Dicky Steele）众多的朋友之一，也是斯威夫特众多的敌人之一；是剑桥的一位绅士，五次担任郡议员，他似乎和彼得伯勒本人一样，是伊丽莎白时代的人物；但他的职业让他更是一位军人。

接下来，鲁尔蒙德和斯蒂芬斯韦特相继沦陷，这样，马斯河直通荷兰外围城市马斯特里赫特的整个水路都掌握在了同盟军手中。马尔伯勒仍然不满足，他延长了战争的季节，进攻列日。他受到该城居民的欢迎，列日居民不像昆廷·德沃德时代那样对其主教充满了爱。但邻近城市的山丘上矗立着城堡，城堡外围是一大片表面砌着砖头的令人生畏的堡垒，其仍然保持着马尔伯勒围攻它们时的样子。马尔伯勒在五天内攻破了堡垒防线，并于10月23日占领城堡。

243 第一次战役到此结束。马尔伯勒从他开辟的马斯河水道回到了海牙。这差点让他付出了昂贵的代价。古勒德是一个与法国人结盟的城镇，来自这里的一支非正规军突击队，吓到了在夜间沿河滑行的船上的马尔伯勒。按照这个时代的骑士风俗，将军们需要向他们的对手展示通行证。马尔伯勒没有通行证，他的仆人斯蒂芬·盖尔在黑暗中把一本法国通行证塞到了他手里，那是为他的兄弟查尔斯·丘吉尔将军制作的。马尔伯勒面无表情地把它交给了抓他的人。后者在黑暗中没有认出他，在掠夺了船只并确保随行卫队的安全后，放他通行。马尔伯勒被俘的谣言传到国外，法国为之喜悦，荷兰为之惊愕。当马尔伯勒安全抵达海牙时，所有人带着欢呼声和喜悦的泪水来迎接他。他赢得了荷兰人民的心，无论他们的一些统治者怎么想，他们都承认这位英格兰贵族将他们从法国人手中拯救了出来。马尔伯勒给了斯蒂芬·盖尔每年50英镑的津贴。[226]

1702年马尔伯勒的战果可以总结为，法国人被驱逐出马斯河和莱茵河下游的河谷。从列日往下的马斯河航运都掌握在同盟军手中。在莱茵河下游，只有波恩还被法国人占领，这个孤立的据点在第二年也被削弱了。在那个道路不畅的年代，对将士们来说，水路就像今天的铁路一样重要。两年之后，盟军在多瑙河上的进军，完全得益于1702年的胜利——扫清了盟军在莱茵河和马斯河流域行动的障碍，并使荷兰人不再担心会受到来自该地区的入侵。此外，列日和科隆的主教选帝侯因背弃神圣罗马帝国的事业而受到了明显的惩罚：他失去了这两个地方，那里由牧师会代表的立宪派欢迎同盟军的到来。同盟国的外交声誉在非常需要这种鼓励的时候得到了提高。这一年，盟军在意大利和莱茵河上游的战役获得了小小的成功，此外 244
同盟军还占领了兰道以及欧根亲王在卢扎拉（Luzzara）险胜——如果它可以称作胜利的话。9月，巴伐利亚在莱茵河德意志诸侯们军队的后方为法国而战，这威胁到大同盟的组成。

1702年夏天，巴伐利亚选帝侯与英格兰和奥地利的谈判，很可能是为了转移英奥对其真正意图的注意力，或者是为了提高巴伐利亚选帝侯与法国谈判的筹码。[①] 自春季以来，巴伐利亚选帝侯不断地从路易那里获得补助，而路易已经对其迟迟不肯露出真面目越来越没有耐心。但巴伐利亚选帝侯马克斯·伊曼纽尔坦率地向路易表示，他不会冒险在德意志的心脏地带藐视德意志的事业，除非路易向他

---

① 见上文（边码）第235页。

做出承诺，如果法军取得胜利，路易要给予自己切实的回报。巴伐利亚选帝侯的要求是大量增加巴伐利亚的领土，他还要获得帝国的荣誉，哈布斯堡家族将被废黜，由巴伐利亚取代奥地利的领导地位，神圣罗马帝国将在维特尔斯巴赫家族的领导下重建。但实际上，巴伐利亚领导的神圣罗马帝国将成为法国的一个保护国。马克斯·伊曼纽尔的信件表明，他想让德意志臣服于法国，以满足路易的个人野心。这个计划确实是拿破仑式的，但对欧洲来说，幸运的是，拿破仑式的天才并不在阴谋家一边。[227]

通过与巴伐利亚的联盟，路易得以从防守转向进攻。他不再需要把自己的野心局限于把整个西班牙帝国作为自己的囊中之物；他可以穿越中欧，通过摧毁哈布斯堡家族来结束几个世纪以来的竞争。他可以把奥地利从德意志的领导地位上拉下来，并扶持一名法国的附庸。在军事上，维也纳将处于两难境地，匈牙利人已经从东面敲开了维也纳的大门，现在，法国人和巴伐利亚人将从西面向它进军。

245 以上将是明年的战役。敌军在1702年秋天所要做的是，在巴伐利亚和法国军队之间建立连接，其要足以防止神圣罗马帝国的军队征服这个反叛的德意志国家。这一点在9月得以实现，当马尔伯勒正在削弱马斯河上的堡垒时，巴伐利亚军队出人意料地袭击了其德意志邻国的领土。他们用一个老套的把戏夺取了帝国自由之都乌尔姆（Ulm）。该计划由巴伐利亚军官巧妙地执行，他们伪装成农民进入城中，制服了市镇守卫，随后向他们在外面的同胞打开大门。从公民传统和感情来看，乌尔姆是多瑙河上游的一个新教前哨阵地，强烈反对法国的野心和巴伐利亚的阴谋。但现在，在军事压力下，它变成了一个武装阵地，装备精良的巴伐

1702年9月8日

利亚军队可以在这里等待法国军队从阿尔萨斯来会合。在乌尔姆和阿尔萨斯之间是黑森林的松软山地，但盟军没有充分保护穿越黑森林的路线。法国和巴伐利亚之间的某种联络在那个秋天建立起来了。面对这一事实，同盟军对兰道的占领已无足轻重。因为，一条明年将导致维也纳沦陷的通道已经被建立起来。[228]

第十二章　皇家海军与地中海战事

246　当西班牙王位继承战争开始时，许多人认为，海洋的控制权随着查理二世帝国一起转移到了法国的手中。最近，向英格兰和所有国家开放商业活动的地中海，已经成为法国的一个内湖，西班牙和那不勒斯王国的港口和岛屿，都被路易和他孙子的士兵占领了。法国军队已经来到那不勒斯，在那里与当地居民发生争吵。来自土伦的法国舰队在这一片内陆海的海岸线巡逻，没有受到质疑。托斯卡纳、萨伏依和教皇都顺从于路易，虽然威尼斯是中立的，但它实在是太没有力量了，以至于大胆的法国舰长福尔班（Forbin）跑到马拉莫科（Malamocco）港，在威尼斯船只中间烧毁了一艘英格兰船只。在这种情况下，许多英格兰人谈及自己在土耳其和黎凡特的贸易时，就像是这些贸易已经终止了一样。[229]西属美洲已经正式停止了对所有国家的商业活动，只有一家法国公司例外，一支由卢塞乐元帅（Châteaurenault）指挥的庞大的法国舰队，正在西印度群岛巡航以执行禁运。

但如果我们把目光投向战争结束后的十年，事情就会呈现出非常不同的面貌。就像纳尔逊在尼罗河战役之后所做的一样，安妮女王的海军将领们正在地中海维持秩序，依托于他们自己坚不可摧的直布罗陀和马翁港基地。葡萄牙、意大利、土耳其和北非的港口，

都在同盟国或友好国家的手中。1704年在马拉加（Malaga）附近的 247
行动，是法国国家舰队最后一次冒险与英格兰人交锋；三年后，它在土伦港被摧毁。马拉加行动之后，打击商业活动成为海上的唯一敌对活动。西属美洲贸易被法国夺走，到《乌得勒支和约》签订时则被正式分给一家英格兰公司。用马汉（Mahan）上将①的话说："1711年英格兰提出的作为和平条件的要求表明，英格兰已经成为一个最纯粹意义上的海洋强国，不仅在事实上，而且在英格兰自己的意识中。"

在安妮女王统治期间，最终在争夺海权的过程中被甩在了后面的，不是只有敌人法国，还有盟友荷兰。在德维特时代，荷兰共和国几乎没有陆地上的防御能力，却可以与英法同盟的海军公平对抗②。从马尔伯勒领导的战争开始，荷兰的陆军力量上升到8万人。这支强大的荷兰军队一直保持到战争结束，但荷兰舰队却从1702年的55艘战舰缩减到1711年的40艘。对荷兰和法国来说，保护自身陆地边界的财政压力都很沉重，这注定了两国海军的厄运。荷兰成为英格兰的依附者，把海上安全寄托在英格兰的实力和诚意上。在战争即将结束时，托利党人对荷兰海军代表团的拒绝，成为国外外交抱怨和国内政治骚动的主题，但是，海上再无竞争对手将会极具有利于英格兰。联省共和国的政治家们在为他们的失职行为开脱时指出，英格兰有无比巨大的商业利益需要维护，特别是在地中海地区——三十年前，任何一个荷兰人都不会说出这样的看法。[230]

英国在随后两百年时间里一直保持着海军和商业霸主的地位，

① 原文如此，故保留。马汉指《海权论》的作者，其军衔为海军少将。——译者注

② 法荷战争时期，英法结成联盟。——译者注

将其看作安妮女王统治时期最重要的成就也不无道理。但它在英格
兰流行传统中很少被注意到，因为它没有像无敌舰队、拉霍格或特
拉法尔加那样激动人心的名字，也没有像德雷克、布莱克或纳尔逊
248 那样无与伦比的海员参与其中。即使是为安妮女王赢得并保住了直
布罗陀的英雄主义，也在后来艾略特对直布罗陀的保卫战下相形
见绌。

这场伟大而无声的海权革命，是通过马尔伯勒在欧洲大陆的战斗和外交的胜利实现的；是通过在法国和荷兰被迫解除海上武装的时候，英格兰参战海军保持全盛状态而完成的；还是通过在地中海实行两栖作战的明智战略实现的，那是克伦威尔梦想的、威廉构想的、马尔伯勒实施的①——其执行者是鲁克、利克、肖维尔和宾这样杰出的海员代表。正是因为马尔伯勒把海战看作同盟国对抗路易的整个战争的一个组成部分，英格兰才得以在此基础上于1702—1712年建立起此后没有任何敌人能够将其赶超的海上力量。

如果说建立陆军的想法是不受欢迎的，那么对海军则没有相应的偏见。两个政党都赞成建立一支强大的海军舰队。人们认为，身着红色外套的陆军威胁着英格兰的自由，身着蓝色夹克的海军则保护着它。一首流行于17世纪的歌曲反映了这种感觉：

> 我不关心你们这些被国家唾弃的陆军好斗之人，
> 但我关心你们这些被国家看重的水手小伙子。

骑士党的后代们对新模范军和所有陆军士兵都心怀怨恨，但对

---

① 见上文（边码）第119页，以及*Corbett*，Ⅱ，*passim*，*e. g.*，pp. 471–474。

布莱克的舰队没有怨恨，这支舰队保卫了弑君者的共和国，并依次赶走了鲁伯特的私掠者、荷兰人和西班牙人。因此，当1698年议会决定将和平时期英格兰的陆军削减到7000人时，舰队则一直维持在15000人的水平上，并有相应数量的精良船舰在役。当战争再次爆发时，海军没有像陆军那样需要从头开始。威廉去世前的几周，下议院投票决定，在重新进入敌对关系的第一年，海员人数应增加到40000人。

海军作为两军中更重要的部门，也享有陆军所没有的权利，其 249
可以在战时强行抓捕英格兰任何地方的居民作为皇家海军的船员。忠诚的公民被拦截、被打倒、被戴着镣铐押送到海上为女王服务，这种景象与英格兰政体主张的自由和法律精神很不相符。针对贸易中断的抱怨声更大了，因为，准备离港的商船队经常因海军强索海员而失去许多船员，以至于无法起航。像伯切特（Burchett）这样的海军部官员提出了公正和科学的海军征兵要求，他是佩皮斯传统在后革命时期的继承者。但在安妮时代，要进行大规模的行政改革并不容易。高效的公务员队伍还不够庞大，无法完成为全国编制海员登记册的初始任务。由于大家都同意在战时必须为海军配备人员，强制征兵的弊端及其专制和杂乱无章的方法，就一直从鲁克、肖维尔和利克的时代持续到了纳尔逊的时代。[231]

1702年的海军战役是在美洲和西班牙这两个遥远的战场上进行的。每场战役都成为长期留存于大众传统中的一个戏剧性事件的场景——本博的最后一次航行和维哥湾的大火。西班牙运宝船横跨大西洋的线路将它们联系在一起，令这一年的海上行动有了某种统一性。

在整个1701年，对即将到来的战争的期待让欧洲的政治家们无法入睡，也使美洲的种植园主和边远地区的居民感到不安。法国和西班牙第一次作为盟友团结起来，与他们发生战争的可能使得从巴巴多斯到哈德孙湾的每一个讲英语的家庭都惊恐不已。其中最焦虑的人是身处富饶的西印度群岛的英格兰人，他们散布在这个仍带有浓重西班牙和法国色彩的群岛中。在过去一代人多的时间里，来自英格兰殖民地的海盗们以商人或抢劫者的角色与岛上及西班牙裔美
250 洲人打交道。如果来自欧洲的法国舰队和军队现在站在西班牙一边，那么走私贸易可能会被叫停，摩根和夏普的掠夺行为也将不幸地报应到其同胞们身上。

本博上将是一个粗犷而忠诚的“桃浦林”（tarpaulin）①，在船舱里比在甲板上更受欢迎，他熟悉西印度殖民地的情况。1701年夏天，他再次被威廉国王派去那里，和一个分遣中队一起在背风群岛和牙买加附近巡航，看看是否有事发生。他的到来起初受到英格兰殖民者的热烈欢迎。但是当1702年1月，法国卢赛乐元帅带着40艘战舰——其中大部分是顶级战舰——抵达马提尼克（Martinique）时，本博的中队被远远地甩在了后面。卢塞乐元帅只是在等待对巴巴多斯和英属背风群岛宣战的命令。本博把他的基地设在牙买加的罗亚尔港，他的人在那里生病并迅速死亡。他向国务大臣报告说：“我们欧洲人中，只有不足1/3的人能在这里生存12个月。”并且，法国舰队也和英格兰舰队一样，都因疾病而快速损兵折将。

1702年7月，在花了两个月的时间穿越大西洋后，宣战的消息终于传来了。对背风群岛的英格兰种植园主来说，幸运的是，法国

---

① 桃浦林，水手的一种，他们通常出身低微，通过自己的努力才得到很高的地位。——译者注

海军上将在此之前已经西行到古巴和韦拉克鲁斯（Vera Cruz），并没有侵犯英格兰毫无防备的殖民地。另一项更紧急的任务把他召回了。西班牙人在两个半球都很少有能够出海的战舰，但他们有一支由武装宝船组成的舰队，准备从韦拉克鲁斯起航。如果有法国的战舰护航，它们可以安全地出发前往西班牙。卢塞乐元帅费尽周折说服了多疑的西班牙人允许他掌管宝船，并在7月中旬，带着由30艘战船保卫的宝船，起航前往欧洲。这就像是一个移动的磁场一样吸引着全世界航海家的想象。本博没有力量去攻击这样一支舰队，他向国内发出了敌人已经出发的消息，这个消息让白厅和朴次茅斯的鸽子笼里飘荡着西班牙黄金的幻影，而这一幻影立刻开始对英格兰在欧洲的海军战略施以魔法。

本博带着他的小中队留在了西印度群岛，忙于一项更平凡的任 252
务。卢塞乐元帅——本博这位忠诚的英格兰海军上将把他的名字拼成沙托诺（Shatternoe）——已经详细计划，由迪卡斯（Ducasse）领导的一支分遣舰队航行至卡塔赫纳（Carthagena）和贝罗港（Porto Bello），在那里建立目前享有奴隶贸易权利的法国公司，[1]并“摧毁英格兰和荷兰在该海岸的贸易”。本博认为，敌人绝不能到卡塔赫纳办这种差事。他离开位于罗亚尔港的基地，在圣玛尔塔（Santa Marta）附近与敌人相遇，并在敌人沿着西班牙主航道向西航行时，立即与对方展开一场激烈的战斗。

1702年8月19日（旧历）

英格兰的中队，全部算上的话，比对方多出一百二十多门炮。如果双方都差不多同等地投入战斗的话，迪卡斯是注定要失败的，

① 见上文（边码）第139页。

因为英格兰船上的普通海员们都渴望着战斗。不幸的是，英格兰七位舰长中的四位持有不同的想法。旗舰“布雷达”（Bredah）号、英勇的小“鲁比”（Ruby）号以及“法尔茅斯”（Falmouth）号履行了他们的职责，其他四位拒绝听从本博发出的行动信号。在六天的时间里，他们大部分时间都跟随在几英里之外，眼睁睁地看着他们的海军上将及其随从们在逆境中坚持战斗——敌人仍然在竭力逃跑。

事实上，有一次，“挑战”（Defiance）号的柯比舰长发现自己与敌人近在咫尺，即使如此，他也拒绝开火，因为，就像他后来向军事法庭吹嘘的那样，他说法国人对他实在是过于尊敬而不会向他开火。他的船员报告说，当时的柯比舰长因恐惧而“躲在桅杆后面，一听到枪声就倒在甲板上”。至少有一些舰长是有勇气的，因此人们普遍推测，他们的不服从是出于对本博的个人怨恨而进行的阴谋活动。尽管没有确切的证据，但有人说，本博曾在牙买加对他们恶言相向。但在行动中，他对他们的行为过于温和，而军事法庭的报
253 告没有对他们的行为做出解释，也没有对他们所谓的错误做出说明。这件事仍然存在某种神秘不解的因素。海军部的伯切特是一位称职的法官，也是本博的朋友，他指责本博没有把那些不听话的船长传唤到他的舰上并将他们逮捕。不管是对是错，他都没有冒险采取这种做法，大概是害怕进一步的背叛或弃逃。

1702 年 8 月 24 日（旧历）

最终，当这场奇怪的战斗进行到第六天的黎明时分，本博的“右腿被链弹打成碎片”。于是，他命令船上的木匠在后甲板为他装上一个支架，然后坐在那里指挥战斗，好像什么都没发生一样。当天晚些时候，柯比来到船上，甚至没有询问受伤的海军上将的健康状况，就要求立即停止这场他没有参与的战斗。本博没有逮捕他，而是把其他船长召集到“布

雷达”号上协商，所有人都跟着柯比签署了一份建议结束这场行动的文件。

于是，这支蒙受屈辱的中队回到了牙买加的罗亚尔港，本博立即让他手下的舰长们接受军事法庭的审判。柯比和韦德被判处死刑，并被押回英格兰执行，他们在普利茅斯湾的船上被枪决，因为女王拒绝赦免他们。在背叛者受到最终惩罚前的几个月，本博在牙买加去世。根据海军上将惠茨通（Whetstone）的报告，“他的腿从来没有恢复到健康状态，其症状由于他心中的不满而日益加剧，他陷入了一种忧郁状态，而这最终要了他的命”。[232]

1703年4月

有一些挽回错误的姿态。就像克兰默被火烧伤的手一样，老本博在后甲板的支架里结束了后人对他做了什么和没有做什么的仔细询问。在这场战争中，没有任何事件能在大众的想象中占据如此重要的地位，也没有任何事件能在酒馆的歌声中被传颂得比这更久：

柯比对韦德说：“我们要跑；我们要跑。”
柯比对韦德说：“我们要跑。
“因为我不看重耻辱，也不看重失去我的职位，
“但我不会面对敌人，也不会面对他的枪，也不会面对他的枪。”
勇敢的本博失去了双腿，他被链弹射中，他被链弹射中，
勇敢的本博失去了双腿，他被链弹射中。
勇敢的本博失去了双腿，但他带着残肢乞求，
“继续战斗吧，我的英格兰小伙子们”，这是我们的命运，这是我们的命运。
当外科医生为他包扎伤口时，他这样说，他这样说，

当外科医生为他包扎伤口时，他这样说：
“现在即刻把我的支架
“放在后甲板上，
“让我面对我的敌人，直到我死去，直到我死去。”

254 虽然这次行动的耻辱是我们海军史上最臭名昭著的，但在那个时期，它并不是仅有的此类事件。六年后，又是在西印度群岛，两位舰长在一次著名的行动中没有听从海军上将韦杰（Wager）的命令。他们被送上军事法庭并被处决，这被认为是“一个广受支持的判决”，因为关于他们行为的谈论“足以让任何真正的英格兰人感到担忧”。[233]

鉴于这些事实，我们必须耐心地阅读一个对英格兰最友好的证人——威尼斯大使莫塞尼戈（Mocenigo）的意见，尽管不能完全赞同他的主张。在本博战役四年以后，韦杰战役两年前，莫塞尼戈向他的共和国报告说，由于其人员和船只的数量，英格兰的海上力量应当被视为永远比法国强大。但他补充说，法国的海军组织得更好，有“更好的纪律和更多的军官”，所以“法国的船总是能打败同级别的英格兰的船”。最后一句话即使在当时也明显是不真实的，但它出自一位消息灵通的威尼斯驻伦敦外交官之口，这表明在世人的眼中，英格兰海军在质量上远不如其数量有名。克劳兹利·肖维尔爵士在1702年向国务大臣表达的观点，可能更接近真实的情况：

我们国家的不幸和恶习（海军上将写道）是认为自己比别人强，我认为这就是我们通常派出不足以执行我们计划的攻打规模太小的陆军的原因……我有时会看到，他们攻打、击败和追赶实力相同的敌人，而在海洋上，当实力对等时，却很少看到值得夸耀的胜利。

当时还不是纳尔逊的时代。[234]

就像它过去显示的那样，英格兰海军的弱点不在于士兵，而在 255
于一些军官。为安妮女王服务的优秀海军将领——鲁克、肖维尔、宾和利克——一直忙于消除这一弱点。他们取得了巨大的成功，以至于后人很难相信，斯图亚特王朝后期的英格兰海军军官们并没有在所有场合下都保持着他们在过去两百年里的模样。这个弊端与这个王朝不稳定的国家政治有一定关系。在威廉统治时期，詹姆士党在海军中有通信员，他们希望一部分军官产生不满情绪，尽管并不指望在船员中出现类似情况，正如他们所承认的那样。[235]事实上，詹姆士党的希望已经落空，但对潜在背叛行为的恐惧一直存在，成为影响士气的一个重要因素。很可能更为重要的是，那些一生都在海上航行的“桃浦林”型船长们与那些靠在宫廷或议会大厅里拉皮条而获得地位的绅士们之间的争执。双方争执的原因可追溯到德雷克航行的时代，但现在正在减少，因为，王国海军的每一位官员不久将成为绅士兼水手型人物，其需要从少年时代就开始接受如何成为一名海军的教育。

没有人说过不利于船员的话。尽管他们中的许多人被迫离开自己的行业和家庭，也尽管他们被糟糕的食物①和饮料毒害，毫无防备

① 1703—1704年1月，一名军需代理证实，他从“威廉国王去世的那个1月到去年11月的12个月里，砍了几头提供给海军的满是毛病和腐败气味的猪，当他砍的时候，那些气味扑面而来，令他呕吐，还流了鼻血。他看到，这些猪被用盐腌制后装起来”。从另一方面来看，克劳兹利·肖维尔爵士（一个值得信任的证人）证明1703年的舰队得到了很好的供应，“而且我从未听到过任何抱怨”。*H. of L. MSS.*, 1702–1704, pp. 270, 286. 无疑，供应的状况会发生一些变化。

地暴露在风暴和瘟疫之中，但他们的国家可以依靠他们持续且忠诚的服务、熟练的航海技术以及乐观的勇气。幸运的是，有资格指挥这些人的军官的比例正在增加。虽然按照现代的标准，普通水手被严重忽视和虐待，但他们对军官这个阶层整体并没有抵触之情，而且，相较海军体制更为规范的时代，那时的普通船员们相对比较容
256 易晋升为船长甚至海军上将。

在安妮时代的战争中，我们可以想到普通水手工作和战斗的场景。他们不穿任何制服，而是穿着五颜六色的宽松外衣；船长则身着蓝色大衣，戴着长长的假发和三角帽，有时在作战时还穿着铁甲。战舰在结构、尺寸和铜炮的重量上，与100年后纳尔逊的战舰基本相同。[236]

在战争时期，私掠船的重要性仅次于皇家海军。大量的战斗，特别是破坏敌人商业的战斗——在以后的时代将由国王的船只承担——是通过由英格兰政府授权的船只来完成，但这些船由私人资本装备和武装，这是一种既有利可图又爱国的冒险。议会通过了鼓励私掠者的新法律，允许他们在战争期间雇佣超出《航海条例》规定标准的更大比例的外国海员和外国建造的船只；允许他们占有所获得的全部战利品；还允许他们在极其宽松的条件下，在海关进口所捕获的货物以用于出售。在这样的鼓励下，私掠武装船扫荡了敌方海上商业活动。[237]

事实上，在这种体系中，有一些对公众的不利之处。私掠船上的纪律更为宽松，它宣扬通过快乐的冒险来获得财富，吸引人们从皇家海军和商船到它那里去。来自西印度的海军上将惠茨通抱怨说：“政府委托的私掠船已经弄走了我们的好一些人，即便我们用尽一切办法

来防止这类事。”一些私掠者没有仔细区分敌人的商船和中立国、同盟国或英格兰的商船，并在战争一结束就变成了普通的海盗。[238]

在这场战争中，正如在更现代的时代一样，除了私掠者，商人船队也不乏战斗精神。贸易船携带着枪支，在受到法国人的攻击时， 257
常常表现得非常出色。一位伦敦的船长在牙买加入港时，“带着比他的船员还多的俘虏”，他在出港的路上还打了两场仗。在同一海域，一艘利物浦小船的船员们挫败了敌人的一次进攻，他们用破瓶子砸向登船者的赤脚，并用火枪扫射甲板，从而打退了这场在人数上敌人占据优势的攻击。[239]

武装私掠活动虽然是英格兰海战的次要部分，却是当法国的战舰在布雷斯特和土伦受困时，在海战中的主要组成部分。在威廉国王的战争中，英格兰在拉霍格取得胜利后，让·巴特（Jean Bart）和其他法国私掠者一直是法国的海上英雄，而不是不幸的舰队司令。在法国反对安妮女王的战争中，情况也是如此。法国政府为他们的私人企业提供了大量的物质保障以对抗同盟国的商业，甚至将国王的船只也用于此目的。像福尔班和迪盖·特鲁安（Duguay-Tourin）这样成功的海盗，在凡尔赛宫受到了重用。福尔班成为路易十四的宠儿 个“普罗旺斯的意气风发”的人，他戏耍法国大臣们，这是被马尔伯勒击败的法国元帅们肯定不会冒险去做的。

对盟国的商人来说，敦刻尔克是一个恐怖的名字，这里紧扼英吉利海峡通道，有单独或以中队的形式航行的商业驱逐船只。有时，

1702—1703年

从这个港口出海的私掠船多达100艘。荷兰海军承担在北海巡逻的任务，目的是打击敦刻尔克私掠船，英格兰海军则守卫英吉利海峡以及伦敦和泰恩河之间的沿海贸易。在战争的第一年，纽卡斯尔的煤矿工人不得不等待运输船队，其没

有在约定时间内准备好，结果是贸易陷入混乱，煤炭在伦敦的价格上涨到令人望而却步的高度。[240]

奥斯坦德与敦刻尔克位于同一海岸线上，一直是敌人的基地，直到马尔伯勒在拉米伊战役拿下它。1702年，6艘法国战舰——它们的船桨在那片水域里是一道奇特的风景，利用平静的天气从奥斯坦
258 德划出，捕获了一艘拥有50门炮的荷兰战舰！圣马洛（St. Malo）也经常充斥着正在建造或修缮中的私掠船，以及被作为战利品运来的英格兰商船。[241]

在1702年和1708年之间，英格兰人损失了100艘商船。在同一时期，有175艘法国私掠船被击沉——相当于第一次世界大战中英国摧毁的德国潜艇的数字。在战争的后期，商船面临的危险基本上被解除了，商人们的抱怨在1708年后停止了。在1712年，英国船只清关的吨位比战争开始那年多了1/5，在保卫海上贸易的能力方面，比威廉的战争时有了显著的进步。[242]

东印度公司有自己的海军和陆军编制，没指望皇家海军出现在东部海域。但美洲殖民地的贸易在大多数情况下必须由女王的船只来保护。这项任务并不轻松，因为马提尼克岛是一个跨大西洋的敦刻尔克。从1702年开始，英格兰的中队一次又一次地被派去穿过纽芬兰湾的大雾以保护该海岸的渔业据点以及在这里作业的来自英格兰小港多塞特、德文和康沃尔的鳕鱼船队。纽芬兰湾的法国定居点，特别是普拉森舍（Placentia），比英格兰殖民者的那些定居点拥有更多人口、更强的防御和更多驻军，但英格兰在那里的殖民者们受到来自国内港口的渔船的嫉妒。尽管英格兰中队经常在这些水域巡航，但在战争的最初几年，法国人将英格兰人和殖民者在纽芬兰湾附近的渔船队削减到只剩和平时期的一小部分。[243]

尽管美洲殖民者积极地参与私掠活动，但没有为精心设计的护航制度或皇家海军的维护支付任何费用，而他们的贸易在战时主要依赖于皇家海军。这是旧殖民制度的第一个方面。第二个方面是，母国有权对殖民地的贸易和生产施加任何限制。旧殖民制度的第三个奇怪规定是，允许殖民者频繁地违反限制性法律。

尽管如此，英格兰在海上的主要努力并没有指向大西洋彼岸。259
皇家舰队主要在欧洲的西班牙海岸而非西属美洲大陆机动和战斗。

自在上一场战争（九年战争）中取得拉霍格战役胜利以来，不列颠岛不再受入侵威胁，英吉利海峡不再需要防御布雷斯特舰队，而只需要防御私掠者。英格兰和荷兰海军的力量可以被派到更远的战场。那么，它应该被派往哪里呢？马尔伯勒决定重启威廉在他生命最后一年制定的政策；先王认为，合适的战争开场是，将同盟军舰队派往西班牙，以鼓励葡萄牙加入同盟军，打开海峡，并通过夺取加的斯或直布罗陀来确保英格兰在地中海的制海权。

我们伟大的海军历史学家朱利安·科贝特指出，为了英格兰海权的利益，选择这种地中海战略是正确的，但它并没有得到普遍的认可。“蓝色海洋”（blue-water）派认为，英格兰与欧洲大陆的战争基本上没有关系，英格兰应该基于自身理由对敌人的殖民地及其美洲黄金供应地发动一场海洋战争。这一政策背后的动机是——至少在其更极端的形式下——他们对英格兰的盟国有多厌恶，就对英格兰的海军有多喜欢。那些憎恨荷兰人的人，无法忍受英格兰人在欧洲与他们并肩作战，或继续奥兰治·威廉政策的任何部分。罗切斯特和高教会派托利党的这种观点已经在1702年与温和托利党及马尔伯勒的战争计划发生了冲突。那是十年后斯威夫特在《盟国的行为》

（*Conduct of the Allies*）中宣扬的观点，他回顾了马尔伯勒赢得战争的方式并对其予以批评。

根据不同作家以不同形式提出的这些理论的基本要义，英格兰应该向欧洲大陆派遣极少的陆军或不派遣陆军，也不向地中海或西
260 班牙海岸派遣海军。英格兰应该把主要精力放在西印度群岛，阻止敌人的贸易，夺取敌人的殖民地，以及最重要的是，伏击来自巴拿马的西班牙运宝船。有人认为，如果这样做了，路易和菲利普很快就会因缺乏资金而不得不放弃在欧洲的战争。如果战争只针对西班牙国王，那么这个看法无疑是正确的。但是，法国在多大程度上依赖于西班牙运宝船的到来，这一点就真的很不好说了。在与威廉国王的战争中，法国并没有依赖它们，当时西班牙是法国的敌人，而不是它的盟友。马尔伯勒认为，路易本可以通过占领维也纳和海牙来充分弥补被英格兰俘获的西班牙运宝船和丢失的法国糖料群岛，路易也差点就得逞了，但最终因英格兰军队及将军在欧洲大陆的干预而未能如愿。可以肯定的是，如果没有马尔伯勒的将领和英格兰陆军的帮助，同盟军不可能把法国人赶出巴伐利亚和荷兰；如果没有英格兰的补贴和地中海的英格兰舰队帮助，同盟军也不可能把法国人赶出意大利。如果允许法国-西班牙的力量像后来的拿破仑的力量一样主宰欧洲，那么英格兰的海权就不可能在自私的孤立中生存太久，无论我们同时在大西洋之外夺得多少殖民地。因此，即使从纯粹的海洋角度来看，英格兰在1702—1706年在欧洲大陆和地中海积极支援盟国也是合理的。即使对我们的殖民帝国来说，这种体系也被证明是最好的。马尔伯勒在德意志赢得了阿卡迪亚（Acadia）和纽芬兰，在拉米伊平原上赢得了奴隶贩卖权。在1704—1706年的胜利之后，斯威夫特的许多批评开始应验，但在战争的早期阶

段，他的许多批评是错误的。[244]

在政治舞台的风云变幻中，海军上将乔治·鲁克爵士一直深受威廉三世的信任和宠爱，威廉三世意识到没有比鲁克更能干或更忠诚的海员了，也没有比他更少侵吞国家公款的公仆了。不过，尽管 261 鲁克在管理舰队和开展任何行动方面的能力很强，但他的谨慎达到了过犹不及的程度，让他沉闷且没有想象力。他很容易错失良机。比起柯克，他要对1689年福伊尔附近舰队的长期不作为负更多的责任，其导致伦敦德里的守军不必要的殉难。他那不近人情的脾气令他接受了这样的理论：大舰队应该在英吉利海峡范围内巡航，任何被远派至西班牙的中队都必须在秋季风暴开始之前准时地返回国内。他不赞同威廉和马尔伯勒的政策，即部分舰队应该能够重新装备，甚至在南欧过冬，以及英格兰因此应该在地中海夺取和加固海军基地。但是，尽管他的观点有局限性，威廉还是选择让他来执行针对加的斯和海峡的战争计划，打响海上第一战。在威廉国王去世后，尽管马尔伯勒颇有兴趣维持这些宏伟的计划，但他继续雇用这位不情愿和不听话的海军上将来执行。[245]

在安妮登基后，海军部的辉格党人被托利党人取代，人事变动导致鲁克迟至七月末才前往西班牙，影响了这一年的战争前景。不过，政治和个人变动并没有对威廉设计的海军政策的轮廓产生影响。事实上，如果罗切斯特和高教会派托利党控制了安妮的海军战略，情况就是另一个模样了。幸运的是，王夫乔治亲王成为名义上的海军司令，乔治·丘吉尔是他幕僚中最有影响力的成员。因此，马尔伯勒控制着重大决策权。在少数不太重要的指挥官变动上，马尔伯勒不得不向他的兄弟乔治——一个比他自己更热心的托利党人——

让步，特别是出于政治原因免掉了能干的乔治·宾舰长，这违背了马尔伯勒之前对宾做出的承诺。但针对西班牙和地中海的伟大战略计划得以保留，鲁克提出的抗议被无视，而且他仍受雇执行这些计划。[246]

262 在威廉统治的最后几个月里，当人们在猜测这场不可避免的战争将多么快地被宣布时，关于加的斯和直布罗陀没有牢固防御的秘密情报源源不断地涌入白厅。事实上，已经众所周知了，两名法国工程师一直在设计、维修和扩建早在查理五世时期修建的直布罗陀的防御工事，但那些最熟悉西班牙官场行事方式的人相信什么都不会发生。的确，什么都没有发生，直到三年后直布罗陀落入更有能力保卫它的人们手中。[247]

1702年4月

与此同时，英格兰的盟友们都在为英格兰舰队出现在地中海水域拍手叫好。拉蒂斯瓦夫（Wratislaw）是神圣罗马帝国皇帝利奥波德派驻在英格兰的一名能干的特使，他强调，鲁克扬帆的景象会在那不勒斯引起一场革命，从菲利浦五世不稳定的控制中赢得南意大利、推翻亲法的教皇、鼓励萨伏依和意大利的其他诸侯改变立场。在波河流域指挥奥地利军队的欧根亲王，则更为谦逊地恳求派遣一支中队以保护他的物资从的里雅斯特（Trieste）穿过亚得里亚海。[248]

但马尔伯勒知道，如果在伊比利亚半岛没有一个基地，就无法在海峡内做任何大事。对西班牙海岸的大胆一击，不仅可能使直布罗陀或加的斯落入盟国之手，而且会鼓励葡萄牙加入战争，并将里斯本这个优良港口置于英格兰舰队的支配下。精力充沛的梅休因（Methuen）父子是英格兰在葡萄牙宫廷的代表，正在声嘶力竭地要求向西班牙展示英格兰海军实力，从而支持他们向犹豫不决的葡萄牙国王提出的观点。

因此，鲁克受命攻占加的斯。他带着英格兰及荷兰组成的大舰队去执行任务，船队配备10000名英格兰步兵[①]和4000名荷兰人。英格兰士兵由奥蒙德公爵詹姆斯·巴特勒指挥，他是英格兰的大人物之一，继承了伟大的骑兵传统，拥有爱尔兰新教教会的领导权。这 263
位温和可敬的人很适合扮演受欢迎的公爵和有名无实的政治领袖，但企图把他当作高教会派托利党的军事英雄、马尔伯勒的对手是注定要失败的。他带着软弱无力接受了这个角色，并追随着虚妄野心的诱惑，直到它把他引向毁灭和长期流亡的悲剧。但是，当英勇的军舰于1702年7月起航时，明媚的阳光照耀在不列颠岛这位最受欢迎的贵族的前程上。

根据海军在海上使用的国内计时法，8月12日，军舰出现在加的斯港前，领导层的软弱一下子就显现出来。鲁克生病了，他生着闷气，从心里反对整个计划：他对任何事情都不表态，却让战争委员会尽情地争吵。在那些日子里，指挥舰队的海军将领们比纳尔逊时代更受战争委员会的约束。

1702 年 8 月 12 日（旧历）

“我是要在没有战争委员会决议的情况下动用盟军舰队吗？”他愤愤不平地问后来调查这些失误的委员会。[249] 8月13日，英格兰、荷兰和德意志的几位将军和海军将领在加的斯附近的鲁克的船舱里会面，他们争吵不休，直到拒绝了所有合理的建议，并在极度的疲惫中同意了一条肯定是错误的路线。

如果盟军有德雷克及其伙伴们的精神，那么在那个地方，有这样一支部队，他们会采取两种计划中的一个。要么，他们会派出一

① 在这些人当中，有2400人是新招募的海军。

个先遣中队，在敌人有时间和机会向港口投掷炸弹之前，强行越过彭泰尔斯（Puntales）的堡垒，进入内港并摧毁那里的法国和西班牙舰队。这条路线是由一位舰长建议的，他提出要亲自执行。[250]要么，他们可能在舰队轰击的掩护下，让军队在加的斯与大陆之间的狭长颈地登陆，趁着加的斯还在惊慌失措、守卫不力时，抓住机会，从而一举夺取该城。第三条防御路线与他们收到的指示相一致，即如果加的斯的防御太强，就立即驶离并攻击其他地方。

264 奥蒙德绝不缺乏个人勇气，他主张军队在地峡登陆，直接攻打加的斯。但鲁克的随行人员对被俘的西班牙渔民所提供的假消息感到震惊，即城墙内已经驻扎着一支强大的正规军。于是，他们达成了一个致命性的决议，即让部队在布尔（Bull）湾和圣凯瑟琳（St. Catharine）要塞之间登陆，那里远离加的斯，甚至远离彭泰尔斯堡垒和港口，继而占领罗塔（Rota）和圣玛利亚港无防守力量的村庄，并在那里坐下来看看接下来会发生什么。这次登陆是在面对西班牙军队和炮台的轻微抵抗下实现的：主要的损失是20人被海浪淹没。但当他们登陆并占领圣凯瑟琳时，并没有获得真正的战略目标。马尔伯勒对这次行动的评论代表了后人的意见：

265 在圣玛利亚港停留26天有什么道理？如果要进攻加的斯，他们就不应该停留在那里。而如果认为攻占加的斯是不可行的，那么他们就不应该浪费时间，而应该按照给他们的指示去尝试。[251]

但在圣玛利亚港度过的这一个月的恶劣性不只是浪费了时间。这次事件被严重地误读了，其对西班牙舆论界之于盟国事业的态度产生了持久的灾难性影响。虽然英格兰和荷兰还没有让自己受到随后一年通过的支持奥地利查理大公成为西班牙国王的条约的限制，但是他们希望这样做，倘若西班牙人被证明会欣然同意的话。黑森的亲王乔治，由于前些年担任过加泰罗尼亚总督，因此对西班牙的情况有所了解，他陪同舰队外出以确保奥地利的利益不被忽视。英格兰人在他们占领的村庄里代表西班牙国王查理发出了承诺和邀请，但这种政策体系几乎没有在该地区得到任何回应，除了乞丐。在西班牙人的心目中，查理三世的事业与奥蒙德军队的可耻行为是相联系的，他的军队把圣玛利亚掠夺得一干二净，以异端的喜悦洗劫了教堂，强奸了妇女，甚至是修女。

奥蒙德作为一名指挥官的不足变得非常明显。面对其部队的不当行为，他同样感到苦恼和无助。奥蒙德的副官亨利·贝拉西斯（Henry Belasys）爵士和查尔斯·哈拉（Charles Hara）爵士，带头掠夺。这些军官甚至在令人悲哀的卑劣灵魂中继续堕落，他们竟然在街上安排警卫，拦堵抢劫路人，并把掠夺来的财物储存起来，以讨好上流人士。更具讽刺意味的是，尽管整个西班牙都被盟军的行为吓坏了，也被冒犯了，但主要的损失却落在了使用西班牙人名做生意的英格兰和荷兰富商身上，他们长期从事加的斯与美洲的贸易。他们可怜兮兮地抱怨说被抢走了价值连城的财产，而且由于他们同胞的行为，今后也无法在西班牙居住和工作了。当舰队和军队最终 266
离开时，他们“带走的”，正如受害者所写的那样，“大部分是他们的同胞和盟友的货物”，并“在西班牙人中留下了如此肮脏的臭味，整个时代都难以将其抹去”。[252]

军队在岸上度过的这一个月的后半段时间里，主要进行了一次软弱无力的尝试，试图攻占彭泰尔斯北侧的马塔戈达（Matagorda）堡垒，以方便舰队进入港口去摧毁敌人的船只。但此时，西班牙人和法国人都得到了增援，而且心态良好。

1702年9月15—16日（旧历）

攻打马塔戈达的炮台设立在松软且潮湿的土地上。鲁克宣称，即使拿下该堡垒，舰队也无法进入港口，因为在彭泰尔斯入口的另一侧还有相应的堡垒。最后，他们决定中断对加的斯的行动。部队重新上岸，除了几个爱尔兰天主教徒的连队，他们在洗劫圣玛利亚港时发挥了主要作用并从中获利，现在则抓住这个机会叛逃到法国军队中去。

奥蒙德和黑森的乔治亲王希望在维哥或西班牙其他重要的地点再次登陆，并带着部分舰队和军队在那里过冬。但鲁克急于回国，并在战争委员会上维护了一次他的权威。他宣称，除非他们赶紧回英格兰，否则秋天的大风就会降临。贝拉西斯和哈拉急于把他们的不义之财安全地存放起来，与海员们一起投票反对奥蒙德提出的在西班牙再次登陆的要求。[253]满载着掠夺物的声名狼藉的大舰队启程前往英格兰。海军上将和将军虽然在政治上站在同一阵营，现在却几乎不说话了。奥蒙德认为，如果不是鲁克否决，他本可以拿下加的斯；而鲁克本人在所有与钱有关的事情上都很诚实，他曾在给奥蒙德的信中痛陈岸上士兵的掠夺行为。

值得注意的是，在整个漫长的西班牙王位继承战争中，英格兰国民最不光彩的两次行动，即本博之战和加的斯事件，是在同一天发生
267 在大西洋两岸的。对盟国的事业来说，幸运的是，回国途中的一次意外给了鲁克的舰队和奥蒙德的军队一个机会，他们勇敢地利用了这个机会，挽回了英格兰在海上的威信。9月，梅休因从里斯本写给鲁克上将的悲观的信件中清楚地表明，如果加的斯的失败没有在维哥得到挽回，葡萄牙就不会在第二年加入盟国一边的作战中。[254]

此时已是8月，西班牙的运宝船在法国舰队的护航下，一天又一天地靠近欧洲——在水面上看不见，但一直萦绕在伦敦、巴黎和马德里人们的思绪中。[1]终于到了海岸边，卢塞乐元帅本想让大帆船安全驶入法国的一个港口，但西班牙人拒绝将菲利普的黄金交到路易手中。因此，船队在9月中旬进入西班牙北部的维哥湾。它在那里停留了好几个星期，同一条海岸线上更远处的鲁克和奥蒙德并不知道。大部分财宝——属于西班牙王室的部分——被卸下了，然后用骡子驮上了山间的石子路；属于个人的剩余部分和大量的商品留在了大帆船上，仍然由大部分的法国军舰看守。

鲁克在不知情的情况下驶过港口，急于在他非常害怕的秋季暴风雨来临之前回国。但来自伦敦和里斯本的信使已经在海上四处寻找他了。事实上，这个消息是由他自己的一艘船带给他的。“彭布罗克”号一直跟在舰队后面，到达拉戈斯（Lagos）水域。在那里，它的船长托马斯·哈迪偶然得知了这一重大消息。“彭布罗克”号的牧师和他的船长一样是个泽西人，法语说得很好，他和法国驻拉戈斯的领事关系不错，后者忍不住夸张地暗示运宝船就在海岸的一个港口里。这样一来，牧师有所警觉，他和另一个陌生人打了个照面，268
结果发现他是来自里斯本的帝国大使的信差，从而正式确认了这个事实。哈迪船长立即出发追赶他的海军上将，并于10月6日（旧历）追上了他，及时阻止他穿过比斯开湾。

鲁克派船去侦察维哥湾港口并向他报告。他们带着正确的信息
1702年10月10日（旧历）返回。他们从一名被登陆队擒住的修道士那里得知运宝船和法国舰队就在海湾前面，被坚固的护栏和炮台

[1] 见上文（边码）第250页。

保护，国王的那部分财宝已经上岸，但大部分财宝仍在大帆船上。不可避免地，战争委员会又一次召开了会议，幸运的是，这次没有贝拉西斯和哈拉的参与。“这两位骑士”终于被逮捕了，这是来自国内政府的命令，其本应该由奥蒙德在几周前就亲自下发。即便如此，进攻的决定也只是在包括荷兰海军上将在内的多数人中通过了。此时的维哥湾更加难以被攻克，不像加的斯，那里在舰队第一次到达时，如果发起攻击的话是可以被攻克的。[255]

10月11日晚，英格兰和荷兰的战舰在山丘之间的峡湾上行驶了10英里，经过了河口的“巴约纳的据点”（Bayona’s hold），经过了维哥城的两座城堡。后者向他们开了火，因为他们不闻不问地向前航行。他们只想知道在长湾尽头的最隐蔽处会发现什么。法国和西班牙舰队的悲剧即将在一个配得上这一事件的剧院里上演。维哥湾在兰达（Randa）岬角处形成一条不超过半英里宽的狭窄通道后，突然又进入宽阔的雷东德拉（Redondela）港，周围环绕着荒凉的加利西亚（Galician）山脉。那里，河口正好到达尽头，也正是在那里停留着运宝船和法国舰队。卢塞乐元帅将大量的船桅牢牢地扎在一起，形成一道从北至南的水栅堵在入口处。在这道水栅的北端有一个炮台，其痕迹至今可见。

269 在水栅的南端，防御措施更加令人生畏。今天，好奇的人们可以找到兰达堡垒，它基本保持了战争结束之后的状态，但现在被一片宁静的树林包围，一座被遗忘了的纪念英勇的英格兰人的纪念碑矗立在这片陌生的土地上。水栅南端的防御为：一座距离海面有一段距离的坚固的石塔，内部有为大炮建造的平台和枪眼；塔楼和海岸之间有一片外层防护墙或者说坚固的围墙；在围墙底部沿着岩石的海岸上有一个长长的平台，上面有一个用于控制海峡的炮台。卢塞乐元帅在桅杆组成的水栅的两端安放了舰炮。兰达的防御配备了30多门大炮，北岸配备的较少。

因此，10月12日上午，盟军的主力舰在攻击桅杆组成的水栅时容易受到来自南北两岸的近距离的侧翼射击，此外还会受到水栅东面停留的七艘法国战舰的舷炮齐射。但盟军在维哥的精神与他们在 270
加的斯的精神截然不同。他们对自己最近不光彩的恶行感到羞愧，看到宝船的顶帆，每个人的英雄或恶魔之心总是会被激起来。事实上，鲁克因痛风而病倒在他的铺位上，远在海湾边上。有效的指挥权落在了副司令霍普森（Hopsonn）手中，他在“托贝”号上以一种与伦敦德里的“芒乔伊”（Mountjoy）号相称的精神，领导了对水栅的攻击。在他身后，有一支由英格兰战舰以及由范·德·古斯（Van der Goes）副司令领导的荷兰战舰组成的强大中队。他们遭到了来自水栅东面的船只和两岸炮台的可怕攻击。拥有90门炮的“联合”（Association）号，沿着北岸的炮台舷炮齐射，并很快将其压制。南面兰达要塞更可怕的炮台正在遭受英格兰步兵的进攻。

1702年10月12日（旧历）

那天清晨，奥蒙德和大约2000名士兵在地势更低的几英里外的泰斯附近的沙岸上登陆。他们径直向兰达行进，越过被峡谷、松树林、葡萄园和古老的石砌小村划成碎块的山坡。数以千计的西班牙民兵在四处游击，但这并不是一个游击战术可以发挥作用的场合。他们抵达了堡垒，这里有一排可怕的火炮和几百名被称为“海员”或“海军陆战队士兵”的法国人。奥蒙德与主力部队一起步行向前，派香农（Shannon）勋爵带着掷弹兵先锋队开始进攻。外层防护墙外的城墙被攻破，用于控制海峡的炮台也被及时压制住，协助盟军攻破了由桅杆组成的水栅。只能通过16级台阶登上的塔楼，在300名法国人的防守下又坚持了一段时间，但“只要他们一出现在城墙上，掷弹兵就用手榴弹猛烈地攻击他们”，最后掷弹兵冲上台阶，占领了堡垒，俘获了守军。

与此同时，“托贝”号借助一阵风，扬起所有的帆，向水栅冲去。水栅裂开了，霍普森的旗舰穿过残骸，漂浮在敌人中间。微风吹来，在焦虑的等待中，没有看到其他船只跟上来。“托贝”号遭到
271 了众多攻击，一艘熊熊燃烧的火船被放在它的身边。它起火了，大部分船员跳下了船，而且，如果不是那艘装满了来自西属西印度群岛的价值连城的鼻烟的火船突然爆炸，“托贝”号就会被完全烧毁。一团巨大的鼻烟云笼罩住了这艘旗舰，扑灭了一部分火。一些留在船上的、打着喷嚏的英勇之人也因此摆脱了火焰的威胁。

与此同时，风再次吹起，其他英格兰和荷兰的船只跟随“托贝”号穿过豁口，或者用斧头在水栅中劈出新的通道。这正验证了威尼斯大使的观点，即在战舰对峙的条件下，法国海军更胜一筹。卢塞乐元帅带领的水手们并不同意这一观点。他们点燃了自己的船只，上岸寻求安全——英格兰海军上将认定这是一次非常“卑鄙”的抵抗。盟军损失了大约200人，却摧毁或俘获了敌人的整个舰队。夜幕降临，整个夜晚，海湾的水面都倒映着燃烧的船只。空气中充满了大炮和火枪的轰鸣声，当火焰烧到一些弹药库时，爆炸声更加响亮，桅杆、人和货物被炸到夜空中。英格兰人和荷兰人愤怒地扑灭火焰，拯救他们的战利品。当天亮时，他们仍在工作，但所有法国或西班牙的船只都已被俘虏或被摧毁。

大帆船的损毁不可能在西班牙闲置的造船厂中得到弥补。但更严重的是，除了护卫舰和小型船只，法国还损失了10艘战列舰，另有5艘被烧毁。由于这是整个战争的开局之年，路易十四认为，他必

须优先保证陆军而不是海军。更重要的是盟军曾在加的斯失去的威望现在又戏剧性地恢复了，因为这确保了葡萄牙加入战争，并使里斯本成为了海上强国的海军基地。

至于在战斗中获得的财宝，没有明确的证据表明有多少被拿走了，无论是黄金还是商品。当然，被拿走的有很多，但不是像人们所希望的那样。一位被俘的船长告诉鲁克，西班牙国王的财宝事先 272
已经被运到了国内，价值300万英镑，这并不是不可能的。如果这些财宝被盟军舰队缴获，那么，在接下来的几年里，西班牙微弱的战争实力就会更加微弱。在这方面，维哥湾事件其实是失败的。人们相信，其他巨额财富在燃烧的船只中沉入了海底，不管是真是假，都激发了18—20世纪充满希望的公司创办人的招股和打捞宝物行动。被俘获和被摧毁的财产，大部分是在西班牙和它的殖民地之间进行贸易的荷兰商人的财产，运宝舰队安全抵达维哥的消息在荷兰的许多地方引起了欢呼，阿姆斯特丹则带着复杂的心情聆听了随后的战斗故事。[256]

英格兰人和荷兰人花了几天时间进行打捞，并使被俘的船只准备出海。加利西亚的农民站在海湾岸边，有时在胜利者工作时用火枪瞄准他们，并不断高声辱骂他们是“英格兰狗、流氓、异教徒和戴绿帽的男人”。“马丁舰长躺在停泊在港口里的船上，从邻近的山上听到了很多这样的声音，海员们以此为乐，与他们叫板”，直到“一阵枪响终止了这个玩笑”。

奥蒙德希望部分舰队和军队在维哥过冬，但鲁克不听。于是，他们都扬长而去。他们因维哥湾事件而被誉为英雄，因加的斯事件而被质疑为罪魁祸首，彼此争吵，划分责任、名声和战利品。奥蒙德风头正劲。无论他出现在英格兰的哪条街道上，都会有一群人跟着他欢呼。鲁克本来也会受到同样的欢迎，但让他无法参加战斗的痛风，也让他在回国后不得不待在家里。[257]鲁克对自己的运气很满意。因为他在与马尔伯勒和海军部的较量中获胜，摆脱了他们要他夺取一个港口并获得对海峡永久控制的想法，还满载荣耀地回了家。两年后，当他拿下直布罗陀时，他们又打败了他。[258]

第十三章　政治与宗教

事实证明，在安妮和她的臣民为了胜利而在圣保罗大教堂进行 273

1702年11月12日（旧历）

的感恩祈祷中，对这一年在尼德兰与西班牙海岸胜利的感恩祈祷属于首次。市长和市政官们列队迎接从圣殿关出来的女王，两院议员跟随在女王身后。长长的马车队伍在街上走了好几个小时。伦敦塔炮声齐鸣。人们说，自伊丽莎白时代以来，还没有过这等隆重的仪式。安妮时代的辉煌篇章已经揭开序幕。[259]

奥蒙德在这一天风光无限，因为鲁克当时病倒在床，而马尔伯勒在两星期后才回到英格兰。但马尔伯勒在名气上已经超过了他的对手。维哥湾发生的事情或许可以弥补加的斯事件中的过错，但它不能将其从人们的记忆中抹去，甚至不能阻止官方进行的对其不利的调查；而马斯河上的胜利，正如每个英格兰人都知道的那样，只是由于胆小的荷兰战地代表们和将军们的干预才变得十分有限。那年冬天，马尔伯勒仍然是托利党的英雄，并且已经是民族英雄。女王将他从伯爵晋升为公爵。新当选的托利党下议院①投票认为，他“挽回了英格兰民族古老的荣耀”。辉格党人对“挽

① 关于1702年7月的大选，参见上文（边码）第208—213页。

274 回”一词进行了徒劳的争论，认为选择这个词是为了在事后诋毁威廉在尼德兰的战役。

女王每年从邮局的收入中给新公爵拨款5000英镑，但她只能在自己的有生之年这样做。她要求下议院立法，延长对马尔伯勒及其继承人的永久拨款。下议院拒绝这样做，尽管他们向乔治亲王拨付100000英镑的巨款，以供他终身享用。的确，反对向任何人的继承人拨付终身的款项，可能有很好的公共政策理由。但当时反对的一个动机是，奉罗切斯特为首的高教会派托利党人不能忍受丘吉尔家族垄断女王的宠爱，认为女王的宠爱应该更偏向她的亲属海德家族。罗切斯特毫不掩饰他对马尔伯勒的嫉妒，也毫不掩饰他在政治上对欧洲大陆战争的反对。即使在女王指示他返回爱尔兰担任总督职位时，他也迟迟不肯启程。他宁愿在英格兰逗留，带领不满者反对他的内阁同僚。这次，安妮已经受够了她舅舅的脾气。1703年2月，罗切斯特被迫辞去女王给他的职务，成为在随后六年里首位离职的托利党人，在他之后，一个又一个托利党人相继辞职。罗切斯特的失势，暂时缓解了戈多尔芬政府的处境，但时间并不长。

新当选的下议院同时抨击了威廉的执政史并发起了对其辉格党大臣们的指控。但由于哈利法克斯和奥福德是贵族，上议院确保他们得到了公平的对待。经审查，对威廉的杰出财务顾问哈利法克斯的指控不成立。事实上，指控上届辉格党大臣们为腐败分子的喧哗，虽然在大选中已经起到了作用，但受到了现已进入国家财政领域的公共审查的挫败，在审查中，托利党和辉格党一样黑。但下议院找到了一个牺牲品。那就是爱尔兰贵族拉尼拉勋爵，他几乎是唯一坐在本届议会下议院里代表康沃尔选区的辉格党人，他被驱逐出议会，罪名是在担任陆军财政主计长时侵吞公款——并不清楚这个指控是在何种程度上的公正。对他与奥福德勋爵罗素的指控的真 275
相，被两党之间的激烈争吵掩盖，这种争吵很快就发展为两院之间的冲突。[260]

下议院拥有后人们可能会羡慕的特权，即高兴地听着年轻的圣约翰对辉格党和温和派所做的迷失了自我的猛烈抨击。不过，下议院的领导人表现出的活力多于能力。爱德华·西摩

1702年12月23日

爵士执着于上个统治时期的争执，但他并不具备使用策略的心性。1702年12月23日，在下议院因圣诞节休会的前一天，我们可以推测，其中的一些乡绅议员之所以激动，是因为节日带来的好心情和对他们即将可以在自己的庄园里放一周假的期待。无论如何，他们在那天通过了一系列引人注目的投票。首先是西摩的一项动议，要求恢复威廉做出的所有封赏。根据1698年托利党议会的法案，西摩在爱尔兰所获的封赏已经恢复了。这个新动议将把针对某些辉格党和荷兰贵族的地产的斗争带到英格兰，在这里，财产的安全性通常更高，该措施对英格兰社会的冲击也比在爱尔兰要大。年轻的罗伯特·沃波尔针锋相对地提出动议，希望恢复詹姆士二世统治时期的所有封赏，虽然这个提议被否决了，但它极大地抑制了托利党人恢复封赏的热情。西摩的提议没有了下文。

在那个喧闹的夜晚的后一组分组表决中，王室官员不应该获得下议院的席位这一原则以135：80的多数获得了支持。但几分钟的思考，也许还有焦急的大臣们的一点游说，提醒了这些正直的乡绅，当时几乎所有的“获赠官禄者”都是托利党人：西摩本人就是王室总管。因此，当有人提议施行刚刚决定的原则时，下议院以138：77

的多数推翻了自己的意见。[①]

276 于是，经过重新考虑，政府代表机制得以在下议院中不受限制地发展起来。但这种轻率的投票表明，下议院对其未来在英格兰政体中的地位还不甚了解。下议院认为自己仍然和过去一样是政府的批评者，而不是未来政府的所在之处。

在威廉和安妮统治时期，所有主要的内阁大臣都在上议院。那里有辉格党小集团的五位大臣，还有马尔伯勒、戈多尔芬、罗切斯特和诺丁汉。在1710年的政府洗牌之后，当哈利和圣约翰轮流统治国家时，他们都急急忙忙地接受了贵族身份。罗伯特·沃波尔爵士是英国第一位更喜欢坐在下议院的前排座位上治理国家的统治者，直到卸任时才进入上议院。因此，在安妮统治时期，当所有的主要大臣们都在上议院时，下议院便按照自己的心意行事，往往很少考虑政府的意愿，那时，这一点并不令人惊讶。政府的理念在个人的层面上不再与宫廷联系在一起，而是与上议院联系在一起；下议院反对上议院的行动孕育了一种嫉妒的传统，其几乎与上议院所孕育的反对宫廷的传统一样强大。

在斯图亚特时代，上议院代表着连续和温和，下议院则是圆颅党和骑士党、辉格党和托利党交替施暴的场所，尽管它更具创造力和活力。上议院中的党派平衡总是如此接近，以至于可以由观点温和的无党派贵族来做决定。但是，在《排斥法案》和非常议会时代，托利党略占多数，在威廉统治末期，则是辉格党略占多数，或者可以说，这个多数至少是一个可以被指望向下议院的托利党狂热分子

---

① *H. of C. Journals*，XIV，p. 95；*Parl. Hist.*，VI，pp. 143–144. 按照《王位继承法》第六条，一旦汉诺威家族继承王位，官员就不能担任下议院的职位，见上文（边码）第120页。但所幸，这一条在其生效前就于1705年被修改了。

泼冷水的多数。这一变化主要归因于大量低教会派主教，他们是由威廉任命的，当时，由于死亡或不肯宣誓效忠者的分裂而空出来了大量主教职位。高教会派托利党人向新女王寻求补救办法。虽然女 277
王不能在主教席中制造空位，但她可以敕封一大批托利党贵族。不过，女王和她温和的托利党幕僚都是理智的，这让她满足于敕封四名托利党贵族和一名辉格党贵族，即赫维勋爵。此人是在萨拉向女王提出的特别请求下才获得称号的，成了马尔伯勒的一名门客，绝不会反对政府。如此谨慎地使用女王特权的做法仍然招致辉格党铺天盖地的谩骂。王室是否有权洗牌上议院以改变其政治面貌的问题，在九年后签订《乌得勒支和约》时再次出现。[261]

1703年2—3月

在1702—1703年冬季会期的议会上，在两院之间的许多争执中，迄今为止最严重的一次是关于《偶奉国教法》（Occasional Conformity Bill）的。安妮的登基和那年夏季举行的大选，均发出了高教会派复兴的信号。君权神授和不抵抗的教义在许多讲坛上再次被宣扬，因为这与对安妮的忠诚是一致的，尽管与对威廉的忠诚并不兼容。6月，萨谢弗雷尔博士在牛津大学发表了一篇布道，为新统治时期的高教会派托利党铺设理论。他布道的主题是政府对宗教的依赖；王位建立在圣坛上；异端和分裂必然导致叛乱。最后，这位演说家宣称，“与其向一个如此没有原则且宣称与我们教会为敌的政党降帆投降”，他宁愿“举起反抗的血腥旗帜”——这个表述在全国流传，成为当时的一个流行语。最重要的是，萨谢弗雷尔猛烈怒斥“偶奉国教者”——“可以爬到我们圣坛的阴险小人”，只是为了使自己有资格担任职务，以便更好地破坏教会。

1702年

托利党对一般不从国教者的厌恶，特别是对偶奉国教者的愤慨，因威廉统治末期发生的一件事而达到顶峰。伦敦的一位市长汉弗莱·埃德温爵士（Sir Humphry Edwyne），大概是通过按照英格兰
278 国教会的仪式领圣餐而获得了担任市长职务的资格，他却在周日穿着市长的长袍并带着伦敦的剑和徽章，轻率地（或者说厚颜无耻地）骑着马前往他的长老会教堂。这一事件在安妮时代的政治文献中随处可见。托利党人总是不厌其烦地强调这一点。斯威夫特在《木桶的故事》里写道："杰克的破衣烂衫是如何在宫廷和城市中流行起来的：他如何骑上一匹大马并吃了奶黄的"——奶黄是市长宴会上的一道传统菜。汉弗莱爵士一定为自己的愚蠢行为感到后悔。他肯定会在今后的日子里愤怒地将酒瓶砸在他的同教者头上。

《偶奉国教法》建议采取罚款的措施——数额可能会高到离谱——惩罚那些通过参加英格兰国教圣礼而获得了任职资格但后来又参加了非国教仪式的市政或国家公职人员。告发者将获得全部罚款。

1673年通过的《宣誓法》，虽然主要是为了防止罗马天主教徒任职而颁布的，但也顺便打击了不从国教者。根据《宣誓法》，任何人都不能担任国家或市政职务，除非他首先按照英格兰国教会的仪式领受圣餐。该宣誓有效地将罗马天主教徒拒之门外，在这些信徒的眼里，这种圣餐是一种致命的罪恶。但是，不从国教者在这个问题上存在分歧。出于宗教的原因，他们中的许多人确实认为，按照主教制的仪式领受圣餐是错误的；其他人虽然不认为有罪，但认为领圣餐的目的不外乎获得任职资格。另外，正如伯内特主教提醒上议院的那样，许多有地位的人养成了一种宗教习惯，有时去国教教堂，有时去非国教教堂，只要福音传得好。巴克斯特（Baxter）和其

他温和的长老派神学家为“偶奉国教”的行为进行辩护，认为这在宗教方面是被允许的。伯内特在接受著名的不从国教者牧师喀勒米（Calamy）的拜访期间，也曾听到过这样的论点。

当时和现在一样，有许多英格兰国教会的人喜欢偶尔参加非国教派的仪式。而根据该法案，这些人如果是担任公职者，那么，他们就会受到来自仆人、密探和动机歹毒者的肆意摆布，这些人会威胁着告发他们。按照国教的标准，维多利亚女王是一个“偶奉国教 279
者”，因为她在苏格兰参加了长老会的仪式。安妮的丈夫，丹麦的乔治亲王，也是一个“偶奉国教者”，因为他在自己的教堂里做路德教的礼拜。1702年，安妮让他去上议院投票支持该法案，但当他进入托利党的大厅时，他低声对辉格党人沃顿说：“我的心在你这边。”

另外，即使是温和的托利党人，也会因为政治原因而对偶奉国教的行为感到愤怒。按照1689年的革命解决方案，即给英格兰带来和平的各方妥协的方案，不从国教者在法律上被允许按照其宗教仪式进行礼拜，但仍被排除在有资格担任国家和市政职位之外。温和的托利党人认为，正如伯内特所说，即使一些卑微的人天真地喜欢在国教教堂和非国教教堂里听到这个词，但是，当一个从不在堂区教堂门口出现的不从国教者为了获得市长或市政官员的任职资格而走近堂区教堂祭坛时，其仍然是在逃脱议会法律的要旨。事实上，这可以被称为对法律的合法规避。但更值得怀疑的是，这种做法是否应该被立法者如此激烈地谴责为对上帝的亵渎，毕竟是立法者自己坚持将宗教仪式作为一种政治性测试的。当自由思想家和诸如圣约翰那样的托利党浪子们跪在地上接受为女王效劳的必要通行证时，高教会派托利党人并不认为这是对上帝的亵渎。

无论人们如何看待支持和反对该法案的理由，还有其他重要的支持或反对该法案的动机。托利党推行这一法案是为了更彻底地垄断自治市市政职位，减少辉格党在议会中的席位并削弱该党在城镇中的影响。辉格党以类似的理由反对该法案。但许多温和的托利党人，最重要的是戈多尔芬和马尔伯勒，则认为这项法案不合时宜，这并不是出于任何国内或政党的原因，而是这一法案在这场关乎英格兰独立的反法战争的最危急时刻分裂了民族。

280 1702—1703年冬天，由圣约翰和牛津大学的一名成员布罗姆利（Bromley）提出的这项法案，在下议院以绝对多数获得通过，随后被提交上议院。沃顿和伯内特领导了对这项法案的反对活动，他们是一对奇怪的搭档，但都真诚地拥护宗教宽容和新教联盟的事业。特尼森大主教与他们一起投了反对票。不太可能在二读时就否决该法案，因为它得到了下议院和女王的衷心支持，以及女王的主要大臣们在名义上的支持。但上议院通过了一些修正条例，这是下议院绝不会接受的。有一项修正条例是，将市政官员从法案中剔除，将法案的范围限缩于国家官员。这一改变过于猛烈，以至于如果将问题缩小到这一点，它在下议院就不可能被保留下来。但是，通过减少法案中提出的过高的罚款，沃顿希望能让两院在彼此最敏感的争议点上发生争执。他取得了令人钦佩的成功，因为，下议院不能容忍上议院修改他们对法案中财政方面的规定，上议院也不能容忍下议院拒绝他们修改的权利。两院举行了一次会议，但未能达成协议。

就这样，《偶奉国教法》被否决了，这引起了高教会派人士的愤慨，他们不无道理地断言，马尔伯勒和戈多尔芬除了投票支持该法案，几乎没有提供任何帮助。托利党内部在外交事务和战争战略上

1703年2月 的分歧就这样因对当时主要的国内问题的差异态度而扩

大了。

上议院中投票反对下议院的微弱多数们对自己很满意，以至于采取了不寻常的措施，即印刷和出版会议记录。这种诉诸国家舆论的做法更加引人注目，因为，当时的两院都对于出版他们的辩论谨慎到了荒唐的地步，即便保守秘密的理由已经随着国王有权让议会中的议员因言受罚的做法一起消失了。[262]

曾经剧烈震动当时政治和宗教界的著名的“偶奉国教法”争论， 281
早已不再占据我们现在的心灵，它只能因其对格拉布街一个不起眼的居民的影响而被人们记起。对于我们这个后来时代的粗心的迦流们来说，所有这些争吵和愤怒的主要意义在于，它让丹尼尔·笛福成了一个笑柄。

在政治上，笛福是一个有原则的人，而不是一个有党派的人，因此，他经常惊讶地发现自己孤身一人在一片荒岛上。他的原则是宗教宽容、贸易和英国在世界上的利益。他的偶像是奥兰治·威廉，笛福以一种比许多喊着威廉名字的人更聪明、更无私的方式敬爱他。笛福对于教派和党派的暴力有一种本能的厌恶，部分是因为他认为极端的教派和党派的热情似乎永远与国家的真正利益相冲突。这些独特的观点，再加上作为被追捕者和无党羽之人所具有的经常转变立场的自然属性，我们就能清楚解释笛福在政治上的背叛，尤其是，他对罗伯特·哈利逐渐表示忠诚的原因。一个是不从国教者，另一个是托利党，但他们都被他们名义上的朋友怀疑，因为他们的温和、狡猾以及暗箱操作的方式。

哈利和笛福的关系始于有关《偶奉国教法》的争论，而且很不顺遂。在这场激烈的争论中，笛福别出心裁地写了两本小册子，第一本小册子毁了他与不从国教者的关系，第二本小册子毁了他与高教会派的关系。在第一篇题为《对偶奉国教的调查》(*An Enquiry into the Occasional Conformity*)的文章中，他带着显而易见的真诚，谴责了这种做法，激怒了与他信奉同一宗教的人，尽管他也对高教会派对所有不从国教者的粗暴叫嚣深表愤慨。在第二本更为著名的小册子《消灭不从国教者的捷径》(*The Shortest Way with the Dissenters*)中，他拙劣地模仿高教会派作家的暴力，"冷血地杀死一条蛇或一只蟾蜍是很残忍的，但它们是天生的有害动物，毁灭它们是对我们邻居的一种仁慈。"对笛福来说，很不幸的是，他的讽刺被当真了。有好几天，镇里的人都认为萨谢弗雷尔的热情被一个不知名的国教会
282 拥护者超越了。因为笛福的政治小册子，就像那个时期的所有其他小册子一样，是以匿名的形式发表的。

当人们知道这是一场恶作剧时，高教会派人士的愤怒变得强烈，而这不是没有道理的。笛福一直在玩弄利器，他的文学创作天赋这一次被不幸地误用了。哈利议长作为托利党下议院和政府之间的中间人，向戈多尔芬报告说，"为了政府的利益，绝对有必要"找到并惩罚那位作者。当笛福的身份被揭露后，他被起诉并被判处戴着颈手枷示众三次，以及在女王的旨意下被监禁。

笛福得罪了所有有权势的阶层。温和的托利党大臣愤怒于笛福把他们置于尴尬境地；高教会人士认为笛福是他们最大的敌人；甚至连不从国教者也对笛福在第一本小册子中的批评和在第二本小册子中致命性的愚笨而感到不满。

然而，他戴着颈手枷示众的惩罚却被伦敦人变成了一场庆祝活动。他的非党派态度也许并不像党派人士所认为的那样不受群众欢迎。英格兰人民的"正直和善良"促使他们向这位被教会和国家联手压制的人投掷鲜花而不是臭鸡蛋。但是，随后的"在女王旨意下"

对他的监禁意味着对他的毁灭——除非他能与政府的一些重要成员和解，为其提供重要的服务以缩短监禁的时间。他注定很快就会发现，哈利正是他所需要的保护者。

那么，现在让我们暂时把他留在新门监狱，来看看他永远都不过时的《枷锁颂》（*Hymn to the Pillory*）：

万岁！象形文字般的国家机器
设法惩罚爱好它的人。

这首诗立即大受欢迎，让他对他的敌人进行了报复，但并没有因此增加他自己获释的机会。在新门监狱，他也给他的朋友威廉·帕 283
特森写信，大吐自己被政治世界错误监禁的苦水：

即使是不从国教者，也像卡莎（Casha）[原文如此]对恺撒一样，对我举起了第一把匕首；我承认，这让我带着一些轻蔑反思不从国教者这一整个群体，也让我更加后悔于自己为他们受苦，我是否应该告诉你，我最担心的是，我确实没有料到政府会不高兴，会对这件事感到不满？我没有想到，国务大臣们会把我只针对萨谢弗雷尔博士、斯塔布斯博士以及此类人的言论理解为是在针对他们。因此，我就像射杀了雄鹿并杀死了国王的老泰瑞尔一样，让自己参与到一个政党且卷入政府的纷争中。[263]

安妮时代的党派激情和政治运筹背后的动机是宗教性的，或者说，就算不是严格意义上的宗教性，至少也是名义上的。马尔伯勒和圣约翰的世界，笛福、斯威夫特和萨谢弗雷尔的世界，与劳德和巴克斯特的世界以及克伦威尔和乔治·福克斯的世界，并没有呈现出同等意义上的宗教性。安妮统治时期的主角们，即使他们在大肆宣传教会，但他们看上去并没有真正的宗教信仰。教义和仪式不再在严酷的战争和议会辩论中历经嬗变。议会不再在阿明尼乌主义或白色罩衣的使用上出现分裂。英格兰国教会的教义和仪式已经成为一个固定量值，无人提议要去改变它。不从国教各派以轻松的心态持有他们的祖先在历经悲伤后寻找到，在疑虑、分歧、呻吟和泪水中达成一致的教义。清教徒也不再渴望占领英格兰国教会。因此，相反地，争论是有限度的，它必须在这些限度内活动。然而，在这些限度内，英格兰国教会、不从国教者以及那模糊的第三类自由思想之间的竞争，正是政治机器的脉搏。就像在今天的爱尔兰一样，安妮时期的英格兰也是如此，尽管人们不再把教义和仪式作为政治主题来辩论，但互相竞争的政党体制是在忏悔的基础上形成的，不喜欢自己邻居的宗
284 教气味似乎是人作为政治动物的普遍激情。

威廉统治的最后一年和安妮统治的头四年，充满着教士大会争议的喧嚣。争议不仅让议会的上议院和下议院相互对立，辉格党和托利党彼此争吵，而且让教士大会下院的高教会派和上院的低教会派主教们反目成仇。

复兴教士大会，使其成为教会与国家体制的一个内在组成部分，是这一时期的一个尝试。如果这一尝试是以温和的方式进行的，那么它可能会成功并带来益处。但是，在极端政治化的高教会派人士手中，教士大会下院猛烈攻击主教和辉格党，变成了高教会派托利党的政治传声筒。他们在政治上的毒辣刺激了乔治一世统治时期的辉格党政府并给后者提供了一个借口，使教士大会再次沦为一个再

也未召开过的被遗忘的大会。

在早期斯图亚特国王统治下的宗教斗争中，教士大会没有发挥明显的作用。英格兰国教会依赖的是王室，清教徒则依赖议会。在劳德时代，教会中的任何一方都没有像苏格兰的长老会派利用苏格兰长老会大会那样利用过英格兰的教士大会。因为教士大会是一个纯粹的教士机构，只代表教士，而苏格兰长老会大会则有大量的俗界代表，就像今天的英格兰国教大会一样。

因此，教士大会在詹姆士一世和查理一世统治时期的争论中没有发挥什么作用。在复辟时期，从1664年开始，英格兰议会下议院向神职人员征税，而神职人员则被允许在议会中投票。此后，在查理二世和詹姆士二世统治的整个时期里，教士大会都不被允许开会讨论事务。但在革命之后，威廉三世召集了教士大会，并为了一项 285
"理解"计划对其成员发出了呼吁。他希望获得教士大会对议会修改福音书提议的祝福，目的是"理解"温和的不从国教者，也就是引导他们重返教会。但教士大会下院对这项计划持敌对态度，事实上，这项计划遭到了各方面人士的反对，既有辉格党，也有托利党。威廉对这一失败感到很恼火，并在他统治的中期没有召开过教士大会。

但在17世纪的最后几年，高教会派的一位新拥护者弗朗西斯·阿特伯里（Francis Atterbury）的著作迫使教士大会的问题走到政治前台。阿特伯里是一个比萨谢弗雷尔更富争议的人，但不幸的是，其极端程度并不低。

阿特伯里在他的《致一位教士大会成员的信》[1]中声称，教士大

① 阿特伯里是这封著名的信的主要作者的事实显示在他自己对Hearne的陈述当中（*Collections*，Ⅲ，pp. 279–280）。同可参见Beeching的*Atterbury*，pp. 53–56。

会是教会和国家政体的重要组成部分，在重要性和独立性方面都与议会相当，即使国王也无权阻止教士大会的召开，就像国王不能阻止议会召开一样。阿特伯里认为，正是因为在过去的几年里它没有召开，无神论和索西尼主义才取得了如此惊人的进展。只要让教士大会召开，它很快就会让教友们对他们要信仰和阅读的内容有正确的认识。

对教士大会权利的这种要求是安妮统治时期托利党的主要政治口号之一。这是高教会派的一项新政策。在早期斯图亚特王朝时期，英格兰国教会高层曾指望王室维护他们的权利并对抗其敌人，在复辟后则指望议会。但时代已经变了。王室和议会都不再是教会一方在任何情况下都可以依靠的盟友，因此，教士大会将再次成立，带着模糊但雄心勃勃的计划来控制思想和道德。

286 事实上，自革命以来，高教会派甚至无法信任主教。因此，阿特伯里声称，堂区神职人员所代表的教士大会的下院只依赖于王室而非主教。他辩称，教士大会中的神职人员并不像议会的下议院服从上议院那样服从于主教。这就是他的比喻，对于一个主教制教会来说，这是一个危险的比喻。它使高教会派很容易受到实用的长老会主义的指控，这被辉格党拿来当面嘲笑他们。这是一个颠覆性的局面，曾经是清教徒眼中钉的主教制度，现在却保护不从国教者和低教会派免受迫害。

1700年，威廉三世在与哈利和托利党达成协议后，同意再次召集教士大会。1701年以及安妮在位的每一年，只要议会召开，教士大会也会召开。[①]在阿特伯里的领导下，教士大会下院的大多数针对

---

① 当然，这个时候的坎特伯雷和约克都有教士大会，它们分别召开。发生斗争的是南边省份的教士大会，而这一时代的历史学家们往往会把坎特伯雷教士大会简称为“教士大会”。

上院采取了过激的行动。索尔兹伯里的伯内特，直言不讳、愚直且大胆，是高教会派喜欢攻击的靶子。他那本论《三十九条》的清白
1701年 之书，被教士大会下院攻击为异端，其他不拘泥于教义与形式的作家也被置于同样的谴责之下。有人公开说，如果主教们不对错误的教义采取行动，神职人员就将采取行动。主教们惊觉这些人是对自己权威的反叛，便通过特尼森大主教的行动中止了教士大会下院的会议。阿特伯里则声称大主教无权中止教士大会下院的会议，对其置之不理，继续自行开会。

然而，一个重要的少数派脱离了阿特伯里并服从了主教的安排。因此，不能认为整个堂区的神职人员都是极端的高教会派人士，但他们中的大多数代表在这场争吵中采取了高压路线。

关于休会权的争论在威廉召开的最后一次教士大会上开始发酵， 287
并在安妮女王统治早期每一届教士大会中吞没了其他问题。威克和吉布森在反对阿特伯里的文章中阐明了这场争论的学识内容，先例似乎并不站在阿特伯里这边。

原本最有助于教会复兴的能量，就这样被浪费在主教和他们的神职人员之间的争吵中，不虔诚的辉格党人则在一旁看好戏。这件事大大增加了政治-宗教争论的激烈程度，也增加了高教会派教士和高教会派托利党在女王统治的头几年里对政府的不满情绪。女王、马尔伯勒和戈多尔芬竭力避免卷入这场冲突，但他们的不偏不倚本身就冒犯了阿特伯里的追随者，后者要求王室恢复据说是被大主教篡夺了的权力。在1702—1703年的会议上，教士大会下院呼吁女王进行干预，女王因她纯粹的高教会派精神而没有答复他们。这一点及《偶奉国教法》的失败，被狂热者视作不利于大臣们，甚至不利于女王本人。1703年1月，诺丁汉在与特尼森的通信中徒劳地试图进行幕后

调停。政府未能在这一问题上有所行动，是导致布伦海姆那一年托利党政府分裂的一个原因。[264]

安妮统治时期标志着一项重大政治制度的发展——内阁委员会在一致性和权力方面的增长。威廉国王曾亲自指导外交事务，他是他自己的首相，通过把自己的意志强加于内阁，从而使内阁中相互对立的辉格党和托利党政治家凝聚在一起。安妮，因其女性身份和病弱之故，不得不把更多的决策交给她的大臣们。因此，内阁越来越重要，同时，人们也越来越感觉到内阁成员需要在政治上团结一
288 致并共同承担责任。在统治的最初几年，人们发现同一个内阁委员会不能再容下高教会派托利党人和温和的托利党人，他们彼此憎恨且对战争执行持不同看法。“王室的机要仆人”再也没有一位王室主人来维持他们的秩序并压制他们的分歧了，这就需要一些其他的团结原则。像辉格党小集团那样的党派忠诚可能会实现这一点。由于没有这一点，作为财政大臣的戈多尔芬开始施加他的个人权威，并因此接近首相——他偶尔会被这样称呼——的位置。①

尽管如此，女王出席了几乎全部的内阁会议，虽然她控制这些会议的权力受到她的健康、性别和理解力等方面的限制。无论安妮身在何处，会议都会举行。1703年8月，我们发现戈多尔芬写信给诺丁汉，让他收集当时在伦敦的“内阁会议上议院成员”（Lords of the Cabinet Council）对苏格兰政策的意见，并将这些意见以书面形式寄给在巴斯写信的他，“女王打算在收到这些意见后召集在这里的那些上议院成员”，并在内阁建议的帮助下做出决定。在伦敦举

① 见上文（边码）第188页注释。

行的会议上，内阁大臣们被“召来参加女王的会议”。正是由于乔治一世对英语的无知和对英格兰事务的漠不关心，首先导致了君主缺席自己的内阁会议。[265]

被称为“内阁会议上议院成员”的不必然是贵族，和现在一样，其由国家的主要官员组成。在安妮登基的前一年，经验丰富的桑德兰提出了十个职位，认为应该由这些职位的任职者组成内阁。①然而，289
并没有绝对的规则，被列入名单的坎特伯雷大主教当然不会次次出席——直到统治末期他都甚少出席。这些身居高位的官员，即“内阁的上议院成员”，通常每周在女王面前开会一次，其他时候则在女王不在场的情况下准备事务。

除这些内阁会议外，两三个最重要的管理者还会在私下会面以决定政策，这在委员会规模过大时经常发生。1703年11月，戈多尔芬写信告诉哈利：“最重要的是马尔伯勒公爵、你以及我应该定期会面，如果不能更频繁的话，至少每周两次，对即将发生的一切提出建议。”[266]由于当时哈利是议长，根本不在内阁中，所以把这样的会议称为“小内阁”（Inner Cabinet）是一种误解。但毫无疑问，得知戈多尔芬、马尔伯勒和哈利在私人会议上安排国家事务，是把罗

① 大主教、掌玺大臣（或大法官）、枢密院院长、王玺大臣、宫内大臣、财务大臣，财政部首席专员（或财政大臣）、两位国务大臣、爱尔兰总督（当他在英国时）；以及，如果国王想要更多，海军大臣和军械总管也会参加。在安妮在位期间，马尔伯勒以后者的身份参加内阁会议。*Hardwicke*，Ⅱ，p. 461. *H.M.C.Portland*，Ⅳ，p. 669以及 *Saloman*，pp. 352–356，表明在安妮女王统治结束时，这份名单几乎没有变化。

内阁似乎起源于两个独立机构——枢密院全体委员会和内阁或国王机要仆人会议——根本不是一个法律承认的机构。在安妮统治时期，这两个机构的人员几乎是相同的。见 E.H.R. 中的文章，1912年10月，1914年1月，1914年4月，1916年4月，1917年4月，以及《美国历史评论》，1913年7月及10月。

切斯特和诺丁汉先后逼向反对的事情之一，并使高教会派托利党不可能进入内阁。

更古老的、更大的和不太同质的机构——枢密院也经常开会，并处理许多现在由国家各部门管理的行政事务。但它不再能未经内阁批准而自主提出任何重要政策。只有在一些诸如王朝危机等这类重大的紧急情况下，枢密院才有可能再次维护其古老的权威。①

在控制着财政并开始承担首相角色的财政大臣之下，内阁中最
290 重要的行政职务是国务大臣，其几乎处理除财政外的所有事务。国务大臣有两位，其中一位通常是公务员类型的，因为，如果两位国务大臣都是声称要指导高层政策的政治家，他们就会发生冲突，毕竟他们的领域是重叠的。在1703年，北方国务大臣查尔斯·赫奇斯爵士是一位谦逊的行政官，南方国务大臣诺丁汉是一位政治家，他认为自己与戈多尔芬和马尔伯勒是并列的——这个问题还有待进一步检验。如果没有和诺丁汉的合作，这两位亲戚是不可能推进战争的。因为，南方国务大臣负责处理南欧国家和殖民地的事务；北欧国家和苏格兰是北方国务大臣赫奇斯的职责范畴。当时还没有国家外交大臣一职。两位国务大臣还共同承担了内政部的职责，并且分别可以向海军部和陆军部发布命令，即便已经有一位海军大臣和一位战争大臣，当然总司令就不用提了。

这看上去很奇怪，英格兰政府竟然可以在这样一个部门重叠且不成形的体制下运转。从某种意义上说，两位国务大臣隶属于财政

---

① 《王位继承法》第四条（见上文（边码）第120页）规定，枢密院将重新获得作为政府真正部门的地位，取代更为现代的内阁。但是，这个条款只有在汉诺威家族继承王位之后才会生效。1705年，该条款被驳回，因此从未真正实行过。

大臣，但财政大臣对他们的权力在于其影响而非权威。在最后关头，女王被要求必须对她的仆人们的争吵作出裁决。然而，戈多尔芬勤勤恳恳且老练圆滑地对其他部门的负责人施加了影响。事实上，罗切斯特很快就被证明是不可能被影响的，因此女王解雇了他。但女王与诺丁汉的最终决裂迟至1704年。

第十四章　财政、贸易与外交

291 路易的权力只有通过英格兰和联省共和国之间的紧密合作才能被遏制，双方的紧密合作在上一次战争中一直得到有效的保证，因为欧洲最伟大的政治家，既是荷兰的最高执政官，又是英格兰的国王。在威廉死后，马尔伯勒和荷兰大议长海因修斯之间的友谊也达到了类似的效果，只是程度较轻。这种与加尔文主义共和国的良好默契令高教会派的托利党人不悦，随着他们发现这种默契使英格兰月复一月地在欧洲大陆承担更多的军事责任并对德意志诸侯提供更多的补贴，他们更加不乐意了。

威廉的战争持续了九年，平均每年花费350万英镑。西班牙王位继承战持续了十几年，每年平均花费400万英镑甚至更多。威廉的财政部部长查尔斯·蒙塔古在城市大亨们的帮助下发明了国债和英格兰银行机制，上次战争就是靠这个机制来融资的。戈多尔芬在西班牙王位继承战争中也采用了同样的机制。威廉的战争造成了1450万英镑的国债。在此基

1689—1697年

1702—1713年

292 础上，安妮的战争又增加了2150万英镑的债务。由于安妮的战争总共花费了5000万英镑，因此，一半以上的资金必须从每年的税收中支付，而税收还要用于偿还债务利息。[267]

托利党的乡绅们有反对国债和战时征税方法的特别理由。他们

抱怨说，财政部对城里的大财主——其中许多人是不从国教者，而且很少是托利党人——欠的债越多，女王的政府就越倾向于听取“财主们”的建议，他们与“土地”阶层的利益明显不同。年复一年，戈多尔芬因其财政大臣的身份，日益被拉入与伦敦城之间更为紧密的关系中，而女王本人也对那部分臣民做出了更大的承诺。相反地，那些借钱给国家的人则倾向于成为辉格党，因为如果僭位者返回英格兰，他会把借债赖到革命政府头上。

此外，正如地主们所抱怨，地主们承担了一项他们不喜欢的政策的费用，而财主们却利用这一政策发财。国债的利息、对欧洲大陆盟国的补贴、维持英格兰陆军的开支——这些被当时的乡绅诅咒的对象，却在很大程度上是由土地税支付的。高教会派托利党因抱怨一个近代国家渴望独立和扩张所必需的费用而显得目光短浅，即便如此，他们埋怨那个时代奇特的征税范围是有道理的。直接税在整个税收中占很大的比例，并不是平均分摊到所有形式的财富上，而是不成比例地落在土地上。

事实上，在威廉统治时期以及在安妮统治的第一年曾尝试对官员的工资以及专业人员和商人的盈利征收所得税，与对乡绅征收的土地税并行。但是，当时并不存在为评估利润和收入而进行必要计算的税务局；而且纳税人不愿意帮助任何进入其私人事务领域的此类调查。因此，1702年议会投票通过的对个人财产征收每英镑4先 293
令所得税的政策失败了，并被废弃。[1]整个负担仍然落在地主身上，他们的土地不能隐藏起来而不接受估税。

从现代观念来看，那时征收土地税的方法非常奇特。战争期间

① 这项政策的预期收益是80万英镑，但实际收益为30万英镑，此后就被废除了。

的每一年都会宣布一项新的法案，通过所谓的“4先令土地税”筹集200万英镑。该年度法案包含一份英格兰各郡和主要城镇的计划表，其中有每个地方应支付的税额，它们共同组成所需要的200万英镑。地方当局必须拿出这些钱，并按照每英镑收取4先令的方式来完成，名义上是根据土地每年的价值，实际上是根据某种旧时的估值，这些估值往往不到真实价值的一半。所谓的“4先令土地税”的实际效果相当于，对安妮女王时代大多数土地每年的实际价值征收2先令的税。由于估值的年代过于久远，许多地产比其他一些地产更容易逃税。1713年恢复和平后，土地税名义上降至每英镑2先令，是战时税率的一半。

在那个时代，就连对土地重新进行估值都不在国家能力范围之内，也难怪对更为困难且普遍的收入税进行评估基本上就是毫无可能的了。如果政府有能力对所有类型的财产征收这种税，戈多尔芬会非常乐于讨好托利党乡绅们，让有钱人和职业人士承担一部分负担。这样做符合他的政治利益。但财政部官员对如何做到这一点感到困惑，就连托利党经济学家达文南特都认为这个困难是无法克服的。正是小皮特首次成功地在旧的土地税之外征收了所得税，为与革命的法国开战提供了经费。威廉和安妮时期的政治家们曾试图征收这种税，但由于缺乏官方机制而失败。[268]

因此，辉格党的商人们极其轻易地摆脱了对抗路易的战争的负
294 担。不过，辉格党的土地贵族们仍然支付了自己的份额。约翰·赫维在他被封为领主的1703年，仅地租收入就有5250英镑，他告诉我们，其中将近一半的钱用于“付税以及房屋和花园的维修与维护费用”。9年后，他写道：“我确信这场战争让我花费了4万英镑以上。”

这样的大人物往往比一般的乡绅更有辉格党人的风范，或者至

少更有大臣的风范，他们经常访问伦敦，更了解外国的情况。因此，他们对战争税的抱怨低于他们更具乡土气息的邻居们，后者对欧洲的看法就像今天美国西部农民对欧洲的看法一样。正是在较小的庄园里反对“4先令土地税”的低声抱怨成为两场反法战争期间政府政策所面临的主要危险。

在安妮统治的最初几年，收成很好，谷物价格很低，老百姓没有像在威廉统治时期的战争和歉收中那样受苦。这有助于防止百姓对新开始的战争怨声载道，直到价格在马尔普拉凯（Malplaquet）战役的时候翻倍。然而，尽管谷物的低价格延缓了普通人不满情绪的产生，但它并没有提高那些面向市场种植谷物的人们的利润，乡绅们认为自己因利润低而没有能力支付土地税。“我们有足够的肉和酒，但我们收到的钱实在是太少了。”一位乡村男爵写道。北方的乡绅们抱怨说，他们所有的现钱都给了收税人，而且，除非维哥宝藏像传闻中那样巨大，否则乡村的普通生意将无钱可收。其他人“对税收感到震惊，认为一切都应该随着威廉国王（去世）而停止”。一位战争的支持者说，乡村的绅士们不愿意“在一英镑四先令的重压下呻吟”，除非新的战争可以带来比上一次战争更好的战果，包括取得胜利和占领城镇。

在战场上的马尔伯勒能否及时交付战果以堵住国内批评他的托利党人的嘴呢？在安妮女王头两年焦虑的统治中，新战争的成功和受欢迎程度都令人怀疑。特别是当1703年未能重复1702年的军事成就时，295
大臣们在国内和国外都走到了险境。然后，布伦海姆的转折点出现了，它减轻了国外和国内两方面的压力。因为，正如一位通信员写信告诉哈利的那样，对于乡绅们来说，抓获一支法国陆军和一位法国元帅使“他们一英镑中被抽取的四先令看上去从未如此超值”。[269]

下议院中的托利党多数对战争和荷兰联盟的看法有些分歧，他们在抗议盟国与敌人的贸易中找到了一个天然的发泄口。在这个问题上，英格兰的国家政策不同于荷兰。在辉格党政治和重商主义经济学的影响下，英格兰甚至在和平时期也尽量停止自己与法国的贸易。但荷兰靠贸易生存，尤其是靠跨越南部边境的贸易为生。阿姆斯特丹是世界的金融中心，它继续通过汇票向法国汇钱，丝毫不受战争爆发的影响。在英格兰，人们通常说，法国如果没有来自荷兰的资金和来自荷兰与德意志的马匹（为了交换法国葡萄酒），就不可能进行反对威廉的战争或反对安妮的战争。而荷兰人回答说，除非他们的贸易得到维持，否则他们无法打一场长期的战争，并且英格兰人自己也不断向法国走私货物。

这场争论在1703年1月发展到了顶峰。下议院按照荷兰的要求，为次年在佛兰德斯的战役增加了1万人兵力，但条件是，联省共和国议会要迫使其国民断绝与敌人的贸易和通信。马尔伯勒决心与荷兰人保持友好关系，以便赢得战争，但出于同样的原因，他最急于阻止荷兰人与法国的贸易。作为调解人，他采取了强有力的中间路线。联省共和国议会在海因修斯的指导下，准备装模作样地满足英格兰人的要求。但是，联省共和国的联邦宪法使政府对泽兰的走私者或
296 阿姆斯特丹的资本家族的控制力非常虚弱。安妮女王在海牙的特使亚历山大·斯坦霍普写道：“无论联省共和国议会如何决定，他们永远都无法阻止民众从事有望获得收益的贸易。”

然而，根据英格兰的要求，英格兰、联省共和国和神圣罗马帝国皇帝于4月签署了一项条约。三国承诺，禁止其国民与敌人进行贸易，但某些特定的商品除外。该禁令从1703年6月开始实施，为期

仅12个月，因为荷兰人拒绝签署超过一年的实验期。

在商定的禁止期内，三个签署国的国民都有许多违反条约的行为。来自爱尔兰港口的船只，在私掠者的掩护下与布雷斯特进行常规贸易，实际上是与法国政府勾结，向其供应10%的运载货物。向上议院提供的证据证明，“法国舰队的食物来自英格兰和爱尔兰”。从萨塞克斯和东安格利亚向法国运送英格兰羊毛的“猫头鹰”活动，一如既往地活跃而且非法地进行着。但是，英格兰人在盟国正义之路上的这些失误，并没有阻止英格兰的私掠者扣押他们发现的将货物运入西属美洲港口的荷兰人的船只。

1703年6月—1704年6月

如果说英格兰人和爱尔兰人的做法是不规范的，那么泽兰和阿姆斯特丹的做法也一样。然而，荷兰与敌人的贸易受到的限制是如此之大，以至于联省共和国议会宣布自己已经极度贫困，无法再在禁令的基础上继续进行战争。他们完全拒绝再续约一年，英格兰不得不妥协。在1704—1705年议会的冬季会期上，公众正为布伦海姆的胜利欢欣鼓舞，辉格党和温和托利党的影响力也在增加。因此，他们能够阻止下议院在这个问题上与荷兰人进一步争吵。辉格党虽然比托利党更急于在和平时期和战争时期阻止英格兰与法国的贸易，但他们的担忧与马尔伯勒一样，他们并不急于破坏联盟的前景以惩罚对其利益持有不同看法的荷兰人。

在这次同意停止与敌人贸易的试验失败后，英格兰和荷兰在另 297
一项政策上达成了更好的共识——与西班牙和西属美洲进行贸易。在1703年英格兰宣布查理三世（奥地利查理大公）为西班牙国王之后，他便自视为这片国土之王，其在严格意义上被英格兰与荷兰看作自己的盟国。在战争的中期和后期，欧洲的法国人和西班牙人由于英格兰对海洋的控制而无法到达西属美洲，在那里，英格兰人和荷兰人在互相竞争中进行着商业活动。但这一贸易并没有预期的那样有利可图，因为英格兰的私掠者禁不住去劫掠财产，从而疏远了美洲西班牙殖民者。

由于波罗的海沿岸的斯堪的纳维亚国家和斯拉夫国家之间正在进行另一场战争，这让西班牙王位继承战争中有关中立权的国际立场复杂化。在那场东边的战争中，英格兰和荷兰是中立国，而在对法战争中瑞典、丹麦和波兰是中立国。诚然，丹麦雇佣了一支最优秀的军队为西方的盟国服务；丹麦骑兵的冲锋陷阵使马尔伯勒赢得了拉米伊战役。但是，丹麦和瑞典一样，都要求在对法国的战争中享有中立国的海上权利。英格兰和荷兰无法承受与丹麦决裂的后果，因为他们需要租借对方的军队，两国也不能与瑞典的查理十二世决裂，以免他成为两国盟友德意志的后方威胁。此外，斯堪的纳维亚的海军物资对海上大国的存在至关重要。①我们不能一边主张在波罗的海作为中立商人的权利，一边在离我们更近的战争中过度强调对波罗的海中立商人的搜查权。基于这些原因，丹麦人被允许与法国进行贸易，但包括马匹在内的战时禁运品除外。令人敬畏的瑞典国王也得到了类似的待遇。在英格兰的舰队占领了地中海之后，像热那亚和其他意大利国家等那些英格兰不太有理由讨好的中立国，其
298 与法国的贸易被更有效的阻止。尽管法国的贸易在许多方面受到了阻碍，但其总是有这样或那样的出路，有些是大同盟政府承认的，有些则不是。[270]

---

① 见上文（边码）第9页。

1703年，海上或陆地上的战争都没有取得胜利。[①]在与时间的赛跑中，这种没有收获的战役原本会对争分夺秒的大同盟造成致命打击，军事上的成就是如此贫瘠，但幸亏这一年在外交上的成果异常丰硕。5月，葡萄牙不再保持中立，加入了法国敌国的阵营，10月，萨伏依放弃了法国，也加入了大同盟。如果不是对英格兰海军、外交和财政压力的高超运用，这两个事件都不会发生。

在威廉统治的最后几年和安妮统治的最初几年，约翰·梅休因和他的儿子保罗相继担任驻葡萄牙使节，他们是那些著名条约的主要缔结者，（现在，）这些条约在经济和政治史上仍以其姓名闻名。梅休因父子不仅完全了解英格兰在他们所派驻的国家中的利益，而且了解该国宫廷内部的运作及其人民的想法。他们的首要职责是防止葡萄牙国王加入法国一方。在1698年英格兰解散自己军队之后，路易代表他的孙子接受了查理二世的遗嘱，在伊比利亚半岛，英格兰的软弱和法国的强大给人们留下的印象一度是压倒性的。葡萄牙国王彼得二世与法国和西班牙结成了联盟，他在法国和西班牙的恳请之下正准备承认僭位者为英格兰国王。梅休因父子只能将他说服到在对大同盟开战前再观察一下事态发展的程度。

葡萄牙有必要选边站。就像1915年的意大利一样，它进退两难，对它来说，中立和干预一样危险。如果葡萄牙保持中立，让法国和西班牙在欧洲建立霸权，那么这个小王国就会成为路易和其孙子的 299
附庸，能够不像菲利普二世时期那样再次被西班牙吞并就已经很走运了。无论它是保持中立还是加入法国一边，在任何一种情况下，它都将面临失去贸易和殖民地的危险，因为英格兰的舰队可以将

① 关于马尔伯勒1703年的战争，参见下一章。

它的船只赶出海面，并切断它与美洲、非洲和印度属地的联系。[1]

那么葡萄牙能安全地加入大同盟吗？葡萄牙自己的军队对法国人毫无用处。英格兰和荷兰的军队的数量是否足以保护它的东部边境免受波旁王朝的入侵？答案是否定的，1701年的英格兰看上去没什么用。带着极大的困难，梅休因父子在葡萄牙宫廷里继续实现他们的目的，对抗强大的法国–西班牙派。葡萄牙国王比他的大臣们更不喜欢法国。随后，维哥的消息扭转了葡萄牙的舆论

1702年10月 风向。英格兰船只和登陆队的实力已经以戏剧性的方式展现出来了。倘若海上大国即将实施大规模的半岛战争政策，将菲利普五世从马德里的王位上赶下去，或许葡萄牙人终究可以信任大同盟为其保卫东部边界。

随之而来的是六个月的阴谋和谈判，而这些最后在里斯本以签署政治性和商业性的《梅休因条约》告终。此条约是1701年《大同盟条约》和《乌得勒支和约》之间最重要的一组外交文件。它们改

300 变了盟国的战争目标和战争战略。直到纳尔逊和威灵顿

1703年5月 时代，它们仍然是英格兰在南欧的权力基础，并影响到它的商业政策，一直持续到1832年《议会改革法案》(Great Reform

---

① 去世的（葡萄牙）国王起草了《梅休因条约》并撕毁了他与法兰西之间的协议，因为他被告知他无法保持中立，法国人不能保护他的港口和贸易；因此，他加入了英格兰。更能说服他的是：法国人在海上没有舰队，而英格兰拥有这些海域，葡萄牙人如果没有英格兰的保护，就不能进行贸易。虽然他们的贸易肯定对英格兰有利，但对葡萄牙来说更是如此。他们所有的黄金、糖和烟草都是英格兰制成品的回报，英格兰的人把这些东西赊给他们，他们则在巴西贸易后支付给英格兰。葡萄牙消费的四分之三的谷物是英格兰人进口的，所有的干鱼都是英格兰人进口的，所以很明显，这些人靠英格兰生活。Thos. Leffever to Lord Dartmouth, October 13–24, 1710, Lisbon. *Dartmouth MSS.* at Patshull.

Bill）的时代。

《梅休因条约》的起源最早可以追溯到两国的商业历史中，也可以追溯到英格兰查理二世与布拉甘扎的凯瑟琳联姻的条件中。但是，1703 年达成的交易开启了英葡关系的新时代，因为，条约签订之后直布罗陀和马翁港便被成功拿下，以及英格兰因可以自由使用里斯本港而建立了在地中海的永久权力。[271]

《梅休因条约》的商业部分规定，葡萄牙有义务移除其对英格兰布匹的现有禁令，而且应当以极低的准入税率进口英格兰布匹。作为回报，英格兰进口葡萄牙的葡萄酒，准入税率应始终低于来自法国的葡萄酒的三分之一。英格兰商人和制造者对这个规定感到欣喜，其为他们的布匹找到了新销路，养羊的乡绅和约曼农也很高兴。葡萄牙的布匹制造被英格兰的进口产品摧毁了，但这个国家找到了救命稻草，将自己重建为一个巨大的葡萄园，为英格兰人的餐桌供应红葡萄酒。

在战争期间，《梅休因条约》中的这个既定利益不断增长，它是如此强大，以至于在十年后反战争政策导致的反作用高潮中，制定了《乌得勒支和约》的强大政府未能让下议院通过一项英格兰与法
1713 年 国的商业条约，而这个下议院在其他议题上都采纳了托利党政府的观点。让法国的红葡萄酒以比葡萄牙的红酒更低的准入税率进入英格兰，意味着违背了《梅休因条约》以及丢失葡萄牙的布匹市场。这一年的一本小册子强调：

> 是与葡萄牙的贸易在这场战争中支持了我们，如果没有它，我们很快就会发现和平的负担比战争还要沉重。但我不需要对一个几年来在集市、市场、商店和绅士们的管家中看到了这么多葡萄牙黄

金的西部乡村的人说，与葡萄牙开展贸易对英格兰是多么有利。

301 与法国的贸易很可能被证明更加“有利”，但英格兰拒绝牺牲葡萄牙这块到手的肥肉而寄希望于获得更大的利益，这些利益最多只能与法国分享。与法国开展贸易被当时流行的政治经济学派认为是危险的。因此，在整个18世纪，葡萄牙的红葡萄酒进入英格兰时要比法国的红葡萄酒税率更低。①葡萄牙的红葡萄酒等同于爱国、辉格党、羊毛；法国的红葡萄酒等同于亲法、詹姆士党——只有在苏格兰是爱国的。在福克斯和皮特时代困扰着英格兰上层阶级的痛风，就是《梅休因条约》、辉格党政策、重商主义经济学以及安妮女王早期大型战争危急时刻的一个副产品。[272]

但在1703年的春天，马尔伯勒和梅休因父子考虑的不是子孙后代的痛风或葡萄酒的品位，而是如何让葡萄牙成为盟国，并在里斯本港停靠战舰。彼得国王的条件是无法通融的。

盟国不仅要向半岛派遣大量的英格兰和荷兰军队，还要作出盟国不会抛弃葡萄牙的诚意的保证，盟国必须宣布奥地利的候选人成为西班牙的查理三世，而且他必须亲自到半岛来为他的遗产而战。这些要求在几个月内制造了相当大的麻烦，因为利奥波德皇帝极不愿意把他深爱的小儿子送到欧洲的另一端，一个在异教徒守卫下的“野蛮之地”。英格兰国务大臣赫奇斯写道：“驻葡萄牙的神圣罗马帝国大使在这件事上表现得非常冷漠，说利奥波德皇帝不需要葡萄牙

---

① 葡萄牙人占领的马德拉（Madeira）也给英格兰带来了当地的葡萄酒，作为葡萄牙葡萄酒的补充。两年前《梅休因条约》的结果是，安妮女王在“马德拉斯群岛”（Islands of Maderas）设立了一个总领事，以协助和保护英格兰在那里的商人。*P.R.O.*（S.P.），104，130，ff. 260–262.

人的帮助。”当然，利奥波德是一个令人恼火的人。他已经让整个欧洲陷入战争，而不是放弃他的家族所要求的西班牙帝国的任何部分，可现在，他又对让查理登上马德里王位的机会“漠不关心”。

不过，维也纳方面的暮气沉沉被伦敦方面活力满满的目的压制， 302
毕竟，英格兰和荷兰是大同盟的付款人，可以发号施令。最后，利
1703年 奥波德皇帝同意签署《梅休因条约》的军事部分，据此，他承诺查理大公会前往葡萄牙。只要他一到那里，而不是在此之前，彼得国王将承认他是西班牙的查理三世，并以他的名义开始半岛战争。英格兰、荷兰和利奥波德皇帝承诺派遣由12000人组成的“经验丰富的部队”；彼得国王承诺派出28000名葡萄牙人，其费用和武器主要由海上大国提供。事实上，奥地利贡献的不过是查理本人。因为，尽管奥地利在条约中承诺，向12000人组成的前往西班牙的盟军部队提供三分之一的兵力，但英格兰马上就接过了这一任务。重新调整巴西与法属圭亚那的边界以满足葡萄牙人的要求，也将在和平到来之际予以协商。

这就是《梅休因条约》的政治和军事部分。它将里斯本港完全置于英格兰舰队的支配之下，从而使它能够夺取和占领直布罗陀及米诺卡岛，继而主宰地中海并有效协助意大利从法国势力中得到解放。

就葡萄牙联盟使盟国进入地中海这一点而言，《梅休因条约》带来的是纯粹的收益，是战胜法国所不可缺少的，但就其让盟军卷入伊比利亚半岛内部的战争而言，其好处则令人怀疑。同盟国确实收获了葡萄牙、加泰罗尼亚和西班牙东部省份这些积极的朋友，但同盟国唤醒了卡斯蒂利亚和西班牙中部地区，使其从习惯性的懒惰转向积极的抵抗，而为了对抗这些人，英格兰人和荷兰人动用了本可以在其他地方作战的军事力量。诚然，他们迫使路易向西班牙派兵，

但是，由于法国人处于内线，他们在西班牙驻军的费用比英格兰人和荷兰人更低。这一问题类似于今天的世界大战中棘手的“枝节问题”（side-show）。

303 更为确定的灾难性事件是，威廉在《大同盟条约》中确定的适中的战争目标[①]，被偏离到这个误导性的政策上，即把一个为广大西班牙民众所厌恶的候选人推上马德里的王位，尽管这个候选人在加泰罗尼亚很受欢迎。盟军增加的这一计划完全是盟国在战争最糟糕的时刻不得不用金钱换取葡萄牙的支持的结果。它的目的达到了，但最终在这场世界冲突取得胜利之后，又将这场冲突延长了很长的时间。徒劳地把菲利普五世赶下王位的努力也许增加了四年的战争时间。

在拉米伊战役之后，“没有西班牙就没有和平”这一致命的公式成为辉格党的口头禅，重新团结起来的托利党用尽全部力量才战胜了它，并在乌得勒支给欧洲带来了和平。但在战争初期，高教会派托利党的国务大臣诺丁汉，却是这一后来被认定为辉格党的政策的最坚定的支持者。1703年，作为南方国务大臣的他积极推动了《梅休因条约》的谈判。在这个问题上，就像在其他许多问题上一样，这位最有良知的英格兰政治家采取了自己的路线：诺丁汉希望英格兰在半岛地区做出巨大的军事努力，而其他高教会派托利党人则希望战争仅限于在海上和海岸袭击。但是，诺丁汉不同意马尔伯勒在尼德兰和德意志大规模使用英格兰军队作战的政策，他希望将这些军队派往西班牙。因此，在1703年，当《梅休因条约》正在酝酿，为即将到来的半岛战争做准备时，诺丁汉能够在这些问题上与马尔

---

① 见上文（边码）第146—147页。

伯勒和戈多尔芬进行真诚的合作。但在第二年春天，当出现向德意志核心地区派遣英格兰军队的问题时，仅这位国务大臣与这两位亲戚对战争的看法的差异，就足以导致一场内阁危机。[273]

诺丁汉在外交事务中的活动并不局限于葡萄牙。他还主张煽动欧洲中部各国通过自己的努力来拯救自己，以便英格兰的军队能够集中力量对付西班牙。在担任国务大臣期间，他为诱导萨伏依和巴伐利亚改变立场做出了巨大努力。在他的鼓动下——当然也有马尔 304
伯勒的鼓动，英格兰在维也纳的大臣斯蒂芬尼不断敦促利奥波德皇帝向武装的匈牙利新教徒和立宪派做出重大让步，以便在他东面大门安全关闭的情况下，没有后顾之忧地面对西面的法国，并将其世袭领地统一起来。但利奥波德在耶稣会的建议下非常顽固，当被逼问时，他经常只是以爱尔兰的类似情况为例来回复，并抗议英格兰有关匈牙利的法律书中仍在增加臭名昭著的刑法条例。

如果诺丁汉能够成功地让巴伐利亚选帝侯改变立场，并使利奥波德在与臣民打交道时变得富有人性和理性，英格兰的军队就永远不用去多瑙河了。但是，尽管诺丁汉在葡萄牙和萨伏依取得了成功，却在皇帝和选帝侯那里失败了。这一失败注定了他自己的战争战略计划的失败，并使他在1704年不可能成为马尔伯勒的同事，后者认为，如果利奥波德皇帝不能自救，那么，去救他就符合英格兰的利益。[274]

萨伏依公爵维托里奥·阿梅迪奥，无论从他的目的还是从他实现这些目的的手段来看，都会赢得马基雅维利的认可。他一生都在努力不让利奥波德这个外国人进入他的公国——因为完全不让他进入意大利已经不可能了。通过均衡奥地利以对抗法国，从而维护萨伏依－皮德蒙特（Savoy–Piedmont）的真正独立，除了这个爱国的目的，他不忠于任何原则。他把臣民、盟友和女儿当作游戏中的棋子来对待，像狐狸一样永远躲避，时不时地像狮子一样出击。正如英格兰在欧洲寻求均势一样，萨伏依公爵在阿尔卑斯山分水岭寻求均势。他是哈利法克斯侯爵萨维尔意义上的“骑墙派”：他“骑墙”的对象不是当时的胜利者，而是不让他维持均势的人（即弱势的一方）。因此，在取得胜利的时刻，没有任何一方能信任他。

1703年，盟军的处境太令人绝望了，维托里奥·阿梅迪奥认为
305 现在是他放弃更强的一方而转向较弱一方的时候了。路易无法相信，与他亲上加亲的公爵竟然策划了一场如此危险且明显损害他的利益的背叛行为，萨伏依公爵曾将一个女儿嫁给了勃艮第公爵，其是法国王位的最终继承人，把另一个女儿嫁给了西班牙国王菲利普五世。法国军队在萨伏依的领土内及四周，是他们通往米兰、那不勒斯和西西里的陆路通道。当然，如果有一个人是因为利益和恐惧而依附于法国的话，这个人就是1703年的维托里奥·阿梅迪奥。此外，他最近还因为英格兰人支持了汉诺威的继承权而非他家族的要求而生气。①

但萨伏依公爵对法国人没有好脸色。法国的将军们对他无礼；他们的士兵把意大利人当作低等生物。萨伏依公爵在马德里的女儿正与法国宫廷针对她的女性宠臣奥尔西尼王妃（Princess des Ursins）的个性和权力进行争论。最重要的是，萨伏依公爵治国之道的真正目标不是寻找眼前的安全之路，而是最终的独立之路。如果法国的势力在意大利永久建立起来，萨伏依就会被凡尔赛统治的土地包围，

① 见上文（边码）第116—117页。

萨伏依公爵本人就会成为法国君主的附庸。维托里奥对他的家族的未来有其他的梦想。奥地利必须在米兰人当中重新建立起来：因为，只有这样，萨伏依才会独立，在两个敌对势力之间守住山路，就像在英格兰和俄国之间的阿富汗一样。

1704年，英格兰驻都灵的使节理查德·希尔这样解释他被派驻的宫廷的政策：维托里奥·阿梅迪奥“希望德意志人在这个国家里拥有曾经的西班牙人所不拥有的更大的力量，并且可以随时在这一边支持他，就像法国人在另一边可能做的那样”。希尔补充说，米兰的意大利人“极其讨厌法国人，憎恨他们的政府。他们习惯于西班牙人，他们是在那个温和或软弱的政府下出生和长大的”。自从西班牙查理二世去世后，名义上属于西班牙的米兰省实际上一直受制于法国政府。

但维托里奥不会改变立场，除非他有保护自己免受法国人报复的恰当机会。1701—1702年，欧根亲王的奥地利军队在波河平原 306
上的立足点非常虚弱，1703年时变得更加虚弱。在维也纳开始进行的为了萨伏依改换立场的秘密谈判中，利奥波德做出了许多军事援助承诺，还额外奉送一份意大利领土，其与法国人提供的那些领土一样值钱。但是，当时匈牙利、巴伐利亚和法国的军队分布在奥地利领土的不同地方，一个捉襟见肘的皇帝能有什么表现的机会？消息灵通的英格兰驻维也纳公使斯蒂芬尼不相信整个谈判，他认为这是维托里奥的另一个狐狸把戏，毫无意义。“萨伏依公爵决心剥夺他女儿的西班牙王国，”他写道，“这是不可能的，从我了解的情况来看，我很难认为他是认真的。”斯蒂芬尼“从未对萨伏依公爵的诚实有任何看法”，他是一个不可能被逮到的“普罗透斯”（Proteus）。迟至1703年9月，这位英格兰大臣还认为整个谈判是一个“玩笑”。①

然而，这一次，明智的斯蒂芬尼是错误的。在维也纳的氛围下，盟军的努力看起来几乎都是没有希望的，因为需要仰仗利奥波德皇帝的援助。但萨伏依公爵并不只是依赖于维也纳。1703年，英格兰舰队被派往地中海，舰队指挥官是克劳兹利·肖维尔，副手是精力充沛的利克，诺丁汉给海因修斯的信中写道，其“最重要的目标是诱使萨伏依公爵宣布支持奥地利家族”，同时也是为了鼓励意大利各国的亲皇帝派并联络塞文山脉（Cevennes）的新教叛乱者。肖维尔出海太晚了，无法做什么，但他在意大利沿海亮出了旗帜，而且没有受到土伦舰队的挑战。在通过尼斯和比利亚弗兰卡这两个萨伏依的港口时，萨伏依公爵与英格兰政府的代表直接沟通。戈多尔芬承诺的每月80万克朗的财政援助肯定会得到落实；而英格兰政府的承诺——让利奥波德皇帝在意大利恢复强有力的军事行动，是真诚的并最终实现了。

307 然而，尽管诺丁汉、马尔伯勒和戈多尔芬都做出了承诺，但由于冒犯法国会让萨伏依公爵处于巨大的危险中，他月复一月地犹豫着。最后，在秋天，路易听到了谈判的风声，下令解除法军中5000名萨伏依士兵的武装并逮捕他们。这一招不但没有吓到萨伏依公爵，反而使他变得绝望和大胆。他铤而走险，公开加入了大同盟。他有可能因此使维也纳免于被占领。但他几乎失去了都灵。1704年7月，当马尔伯勒已经在多瑙河上的时候，萨伏依在都灵的困境是如此糟糕，以至于希尔认为维托里奥还是不

1703年10月

① 普罗透斯，希腊海神，可改变多种形态。后被用于形容“多变之人”。——译者注

得不把自己卖回法国。“公爵”，他写道，“将失去他的国家，或者我们将失去公爵”。在意大利，就像在其他地方一样，布伦海姆战役来得正是时候，拯救盟国的事业于彻底的毁灭之中。[275]

萨伏依回归英格兰同盟阵营后，立即恢复了一项英格兰各党派政治家都很看重的政策，即武装南欧的新教徒以反对法国迫害者。维托里奥·阿梅迪奥呼吁他臣民中最顽强、最善战的沃德山谷（Vaudois Valleys）的山民们为他提供新兵以对抗路易，路易在都灵的势力经常对他们的福祉带来致命的危害。来自瑞士和法国的胡格诺派难民们奔着他的呼吁蜂拥而至。同时，萨伏依公爵和他的英格兰盟友与塞文山脉的4000名胡格诺派叛乱者取得了联系，这些人因蒙冤至深而变得绝望，正在法国的核心地带对路易的势力发起一场可怕的相互杀戮的战争。塞文山脉的胡格诺派在瑞士、伦敦以及现在的都灵都有代理人。他们的人数，尽管不是他们的勇气，在盟国的心目中被夸大了。将这些法国的叛军与萨伏依的军队以及英格兰舰队联合起来以对付土伦的想法，已经在马尔伯勒的脑海中浮现。但现在还不是进行这种尝试的时候。首先必须使都灵脱离危险，并将法国人从米兰驱逐出去。[276]

11月底，一股“中立的力量”迅速、短暂且无缘无故地介入了，差点让英格兰失去了它的海军优势，还差点输掉了战争，这股力量就是大风暴。在英格兰有记录的历史中，这场大风暴是 308
绝无仅有的，在英吉利海峡和英格兰南部地区持续了两天。风从西南偏西的方向吹来，“在远处就像打雷，并伴有可怕的闪电”。刚刚从地中海返回的肖维尔和利克的战舰，正停在唐斯（Downs）和炮舰舰队的旁边。另一支中队在荷兰

1703年11月26—27日（旧历）

海岸，在那里等待着接应前去占领他的西班牙王国的“查理三世”。为了避免被冲上岸，大多数英格兰的战斗舰队都开到了海上。成千上万的大小商船也是如此。在接下来的一个星期里，北海上布满了英格兰船只，它们都处于不同程度的险境中。只有在许多天后才有可能知道其中有多大比例的船只会回来。有人说，“如果风暴不是在满潮和涨潮时达到顶峰，那么，损失可能会对国家造成致命的影响”，因为船只会被赶到沙岸上，而这里在飓风第一次降临时被仁慈地覆盖了。

英格兰的航海技术从未受到过比这更大的考验，船员的操作也从未那么好过。在那个可怕的夜晚，以及随后同样可怕的一天，无数船只上船员的技术和勇气拯救了英格兰，他们与这非人类的敌人在海上激烈搏斗。在凡尔赛，朝臣们相信英格兰人已经失去了他们的舰队。在国内，男人和女人都在痛苦地等待船只的归来。幸存者一个接一个地回来了，他们被打得遍体鳞伤，桅杆和索具都被打碎了。令人高兴的是，冬天还未到来，因此，在明年的战役之前，船坞有好几个月的时间来修理船只。皇家海军损失了博蒙特上将、1500名海员和15艘从二等到六等的战舰，此外还有些小型船只。商船的总损失从未被估计过，但可能损失了好几百艘各式各样的船只。

309 国家的骄傲和决心响应了这一呼吁。海军向来被人们爱戴并总是在有需要时可以得到支持。12月1日，让英格兰的敌人大失所望的是，下议院表决通过了弥补海军所有损失的决议，并坚持认为不能减少明年春天服役的船只配额。明年，直布罗陀确实落入了英格兰水手和海军陆战队的手中，并通过与法国大舰队在马拉加附近的战斗而保留住，这次战斗是挂满旗帜的海军行动。在风暴发生的两星期内，亚历山大·斯坦霍普在海牙写道：“我十分愉悦地阅读了下议院的投票以及下议院在我们遭遇损失之际向女王的致辞，这一定会让整个欧洲更加重视和尊重女王陛下和整个国家。”①

在大海和陆地之间是矗立在岩石上的埃迪斯通灯塔。它的上部由木材组成，但它在当时被认为是一项伟大的工程壮举，是航海者们的福音。最奇怪的一个意外事件是，负责建造该建筑的“聪明的温斯坦利先生”，在暴风雨开始的那个不幸的晚上，正好去灯塔查看一些维修情况。他发出了求救信号，但没有船能从岸上开出来。黑夜和飓风包围了埃迪斯通。清晨，岩石上光秃秃的，灯塔和里面的人都不见了。[277]

风暴对本国陆上的危险低于在海上的，但它所造成的破坏同样巨大。西南地区是飓风首先登陆的地方，首当其冲。巴斯和韦尔斯的主教基德和他的妻子熟睡在韦尔斯宫的床上时，被倒下的烟囱砸死。圣洁的肯是一名不从国教者，也是基德的上一任主教，根据他的记录，他本人差点就遭遇同样的命运。在大城市中，布里斯托尔遭遇的危害最为严重。它的港口堆满了船只残骸。那里著名的地下储藏室，被风暴来临前涌入的潮水淹没，大量的财产被毁坏，据计算，损失超过10万英镑。此后的几天里，来自布里斯托尔的船只在 310
乡间划行，将亲人们从屋顶和树顶上救下来。

大风暴从康沃尔开始，向东及偏北方向穿过英格兰。树木成批倒下；大教堂和堂区教堂屋顶的铅板，像地毯一样被卷起；在许多地方，几乎没有一个烟囱还竖立着，没有一个屋顶未被破坏。船只被甩出了河床，马车则被甩出了栅栏，落在了田野上。

---

① 在这里可以很高兴地提到，在下议院日志中，与此同时，下议院投票决定，遇难水手们的家人应当获得救济——在那时，这远非普遍手段。

> 我祈求上帝，愿我们一切都好，［蕾切尔·罗素夫人（Lady Rachel Russell）写道，］但是我儿子和他妻子那块儿的烟囱倒了，从烟囱里掉下来的砖块和烟尘使他们在六点钟就起来，并来到我的客厅。花园的墙倒在了园外空地上，所有的树木也都齐刷刷地被打落在这片空地上。但在斯特拉顿（Stratton），我的各方面损失都更严重，谷物和干草被吹得满树都是，冷杉树被连根撕碎。汉普郡一片荒凉。我听说乡村和城镇死了很多人。佩内洛普·尼古拉斯夫人（Lady Penelope Nicholas）死在了她乡下住所的床上，而睡在同一张床上的尼古拉斯先生则得救了；一块木头落在他的两腿之间，挡住了砖头。

在伦敦，损失估计为100万英镑。11月27日上午，伦敦人透过风暴看到，他们的街道就像被轰击过的城市街道一样，堆满了倒下的烟囱碎块和屋顶碎片。幸运的是，第一夜的雨过后，接下来的三个星期都很干燥，与以往每年的这个时候相比非常反常。不然，南英格兰的屋顶不可能在房屋内里遭受严重破坏的情况下被修补好。

26日午夜，安妮女王站在窗边，看着圣詹姆士公园里有着悠久历史的树木倒下。在同一时间，她最可敬的臣民之一，英格兰树木栽培之父老约翰·伊夫林，正在聆听他在沃顿的心爱的橡树与大风之间势不均、力不敌的战斗呼啸声——正如他悲痛地说：“木镇之名不再”。清晨，它们躺倒在地，“就像在战斗中倒在了征服者剑下的
311 整个军团，连同它们下面生长着的一切全部被摧毁”。那天晚上，伊夫林失去了2000棵大树，他的一个邻居失去了1300棵，新森林共失去了4000棵“勇敢的橡树”，迪恩森林则失去了3000多棵。南英格兰的榆树就这样毫无还手之力地倒下了。但在那些日子里，人们对

未来抱有希望，因为，尽管榆树和橡树倒下了，但人们还会种植其他树木——就像今天人们很少会这么做一样。

风暴的威力在向北移动的过程中逐渐减弱。它在东安格利亚的某个地方消失了。伊利的长屋顶被撕成了碎片。不过，沃什河畔的金斯林，该镇内的损失据估计只有1000英镑，港口的损失不超过3000英镑，尽管损失中包括七八艘船。北部地区受到的影响不大。

因此，英格兰从陆地和海上幸存了下来。这是一个悲伤但充满感恩的圣诞节。12月16日，当“虔诚的罗伯特·纳尔逊”与基督教知识促进会的其他成员讨论“在最近的可怕的风暴过后的下周三，在小林肯旅馆野外的新戏院上演《暴风雨》是否合适”时，生活肯定已经恢复了正常。英格兰已经恢复了。[278]

第十五章　困局

312 1703年是马尔伯勒的忧伤之年：国内的不幸拉开了一场没有战果的战役的帷幕。

公爵的家庭事务就像与他有关的所有其他事务一样，带有他完全掌控生活的特点。他已经与英格兰最聪明却总是与其他人发生争吵的女人幸福地生活了四十四年，这本身就是不小的成就。他的政治权力因他俊俏的女儿们令人敬仰且幸福的婚姻而增强。他的第二个儿子查理很早就去世了。但布兰特福德侯爵约翰·丘吉尔长到了17岁，兼有母亲的机智和父亲宜人的脾性，深受大家喜爱和钦佩。戈多尔芬写道："他不仅脾气极好，非常讨人喜欢，而且是你能想到的他这个年龄段里最酷爱自由思考和理性的人。"看起来，这位年轻的马塞勒斯（Marcellus）生来就是要在18世纪的英格兰大展拳脚的啊！[1]

喜欢清醒的伙伴且精通古典文学的布兰特福德侯爵从伊顿公学进入了国王学院，[2]在那里，他虽然是作为一名"贵族"被录取的，但以极大的热情学习知识。他的导师就是那位富有冒险精神的牧师

---

① 马塞勒斯，罗马执政官之名。——译者注

② 在布兰特福德侯爵的时代，国王学院的学生住在国王教堂的北边，即现在（1930年）剑桥大学图书馆的位置。除教堂外，国王学院的建筑都已消失。

弗朗西斯·海尔（Francis Hare），此人后来成为马尔伯勒公爵在多瑙河和佛兰德斯的战地牧师。布兰特福德渴望在他父亲的带领下参加 313
一次战役，但萨拉要求她的儿子必须在大学里待上一段时间。

她当时放他走就好了。人类无情的宿敌天花选择将剑桥大学中前景最光明的年轻人作为它的猎物。布兰特福德的父母匆匆赶来，但只能看着他死去。在国王学院教堂的一个侧礼堂里，他那白色大理石建造的满是铭文的墓碑，正是人类脆弱希望的体现，其上写着：

1703年2月20日

名门望族空悲切（factat genus et nomen inutile.）

几周后，马尔伯勒在检阅完莱茵河的盟军后，写信给国内的戈多尔芬：

我今天看到了一支非常庞大的队伍，一想到可怜的丘吉尔勋爵看到这样的场面会有多高兴，我就更加不安了。既然上帝想带走他，真的，我从我的灵魂深处希望能少想一点他。

共同的悲痛使他比以往任何时候都更亲近他的妻子。4月，在波恩围城战中马尔伯勒写信给萨拉：

如果不是你总是明确要求我烧掉你的信，我会很高兴保留你珍贵的第九封信，它是如此亲切，尤其是关于我们安静地生活在一起的话题，直到这样的幸福时刻来临，我才会满足。

他们仍然希望有一位男性继承人：

> 请让我在你的每一封信中了解你的情况。如果它被证明是一种让我可能会同情你而非感到遗憾的疾病，它还可能使我有野心。

天哪！如果马尔伯勒都缺乏野心，那这个野心是什么呢？但我们不需要为一个悲痛中的人偶尔发出的高声喊叫而紧张。更需要解释的是他在8月写给萨拉的这封信：

> 你我都很有理由为我们所拥有的一切而感谢上帝，所以我们绝不能因为他把我们可怜的孩子从我们身边带走而感到遗憾，而是要祝福和赞美他，因为上帝仍然眷顾着我们。我认为我们应该借助上帝的这一纠正，把我们最主要的时间花在与他和解上，并始终牢记
> 314 我们不会长生于世。我这么说的意思并不是要我们遁世。因为我相信，一个人入世比遁世能做更多的好事，但同时也要这样活着，即当上帝召唤时，我们可以不留遗憾地死去。

这更像是奥利弗·克伦威尔对伊丽莎白说的话，但它的确是马尔伯勒说给萨拉听的。这话可能不是某种刻意的伪善，因为它是讲给那位女人听的，而她并没有和马尔伯勒一样的看法；这也不是纯粹的例行用语，不是他和他妻子成长的白厅中的惯常表达。它完全是这个最隐秘的人的真情实意。[279]

3月，内心仍旧悲痛的马尔伯勒前往荷兰，并通过巨大的努力使荷兰人早点进入战场。但荷兰将军们的作战意愿空前低落，不愿意

立即攻打法国在尼德兰的防线，但没有这种攻击，荷兰就不能如期获得它在战争中的主要目标。阿斯隆因去年战役中的事件承认了英格兰指挥官的才能，[1]但他不幸去世了，他的继任者们一致为只进行防御性战争寻找借口。马尔伯勒只获准在敌人行动之前及时围攻波恩。波恩沦陷了，这是科隆大主教出卖给法国的最后一座莱茵河要塞，它的陷落为同盟打开了通往这条壮阔水路的大门，并使下一年的行动得以可能，这在当时是没有被预见到的。

马尔伯勒亲自推进了对波恩的围攻。围攻行动是在荷兰最杰出的将军奥德凯尔克（Overkirk）领导的军队的掩护下进行的，他们在马斯特里赫特的城墙下坚守防御阵地，对抗来自布鲁塞尔方向的由法国维勒鲁瓦（Villeroi）和布夫莱尔元帅领导的解围军队。

如果不是法国人在有城墙围绕的小城通厄伦（Tongres）前被拖住，在马斯特里赫特的奥德凯尔克可能会被出其不意地战胜。在通

1703 年 5 月 15 日（新历）

厄伦，一个由荷兰人组成的营与另一个由在荷兰服役的苏格兰人组成的营，忍受了法国军队一天一夜的轰击后才投降。在由此获得的喘息间隙里，奥德凯尔克 315
出色地准备好了防御，维勒鲁瓦虽然用大炮轰击了这些防御设施，却不敢贸然进攻。就在同一天，马尔伯勒拿下了波恩，随后紧急回防，一切进展顺利。

马尔伯勒公爵高度评价苏格兰人和荷兰人在通厄伦的表现，以

1703年8月

至于坚持要用下一批法国战俘换回他们，那批战俘是他三个月后攻陷于伊（Huy）时俘虏的。于伊堡垒位于马斯河的高处，靠近那慕尔，是科隆和列日的主教选帝侯约瑟夫·克

---

① 见上文（边码）第238页。

莱门特保有的最后一座城镇。现在，克莱门特的所有领土都落入了他所背叛的盟国的手中。盟国愤愤不平地记得，克莱门特的这些领土是盟国在威廉时代通过在外交上支持他获得选帝侯资格而获得的。在约瑟夫·克莱门特的案例中，报应来得很迅速；对于他的兄弟巴伐利亚选帝候马克斯·伊曼纽尔来说，报应的脚步则比较慢。[1]

波恩、于伊和林堡（Limburg）要塞都是马尔伯勒在1703年的战利品，但这些实在不足以对抗强大的法–巴伐利亚联盟沿着多瑙河推进，其威胁着同盟在维也纳的核心。然而，公爵在尼德兰向前推进的所有努力都因为荷兰将军们的愚蠢或恶意而付诸东流，事实证明，他们的阻挠不亚于前一年。7月，马尔伯勒制定了一个突袭安特卫普的计划，由荷兰将军科霍恩和奥普丹从西面进攻安特卫普，马尔伯勒则从东面进攻。但科霍恩更擅长围攻战而非进攻，他通过一路贪婪的抢掠到西佛兰德，从而给敌人发出了警告。奥普丹任由自己在埃克伦（Ekeren）遭遇突袭并临阵脱逃，把随
1703年7月29日（新历）
从军队留给斯兰根堡（Slangenburg）去解救。此人有勇有谋，但秉性卑鄙，对马尔伯勒有强烈的嫉妒心。突袭安特卫普的计划就这样失败了。

法国人正在修建从安特卫普到那慕尔的“防线”，就像托雷斯·韦德拉什（Torres Vedras）的防线一样，但长度为90英里，以保
316 卫他们对西属尼德兰的占领成果。这条防线的某些部分由不可逾越的河流组成，其他部分则由绵延的地面防御工程组成。马尔伯勒回
1703年8月24日（新历）
到于伊附近的马斯河畔，提议在梅海因（Mehaine）附近强攻这些防线，此处的地面防御尚未完工，离未来

① 关于这对维特尔斯巴赫兄弟的叙述见上文（边码）第156页。

的拉米伊战场也不远。马尔伯勒和十几位英格兰、德意志和丹麦的将军签署了一份正式的抗议书，要求发动攻击，并指出了获得预期成功的理由。但荷兰将军们不同意，尽管这一次他们的文职战地代表们同意了。威廉·卡多根（William Cadogan）是位身材魁梧的爱尔兰壮汉，他的参谋工作深得马尔伯勒信任，他在谈到荷兰人时写道："战地代表们表现出的决心和活力足以让他们的将军们颜面尽失，如果他们还懂得什么是羞耻和理智的话。"[280]

综合两年的经验来看，在尼德兰作战的支配性因素是：联省共和国的将军们不让马尔伯勒作战。马尔伯勒在写给他的朋友海因修斯的信中说，他"宁愿立即死掉"，也不愿在同样的条件下再打一场仗了，而且他的"忍耐也快到极限了"。英格兰军队的愤怒蔓延到了大后方。高教会派托利党人找到了反对荷兰联盟的新燃料，也找到了证明陆上战争是在浪费人力与财力的新证据。在大臣当中，诺丁汉、西摩和泽西都同意英格兰军队应该离开尼德兰。马尔伯勒也有同样的看法，但是在不同意义上的。他的军队难道不可以不乘船去英格兰或西班牙，而是沿着莱茵河向南进军，进行一些有意义的工作吗？

早在1703年8月11日，他就写信告诉维也纳的斯蒂芬尼，荷兰的将军们是指望不上的，但明年在摩泽尔（Moselle）发动一场战役可能会产生更好的结果。这将开辟一条进入法国的道路，其不会像尼德兰的通道那样矗立着一座又一座的堡垒。马尔伯勒让斯蒂芬尼看看皇帝利奥波德是否会通过其在海牙和其他地方的交涉来支持他的计划，从而为他获得"一支在摩泽尔河上过冬的优秀部队"，并拿下特拉巴赫（Trarbach）和特里尔（Trier），为明年春天在那里迅速打开局面做好准备。维也纳的绝境难以支持这项特定计划的实现，317

但转向南方，从与荷兰人合作转向与奥地利人合作的想法，为布伦海姆战役埋下了种子。[281]

1703年的夏天几乎见证了维也纳陷落的全过程，随之而来的一个不可避免的结果是，欧洲反抗路易十四“普世君主”阵线的瓦解。这一企图的教唆者是战争中最伟大的法国士兵维拉尔（Villars）。他的夸夸其谈、热情好客、尽情享受生活的态度、突然暴发的脾气，以及对内心想法的直言不讳，都令他深受法国士兵的喜爱，但也让他成为挑剔的亲王们、朝臣们以及偏执的牧师们的眼中钉。如果生在第一共和国的军队中，他会更加如鱼得水：缪拉会觉得他符合自己的心意，拿破仑则会充分发挥他的才能。①然而，在1702年，虽然维拉尔已经50岁了，但他仍然是个低级将领。那年10月，他在巴塞尔（Basle）附近的弗里德林根（Friedlingen）战胜了德意志的诸侯们，被晋升为法国元帅。但是，由于这一荣誉是与一群无名小卒分享的，他以非朝臣的语气给那位大臣写了一封信：“我听说陛下刚刚任命了十名元帅。如果他任命了十位适合担任指挥职务的将军，那就更有意义了。”[282]

然而，在弗里德林根战役之后，这颗未经打磨的宝石的价值已经不可能再被忽视了。在瑞士边境附近取得的那场胜利，有可能使阿尔萨斯的法国军队与多瑙河畔的巴伐利亚人在下一年联合起来。1703年，路易十四授权维拉尔跨越莱茵河和黑森林通道，与巴伐利亚选帝侯会合，攻击神圣罗马帝国的核心地带——维也纳。还没有等到正常的作战季节开始，维拉尔在隆冬时

1703年2月

① 缪拉，在拿破仑手下征战的军人，曾任法兰西第一帝国元帅。——译者注

节便占领了基尔（Kehl），即斯特拉斯堡对面的莱茵河桥头堡。但是，纵使他满腔热忱，也觉得有必要等到4月末再去尝试突破黑森林难以通行的通道。

5月初，维拉尔和他的军队安全抵达多瑙河上游，这似乎预示 318
着战争将在太阳王的荣耀中迅速结束。6月1日，他的一个仆人写信给一位苏格兰贵族，让詹姆士党在爱丁堡议会中向政府施加压力，因为，维拉尔与巴伐利亚人的联合将使法国有能力让荷兰人单独与法国媾和并向苏格兰提供援助。[283]当维拉尔抵达多瑙河时，德意志诸侯们都很惊慌。神圣罗马帝国议会在雷根斯堡（Ratisbon）严阵以待，目的就是对法国宣战。天主教派和新教派之间一贯的争吵在选帝侯领地、诸侯领地和城镇内部进行，议会中的新教派向安妮女王求助，她回答说："女王陛下认为自己是新教利益的领袖。"几周后，雷根斯堡被巴伐利亚军队占领，议会继续在其敌人的武装胁迫下开会。[284]

巴伐利亚选帝侯的家族、大臣和臣民都不喜欢选帝侯强迫他们扮演的角色。他们对法国人毫无好感，他们和其他德意志人都被法国人无情地劫掠。巴伐利亚的农民认为，"法国人是他们的天敌，为了法国的利益"而承受战争的苦难是很难受的。在巴伐利亚军队服役的德拉科隆尼说，自己是"军团里孤独的法国人，这里的军官们向来憎恨我们整个民族"，他们的一生都在与法国人作战。[285]然而，服从选帝侯的本能比尚处于萌芽状态的种族和民族的本能要强大得多，以至于从西班牙王位继承战争开始到结束，优秀的巴伐利亚军队始终在漫长的灾难和流亡岁月中忠于他们的选帝侯和他们的法国朋友们。

马克斯·伊曼纽尔之所以坚持法国的主张而不顾其仆人和臣民

的意愿，是因为他的个人野心——如果战争胜利了，他就可以坐上神圣罗马帝国皇帝的宝座，同时，即便多瑙河不幸发生了叛乱，他
319 仍然可以期待作为西属尼德兰总督而拥有的一切。他从未想过马尔伯勒会同时征服巴伐利亚和佛兰德斯。

1703年5月，所有的预兆都有利于选帝侯的野心。他欢迎维拉尔拯救他的王位和家族。不过，这种热情并没有得到回报。去年11月，维拉尔在越过莱茵河之前就对马克斯·伊曼纽尔的忠诚度产生了深深的怀疑，因为，这位巴伐利亚选帝侯即使在为法国拔剑之后也从未停止过与同盟国的谈判。有这些怀疑很正常，事实上却是不公正的，正如他后来的行为所表明的那样，与一方进行秘密谈判，同时仍然在根本上忠诚于另一方，是当时的欧洲王公以及英格兰的政治家的惯常做法。[286]

在维拉尔抵达多瑙河后的几个星期里，和谐的表象占了上风，巴伐利亚选帝侯起初同意了法国元帅提出的即刻向维也纳进军的大胆计划。维拉尔前些年曾以外交人员的身份去过那里，并注意到了防御的弱点。维拉尔在给国王路易十四的信中写道，“我们可以在第一天就很容易地攻破外城墙”，在他看来，拿下奥地利的首都是仅需“八天的事”。攻城炮可以顺着多瑙河而下，沿岸的堡垒将在毫无抵抗的情况下一个接一个地落入巴伐利亚人的手中。那时，匈牙利的反叛者几乎已经到达维也纳东面的入口。奥地利的国库空虚，并且奥地利在莱茵河和意大利的军队无法及时返回。奥地利的这两支军队可以分别被塔拉尔和旺多姆（Vendôme）牵制住。这就是维拉尔在1703年6月初对局势的看法。但马克斯·伊曼纽尔并不是能去检验这一计划的人，而且，据维拉尔说，他身边的顾问都是心系神圣罗
320 马帝国皇帝利益的人。伊曼纽尔在短暂地同意了这个更大胆的计划

之后改变了主意，随后把军队开到了特里尔。这让法国元帅非常反感，他被迫留在多瑙河上守卫交通线以抵御德意志集结起来的力量。

即使在发脾气，维拉尔也承认，入侵特里尔是仅次于立刻向维也纳进军的最优计划。因为，有什么能阻止巴伐利亚人到达伯伦纳山口（Brenner Pass）并在那里与来自波河平原的旺多姆联手呢？他们可以一起返回多瑙河与维拉尔会合，重新开始向维也纳进军，这样做虽然在时间上会慢一点，但在力量上会因来自意大利的援军而变得更强大。[287]

然而，马克斯·伊曼纽尔这样绕道攻入阿尔卑斯山，既有军事原因，也有政治原因。他将把特里尔纳入巴伐利亚的领土中，从而掌控德意志和意大利之间的通道，这与一个渴望获得帝国王冠的诸侯是相称的。他到达了因斯布鲁克（Innsbruck），那里的城镇居民们把他当成领主来宣誓效忠。前景似乎如此光明，以至于维拉尔给他写了一封愉快的信，要求从未来的皇帝那里获得一块波希米亚公爵领地。

1703年6—7月

突然间，一场打击从一个阴谋家们做梦都没有想到的地方降临。特里尔山地的农民们对哈布斯堡家族的忠诚在火焰中熊熊燃烧，如同拿破仑时代安德里亚斯·霍弗（Andreas Hofer）对抗法国人和巴伐利亚人类似的入侵时一样。马克斯·伊曼纽尔的通信和撤退路线是一条穿过危险隘口的弯弯曲曲的单行道路。这条路线的岩石一侧现在被岩羚羊猎人占领，他们是欧洲最好的攀岩高手和射击者。在7月的最后几天里，巴伐利亚军队不得不为自己的生命而逃窜，并庆幸顺利返回慕尼黑，除损失了几个分遣队外，没有发生更严重的灾难。

巴伐利亚选帝侯回到了维拉尔那边，但并没有从意大利带来预期的援助。7月，波河上的旺多姆接到了路易的命令，要他通过布伦纳山口与巴伐利亚人会合，“并通过将战争带入神圣罗马帝国的核心地带来结束战争”。那一年，奥地利在意大利的抵抗几乎可以忽略不
321 计，因为欧根已经被召回维也纳，需要在缺钱少人的情况下尽他所能地与匈牙利叛军周旋。但旺多姆在加尔达湖周围浪费了几周宝贵的时间，部分原因是，有传言说萨伏依公爵即将加入盟军，事实上，两个月后他才加入了同盟军。①旺多姆的耽搁是致命的。8月，巴伐利亚人失去了他们驻扎在特里尔的所有剩余堡垒，法国军队在山民们的抵抗下已经不再可能从意大利进入德意志了。[288]

虽然被切断了与意大利的联系，但维拉尔和巴伐利亚选帝侯在多瑙河上的位置却很好。9月20日，他们使德意志诸侯的军队在霍赫施塔特和布伦海姆附近遭遇了一场严重的失败。②多亏了特里尔人的分担，一场对神圣罗马帝国的战役被延缓了，但帝国在下一年的前景似乎令人绝望。1703年12月，在奥地利首都，人们谈论的是宫廷将不得不搬到施第里尔（Styria）的格拉茨（Gratz），法国人和巴伐利亚人将与匈牙利叛军在维也纳的街道上握手讲和。[289]

如果1704年在巴伐利亚的是维拉尔而非马尔伯勒，这些期望就会实现。但在1703冬天，脾气暴躁的维拉尔终于与巴伐利亚选帝侯争吵起来，放弃了对多瑙河法军的指挥权。接替他的是马尔桑（Marsin），此人是一个各方面能力都很逊色的指挥官，除了能与马克斯·伊曼纽尔相处融洽。他们很快就握手言和，他们的军队将作为一个整体去作战。

---

① 见上文（边码）第305—307页。

② 德意志军队在格雷海姆（Grcmheim）小河后面集结，距离下一年布伦海姆战役中法军在内贝尔河后面的阵地大约两英里；追击战经过了后一场战斗的部分场地。

与此同时，路易派维拉尔在1704年的战斗季指挥塞文山脉的军队，参与平息4000名胡格诺派农民抵抗的任务，这些人被称为卡米撒派（Camisard），他们在自己土生土长的山地上坚持抵抗迫害者。维拉尔是一个理性的人，可能在百科全书派的时代会更快乐些，他看到了在对外战争的危机中发生在法国核心地带的这场没有必要的内战的愚蠢性。他大胆地向卡米撒派的领导人提出了条件并给予宗 322
教宽容。他以为自己已经阻止了战争，但凡尔赛的偏执者们否定了他所做的合理安排。事情还是像以前一样，直到卡米撒派的抵抗逐渐被压制。英格兰人经常承诺帮助他们，但从来没有帮到过。[①]

就这样，在那场扭转战争命运的战役期间，路易的一位伟大士兵被调离了决定事务的现场。此后，1705年在摩泽尔河畔，1709年在马尔普拉凯，维拉尔阻止了马尔伯勒攻入法国。如果1704年维拉尔能在多瑙河与马尔伯勒对峙，马尔伯勒就不可能取得像布伦海姆那样彻底的胜利，从而挽救盟军的事业。

比马尔伯勒小13岁的欧根亲王是一位在路易十四的宫廷里长大的讲法语的拥有阿尔卑斯山血统的萨伏依诸侯。当他还是一个尚未

1663—1736年

成年的孩子时，他就敢于与路易争吵，原因有二：首先，路易对他的父亲和母亲进行了长期的报复性迫害——至少欧根是这样认为的；其次，路易在欧根想成为一名士兵的时候却让他去当牧师，并愤怒地拒绝听从这位年轻人的劝告。路易热衷于安排别人的人生，拒绝让欧根成为法国的一名士兵，这是他为法国军队做过的最糟糕的事情。把阿尔卑斯山上的雏鹰关进

---

① 见上文（边码）第307页以及下文注释276。

笼子并不容易：欧根为了成为一名军人并向路易复仇，从凡尔赛逃
1682年 到了维也纳。尽管欧根想要挫败路易的动机更加个人化，比不上威廉三世更加稳定的动机，但欧根羞辱法国君主的决心既不缺乏持续性，也不缺乏成功性。在本可以恣意挥霍的年纪，欧根冷酷且自律，对自己的职业有一颗火热的心。在没有国家、妻子和家庭的情况下，他在长达50年的军事生涯中以年轻骑士的热情追求荣誉和名声。

323 利奥波德和他教俗两届顾问们的无能，造成维也纳陷入令人绝望的危险中，这终于迫使他们将神圣罗马帝国的命运交给了欧根。帝国宫廷的愚昧无知者再也无法阻止欧根掌舵。1703—1704年冬天，他被从意大利召回，领导在维也纳的陆军部并担任战争委员会主席。他需要在奥地利拮据财政的允许范围内重组奥地利军队，他实现的手段就是借助英格兰的补贴。

此时马尔伯勒和欧根还互不相识，尽管两人都听说过对方的大名。但是，萨伏依亲王作为土耳其征服者的世界名声，正是英格兰人将他们与国家的命运押在与奥地利军队密切合作上的原因之一。作为同事，欧根亲王的好可能和此前的荷兰将军们的坏程度相当。对马尔伯勒来说，仅仅用斯兰根堡交换巴登的刘易斯是没有用的。但欧根现在领导着维也纳军事顾问们，而且次年可能会亲自到德意志作战。

英格兰历史学家经常在证据不足的情况下不止一次地说，马尔伯勒向多瑙河进军的计划是他在1703—1704年冬天与欧根亲王的通信中预先安排好的，而且这个计划在一段时间里只有这两个人知道。可是，他们的伟大友谊是布伦海姆战役的结果而非原因。如果他们在之前的冬天有过通信，那些通信也一直不被世人知晓。

计划这场伟大战役的方法有些不同，更加循序渐进，不那么戏

剧化。说服马尔伯勒将英格兰军队带到巴伐利亚的那个人不是欧根，而是皇帝手下能干的英格兰特使弗罗茨瓦夫（Wratislaw）。早在1703 324
年10月，欧根、弗罗茨瓦夫和神圣罗马帝国皇帝就达成共识，希望1704年盟军将主战场放在巴伐利亚。他们知道荷兰人会对任何此类计划抱有敌意，巴登的刘易斯，这位莱茵河畔的帝国将军则缺乏必要的主动性。马尔伯勒是他们唯一的希望，而弗罗茨瓦夫在整个冬天都在英格兰和海牙围着马尔伯勒转。

马尔伯勒一开始并不排斥这样的计划，如果他所喜欢的早在1703年8月[①]就形成的从摩泽尔河谷入侵法国的计划因维也纳所面临的更为紧迫的危险而不得不推迟的话。此外，直到1704年4月实际行动到来之前，马尔伯勒还不确定是否有可能避开荷兰政府对他带着军队离开这一行动的敌意。从弗罗茨瓦夫与皇帝的通信中可以看出，关于这些问题的复杂争论持续了整个冬天，每次争论的结果都不一样，直到最后一刻，即4月初，马尔伯勒才最终下定决心，必须不惜一切代价把他的军队带到多瑙河。

马尔伯勒的功绩和天才不在于酝酿出向多瑙河进军的想法，这是一个非常明显的权宜之计，那年冬天，欧根、弗罗茨瓦夫，还有一直热衷于帝国事业的具有独立判断力的帕拉丁选帝侯，都在敦促马尔伯勒这样做。马尔伯勒的天才不在于构思计划，而在于执行计划。他的道德优势体现在，单枪匹马地承担起将他的军队带到中欧的责任，而没有得到联省共和国议会或他的两三个英格兰同事的许可。德意志的士兵和政治家们要求他来是很容易的，而他同意前往并极其艰难地启程则是另一回事。 325

---

① 见上文（边码）第316—317页。

第十五章附录

多瑙河远征的由来

英格兰历史学家，包括诸如弗兰克·泰勒和阿特金森先生这样优秀的马尔伯勒现代传记作家，都忽视了现有的关于马尔伯勒的计划形成的最重要的证据。这一证据可见《克洛普》（*Klopp*，XI，pp.41–42，91–112）和《战役》（*Feldzüge*，pp.50–58），其基于奥地利档案，特别是关于弗罗茨瓦夫写给皇帝的信。

但是，在接受弗罗茨瓦夫关于他与马尔伯勒的频繁谈话以及马尔伯勒在这些场合所说的话的同时，我们仍然可以问，欧根是否一直在与公爵就同一问题通信。我想不会。在欧根、马尔伯勒和弗罗茨瓦夫的已知书信中，没有任何迹象表明这一点，这是值得注意的。对于马尔伯勒在1月、2月和3月对弗罗茨瓦夫所说的话，似乎不可能与弗罗茨瓦夫的说法相一致，即公爵已经与欧根单独达成了一项带领英格兰军队前往多瑙河的协议。如果他知道，他或欧根一定会告诉弗罗茨瓦夫，因为在这件事上，弗罗茨瓦夫对欧根是完全信任的，而且两人都在为这个目标而共同努力。

然而，这位历史学家不得不注意到考克斯的《马尔伯勒》第21章中的以下段落（Coxe's *Marlborough*，chap.21，1818，I，p.234）：

通过与他秘密安排了整个战役的欧根亲王的代理，他诱使皇帝给女王写了一封信，请求援助等。（《布伦海姆档案中的欧根致马尔伯勒信件集》；也可参见《欧根亲王传》）（*Letters from Eugene to Marlborough*，*in the Blenheim Papers*；*Vie du Prince Eugenie*，t.2，p.156.）

这种处理如此重要主题的方法，不符合这位博学的大执事长全面且谨慎处理文献的惯常做法。他所指的《欧根亲王传》（*Vie du Eugenie*），我想是《欧根亲王史》（*Historie du Prince Euguene*，1741 and 1777，Vienna，5volumes）。在该著作的第二卷，即第45—146（不是156）页，有一封据称是欧根写给马尔伯勒的信，要求他来收复巴伐利亚。它使用了引号，却是间接引语，内容出自《欧根亲王的生活和驻营》（*Vita e campeggiamenti del Principe Eugenio*，Venice，1738）。的确，《欧根亲王的生活和驻营》中有这封信，但这封信是用意大利语写作的，用的是间接引语，而且没有用引号！这封信可能是基于一些原始信件，但由于这封信没有日期，它没有揭示马尔伯勒何时以及如何做出这一决定。这封信没有收录在他的奥地利官方通信集中，而且显然不为现代奥地利历史学家所知。

至于考克斯在《布伦海姆档案》中含糊提及的欧根写给马尔伯 326
勒的信，令人奇怪的是，这位发表了那么多文章的大执事长却没有公开这些信件；在收藏在大英博物馆的考克斯的《布伦海姆档案》的大量抄本中也找不到这样的信件；其（也）没有出现在关于《布伦海姆档案》的报告Hist. MSS. Com.中。我有理由认为，这些文件根本不在《布伦海姆档案》里。但这一点将在温斯顿·丘吉尔先生出版他那被迫切期待的《马尔伯勒传》时得到确定。如果他在布伦海姆发现了这些信件，我们将知道更多。同时，就像对这些信件的存在表示怀疑一样，我也对欧根被指参与说服马尔伯勒来到巴伐利亚一事持怀疑态度，除非他通过弗罗茨瓦夫说出了这一点。奥地利历史学家对此一无所知，英格兰历史学家到目前为止也没有拿出任何可信的证据来证明这一点。

1704年3月7日—18日马尔伯勒写给海因修斯的信（见本书后面

的附录A），支持这样一种观点，即在欧根和马尔伯勒的脑海中，摩泽尔河和多瑙河的地位一样重要，甚至直到3月中旬都是如此。而且，直到那个月底，马尔伯勒的脑海中都还没有确定的计划。

维也纳在1704年的处境确实极其危险，需要直接援助。2月13日，惠特沃思写道："我必须承认，我们的外围地区将由匈牙利人随意处置，他们可能会在12小时之内几乎不受阻碍地抵达那里。"（*Add.*, *MSS. St.*7064，f.130）。唯一的希望是，在英格兰人向神圣罗马帝国皇帝持续施压下与匈牙利人签订条约。如果在法国-巴伐利亚军队在多瑙河参加战斗之前，2月的情况就是这样，那么，除非英格兰和荷兰提供帮助，否则夏天将会发生些什么啊！

第十六章　国内政治

在1702年，人们很可能认为英格兰的新统治和新世纪都将由托 327
利党及其在教会和国家中所代表的理念来主导。安妮女王是这样想
的，她的大多数臣民也是这样想的。马尔伯勒准备赢得这场世界大
战，并把战果献给他的女王和托利党同僚。如果能避开詹姆士党的
诱惑，并忘掉过去的声音，那么更遥远的未来也是安全的，因为汉
诺威家族还没有更倾向于辉格党而非托利党，后者在1701年通过
了《王位继承法》。我们把沃波尔及辉格党与国家漫长的发展及汉
诺威王室的稳定联系在一起，但如果在安妮女王统治时期，托利党
能够作为一个团结的政党来支持他们的女王和将军，我们或许会将
托利党与之联系在一起。对托利党仅有的要求是，在战争期间默许
国内的宽容与温和措施的体系。那一体系是托利党曾参与过的革
命与他们最近投票通过的《王位继承法》所暗含的。然而，高教
会派托利党人不能接受这些条件，他们希望恢复“好国王查理的
黄金时代”的气氛，让辉格党人和不从国教者度过应得的坏时光，
并在享受革命的好处时忽视革命本身。如果马尔伯勒不帮助他们 328
实现这些理想，那对马尔伯勒和战争来说就很糟糕，而如果汉诺
威家族不帮助他们实现这些理想，那么对汉诺威家族和它的继承
机会来说就很不利。

在这些问题以及大贵族的个人竞争上，托利党一分为二，一次是在1704年，另一次是在1714年，第二次更加致命。在这两次的决定中，高教会派托利党和温和托利党之间的分裂就像托利党和辉格党之间的差异一样明显。女王统治时期的政治史不能仅从历史上两个政党之间的争斗来理解。

在良善的安妮女王时期，每当欧洲的军队进入冬令营，政客们就会在威斯敏斯特开会，展开一年一度的争吵。会期通常在3月底结束，如果英格兰政府能坚持这么久的话，马尔伯勒就可以放心地回去打仗了，因为议会直到10月才会再次开会；戈多尔芬的政府则可以安然度过另一个夏天，支持他打完另一场战役。如果议会在军队在战场上时开会，那么，在国内如此不安全的情况下，推进战争的重任即使对于马尔伯勒的钢铁意志来说也是难以承受的。特别是，如果议会在1704年5月开会，他就很难大胆地将英格兰军队带到多瑙河。

1703年11月至1704年3月的议会是安妮在位期间争吵最激烈的一次，因为托利党正在被撕裂为两个部分，在这种状况下，通常都会发生激烈的相互指责。从爱尔兰启程去寻访各地的斯威夫特来到了伦敦，他冷静地观察着那个冬天的火热争吵，尽管仍然自称是辉格党人，甚至秘密地写了一本反对《偶奉国教法》的小册子，但斯威夫特并没有发表：

我观察到，街上的那些狗比平时吠得更大声，斗得更凶；就在法案提出的前一天晚上，一群辉格党与托利党的坏心肠女人[1]非常大

---

① 指戴了假发的托利党议员。——译者注

> 声并激烈地辩论了一通，响彻下议院的穹顶。但我们为什么要对此 329
> 感到奇怪？那些坏心肠女人被分为了高教会派与低教会派，而且出于对宗教的热忱，几乎没有时间做祷告。为了让你的傲慢稍稍平息（他是在给一位托利党朋友写信），你有必要知道，现在，女王和宫廷、整个上议院和下议院的一半人几乎都是辉格党人，而且这个数字每天都在增加。[290]

“女王和宫廷”不是辉格党人，但斯威夫特这样称呼他们是因为他们正在与高教会派托利党人争吵。

早在11月议会开会之前，诺丁汉、泽西、西摩就已经不可能与

1703年 马尔伯勒同属一个战时政府了。8月，当传闻欧根亲王即将访问英格兰时，泽西曾写信给诺丁汉：

> 我只能把这位亲王的旅行看作弗罗茨瓦夫伯爵和他的朋友辉格党人勒索补贴的一个阴谋，而我担心这个国家已经无法再承受了。

泽西的内心是一个詹姆士党人，但即使是诺丁汉，也在宣布采用“防御性”的战争战略。10月，诺丁汉从尼德兰带走了2000名英格兰人，并把他们送到了他最喜欢的半岛战争战场，而马尔伯勒对此并不知情，后来还引起了他的极大愤慨。当议会在11月开会时，马尔伯勒的秘书与朋友卡多内尔写道，对战争物资的投票“可能会进展得非常顺利”，“爱德华·西摩爵士那一帮子人是能制造混乱的人。马尔伯勒公爵和他很不在状态。”他们确实如此“出局”，以至于公爵在6月写信给萨拉：“我们有义务不希望任何人死亡，但如果爱德华·西摩爵士死了，那对女王和国家来说并不是什么大

损失。”

萨拉是一名坚定的辉格党人，敦促马尔伯勒转向她的政坛朋友。但马尔伯勒仍然像女王一样认为，“如果不受限制，任何一个党派都将成为专制者”，他更愿意“不受任何一个党派的支配，而是做我认为对英格兰最有利的事情，但要做到这一点，我将让两个党派都不满意”。

330 我（马尔伯勒）认为你说的很多话都是对的，但我绝不认为所有的托利党都支持国王詹姆士而反对女王：相反，我认为她有权力任用几乎所有的人去实现英格兰真正的利益，除了一些圆颅党人。

不幸的是，他的政府同僚们就是“一些圆颅党人”。[291]

党派的试金石仍然是《偶奉国教法》，①在许多政治家的心目中，该法案的严重程度超过了即将来临的英格兰与法国十二年斗争的危机。12月中旬，下议院再次以大比数通过了该法案。莱斯特郡的骑士约翰·弗尼写道：

今天，我们把我们准备成熟的法案提交给了上议院。我相信有200人出席了会议，但我们为它所做的一切努力都没有结果。我听说主教们意见不一，反对的有14人，赞成的有9人。（乔治）亲王没有出席。

上议院在辩论中比去年冬天更加公开地反对《偶奉国教法》的

---

① 见上文（边码）第277—283页。

原则。伯内特主教带头反对，并再次阐述了他从卡拉米的指导中学到的不从国教者的观点；莫恩勋爵在这些年里努力淡化他作为一个残忍的斗殴者与浪子的臭名，而成为一名绽放光彩的辉格党政治家，他“没有坚持说，如果他们通过这个法案，他们就是把僭位者威尔士亲王附在这项法案上了。”上议院在二读时以71票对59票强势否决了该法案。安妮不得不撤回她对该法案的积极支持。女王的开幕演讲中包含了一句重要的话，在面对国家的敌人时，反对“狂热或分裂”，支持“完美的和平与团结”——这些句子对上议院里的禄蠹来说是一个信号。托利党的小册子作者达文南特宣扬了女王的这种新战时理论：他最新的小册子《国内和平，国外战争》(*Peace at Home and War Abroad*)谴责《偶奉国教法》不合时宜，并宣扬一种令人感到舒服的教义，即在宽容的氛围中不从国教者的力量较小，热情较低，也较不团结。高教会派的热情已经逐渐消退，而且未来几年里仍将持续消退。 331

1703年12月14日（旧历）

事实上，马尔伯勒和戈多尔芬对该法案投了赞成票，甚至虚伪到把他们反对该法案被否决的“抗议”写入了下议院的日志中。马尔伯勒曾写信给萨拉：

> 我必须小心谨慎，不做罗切斯特最希望我做的事情，也就是对这个法案投反对票。但我十分庄重地承诺，我不会告诉任何一个活着的人我支持了它。

不过，比起达文南特，这些转变并没有让恼羞成怒的高教会派人士饶了马尔伯勒和戈多尔芬，他们连女王本人也没放过，他们对女王感到非常失望，当年的一部流行的讽刺作品谈到了他们对女王的不满：

然而，辉格党投票支持女王，
比我们更热心；
这难道不是一件可悲的事，
任何人都看得到吗？
我们认为当他们的荷兰国王死后，
我们本应该去严惩他们，
但现在我们的手被绑住了，
我们无法消灭他们。
因此，我们必须悲痛地吟唱，
或悲哀地说——
我们的女王太像他们的国王了，
呜呼哀哉，呜呼哀哉！[292]

在剩余的会期中，无论是圣诞节前还是之后，高教会派托利党人的愤怒在一连串的议会行动中表现出来，他们的一些动议在下议院的辉格党和政府控制的托利党人的联合抵制下被否决，另一些则被上议院否决。就其中辉格党的做派而言，这些做法比去年更加大胆，尽管最近敕封了一些托利党贵族。①赋予治安官强行征召失业者
332 入伍权利的《募兵法》②遭到了下议院西摩那帮人的反对，他们认为它违背了英格兰人的自由，但法案仍在两院获得通过，从而让马尔

① 见上文（边码）第277页。
② 见上文（边码）第219页。

伯勒大为宽慰，本年度增加的预算也被接受和兑现。一项由诺丁汉和西摩赞成的危险计划，即把《偶奉国教法》附到《供应法案》上的动议被推迟到下一个秋天。在下议院投票通过增加军队人数的过程中出现了一些牢骚，但如果西摩和他的朋友们能梦见新增军队有朝一日会被带到多瑙河，那么那些牢骚就会成为一场骚乱。对前一届和现任英格兰政府大臣的惯常攻击和辩护为党派的狂热增添了几分个人色彩。辉格党攻击诺丁汉，指责他庇护詹姆士党的间谍；高教会派托利党继续攻击奥福德，指责他在上一任国王统治时期有渎职行为，而上议院最终为他开脱了责任。最重要的是，沃顿的一个选区艾尔斯伯里的选举争吵酿成了著名的阿什比诉怀特案（Ashby v. White），导致议会两院陷入有史以来最嘈杂的政治争吵。[①]在这些混乱的状态下，安妮女王把她的赏金[②]撒向了可怜的神职人员，希望这能使她自己和她的大臣们至少避免一些来自教会的愤慨——她是如此富有理智地深爱着教会。[293]

当这些事情正在占据英格兰公众人物的头脑以至于他们无法思考欧洲的危机时，马尔伯勒正在秘密地、缓慢地作出他的伟大决定。带领英格兰军队前往巴伐利亚的决定并不是像智慧女神雅典娜那样全副武装地从他的头脑中蹦出来的，也不是欧根在信中向他提出的。[③]这一决定不是一下子作出的，而是逐渐形成的。这是与荷兰人、

---

① 我将会在下一卷中讨论阿什比诉怀特案，在1704—1705年的会期中，它的危机达到了顶峰。

② 关于安妮女王的赏金，见上文（边码）第47—48页。

③ 根据希腊神话，雅典娜是从宙斯的脑袋中蹦出来的，且一出生就全副武装。——译者注

德意人以及英格兰人多次讨论其他方案的结果，过程缓慢且带有犹豫。当时，弗罗茨瓦夫不断说如果没有帮助，维也纳将在春天沦陷，正是在这种压力下，马尔伯勒承认有必要把多瑙河当作战场，
333 尽管他本人最喜欢的打法是通过摩泽尔河谷入侵法国。但摩泽尔计划继续起着蒙蔽荷兰人、法国人和整个世界的作用。沿莱茵河向南至科布伦茨集结的部队和物资指向的是摩泽尔河，但也同样适用于向多瑙河进军。因此，摩泽尔河仍然是马尔伯勒宣称的进军目标，很难确定，在哪一周，摩泽尔河将不再是马尔伯勒的真正目标。从我们掌握的证据来看，似乎早在1月他就考虑到了前往多瑙河的可能性，但直到4月他还觉得没有把握能够克服荷兰人的反对。

1704年1—2月

1月中旬，在耽误了其他乘客的冬季风暴所带来的危险与不适中，马尔伯勒穿过大海，到了海牙，并在接下来的一个月里将摩泽尔计划作为一个机密透露给荷兰政府。荷兰议会就连马尔伯勒带兵离开荷兰边境不远的地方的做法都表示反对，但海因修斯再次出手相救，并最终获得了荷兰议会的默许。同时，荷兰和英格兰做出了投入人力与资金以协助德意志诸侯拯救神圣罗马帝国的安排。但迄至此时还没有任何一位荷兰政治家听说过英格兰人要去多瑙河的事。

在2月的这次海牙之行中，马尔伯勒给萨拉写了一封信，心情很沮丧，一点也不像一个胸有成竹且注定会如愿以偿的男人：

对于这场战役，我看不到光明的前景，我沮丧至极。但上帝的旨意是要实现的。在其他所有的战役中，我都认为自己能够为共同的事业做一些事情；但在这次战役中，我别无奢求，只希望一些幸运的意外能够让我把事情做好。[294]

在马尔伯勒公爵于2月底返回英格兰后，弗罗茨瓦夫再次表示，除非在多瑙河流域采取更激烈的行动，否则维也纳肯定会沦陷。似 334
乎是在3月间，马尔伯勒最终决定，他有必要冒着军事和外交风险，亲自为这个摇摇欲坠的帝国提供帮助。自始至终，他都担心荷兰人如果就这样被抛弃了，会与法国单独媾和。但弗罗茨瓦夫辩称，无论荷兰多么惊恐或愤怒，他们都不会在下一个冬天之前退出战争，同时，如果在夏天拯救了神圣罗马帝国，征服了巴伐利亚，那么荷兰人就会再次心悦诚服。马尔伯勒指出，荷兰人在任何情况下都不会让他把他们的攻城车开到多瑙河边，而弗罗茨瓦夫承诺，如果马尔伯勒能带来足够的火药，当然，还有他自己的野战炮兵，那么帝国的诸侯们就能够为他提供攻城炮。这一安排实际上得到了执行。到了4月的头几天，马尔伯勒和弗罗茨瓦夫之间已经安排好了向多瑙河行军的计划。作为该计划的一部分，皇帝利奥波德将被敦促尽快解除欧根亲王在陆军部的职务，并派他去德意志战场，成为马尔伯勒和帝国中将巴登的刘易斯的同僚。刘易斯的世袭地位和莱茵河畔的领地，使剥夺这位嫉妒且无能的诸侯在拯救帝国的三巨头中扮演雷必达的权利变得不太可能。[295]①

目前，这个秘密只有马尔伯勒、弗罗茨瓦夫、在奥地利的皇帝和欧根亲王知道。据推测，女王和戈多尔芬知道马尔伯勒要把英格兰军队带到任何需要拯救帝国的地方，但没有证据表明他们知道他最远要去多瑙河。而且可以肯定的是，萨拉还不知道。摩泽尔河可

---

① 雷必达，罗马共和国末期的政治家，公元前43年后统治罗马的三巨头之一。——译者注

以很好地掩护战役的早期行动。由于许多原因，必须将保密工作进行到最后一刻。如果莱茵河畔的法国将军们怀疑马尔伯勒要从侧翼进军，穿过他们的前线去巴伐利亚，那么，他们就可以跨过他的路
335 线前进，或者在他之前到达巴伐利亚。而如果荷兰人知道他要去哪里，他们就会否定这个计划，因为所有的同盟军的费用都是由他们支付的。如果马尔伯勒的同僚诺丁汉和西摩知道了，他们就会在国内引起疯狂的恐慌。但女王和戈多尔芬是坚定的。安妮欣然接受并亲切地回答了弗罗茨瓦夫关于帝国陷入绝境的备忘录，在她的答复中，她命马尔伯勒与荷兰协同一致，“火速救援皇帝和帝国”。她的信中没有说明这种救援的性质，而把这个问题留给了她所信任的仆人。[296]

1704 年 4 月 2 日（旧历）

随后一周，马尔伯勒从哈里奇起航，开始了他的伟大冒险。他对身后的国内局势感到不安，在上岸前的最后一个晚上，他给戈多尔芬写信，抱怨诺丁汉对他俩都有强烈的敌意，抱怨诺丁汉支持把《偶奉国教法》附在《供应法案》后，还抱怨他“正在尽他所能地做一切伤害女王陛下的事”。在随后的几周里，内阁里的争吵达到了顶峰，女王不得不在托利党的高教会派和温和派之间作出选择。这场危机并不是由戈多尔芬引发的，他对自己的处境都很不确定，特别是在马尔伯勒公爵在海外的时候。诺丁汉首先采取行动，要求将德文郡公爵和萨默塞特公爵这两位温和的辉格党贵族从枢密院开除。安妮拒绝了。于是诺丁汉提出了自己的辞呈。女王虽然对她的老朋友和教会同僚非常生气，却不愿与他分开，但在哈利、戈多尔芬和萨拉的怂恿下，她解雇了泽西和西摩——她已经不喜欢他们了。最后，她不得不让

1704 年 4 月 8 日（旧历）

诺丁汉也离开。[①]

在随后的一些年里，这位诚实但富有主见的人的黑暗、高大、犹豫的身影仍然飘荡在英格兰的政治背景里。在一群快活的不从国 336
教者当中，诺丁汉以“阴沉”著称，他的政治生涯也在这些人的当中度过。作为一个有良知的人，他在英格兰最困难的时期忠心耿耿地为英格兰效劳，先是在玛丽女王手下，随后是安妮女王。姐姐玛丽对忠诚度存疑的仆人们倍感苦恼，她曾在威廉身在博因河时写信给他：

诺丁汉似乎是真诚的，尽管他并不像其他人那样在所有场合都不厌其烦地说服我，因为他从来不为他自己的事开口，仅有一次。但我承认，我对他有好感。也许是他正式而严肃的表情欺骗了我。他昨天给我带来了你的信，我没能忍住，所以他看到我哭了，在那之前，我一直避免自己在任何人的面前哭。

1704年之后，诺丁汉再也没有在任何一届政府中占据主导地位，尽管他又一次担任了高级职务。他的位置被哈利和圣约翰等更年轻的人占据，对他们来说，政治中的“教会原则”不是宗教信仰的问题，而是一种力量，可以以最符合英格兰国家福祉或个人野心的需

① 这场混乱的危机持续了几个星期，很难给它定下一个确切的日期。早在4月22日，赫奇斯就正式写信给埃利斯：“明天必须召集内阁出席女王的会议，除了泽西、诺丁汉和爱德华·西摩爵士，其他都要照常召集［*Add. MSS.*（*E.*）28895, f. 316］。然而，据说诺丁汉直到5月18日才最终递交了辞呈（Coxe, Chap. XX，Ⅰ，pp. 229–230; *Feiling*, pp. 373–374）。至于诺丁汉作为一个人和一个绅士的性格，我认为，如果没有其他证据，笛福在1704年给哈利的信中对诺丁汉的可怕指控（*H. M. C.* Portland，Ⅳ, p. 88），是不应该被相信的，考虑到笛福一贯的声誉。

要而被唤起或撤回。

安妮女王没有想到，由于她与她的一些高教会派托利党仆人发生了争吵，她必须召来他们的对手辉格党。失势大臣们的位置被党内的温和派取代。少数高教会派托利党人仍然在职，如怀特和白金汉公爵。[①]戈多尔芬政府被重组，以支持马尔伯勒向神圣罗马帝国提供援助，但是，与英格兰历史上的许多战时政府不同，重组的政府没有建立在一个“宽泛的基础”上，它站在狭窄的温和的托利主义的中间道路上。它的优势在于它代表了当时的民族感情；它的弱点在于大多数政治家都反对它。辉格党和高教会派托利党的领导人都因为自己被冷
337 落而感到愤怒，唯一值得高兴的是，议会两院直到秋天才再次开会，这掩盖着女王的政府建立在有限的议会支持的基础上的事实。

在关键的1704年的整个夏季，通过解雇辉格党的地方官员来安抚高教会派托利党人的虚弱尝试仍在继续。6月，哈利写信给威斯特摩兰的党派管理人，说已经向掌玺大臣怀特发出了命令，要他把吕达尔霍尔的辉格党乡绅弗莱明从法官的位子上撤下来。在公布了这一决定之后，哈利又抱歉地补充说，马尔伯勒公爵进军德意志是拯救神圣罗马帝国的唯一办法。但这些策略没能安抚高教会派托利党人，还激怒了辉格党人，他们不明白为什么自己仍要被排除在所有权力份额之外——内阁在下次议会开会时还要仰赖他们的投票。以罗切斯特和西摩为首的高教会派人士，大加挞伐将英格兰的鲜血与财富浪费在德意志高地的残酷战争中的行为，并扬言要弹劾马尔伯勒。[297]就像当时英格兰和欧洲的许多其他危险一样，只有在多瑙河

① 见下文附录B，戈多尔芬政府。

岸取得一场伟大的胜利，才能拯救戈多尔芬政府。[①]

在驱逐高教会派托利党首领和重组政府的过程中，下议院议长罗伯特·哈利所起的作用不亚于他在六年后进行的朝相反方向的更大变革中所发挥的作用。在1704年和1710年的变革中，哈利都以对英格兰国家和女王的需要及愿望的正确认识为指导，采用了他惯用的方法，即在议会休息室里和后座上窃窃私语。

在重组的内阁中，哈利和他带来的托利党人填补了空位，他们首先发誓要赢得战争，因此准备大肆宣扬他们对萨拉和她的主人的 338
忠诚，不去怨恨某些与辉格党达成政治谅解的措施。哈利本人成了两位国务大臣中的一员：由于另一位仍然是可堪一用、朴实无华的赫奇斯，哈利便取代了诺丁汉，成为一名在戈多尔芬总体控制之下的负责内政和外交事务的主要大臣。哈利还保留了议长一职，直到1705年议会解散。

这位新任国务大臣比大多数担任该职务的人更积极地搜寻有关各省政治观点的信息，并想方设法地通过新闻业去影响那些观点。也许是因为哈利自己在议会中不善演说，他比他的任何同僚或对手都更早地意识到了革命后英格兰的公众舆论与政治权力之间的某种关系。他不仅秘密地接触女王，还秘密地接触她的臣民。他认为丹

① 第二年冬天，一个流行的民谣歌手用简单的语言表达了这种情况：

公爵的确取得了胜利，
否则他将吃不了兜着走。
如果他又被打败回来，
也许他已经矮了一截。

也就是说，他的脑袋被削掉了。[*Poems on Affairs of State* (*ed.* 1707), Ⅳ, p. 120.]

尼尔·笛福就是他想要的评论家、代理人和记者，这个人像他自己一样诡计多端且行事隐秘，像他自己一样有着温和的观点和善良的天性，像他自己一样有着清教徒的成长背景，但笛福的写作风格简单易懂，哈利的则长篇累牍、令人费解。

笛福因写作《最近距离地看不从国教者》而被关进了监狱，但并没有在里面待很久。[①]在1703年底之前，哈利和戈多尔芬已经将他释放。哈利即刻雇用他到英格兰各地旅行并发回报告。他用假名四处走动，秘密地与这位国务大臣联系。笛福仍然不受教会和国家所有各派的欢迎，哈利不敢在公开场合与他走得太近。此外，两个人都基于不同的理由而喜欢神秘感。笛福成为哈利的“星期五”[②]，并在今后的漫长岁月里一直如此，尽管经历了许多人事变迁。早在1704年，笛福就写信给他的主人，敦促他毫无怨言地把国务大臣一职变成“首相”，方法是改革该职位权职不明的规定，争取所有人的
339 支持，培养中产阶级，以及保护不从国教者。有更为精确的内容的是笛福寄来的关于地方行政长官政治行为的报告。他表明，在一个又一个案例中，怀特任命的人数众多的高教会派托利党治安法官正在积极地反对女王的政府，削弱其地位，以期在下一次大选中获胜。另外，更加倾向于辉格党的治安法官易于支持战争和发动战争的大臣们。这些报告肯定加快了哈利进一步远离他以前的政治关系的步伐。

尽管笛福的真实姓名和他的雇主被遮掩着，但很明显，无论走

---

① 见上文（边码）第281—283页。关于笛福被释放的时间，见*Times Lit. Supp.*，1928年1月26日。

② “星期五”是笛福《鲁滨孙漂流记》中的人物，主人公鲁滨孙收服的野人仆人。——译者注

到哪里，笛福手中都有一些政治事务，而且他公开与不从国教者往来。笛福被来自德文郡和康沃尔郡的“西摩西部帝国”的那些自命不凡的治安法官怀疑，这些人威胁说要根据新的《募兵法》将他作为无业游民强征入伍，他有时被迫用哈利的“通行证”来保护自己。

笛福在以记者的身份为他的赞助人服务方面也非常勤奋。他在他创办的一流的刊物《评论》中宣扬民族团结以赢得战争，这份刊物每周出版三次评论，都是他一手撰写的，包括“通信”在内。当时的普通报纸提供的是新闻，很少有评论，而《评论》则专门刊登大量的评论，很少有新闻。几年来，《评论》在这一领域的唯一对手是它的盟友——辉格派的《观察家》（*Observator*）和它的敌人《详述》（*Rehearsal*），后者由詹姆士党人查尔斯·莱斯利依据高教会派托利党的原则运转。在这三家刊物中，《评论》的语气最温和，也最有影响力。直到女王统治末期，斯威夫特、斯蒂尔和艾迪生及他们的《审查者》（*Examiner*）、《闲谈者》（*Tatler*）和《旁观者》（*Spectator*）才最终模仿并超越了笛福的先例。[298]

与此同时，重组后的政府的空缺职位由新任国务大臣选择的人员填补。西摩被托马斯·曼塞尔取代，此人是哈利的依附者，一个富有的、受欢迎的威尔士乡绅。哈利的朋友圣约翰则供职陆军部。①

由于担任了不善辞令的高教会派托利党乡绅们才华横溢的发言人，亨利·圣约翰在政治场上的身价倍增，这些乡绅们此前习惯于西摩老套冗长的论调。要理解为什么迪斯雷利对圣约翰的事业特别感兴趣并不困难。事实上，这位年轻的神学家并不狂热，在爱国主义或野心的召唤下，圣约翰能够很好地抑制自己对高教会派的热情。 340

---

① 见下文附录B，戈多尔芬政府最初几年的主要官员列表。

1704年5月，这两种动机都要求他改变自己的角色，让他的乡村派朋友们在后座上抱怨，而他则推动自己和国家的命运向前发展。他成了马尔伯勒在陆军部忠实且高效的仆人，他当时年仅25岁，还有大好的前程，他的机智、个人美貌和魅力以及罕见的能力令他受到公爵的青睐。两位才华绝世的人控制了英格兰的军事力量。如果博林布鲁克（圣约翰）将被证明是政治上的彼得伯勒而不是马尔伯勒，那还在遥远的未来。就目前而言，圣约翰满足于从他的朋友哈利手中获得政治利益，而他后来学会了憎恨和鄙视哈利；而对马尔伯勒，这个年轻人将他当作英雄一般崇拜，他心中的这种感觉从未因未来的事件而完全消失。三十多年后，他就这位被他击垮和流亡的首领写道：

我很高兴有这个机会为这位伟人伸张正义，我知道他的缺点，我钦佩他的美德；而且，他是我国最伟大的将军和大臣，或许也是任何一个国家所能诞生的最伟大的将军和大臣，我对拥有关于他的记忆感到荣幸。[299]

第十七章　多瑙河战事

英格兰及其盟国在西班牙王位继承战争中的成功，在未来的80年里遏制了“法国过度强大的权力”，在无数方面影响了18世纪文明的整个基调。路易的失败是历史上最显著的事实之一，因此，我们很容易忘记，路易曾经差点儿获得了世界权力，他将整个西班牙帝国作为法国的势力范围，实际上吞并了荷兰和意大利，将其作为法国王冠上的宝石。他在1704年春天差一点儿就成功了。不过，没有什么能够改变命运的轨迹，除了马尔伯勒天才般的活动，以及那一年战场上的一些幸运转折。 341

如果马尔伯勒没有去多瑙河，那么在匈牙利叛乱者的帮助下，法国和巴伐利亚的军队很可能会占领维也纳，就像他们在前一年几乎做到的那样。也许，由于维拉尔的缺席和欧根的存在，维也纳在1704年能够再一次摆脱被占领的命运。即便如此，在另一场非决定性的战役之后，将欧洲从法国的主宰中解放出来仍会像战争刚打响那一天一样遥遥无期。对同盟国来说，不赢就意味着被打败了。《大同盟条约》已经清楚地界定了战争问题：如果法国人留在意大利或荷兰，同盟就会吃败仗。[①]然而，经过两年的战斗，法国人不仅仍然

---

① 见上文（边码）第146页。

在荷兰，还在意大利，而且还在巴伐利亚。

342 诚然，在意大利，同盟军队已经获得了一个优势——萨伏依已经站到了他们一边，但欧根被从波河河谷召回去拯救维也纳，而英格兰驻都灵大使预计维托里奥·阿梅迪奥不久会被废黜或被迫再次改变立场。[1]在荷兰附近，马尔伯勒在他的第一次战役中赢回了科隆和列日主教区，这两个地区在《大同盟条约》签署后曾被法国人占领了两个月；但他在收复西属尼德兰方面没有取得任何进展，最糟糕的是，他看不到这样做的前景，荷兰人已经好几次阻止他打这样一场战役。向多瑙河进军不仅是一次拯救维也纳和征服巴伐利亚的远征，也是马尔伯勒的选择，即摆脱荷兰将军中对他指手画脚的人，恢复行动自由，将战争的问题押在战斗的赌注上。他知道，除非有大的作为，否则，灰心丧气和厌战情绪很快就会使大同盟解体。他知道他的时间不多了，除非他能改变整个战争的气氛，让朋友和敌人的预期走上新的轨道。

如果同盟军未能给予法国有效打击，时间就会站在法国一边。一场防御性战争将正中路易的下怀，因为他已经将战利品收入囊中。西班牙不可能抛弃法国。路易虽然明显感受到了严重的财政压力，但他独自掌控着自己国家的所有资源。而马尔伯勒依赖于议会和英格兰人民的脾气，海因修斯依赖于联省共和国议会与荷兰人的意见，神圣罗马帝国则依赖于十几位亲王的态度，其中任何一位都有可能再次拒绝把其军队续租到下一年。早在1703年5月，马尔伯勒就以不符合常规语法却更能道破真相的语言写道："你们看，帝国对自己是多么无能为力。"几乎所有一切都是靠英格兰和荷兰付出的代价实

---

① 见上文（边码）第307页。

现的。荷兰人已经在重负下大声疾呼了。1703年11月，海因修斯在 343
给本廷克的信中说，英勇的、小小的共和国不得不为每一笔新的战争开支或对同盟国的补贴而进行高息借款，甚至还要支付利息，而更幸运的英格兰尚能在税收的基础上建立资金以满足并部分还清任何新的借贷。[300]只有成功才能使同盟存在的时间更长，而在1703年，根本没有取得任何军事成功。当雷根斯堡的帝国议会被法国–巴伐利亚的刺刀监禁时，一种想法在神圣罗马帝国各个地区蔓延开来，即战争已经失败了。

在马尔伯勒离开的那一刻，英格兰的国内危机确实带来了一个由温和派托利党人组成的能干而团结的战时政府，但他们在下议院中没有自己的多数，而且一到秋天两院开会时就会垮台，除非在议会清算的时间到来之前，马尔伯勒取得了足以让辉格党人和众人目瞪口呆并让高教会托利党反对派闭嘴的成功。与此同时，苏格兰正以入侵和内战威胁着英格兰——在布伦海姆战役的消息传到我们这个心烦意乱的岛屿的前几天，苏格兰议会逼着英格兰妥协，安妮女王不情愿地同意签署《安全法案》(*Act of Security*)，边境以南的所有人都对这项措施深恶痛绝，除少数几名詹姆士党人之外。①重组后的戈多尔芬政府对不列颠岛的控制确实很虚弱，其更像是溺水的水手抓着他的木板，而不是飞行员手握方向盘。整个夏天，事情就这样飘忽不定，直到8月那个快乐的日子，伦敦方面突然收到消息——说塔拉尔元帅成了马尔伯勒公爵马车上的一名囚犯。

在马尔伯勒到达海牙的那个4月的晚上，维弗周围和博斯的树木 344
都披上了春天的绿装，半个欧洲的外交官和将军们正在这些愉快的

---

① 这些事情和其他的苏格兰方面的事务将会在下一卷中详细论及。

小径里巡游，热切争论着即将到来的战役计划。奥地利人弗罗茨瓦夫陪同公爵从英格兰而来，公爵现在正与他密谋在多瑙河上发起一场英格兰人的战役。当然，马尔伯勒去巴伐利亚时，不仅要带着女王陛下的军队，无论是本国的还是外国的，而且有必要带着由联省共和国议会支付的一些军团。

但是如何做到这一点呢？仅向联省共和国议会提及"多瑙河 "一词，就会招致对方愤怒的拒绝，还会让包括法国元帅在内的整个世界都知道这个秘密。马尔伯勒公爵刚到海牙的时候，荷兰人远未考虑重新征服巴伐利亚的事，正在从德意志南部召回自己花钱雇佣的一些外国军团，而不顾帝国亲王们的大声疾呼。因此，第一场斗争是诱使联省共和国议会将这些部队留在他们的南部驻地。

在这一点上取得初步胜利后，真正的拉锯战开始了。马尔伯勒请求离开荷兰，亲自去参加摩泽尔河战役。他在2月份访问海牙时曾暗示过这个计划。[①]但现在，在4月，摩泽尔河已经在他的脑海中变成了一个仅是用来欺骗朋友和敌人的诡计，一个通往多瑙河的中途站。4月29日（新历），他从海牙写信向戈多尔芬解释了他的真实意图，戈多尔芬至此也许才第一次知晓了全部秘密：

在下一封信中，我就能让你知道我会带给这些人什么决议；因为我已经告诉他们，我将在星期六离开这个地方。我的意图是，把所有的英格兰部队都带到科布伦茨，并在这里宣布我打算在摩泽尔河进行指挥。但是，当我来到那里给联省共和国议会写信时，我会说为了拯救帝国，我认为绝对有必要带着我指挥的部队进军，与德

---

① 见上文（边码）第333页。

意志境内受女王陛下和荷兰雇佣的部队会合，以便与刘易斯亲王一起采取措施，迅速削弱巴伐利亚选帝侯的实力……我现在所写的内容，我恳请你不要让任何人知道，除女王陛下和乔治亲王之外。

即使是萨拉也被蒙在鼓里。前一天，他曾写信给她： 345

我在这里度日如年，所以我非常渴望星期一的到来，到时我打算离开这个地方……我将亲自去科布伦茨，以确保那里的大炮和其他东西能被立即送到特里尔。

但是，“大炮和其他东西”并不是要运往摩泽尔河畔的特里尔。马尔伯勒公爵可能像莎士比亚笔下的布鲁图一样，认为即使对最忠诚的妻子，也要隐藏巨大的秘密。在他离开英格兰的那一刻，萨拉的一次嫉妒曾让他的家庭幸福蒙上了阴影，但她现在又很善良，甚至写信提议跟随他上战场。

你会看到（他在5月5日回复），你所希望的是不可能的，因为我要去德意志，在那里你不可能跟着我。但是，像你现在这样爱我，我就不会受到任何伤害了。你的这一善举保住了我的平静，我相信也保住了我的生命，因为在收到这封信之前，我一直对我会成为什么样的人漠不关心。我坚持要去德意志，是为了给自己留下一个好名声，我只希望能成功。我现在要补充的是，希望能有一个长寿的生活，这样我就能和你一起幸福……这一刻，我比以前更爱你。

对于马尔伯勒提出的由自己带着主力部队远赴摩泽尔河的建议，

联省共和国议会提出了强烈的抗议。他们的作战计划是，只派15000人去摩泽尔河，其余的英格兰和荷兰军队则留在马尔伯勒手下守卫荷兰。泽兰的代表大声反对马尔伯勒前往科布伦茨，以免他们的省份受到入侵。

346 最后，这位耐心的公爵看到，迫使问题解决的时刻已经到来。他正式通知荷兰政府，无论是否得到盟友的同意和援助，他都会积极地计划带着所有领取女王薪水的部队进军科布伦茨。

> 我很清楚（他正在给戈多尔芬写信），我承担了很大的责任。但是，如果我不这样做，帝国就会解体，大同盟也会随之瓦解……如果法国人再向巴伐利亚选帝侯增派军队，我一定会向多瑙河进军。

他无论是否能获得荷兰的帮助都会去科布伦茨的宣告，对荷兰人产生了很好的影响。海因修斯一直在为他工作，现在终于成功了。联省共和国议会不仅听从了马尔伯勒的决定，而且允许他带走他们的许多部队，其由马尔伯勒的朋友古尔等将军领导，联省共和国议会还承诺帮助而不是阻碍他的计划。几周后，当联省共和国议会发现他欺骗了他们——他没有去摩泽尔河而是去了多瑙河时，他们几乎没有提出异议，也从未想过要召回他在虚假的借口下获得的军队。诚然，那时他们的恐惧已因他的一个预言的实现而消除：他告诉他们，一旦他向南进军，大批法国军队就会跟随他离开荷兰，事实也是如此。但英格兰历史学家应该承认，在决定战争的一年里，荷兰人对马尔伯勒和共同事业的举动，从5月的第一个星期开始就已经是明智和宽宏大量的了。

与此同时，弗罗茨瓦夫正在火力全开、激情饱满地呼吁维也纳当局在欧洲的另一端发起战斗，以便在中途迎接神圣罗马帝国的拯救者。马尔伯勒不会行动，除非莱茵河上的帝国将军——巴登的刘易斯亲王，同意多瑙河上的行动计划。在维也纳的压力下，他好不容易才同意了。但那些最了解刘易斯亲王的人，很难相信他是一个在重大危机中可以共事的人。弗罗茨瓦夫坚持认为，必须将欧根从维也纳的陆军部调出来，派他率领神圣罗马帝国的另一支军队上战场，而且在必要的时候，他的职权需要高于刘易斯亲王。利奥波德皇帝在5月中旬 347
批准了这一请求，他说这是一个重大的牺牲，是对马尔伯勒为拯救哈布斯堡家族所做努力的感激。在当月弗罗茨瓦夫写给皇帝的信件中，有一封信透露了公爵的想法和个性，也透露了作者的想法：

我再次以上帝的名义恳求陛下，不要耽误任何时间，因为这些计划的执行取决于时间，而这些计划的执行又决定着您家族的生存。在我写这几行字的时候，马尔伯勒进来了，他向陛下保证，他和他的整个军队将进军帝国，决心要么牺牲自己的生命，要么制服巴伐利亚选帝侯，因为如果不这样做，他将永远不能在英格兰和荷兰立足。但如果他看到陛下不是真心实意地要打败巴伐利亚选帝侯，他将不得不立即带着他的部队撤退。[301]

由于在1702—1703年的战役中取得了成功，马尔伯勒可以自由使用那慕尔后面的马斯河谷，以及最远可到其与内卡河交界处的莱茵河谷一带。否则，他很难冒险从事把他的军队从荷兰边境带到曼海姆和海德堡附近这一危险行动。在这样做的时候，他不得不穿过法国元帅及其军队的前线，而两者间没有任何有效的掩护力量。因此，军队行进速度是这次行动的关键。速度因为这一事实得到显著提升，即公爵精心收集的辎重中较重的部分和大炮以及医用物资，能够全程通过从荷兰边境穿过科布伦茨与美因茨直到曼海姆的水运跟上主力部队。事实上，部队不得不在莱茵兰的泥泞道路上艰难前行，并且至少要带上一些野战炮兵。那是一个多雨的5月，布拉德上校拖着火炮攀爬在科布伦茨上行的山路上而没有耽误步兵的前进速度，他所克服的那些困难表明，通过水路运送较重的货物，可以大幅提升军队的行进速度。[302]

348 军队从荷兰出发，在鲁尔蒙德搭建船桥，渡过了马斯河，水陆两军在贝德堡会合，由此正式开始伟大的行军。公爵的朋友兼秘书亚当·卡多内尔在从马斯特里赫特写的信中说，他估计军队有40个营和80个中队，“多达40000人，是精良的部队”，敌军“无法与此相比”。其中16000人被列为不列颠本土部队——这个数字也许有些夸张。①军队在向南和向东穿越欧洲时，会因德意志、丹麦、普鲁士和其他国家的军队的加入而扩大，因为在马尔伯勒和弗罗茨瓦夫、欧根亲王和巴登的刘易斯亲王的通信中，已经事先为他们在这个伟大的计划中的合作作出了精心的安排。向南进军的英格兰军队在德意志人那里受到了热烈欢迎。在马尔伯勒的提议下，那些其部队参与了本次行动的德意志亲王，一个接一个地被告知了他们前往多瑙河的秘密，5月中旬，真相被告知帕拉丁选帝侯，几天后又被告诉了普鲁士国王。直到6月的第一个星期，当不可能再隐瞒时，真相也被告知了联省共和国议会，尽

1704 年 5 月 12 日（新历）

① *Add. MSS.*（*St.*），7063，ff. 48–49；*Coxe*，Chap. xxi，Ⅰ，p. 240. 参与布伦海姆战役的本地英国军队人数可能不超过9000人（14个连和14个中队），见*Coxe*，Chap. xxvi，Ⅰ，p. 289。在战斗的开始，一支步兵连的人数可能达到700人，而一支骑兵中队则达到150人。到战争的中途，保守估算，可以投入战斗的士兵分别是500人和120人。

管海因修斯已经知道至少两个星期甚至更久了。[303]

对欧洲的隐瞒分为两个阶段。在到达并通过科布伦茨之前，全世界都以为英格兰人会从那里转而前往摩泽尔河谷。在科布伦茨，人们收集了大量的物资，似乎就是为了这个目的，但它们被送到了莱茵河上，跟随南下的军队。但是，即使在同盟军渡过莱茵河和兰河时，也即使在科布伦茨和埃伦布赖滕施泰因的岩石堡垒从行军队伍的视线中消失时，友军和敌军仍然没有猜到多瑙河才是真正的目标。现在他们推测，马尔伯勒公爵选择的作战地点是阿尔萨斯。马 349
尔伯勒公爵让德意志诸侯们在菲利普斯堡附近的莱茵河上游架设了一座船桥，证实了阿尔萨斯的假设。在这种想法下，荷兰人又从马斯河派出了7个营和21个中队追随马尔伯勒公爵，这是一个友好的行为，马尔伯勒公爵对此表示热忱的感谢。①法国方面，维勒鲁瓦带着他的军队从尼德兰赶到了摩泽尔河，从而消除了荷兰人对其边境的担忧；然后维勒鲁瓦向南走，在阿尔萨斯与塔拉尔会合。马尔伯勒把整个战争引向了维勒鲁瓦的后方，从北海进入欧洲的中心。

与此同时，塔拉尔在莱茵河上游也并非毫无作为。塔拉尔通过一个大胆而巧妙的策略，骗过了巴登的刘易斯，绕过了黑森林通道上的德意志守卫，并在多瑙河上游流域为马尔桑在巴伐利亚的法军带来了今年的新兵。这些新兵大多是应征的民兵，没有经过训练，武器不全，供给不及，在山区行军时被过度驱赶，但他们有12000人。塔拉尔回到了在阿尔萨斯的军队，在那里，他与维勒鲁瓦及来自尼德兰的军队会合。两位元帅花了宝贵的几周时间，迷惑不解地

---

① 至迟到6月19日，他从黑森林山隘写信给海因修斯：“我请求你注意，不要让我收到任何来自国家的命令，让我陷入不能削弱（巴伐利亚）选帝侯的境况里，因为这将引发最大的灾难。”于是海因修斯很注意这一点。见下文 *Heinsius MSS.* 附录 A。

观察马尔伯勒的南下进程，猜测他仍然不甚明确的目的地，并与在凡尔赛的路易国王就所要采取的路线进行沟通。他们的无动于衷给了马尔伯勒公爵机会，使他在内卡河畔出人意料地转向左方，把军队开到了多瑙河。

5月23日，在波恩和辛齐格附近，马尔伯勒最终作出了决定，而这时传来了塔拉尔已经安全地将新兵交给马尔桑的坏消息。传到马尔伯勒的报告则是实际人数的两倍。马尔伯勒公爵对德意志中部和维也纳的处境深感不安，在这种情况下，他当机立断地否定了任何
350 可能会让他在莱茵河上停留更长时间的替代性计划。从辛齐格出发，马尔伯勒与同盟军骑兵一起骑马奔赴在最快到达巴伐利亚的线路上，留下步兵和枪炮，由他的兄弟查尔斯·丘吉尔将军带领，稍后几天赶来。[304]

在这种心境下，按照这种行军顺序，马尔伯勒从科布伦茨穿过山路来到美因茨，最后在海德堡附近渡过内卡河。在到达内卡河之前，马尔伯勒的部队和军官，甚至他自己的兄弟，都不知道他们要去哪里。但所有人都精神饱满。每个人都觉得自己正在一位伟大首领的带领下向一份天定的使命前行，这一次没有荷兰将军会前来破坏，因此在长路尽头的某处，是战斗和胜利。他们所经过的那些著名的、宜人的土地上的德意志诸侯和人民，都出来欢迎他们。英格兰人，当他们绕过点缀着充满古老浪漫故事的城堡的山丘时，当他们穿过喧闹的城镇和奇怪的村庄时，向所有的人示好，并准备好了对年轻姑娘们的微笑和媚眼，“其中有一些，”波普中尉回国后写道，“比我们预期能在这个国家中找到的更好看。”莱茵河的葡萄酒也很丰富，甚至所谓的啤酒也有独特的品质。总的来说，这次行军是士兵的天堂，在雨水的滋润下变得更加美好。但是，尽管他们都很高

兴，红衫军纵队在行进过程中却不断发出“咒骂和亵渎的语言”，令苏格兰步兵团上校布莱克德的灵魂受到伤害，他发现“在安息日待在军队里是可悲的”。“尽管持续行军，但人们对这次远征非常满意，”马尔伯勒从美因茨写给财政大臣戈多尔芬的信中说道，“所以我相信你会尽可能地关照他们，让他们不至于缺钱。”而在那个时代，军队从未如此不“缺钱”过。他们的将军深谋远虑，精心准备，处处为他的手下着想。当他们抵达一条大河时，有一座船桥在等着他们，那是应马尔伯勒公爵的特别要求，由该地的亲王提前准备好的。每天，部队在夏日黎明的灰暗中行进，在中午前几个小时到达第二天晚上的宿营地，他们已经完成了一天12~15英里的行军。而供给人员 351
在他们之前就已经到了集合地点，为人和马匹提供食物，因此，用帕克上尉的话说，他每天都能看到这一幕，“士兵们除了搭帐篷、烧水壶和躺下休息，没有其他任何事情可做。”米尔纳中士写道，“剩下的那部分休息时间，几乎和一天的驻足时刻一样美好。”

当美因茨选帝侯检阅步兵时，他从长队的最后面来到了近卫营。“不仅观察他们的秩序，还观察他们的清洁度，以及他们的武器、配饰、衣服、鞋子和床单，”他对丘吉尔将军（马尔伯勒公爵）说，“当然，这些先生都是为舞会而打扮的。”

与德意志高地的习惯做法相反，马尔伯勒要求一切都要即刻支付，“为了避免在这里遭受任何失败，他命令军队的财务人员要随时准备好现金以支付薪酬，并且要事先准备好一个月的饷银”。为了这个目的，他在法兰克福和纽伦堡的银行家那里建立了大量的信贷，当军队接近多瑙河时，以及在随后的多瑙河岸边的战役中，马尔伯勒从那里向军队支取货币。鞋子也通过同样的途径运到他们手中，所以步兵在踏入巴伐利亚之前就已经完全换好了鞋子，“因为鞋子和其他必需品不太容易在敌对国家中找到”。

随着马尔伯勒离英格兰政治和荷兰的领导层越来越远，马尔伯勒的精神也越来越好。他不再像在海牙时那样，“被拖着走了”。在科布伦茨，他曾写信给萨拉：

> 如果说奉承能让我高兴的话，昨天弗罗茨瓦夫伯爵来找我时转述了很多皇帝的话，我都不好意思向你再说一遍，但我希望女王能发现其中有益的一面。因为可以肯定的是，如果我带来的这些军队没有向神圣罗马帝国皇帝提供援助，皇帝就会承受失去王冠的巨大风险，皇帝似乎也意识到了这一点。我也很高兴收到了来自佛兰德斯的荷兰将军们的友好问候。[305]

正是在海德堡城外以南的维斯洛赫平原，马尔伯勒战略性地向东转，将莱茵河谷和那里的法国军队抛在身后，并大胆地向多瑙河

352 进发。这条路线穿过树林环绕着的山丘里的宜人的农田。

1704年6月10日（新历）

几天时间里，马尔伯勒到达了内卡河上游的一个河段，并绕过斯图加特向北而去。在莱茵河和多瑙河之间的蒙德尔斯海姆，欧根亲王骑马进入马尔伯勒的营地，这两位名声不相上下的人，在第一次见面时，就注定此后会成为没有任何妒忌之心的朋友。马尔伯勒把对他的印象告诉了萨拉：“欧根王子的谈话很像什鲁斯伯里，优点是看起来更加坦率。”两人当天晚上进行了一次长时间的秘密会议，在会议过程中，欧根表示不信任巴登的刘易斯亲王，认为他性格善妒且胆小怕事。欧根透露了一个国家机密，马尔伯勒用密码把它发给了戈多尔芬：

> 欧根亲王带着极大的信任感告诉我，（神圣罗马帝国）皇帝授予了他充分的权力，如果他和我有理由怀疑刘易斯亲王对于共同事业的热忱，就可以采取不把他留在军队里的措施。

但如此绝望的权宜之计只能在最后的紧急情况下使用。这两个朋友还不敢得罪他们的同僚——一个拥有自己军队的在位的亲王。[306]

第二天，欧根和马尔伯勒骑马前往大赫帕赫，在那里对骑兵队进行了一次检阅。

> 王子殿下（欧根亲王）非常惊讶地发现，经过这么长时间的行军，他们的状态竟然如此之好，并告诉公爵大人，他对英格兰的骑兵早有耳闻，现在发现这是他见过的队伍最整齐和最精良的骑兵。但是，殿下说，你们在英格兰不缺钱，可以买到衣服和好马，但买不到我在这些士兵每个人脸上看到的那种活泼气息。对此，公爵回答说，这必须归功于他们对公共事业的热忱，以及他们见到殿下时特别的愉悦和满足。

于是，他们低下头，让自己厚长的假发与马的鬃毛混在一起，彼此庄重地恭维。就在这段蜜月期里，弗罗茨瓦夫带来了他的主人利奥波德的提议，让英格兰公爵成为神圣罗马帝国的诸侯，因为他
已经为这个帝国做了很多事情。马尔伯勒以其特有的谨慎，拒绝了 353
这一闪亮的奖励，直到他完全通过自己的努力赢得了它。[307]

当他们还在大赫帕赫的时候，刘易斯亲王加入了他们的会议，并分配了各自的任务。欧根应该去莱茵河，并尽力在这一地区拖住塔拉尔和维勒鲁瓦的优势部队，马尔伯勒和刘易斯亲王则去削弱巴

伐利亚，迫使做错事的统治者改变自己的立场。几天后，英格兰将军从国务大臣哈利那里得到了充分的权力，即可以与巴伐利亚选帝侯签订任何条约。[308]

马尔伯勒更倾向于带欧根去多瑙河，但众所周知，刘易斯亲王认为自己应该去那里。为了防止嫉妒，马尔伯勒公爵和他商定，按照古罗马执政官的方式，三人间隔指挥他们的联合部队。可以打赌，第一场战役将由马尔伯勒在某一天打响。欧根已经让他提高了警惕，马尔伯勒不厌其烦地讨好他的同僚；公爵的秘书卡多内尔报告说：

> 两天前我们加入了巴登亲王的行列，他和公爵大人之间看上去似乎相当和谐。

于是，马尔伯勒公爵带着巴登亲王与欧根分开了一段时间，并一直朝着东边和南边推进。由于他们离开了莱茵河，沉重的行李和大炮就不能再经由水路运来。骑兵仍然比步兵领先数日到达。他们的大部分路途仍然是穿过平缓宜人的农田，这比起更南边的黑森林通道要容易得多，只有塔拉尔才能从阿尔萨斯穿越那里到达多瑙河。只有当他们接近分水岭时，才需要在山路上行进；他们在盖斯林根以外的那条狭长的林间小道上缓慢而艰难地穿行着，雨水则倾泻在咒骂着的人和挪动的马匹身上，他们努力地移动深陷在泥泞中的枪和马车。如果乌尔姆的敌人派出哪怕一支小部队来争夺这个通道，结果都可能是灾难性的。

354 终于到达了山顶的台地，军队开始下行至多瑙河谷地。虽然已是六月的最后一个星期，但仍然大雨滂沱，马尔伯勒写信给萨拉：

在我写信的时候，我不得不在我房间的炉子里生起火。但是，那些没有这种便利条件的可怜人，我担心他们会因这些持续的降雨而受苦。雨水在这里对我们造成了伤害，但对莱茵河畔的欧根亲王有好处（因为它使法国人在该地区的优势兵力无法动弹），所以我们必须好的坏的，照单全收。

天气引发了疾病，但伤病人员在海登海姆设立的医院里得到了悉心的照顾，很快就康复了，并重新归队。当马尔伯勒领导的联合军队在靠近乌尔姆的埃尔欣根接近多瑙河时，士兵们长征结束后的状态大大增加了他们的战斗力。[309]

整个欧洲和整个英格兰都在惊讶和期待中把目光投向多瑙河。国内意见分裂，对英格兰军队被带走一事，高教会派托利党人怒不可遏，其消失在德意志森林深处有关皇帝的争吵中。6月中旬的报告说：

反对财政大臣和马尔伯勒公爵的派别的势力比反对威廉国王的大臣们的还要大。

爱德华·西摩爵士发誓说，当马尔伯勒公爵回来的时候，他们会像猎狗对付野兔一样把公爵赶走。但在那些自诩为政治家的人的队伍之外，那年夏天，许多英格兰人心中充满了殷切的期望。德比郡议员托马斯·科克是一名温和的托利党人，他在6月写信告诉马尔伯勒公爵，乡村的绅士们“对战争更加欢欣鼓舞”，并因他伟大的进军消息而更愿意与土地税和解了。甚至连可敬的贵格会成员威廉·潘恩也心系马尔伯勒公爵，他“带着需要2000匹马才能拖动的数量惊人的大炮向多瑙河进军”，对“法国的战事带来转机，而且希望英格兰，可怜的英格兰，永远胜利”。[310]

355 6月的最后一个星期，巴伐利亚选帝侯和法国马尔桑元帅的联合部队正在多瑙河上游等待马尔伯勒。在那个冬天和春天，法国人以无情地抢劫施瓦本的德意志人的城镇和村庄作为消遣。据一位法国士兵德拉科隆尼说，“在这场战役中，宪兵司令的职位是不存在的”；在到达任何新的营地时，法–巴联合部队都会派出有组织的队伍去掠夺这个国家。因此，马尔伯勒与他供给充足、纪律严明的部队被看作这里的拯救者，受到了除巴伐利亚以外所有地方的德意志人的欢迎。[311]

在乌尔姆的法国–巴伐利亚军队比不上前来压制他们的英格兰人及其盟友组成的联合部队。巴伐利亚选帝侯马克斯·伊曼纽尔的大部分军队分散在巴伐利亚内的驻军里，远至慕尼黑和蒂罗尔斯边境，他们从未从那里撤离，直到失去布伦海姆，战争结束。巴伐利亚选帝侯虽然暂时处于劣势，但他的处境远未到绝望的地步，如果他能坚持一个月，塔拉尔就会带着另一支法国大军从莱茵河边赶来。这一边，马尔伯勒已经开了个头，他没有时间可以浪费——多瑙河上的每一个要塞，从乌尔姆一直到英戈尔施塔特，都有法国人和巴伐利亚人驻守，并且在迪林根和劳因根之间的河流北岸的坚固营地，可以在塔拉尔到达之前一直为马尔伯勒的野战军提供庇护。为避免开战，巴伐利亚选帝侯和马尔桑前往了那里。马尔伯勒和刘易斯亲王不敢进攻一个有内堡和洪水泛滥的阵地，他们绕过迪林根向北走，经过巴尔默斯霍芬和阿梅尔丁根，向多瑙沃特方向去。在京根，步兵的重要性超越了骑兵，在检阅他们时，马尔伯勒公爵对他们从荷兰一路走到此处的状态和精神感到满意。

马尔伯勒对他即将在多瑙河上找到的位置有着非凡的预见性，

三周前，他已经决定攻占多瑙沃特，并“在那里为军队解决一个弹药库”。①他的任务是，在塔拉尔来救援之前诱使巴伐利亚选帝侯改 356
变立场。普鲁士国王的一名代理人仍在巴伐利亚阵营中，正在为了达成这一目的而与巴伐利亚选帝侯进行谈判，但马尔伯勒公爵认为，让巴伐利亚选帝侯接受盟军提议的唯一机会是入侵他的领土。马尔伯勒希望，这么做可以促使巴伐利亚选帝侯放弃早已不受其臣民和大臣喜爱的法国盟友。但是，为了进入并占领巴伐利亚的领土，马尔伯勒必须突破敌人在迪林根的主力部队，把它夹在他与巴伐利亚的旧交通线之间。因此，他必须建立新的交通线，通过讷德林根和纽伦堡，从德意志中部的友好邦国获得补给。马尔伯勒还必须在多瑙河上建立一个坚固的桥头堡和弹药库，这样当马尔伯勒在大河以南的巴伐利亚时，那些物资可以通过它到达他那里。马尔伯勒选择了多瑙沃特来达到这个目的，而且他必须不惜一切代价夺取它。[312]

敌军也很清楚多瑙沃特的重要性。巴伐利亚选帝侯和马尔桑从他们在迪林根的营地派出了12000人的部队，包括7000名最优秀的巴伐利亚步兵，3个法国步兵团，12支骑兵中队和15门大炮。这支部队由巴伐利亚的将军皮埃蒙特的达科伯爵指挥，他负责保卫多瑙沃特。这一行动只能在施伦贝格的高地上进行，这是一座高高的圆顶山，遮蔽着该镇东边的城墙。在那个季节，陡峭的山坡和山顶上宽阔的台地上覆盖着生长的庄稼。自古以来，施伦贝格一直是战争中的一个重要场所。战斗结束后，多瑙沃特的居民吹捧胜利者，说这座山在历史上曾被攻打过十几次，但只有一次是被成功占领的，就是被伟大的古斯塔夫本人。这种说法和当地大多数传说一样值得

① Coxe, Chap. xxii, Ⅰ, p. 249，致戈多尔芬的信，6月8日（新历）。

怀疑，但无论如何，瑞典国王攻占过的这座名副其实的土制堡垒还矗立在施伦贝格高地的边缘，守卫着这个城市和它的北部通道。

357 达科有几天时间来加固山头。在法国工程师的帮助下，他开始修复和加强两英里长的旧壕沟，这些壕沟一边连接着古斯塔夫堡垒和多瑙河，另一边连接着城墙。但是，由于他不相信马尔伯勒会冒险攻击他，所以他在开始工作时很迟缓，在推动工作时也很疏忽。事实上，他对危险的认识如此之少，以至于当一名法国军官厚颜无耻地请求离开以追求他在慕尼黑的恋情时，他几乎在战斗的前夕放走这个逃兵。

当突如其来的攻击发生时，由堡垒、护幕和沟渠组成的长长的防御工事已经在一定程度上修建好，对从多瑙河岸到山顶树林之间的东面起到防护作用。从树林延伸到堡垒的较短部分，就是马尔伯勒发动猛烈攻击的角度，这里的防御工程是匆匆忙忙用灌木柴捆搭起来的，上面覆盖着薄薄的土层。在这里，英格兰游客仍然可以描摹堡垒和护幕的模糊轮廓，他们同胞的鲜血曾浸透了这里的土地；再往前走，古斯塔夫的星形堡垒仍然接近于完整，至今包围着一片寂静的树林。在战线的第三段或西段，地势从这个堡垒陡然下降，一直到城墙，它仍是最初由骑兵建造起来时的样子，旨在纪念这场即将发生的战争。在战线的最后一段中，几乎没有什么防御措施，[1]但为了弥补其结构上的不足，可以从城内的防御工事进行侧翼射击来保卫战线的西端。

这就是施伦贝格的实力。但在这种情况下，它的这种大小可能

---

① 多瑙沃特当地的博物馆有一幅1725年绘制的城镇及其周边的巨型画作，其中，围绕着施伦贝格的战线，其要塞的北部和东部尚且存在，但在要塞和城镇之间的地方，战线已经不存。

是脆弱之源。达科的12000人能否在同盟军巨大的优势力量下守住这么长的战线，撑到法国－巴伐利亚军队其他部队的到来？的确，巴伐利亚选帝侯在得到同盟军行动的消息后，正从迪林根赶往多瑙沃特。

这是一场与时间的赛跑，一场特别适合马尔伯勒赢得的比赛。7 359
月2日是一个轮到他指挥的日子。午夜时分，当未来24小时的指挥权落入他的手中时，15英里长的路况糟糕的道路将他沉睡的军队与施伦贝格分开。但马尔伯勒知道，除非在夜幕降临前站在被征服的山顶上，否则它将永远不会被占领，而他也永远不会踏上多瑙河的南岸。因为在明天，刘易斯亲王是最不可能承担起进攻责任的那个人。而在那一天的上午，不仅地面防御工事会完成，而且法国－巴伐利亚军队的主力也会赶来保卫它们。

1704年7月2日（新历）

于是，3点钟，几乎没有等到那个夏天的黎明，马尔伯勒公爵就带着一支由5800名精选士兵组成的先遣部队上路了，他们将发起进攻。军队的其他成员则在5点开始行动。这些道路与我们今天的道路截然不同，深陷于泥泞之中，强行行军需要坚持不懈的意志和体魄。如果不是他们经验丰富，在他们伟大的队长的不断照顾下保持着良好的状态，那么，在一天结束之际，他们就可能会发现这是一场准备不周的战斗。工程兵们先行一步，改善最糟糕的道路，以运输他们的大炮，并在韦尔尼茨架设一座船桥，与埃贝梅尔根的石桥并排。

马尔伯勒本人骑着马，奔赴在最前面。在早上九点，他观察了敌人的位置。马尔伯勒通过望远镜观察到，从施伦贝格流出的多瑙河的另一边正在搭建一个营地，那显然是为第二天到来的法国－巴伐利亚主力部队准备的。大约在同一时间，欧根的信使赶到马尔伯勒处并告诉他，塔拉尔正在斯特拉斯堡集结部队，准备穿越黑森林与巴伐利亚选帝侯会合。确实没有时间可以浪费了。天黑之前还有12个小时，而这些个小时是他的，尽管他的人马还在韦尔尼茨后面几英里远的泥泞中咒骂和挣扎。

360 刘易斯亲王加入了马尔伯勒的晨间侦察，他们一起在大炮的掩护下仔细检查了敌人的防线，并制定了当天晚上他们的部队一到就执行的计划。马尔伯勒在前一天晚上很有礼貌地仔细咨询了亲王关于拟议的计划，两位指挥官当天都很好地履行了自己的职责。巴登的确是个称职的军官，尽管他缺乏冒险精神，适合担任第二把手，但不幸的是，他总是渴望担任首席角色。若是在巴登亲王自己承担指挥的日子里，他绝不会下令攻击施伦贝格。事实上，据说当晚马尔伯勒的进攻决定是违背大多数将军的意见的。

就在五点到六点，先头部队和布拉德上校的炮兵到达了行动现场。在夜幕降临之前，正好有时间冲进进攻部队所在的北侧阵地，但没有时间绕过树林到施伦贝格的东面，从多个方向同时向远处的防线发动攻击。由于这个原因，同盟军失去了很多数量上的优势：由于没有时间进行全面部署，前线进攻的范围必须相对收窄，甚至连山顶上的树林也必须避开，因为灌木丛太密，无法有序作战。因此，进攻不能在施伦贝格平坦的山顶上展开，而必须主要沿着紧靠古斯塔夫要塞北面的斜坡的最陡峭部分进行，那里的壕沟紧贴着台地的边缘。英格兰人在同盟军进攻的最左翼，尽可能地绕过树林，而不是穿过它。[①]

---

① 我认为森林的尽头比它现在的尽头（1930年）稍微退后了一点，尽管没有退后很多。

商定的计划是，马尔伯勒带着他自己的由英格兰和荷兰付饷的多国部队，从要塞和树林之间的角度发动猛烈的攻击，以便迅速控制这里，或者至少把敌人的全部力量吸引到这里。一小时后，巴登的刘易斯的神圣罗马帝国部队将到达现场。然后，他们就可以在城 361
墙附近直接进军，越过未完成的防线，希望到那时，除了少数几个还在抵抗的人，其他的人都会被制服。这个行动方案取决于马尔伯勒的牵制性进攻的激烈程度，其将付出巨大的生命代价，但这是在天黑前拿下施伦贝格的唯一办法，因此也是拿下它的唯一办法。

在敌人点燃的贝格村的烟雾的掩护下，布拉德上校在对面的那座山上架起了炮台，并开始在堡垒和树林之间的那个死亡角度向山谷开火。英格兰人的炮弹从远距离射进了敌人的预备队，据德拉科隆尼说，在步兵战斗开始之前，他的团里有80名榴弹兵被打死。不久之后，神圣罗马帝国军队的炮台就在英格兰人身边立起来了。

六点钟，马尔伯勒精挑细选的先头部队——英格兰人、苏格兰人、荷兰人、汉诺威人、黑森人和其他德意志各邦的人——沿着施伦贝格陡峭的山坡向上移动，开始进攻。一支由50名榴弹兵组成的敢死队先上，其由彼得伯勒的长子莫当特勋爵带领，只有他和这支英勇的队伍中的另外10人没有受伤，跟在后面的各营则在敌军炮火的扫射下，几十个、几百个地倒下。在死亡角度处的同盟军用葡萄弹撕开敌军封闭的队伍。从敌人防御土垒中齐射出的步枪也造成了可怕的后果。荷兰将军古尔，当之无愧的是马尔伯勒的爱将，他倒在了他带领的荷兰人的前面。那些到达战壕的英格兰人以嘶哑的声音发出了欢呼，即使在那乱成一片的时刻，这也让敌人的指挥官感到心寒，其中一位指挥官下令敲响他的战鼓，以免岛国人的欢呼声让他的士兵感到沮丧。下一刻，攻击者和防御者在护栏上手忙脚乱，正如这位军官所描述的那样，“撕扯着枪口和刺穿了他们内脏的刺刀”。巴伐利亚人发起了猛攻，朝着山下、沿着林边驱赶袭击者。但是英格兰护卫队，虽然已经受到了残酷的打击，还是反过来把他们赶回到了自己的防线内。

362 在护卫队冲锋的掩护下，受挫的攻击队在敌人看不到的空地上集结起来。有一段时间，守军只能看到同盟军聚集在一起准备再次进攻的旗帜的顶部。然后它就来了，和第一次一样血腥，一样不成功。英格兰的红衫军和荷兰的蓝衫军再一次以完美的顺序并肩前进，他们的将军们手握长剑，带领他们向前。他们又一次在死角附近被成百成百地砍杀。德意志将军斯蒂罗姆倒下了，受了致命的伤。攻势再次回落，随后是巴伐利亚人的出击。拉姆利带着英格兰人的马，再次呵退了追兵。

两次突击都没能突破防线，但它已经完成了工作。巴伐利亚人和法国人已经集合了数千人保卫死亡之角，要塞和城镇之间的防线已没有主力部队防守。巴登亲王带领的神圣罗马帝国步兵正赶来此处。他率领他们直扑防线，在火枪射程内通过了该镇。城防工事的大炮对他们的侧翼发动攻击。达科原本命令法国步兵驻守城墙下有遮盖的通道，但由于某种误解，法国步兵未能出现在那里，而仅靠大炮的轰击无法阻止巴登的人马前进。他们在敌人薄弱的地方跨过了施伦贝格的防线，几乎没有遇到正面抵抗。然后，他们向左转，背对着城墙上敌军的大炮，沿着陡峭的山坡向死亡之角处的巴伐利亚人的侧翼和后方行进。从山坡俯冲下来的敌军的冲锋未能击溃他们的队伍，他们来到了山顶，用刺刀带来了精心策划的胜利。

这一天最重要的时刻已经到来。山顶上的同盟军向前推进，对死亡之角进行第三次攻击，这一次的运气更好。敌军后方新部队的到来甚至最终唤起了巴伐利亚步兵坚定的胸膛里的自我保护本能。
战斗的局势被撼动了，顷刻间，宽阔的台地上涌现了数千名逃命的
人，而英国人、荷兰人和德意志人的脚步声则在他们身后急促地响
起，岛国士兵们喊着“杀啊，杀啊，杀死他们！”约翰·海勋爵的苏 363
格兰灰色龙骑兵团已经下马，跟随他们的上校越过敌人的战壕，参
与到最后一次步兵的攻击中；随后，他们重新跨上他们的白马，在
施伦贝格宽阔的台地上追击四散的敌军。

马尔伯勒带着最前面的英格兰骑兵进入已被占领的防线。他让
这些骑兵四散开来，冲向飞奔逃命的敌人，而让疲惫不堪的步兵围
着军旗集合，以保护阵地，并在成堆的伤员中给外科医生们搭把手。
马尔伯勒再次向前奔跑，到达台地的南部边缘，转眼间，胜利的全
貌展现在眼前。当时已近日落，但有足够的光线可以看到多瑙河以
外的广阔平原，它们深凹在庄稼地里，周围是黑暗的森林，那些南
部的平原，在攻下多瑙沃特后将为他打开前进的大门。东南部是笔
直的、树木繁茂的莱希河沿线，是巴伐利亚的边界，它现在正处于
马尔伯勒的控制之下。在马尔伯勒的脚下，延伸着多瑙河宽阔的银
色丝带——他远道而来就是为了找到它，这里从此与他的名字联系
起来。达科在城下铺设的船桥，正在疯狂挣扎的逃亡者的重压下断
裂；许多人已经过了河；许多人淹死在河里或试图抓住漂流的船；
还可以看到许多被阻在北岸的人正在芦苇丛或庄稼丛中逃命，徒劳
地努力着，试图躲避红衣骑兵马刀的起落。向东望去，马尔伯勒可
以看到另一群黑压压的逃亡者在齐格斯海姆村附近，他们竭力想从
追击的中队中逃入远处的山林。只有在西边，他才能发现为数不多
的几个营，他们已经找到了进入多瑙沃特街道的路，秩序尚可地从
镇上的桥上穿过了多瑙河。然后，黑暗降临，这一幕退去了。伴随 364

着黑暗，雨点无情地落在从欧洲四面八方聚集在那座悲壮的山上的伤残者和垂死者身上。

天亮后，所有可以被移走的伤员都被送往公爵事先在讷德林根准备好的医院，以为战斗做好准备。同盟军方面1400人死，4000人伤：这些数字包括1500名精挑细选出来的英格兰与苏格兰精兵。在参与战斗的英军中，每三个人中就有一个人牺牲了。在同盟军的将领中，不少于7人在率领部队进攻时被杀，9人受伤，其中包括巴登的刘易斯亲王，他们中的大多数是德意志诸侯和贵族，这个阶层在那天很好地完成了他们的任务。

达科试图将他的灾难程度降到最低，为此，他描述了同盟军在死角的实际战斗中伤亡惨重的事实。但在随后的追击和逃散中，他自己失去的士兵数量已经上升到一个巨大的未知数。至少有2000名俘虏，淹死的人和逃兵也非常多。根据法国元帅的说法，那些极少数重新加入军团的人已经失去了武器，并且处于极其低落的状态。公爵在给其夫人的信中说："我已经摧毁了（巴伐利亚）选帝侯最好的军队。"马尔伯勒的牧师兼历史学家黑尔博士宣称，施伦贝格的12000名防守者中只剩下三个人还在服役，当马尔伯勒允许他这么写时，这个估计数字虽然过于精确而不能十分确定，但与塔拉尔元帅收到的报告的基调大体一致。达科的15门野战炮、辎重和仓库都成为胜利者的战利品，此外还有多瑙沃特以及它的防御工事和大炮。因为，与马尔伯勒公爵的期望相反，该镇在战斗结束后立即被敌人抛弃，他们试图放火烧掉它之后离开。马尔伯勒赢得了多瑙河上的桥头堡，并获得了一条交通线，通过这条交通线，来自德意志中部的补给可以在马尔伯勒的军队向巴伐利亚推进时被送到指定地点。马尔伯勒现在处于法国人和维也纳之间，而且还站在巴伐利亚选帝侯和他不幸的国家之间。[313]

这是一场引人注目的胜利，它响彻欧洲。什鲁斯伯里从罗马写信给马尔伯勒说："在这个神圣而无知的城市，他们对你的印象就像是对帖木儿的一样；如果我有一张留着胡须的老伯奇上校的画像，我会把它换成你的，并用它换来一幅拉斐尔的作品。"① 什鲁斯伯里又对另一个朋友说："一年前，教皇认为我病得很重，靠近我都是犯罪；现在，他们担心马尔伯勒公爵和他的红衫军会来到意大利，教皇陛下除了赞扬我，别无其他。"斯蒂芬尼在维也纳写道，"整个宫廷都发生了很大的变化"，英国大臣受到来自四面八方的祝贺。巴伐利亚军队匆匆撤离雷根斯堡，在那里开会的神圣罗马帝国议会被从反德意志派的武装力量中解放出来。敌军还撤离了诺伊堡，现在，除了英戈尔施塔特，从多瑙沃特到维也纳的整个多瑙河线再次落入同盟军手中。"很明显，"马尔伯勒在战后两天写道，"如果女王陛下的部队不在这里，巴伐利亚选帝侯现在已经在维也纳了。"国内的英格兰人大多像赫维勋爵一样，"最近在多瑙河上的伟大行动的消息充满了太多惊奇，以至于人们在第一次听到它时惊得说不出话来"。对岛国民众来说，对外国敌人的这种军事胜利是新奇的，让人想起模糊的克雷西和阿金库尔战役的传统。 365

这就是施伦贝格胜利带来的精神与实质影响，甚至在布伦海姆战役之前，就决定了多瑙河不明朗的战争局势。直到那时，法国人一直通过谈论同盟军在死亡之角战斗中巨大的损失来保持自身的士气，高教会派托利党人用同样的故事来贬低马尔伯勒公爵，没有什么比得知罗切斯特和他的朋友们"认为多瑙沃特的行动不是一场胜

① 伯奇上校，曾在英国内战中为议会方面作战，后为下议院议员。——译者注

利”更能让马尔伯勒与他的老政治伙伴们疏远的了。在这之前，马尔伯勒一直习惯于向萨拉抱怨说，“你的朋友《观察家》”这份极端的辉格党报纸，对温和的托利党政府“恶语相向”，把大部分篇幅用于揭露“杰克们”“不肯宣誓效忠者”以及“有抱负之人”的邪恶，
366 对（马尔伯勒）公爵的战争行动却很少关注。但在施伦贝格胜利的消息传来后，《观察家》意识到了支持马尔伯勒的必要性，并对这次胜利和之后的布伦海姆战役的胜利进行了充分的报道，对托利党人鲁克攻占直布罗陀的消息则不屑一顾，认为“攻占西班牙城镇的作用是双重的”。[314]

施伦贝格胜利使得马尔伯勒公爵与刘易斯亲王的友好关系戛然而止，他嫉妒他的英格兰同僚在那天获得的名声。马尔伯勒公爵清楚地意识到，他再也不会得到亲王的同意去打仗了。

但是，如果说刘易斯亲王是在转向敌对，那么军队的其他成员则对马尔伯勒忠心耿耿。胜利后一周，他写信给萨拉：

> 我很高兴地发现，所有的将领都愿意服从，他们不管其他原因，而只认是否是我的意愿，这与在佛兰德斯的情况大不相同，在那里，我所做的一切都必须征得战争委员会的同意。[315]

整个7月，尽管巴登亲王和马尔伯勒公爵的关系越来越疏远，但他们有一个共同的目标——占领巴伐利亚，从而迫使马克斯·伊曼纽尔改变立场，以此作为他拿回其世袭领地的代价。为此目的而进行的谈判一直在进行。巴伐利亚选帝侯因施伦贝格的灾难而深感沮丧。作为一个在土耳其战争中拥有丰富经验的士兵，他在看到失败时就知道了，并且第一次对这场战役的最终结果感到真正的担忧。

在战役结束后的两个星期里，他倾向于认真听取同盟国给出的外交提议，这些提议的背后是他们对他大部分领土的军事占领。

入侵巴伐利亚变得更加容易了，因为诺伊堡和雷根斯堡已落入马尔伯勒的手中，他可以通过若干条不同的路线从德意志中部跨越多瑙河获取物资和弹药。他总是为他的英格兰士兵们的供给问题而焦虑不安：

> 我们最大的困难（他在7月6日给戈多尔芬写信），是让我们的物资保障跟着我们走；因为，我有幸指挥的部队是不能没有物资保 367
> 障而生存的，而习惯于挨饿的德意志人是没有我们的物资保障就无法前进的。符腾堡公爵已经向他的国家发出命令，要200辆马车，帮助运送我们的物资，我已经答应支付他们一个月的费用，我希望这段时间能完成我们在这个国家的任务［通过与（巴伐利亚）选帝侯签订条约］。

他在给萨拉的信中说："我现在有能力让可怜的士兵们不缺面包了。"但英格兰士兵并不只靠面包生活：

> 公爵大人（他的牧师是这样记录的）同时也在为艾夏的军队提供啤酒。炉子和其他用于酿酒的设施都坏了，公爵大人命令居民修理它们，并让所有的酿酒师开始工作。[316]

1704年7月10—16日（新历）

马尔伯勒已经解决了粮食供应问题，但攻城炮和弹药的问题比较难以解决。马尔伯勒付出巨大的努力，带着自己的野战炮从荷兰一路至此，但对于重型火炮，大家都同意应该依靠德意志人的供应。在围攻有城墙的赖恩集市（这里是通往巴伐利亚的必经之途）时，由于重型火炮来得太晚，弹药不足，以及德意志炮手技术不娴熟，造成对这个小地方的围攻不必要地延长了几天时间。由于缺乏合适的攻城武器，马尔伯勒公爵不得不极不情愿地放弃了他原来围攻慕尼黑的计划——他曾希望通过这一计划促使巴伐利亚选帝侯迅速达成协议。[317]

与此同时，巴伐利亚选帝侯马克斯·伊曼纽尔在奥格斯堡占据了一个坚不可摧的阵地，位于莱希河的西岸，在巴伐利亚领土之外，同盟军无法从东岸向他进攻。马尔桑的法军与巴伐利亚人在一起，只要塔拉尔从黑森林出发，他们就可以很容易地从奥格斯堡出发，加入塔拉尔。马尔伯勒和刘易斯亲王经艾夏进军到奥格斯堡对面的弗里德堡，他们从7月22日到8月3日在那里监视敌人过河，并至少要防止塔拉尔进入巴伐利亚或从那里进行任何物资补给。

368 当马尔伯勒就这样驻扎在莱希河畔，由于缺乏足够的攻城武器而变得相对弱势的时候，政治军事形势已明显不如两星期前那样充满希望。施伦贝格胜利的最初影响已经耗尽。塔拉尔正在路上，他给巴伐利亚选帝侯带来了路易十四答应给他的35000多人的法国援军。马克斯·伊曼纽尔被说服，援助真的正在赶来，而他刚被说服，

1704年7月15日（新历）

就在当日中止了与同盟军签订条约的事。在过去的三年里，他曾多次与两边讨价还价，马尔伯勒和巴登的刘易斯亲王都未曾绝望过，但此刻他们失败了。

部分可能是出于对这个狡猾的谈判者的由衷愤慨，同盟军指挥官们加强了对他的领土的破坏政策，在谈判破裂之前，他们已经从7月12日开始执行这一政策。16日，马尔伯勒在向海因修斯宣布条约谈判暂时失败时又说：“我们正在向巴伐利亚的中心地带推进，以摧

毁这个国家，迫使选帝侯以这种或那种方式顺从。”

从这一点可以看出，他希望通过让他的人民受苦，换来马克斯·伊曼纽尔的妥协——这是一个道德上值得怀疑的政治操作。这也是一项军事措施，目的是防止法国和巴伐利亚军队在选帝侯的领土上获得补给——正如他在给斯蒂芬尼的信中所说的那样，“使敌人在这里，既不能在当前生存，也不能在未来获得支持”。

作为一个在战争中被证明具有人性的人，马尔伯勒暗自对这种方法感到羞愧，因为它让人想起了十几年前路易十四的将军们在帕拉丁的更彻底的行动，它曾引起普遍的抗议。马尔伯勒向妻子坦白了他的感受：

我们在今天（7月30日）早上向他的主要城市慕尼黑派出了3000名骑兵，命令烧毁与这个国家有关的一切。这深深地有违我的本性，除了绝对必要的情况，没有什么能迫使我同意这样做。因为这些可怜的人只是为了他们主人的野心而受苦。这个国家已经有60多年没有战争了，他们的城镇和村庄十分干净整洁，你会对这里感到满意。[1] 369

事实上，他不忍心将这样的政策执行到底。

公爵看到他周围的整个村子都在起火，非常不情愿（他的牧师

① 帕克上尉在他的《回忆录》（*Memoirs*，第85页）中告诉我们，“马尔伯勒公爵不会容忍任何其直接控制的部队执行纵火令。”很可能是这样，但我认为英格兰人在行军途中参与了日常的破坏。7月9日，一位名叫诺伊斯的英格兰军官写道：“到目前为止，我们烧毁和掠夺了几乎所有的村庄，在这个国家，这事实上是非常频繁和非常不错的事情。特别是在去年3月，我们完全烧毁了一个有着高贵教堂和修道院的美丽村庄。”（*Cam. Uni. Lib. MSS.*；*Add.* 40，doc. no. 17）

> 写道），因此他下令停止焚烧，希望农民能回到还存在的村庄，收割开始脱落的谷物，以及停止焚烧因此被破坏和失去的空旷之地。公爵大人还放过了森林，这些森林在这个国家是令人敬畏且众多的，全部由高大的杉树和松树组成。

但是，由于巴伐利亚选帝侯几乎不可能靠冷杉支撑他的军队，所以这种克制似乎没有什么特别的好处。

关于所造成的实际损失，说法不一。在巴伐利亚军中服役的法国军官德拉科隆尼写道：

> 我沿着一条路线穿过了几个据说已经化为焦炭的村庄，虽然我确实发现了一些被烧毁的房屋，但与全国各地的报道相比，损失还是微不足道。[318]

巴伐利亚选帝侯对这些事情毫不关心。在经历了施伦贝格失败的第一次冲击后，他已经重拾希望。他决定把他的信念寄托在塔拉尔的到来上。只要有一点恒心，他不仅可以收复巴伐利亚，还可以推翻哈布斯堡家族，并让慕尼黑而不是维也纳成为神圣罗马帝国首都。他对法国的事业并不热心，因为他在以前的战争中曾与路易十四交过手。但是，如果他现在重新加入同盟国，虽然他可以确保他在巴伐利亚的继承权，但他永远不可能成为德意志皇帝，而且他还将失去西属尼德兰总督的职位——这是一个有利可图的、令人愉快的职位，他已经习惯了这个职位，而且他现在是靠法国的好意才
370 得到这个职位的。他已经学会了爱尼德兰，几乎就像爱他在多瑙河畔的德意志世袭领土一样。他从未想过，1704年7月，马尔伯勒会

把他从布鲁塞尔和慕尼黑赶出去。

但是，虽然巴伐利亚选帝侯目前准备把巴伐利亚的大部分地区交给敌人，希望自己能迅速凯旋，但从军事角度看，他还没有处于必须完全接受这个现状的处境。巴伐利亚选帝侯的妻子和家人都在慕尼黑，为了保护他们，巴伐利亚选帝侯在其首都和巴伐利亚南部令人愉快的地区留下了大量部队，不仅用来对付马尔伯勒，也用来对付从意大利经蒂罗尔返回的奥地利分遣队。7月，他又从奥格斯堡派出了8000人的部队，与这些保卫他财产的人会合，只保留了一部分军队与马尔桑和塔拉尔手下的法国人会合。这种兵分两路的方法是错误的。既然他选择了打回自己的领地，那么他就应该抽调每一个人，以在战斗的当日扩大队伍。[319]

与此同时，塔拉尔正在赶来。他通过黑森林时没有遭到抵抗，但他们的行事方式显示出他的指挥官和部队的质量都很差。当神圣罗马帝国取决于他的行动之际，也许还取决于他的速度时，塔拉尔在完全不重要的菲林根镇前浪费了一个星期的时间，最终还是没能拿下它。而他的部队，就像之前马尔桑的部队一样，法国人在这场战争中总是像在德意志所做的那样——随心所欲地逃跑。据塔拉尔的一名军官说，黑森林的农民抓住一捌，在法国军队到达多瑙河平原之前，已经杀死了多达1000名逃跑的法军掠夺者。[320]

在8月的头12天里，事情迅速发展到大高潮，这完全出乎除马尔伯勒和欧根之外的所有人的意料。

尽管马尔伯勒公爵在7月底将英格兰军队描述为“充满勇气，只 371
想打一场仗”，但他们几乎不希望有这样的运气，并开始受到一种不确定和失败的感觉的困扰。甚至连马尔伯勒公爵熟悉的秘书亚当·卡多内尔也陷入了普遍的沮丧之中，并于8月7日写信给国内的马修·普赖尔：

自从我们在施伦贝格取得胜利以来，还没有取得什么大的进展，只是烧毁了选帝侯的国家，在那里我们不遗余力；我们最后一次的行军满是火与烟。我们现在要围攻英戈尔施塔特，我希望上帝能让它结束，以便我能安全地离开这个国家。[321]

就在卡多内尔以这种心情写信的那一天，塔拉尔正在奥格斯堡以北10英里处的比伯巴赫与马尔桑和巴伐利亚选帝侯会合。如果欧根在这种情况下表现得像任何一个普通的将军那样，带着他的军队留在莱茵河上监视维勒鲁瓦的军队，马尔伯勒和刘易斯亲王就会在多瑙河上被打垮，战争很可能会失败。但如果说马尔伯勒是威灵顿的话，欧根就是布鲁彻尔。欧根带着18000人的部队，包括普鲁士强大的步兵，沿着多瑙河北岸快速行军，与塔拉尔的路线平行。为了挽救盟军在主要战场上的事业，他深思熟虑后，冒了把一支劣势部队留在莱茵河畔的风险。

因此，时间很短。在一两个星期内，维勒鲁瓦将越过莱茵河，使自己成为符腾堡的主人，"毁掉施瓦本的包围圈"，并派出新的部队加入已经聚集在多瑙河上的法国大军。此外，巴伐利亚选帝侯终于向蒂罗尔边境上的大批巴伐利亚军队发出了重新加入主力军的命令。马尔伯勒和欧根必须立即击败塔拉尔和马尔桑，否则就会丢失整个南德意志，而多瑙河进军也会像西摩和罗切斯特所预言的那样被证明是一个令人沮丧的失败。事实上，同盟军无法在他们蹂躏过的巴伐利亚领土上生存下去，而欧洲最庞大的军队又威胁着他们与

德意志中部的通信。因为，在8月10日，塔拉尔、马尔桑和巴伐利 372
亚选帝侯已经在迪林根重新渡过了多瑙河，到达北岸，威胁要从那里向位于霍赫施塔特和多瑙沃特之间的欧根的孤立部队进军。

危机就在眼前。欧根亲王到访马尔伯勒公爵在施罗本豪森附近的营地，这两个朋友秘密地制订了他们的计划。他们知道，他们必须立即打一场仗并取得胜利，否则欧洲将永远受制于路易十四。匈牙利叛军在距离奥地利首都30英里的地方肆虐；在意大利，萨伏依公爵处于绝望的境地，他请求维也纳提供保护，而这个城市本身也非常需要保护。[①]为了拯救德意志和意大利，必须进行一场战斗，如果有必要的话，还要进行相当激烈的战斗。但巴登的刘易斯，以他现在的脾气，绝不会同意攻击一支处于强势地位的强大军队。因此，这两个朋友认为，以15000人的代价来确保巴登的刘易斯不参与他们的讨论是很值得的。以这样的兵力为条件，巴登的刘易斯被诱使承担围攻英戈尔施塔特的光荣任务，这是敌军在多瑙河从维也纳到迪林根之间的唯一据点。马尔伯勒和欧根同意为他们亲王同僚的围攻“打掩护”——从任何层面上来看，这都是一项不重要的工作！

于是，刘易斯亲王心满意足地去了英戈尔施塔特。摆脱了亲王分享指挥权的困扰后，马尔伯勒从赖恩附近起来，重新渡过多瑙河，并于8月11日在北岸的明斯特与欧根的部队会合，在那里，他朋友的小部队受到了从迪林根经霍赫施塔特来的敌军联合部队

① *P.R.O.*, S.P., 105, 73, ff. 86, 106. 8月16日，即布伦海姆战役三天后，也就是消息传到维也纳的前一天，那里的英格兰大臣斯特普尼给都灵的英格兰大臣希尔写道：“明天，我们需要考虑一下，什么样的方式能促使马尔伯勒公爵与欧根亲王采取一致行动，从帝国给你送去一份礼物。但我恐怕他们会说，我们自己的孩子应该先受洗。如果他们的战役随着英戈尔施塔特被夺走而结束，我们的周边地区可能会和你们今年的冬天一样不安。”

的威胁。

373 在马尔伯勒重新渡过多瑙河的前一天，他给海因修斯和戈多尔芬写了一封信，用词几乎完全一致：

当欧根亲王和我会合后，我们的军队将有160个中队和65个营的兵力。刘易斯亲王带着31个中队和24个营的兵力去攻城。①法国人吹嘘自己有很大的优势，但我非常相信他们不会冒险作战。但是，如果我们找到一个合适的机会，我们会很高兴去冒险，因为我觉得我们在很多方面的糟糕境地需要我们这样做。[322]

两位法国元帅和巴伐利亚选帝侯在战斗当天所带的部队是否比欧根和马尔伯勒的部队多几千人或少几千人，永远无法确定。在布伦海姆战役中，双方人数相当，介于5000人到6000人之间，但法国人在炮兵方面有非常明显的优势。

令同盟军将领必须作战的原因应该成为法国人坚决拒绝作战的原因。塔拉尔和马尔伯勒或欧根一样清楚这一点。作为一个高智商的外交家，塔拉尔的建议如果曾被路易十四采纳，法国就会阻止大同盟的形成，②塔拉尔非常了解1704年8月的欧洲局势。塔拉尔认为，如果能在部队进入冬季驻地之前避免一场战斗，战争实际上就已经胜利了。不仅是荷兰和意大利，巴登和符腾堡现在都在法国人手中，

---

① 对比《战役》第496页中非常相似的数字。在战役的这个阶段，它很可能是一个中队，平均包括大约120名可以作战的骑兵和一个不超过500人的步兵营。在这种情况下，刘易斯亲王手下大约有3700名步兵和3700名骑兵，欧根和马尔伯勒则动用了大约32500名步兵和大约12000名骑兵在布伦海姆作战。

② 见上文（边码）第135—136页。

只要法国人能静待几周，巴伐利亚肯定会被收复。

塔拉尔虽然在智力方面没有任何欠缺，但坚定性不足。他作为一名外交官所受过的训练使塔拉尔害怕公开的争吵，总是寻求妥协。但在战争中，妥协的可能性比在外交中要小。一个人必须战斗，否 374
则就必须避免战斗，一边打一边避免的方式是不存在的。对塔拉尔来说，不幸的是，他与马尔桑和巴伐利亚选帝侯在一起，后两人都自认为是经验丰富的士兵，都渴望通过在危急的战场上打一场决定性的战争来赢得不朽的桂冠。

同样不幸的是，没有人担任最高指挥。军队是在三巨头的命令下行动的。塔拉尔事后写道，布伦海姆带来的教训是“应该只让一个人指挥军队”。塔拉尔可以对自己近35000人的部队下达任何命令，马尔桑和巴伐利亚选帝侯同样对他们的联合军队拥有最高权力，但他们的军队可能还不到25000人，因为当时在场的巴伐利亚人只是少数。因此，塔拉尔如果有自己的想法，就会拒绝调动大多数部队，而没有这些部队，他的同僚们就无法去战斗。但是，塔拉尔受到了很多因素的影响：他是一个人，而他们是两个人，其中一个是欧洲所有外交官都在争夺的亲王；法国和巴伐利亚的广大军官们都支持战斗，激进派还威胁说，如果塔拉尔拒绝战斗，他们将向凡尔赛写“一百封信”谴责他。在这些压力下，只有一个真正的强者才会坚持抵制。但塔拉尔同意在拒绝战斗和寻求战斗之间做出一系列妥协，这最终使他们都陷入灾难之中。塔拉尔是被别人拖进布伦海姆战役的，就像阿伯丁被拖进克里米亚战争一样。[①]

① 阿伯丁伯爵，曾任英国首相，因未能组织英国参与克里米亚战争而辞职。——译者注

当联合部队第一次从比伯巴赫到达多瑙河以北时，塔拉尔打算
375 在冬天之前一直留在迪林根坚不可摧的防御营中。但他的同僚们不听劝告，很快就说服他向霍赫施塔特移动，希望在马尔伯勒有时间赶来与欧根会合之前，动用大军压迫欧根18000人的部队。在霍赫施塔特还有另一个阵地，几乎和迪林根的阵地一样坚不可摧；普尔弗巴赫周围有广阔的湿地，同盟军不可能像两天后强行突破内伯尔河周围的小片湿地那样突破这里。因此，在霍赫施塔特，塔拉尔非常明智地提议留下来。但随后又发生了激烈的争吵。巴伐利亚选帝侯希望直接进军，攻击欧根，即使马尔伯勒已经与他会合。作为一种妥协，塔拉尔同意他们从大路前进，穿过普尔弗巴赫湿地，并占领卢钦根和布伦海姆之间的平原。他们可以在那里受到内伯尔河湿地的保护，直到发现面前敌人的真实力量——无论马尔伯勒是否与欧根在一起，或者巴登的刘易斯是否也在那里。就这样，决策层处于最混乱的状态中，他们在进攻和防守的战略思想之间摇摆不定，对敌人的兵力一无所知，对敌人指挥官的惊人意图更是一无所知，大军挑选的宿营地注定要成为战场并成为旧法国君主军事声誉的坟墓。

1704年8月12日（新历）

塔拉尔直到最后一刻还坚持着谨慎，更何况他错误地认为巴登的刘易斯军队已经与马尔伯勒及欧根的军队会合，因此他建议，在经过内伯尔河的道路上筑起壕沟，并在小河上筑起水坝，加大湿地的湿度。这两个建议都被法国和巴伐利亚的著名军官们嗤之以鼻，认为塔拉尔是一个老妇人。但塔拉尔能够自行其是，让自己的手下为布伦海姆村的通道设防。

于是，军队在宽达四英里的巨大空地上搭起了帐篷，这块空地

从布伦海姆的多瑙河段延伸到卢钦根的松树丛中，中间没有任何树篱障碍。当军需官们在标出营地的位置时，当身穿白衣的法国步兵纵队在平原上悠闲地走到他们指定的位置时，两台望远镜从五英里 376
外的塔普夫海姆教堂的尖顶望向了这里。马尔伯勒和欧根从明斯特骑马出来，想看看敌人的主力部队是否已经从霍赫施塔特的湿地后面出来了，以及它是否处于一个可以在合理的危险下被攻击的位置。他们看到的一切让他们异常清醒且异常兴奋，就在那时那处，他们下定了最伟大的决心。有记录显示，在同盟军中，很少有负责任的军官会敢于攻击这样驻扎的一支部队，除这两位军事天才外，而他们碰巧拥有完全的指挥权。① 377

① 公爵的秘书卡多内尔写道："马尔伯勒公爵无疑比我们中的任何一个人都更明白这一战争的必要性。如果我们大多数人中的任何一个人的意见占了主导，我们都不会在如此的境况之下。"（*Select Docs.*, p. 111, from *Add. MSS.*, 28918, ff. 287–288）

马尔伯勒最杰出的手下之一奥克尼勋爵写道："我承认，这场胜仗完全要归功于我的主人公爵，因为，如果要我发表自己的意见的话，我就会提出反对，毕竟他们驻扎在那样的地方，而我们的兵力又是这样的。但是公爵大人知道发动战争的必要性。" *E.H.R.*, Ap. 1904, p. 311. 关于塔普夫海姆塔的事件，见 *Dispatches*, *I*, p. 396.

战争之后的那天，公爵的牧师黑尔写信给国内的一个亲戚："几乎所有的军官都反对我的主人进攻敌人的决定，他们认为这太困难了。" *H.M.C.*, *Hare* MSS.（1895）, p. 201.

第十七章附录

向多瑙河进军的“地理知识”

关于布伦海姆战役的一篇文学作品可能比艾迪生的《战役》中激动人心的对句流传更久，即《项狄传》中特灵下士和托比叔叔关于战争中地理知识运用的那场对话。

下士得意扬扬地补充说，阁下，一个士兵知道地理知识做什么……托比叔叔说，特灵，你应该说的是年代学，因为地理学对一个士兵是绝对有用的知识……这还需要想吗？下士，我的叔叔托比继续说，正在从他的哨位上站了起来，因为他准备好好聊聊这个事——马尔伯勒是如何把他的军队从马斯（Maes）开到贝德堡（Belburg）；从贝德堡开到克尔彭（Kerpenord）（这里下士坐不住了），从克尔彭开到库尔塞根（Kalsaken）；从库尔塞根到纽多夫（Newdorf），从纽多夫到劳登堡（Loudenbourg），从劳登堡到蒙德尔斯海姆（Mildenheim），从蒙德尔斯海姆到埃尔欣根，从埃尔欣根到在京根，从在京根到巴尔默斯霍芬，从巴尔默斯霍芬到斯凯伦堡（Skellenbourg）。在那里，他打破了敌人的工事，强行通过多瑙河，越过莱希河——把他的部队推进了帝国的中心，在他们的带领下穿过弗莱堡（Friburg）、霍肯沃特（Hockenwert）和舍内维尔特（Schonevelt），到达布伦海姆和霍赫施塔特（Hochstet）的平原上。尽管他很伟大，下士，但如果没有地理知识的帮助，他不可能前进一步，或行军一天。

第十八章　布伦海姆战役

1704年8月2—13日

8月13日午夜过后一小时，马尔伯勒和欧根的军队被鼓声唤醒，在明斯特拔营。他们通过前一天铺设的浮桥越过凯塞尔巴赫，以八个纵队的编制向西移动，在树木茂盛的山丘和多瑙河的湿地之间穿行。黎明的薄雾弥漫开来，在一片白色的笼罩中，响彻着这支无形军队里沉默的、半醒的人们的沉重的脚步声。 378

在施韦宁根附近，他们与几个由英格兰人组成的营会合，连夜前往那里守卫隘口。现在，他们排成九个纵队，从即将开战的大平原上开拔。

当太阳从树梢上升起，开始驱散雾气时，五颜六色的骑兵队和步兵队拖着52门大炮徐徐向前，像扇子的扇骨一样散开，穿过空旷的乡村，将法国人尽收眼底。在欧根的指挥下，丹麦和普鲁士的步兵以及奥地利的骑兵向他们在右翼的遥远阵地前进，其中一些人最远到了卢钦根以北的冷杉山丘。马尔伯勒的大军——由英格兰人、荷兰人、黑森人、汉诺威人组成的各种兵种，加上丹麦骑兵，走的是较短的路线，目的地是位于奥伯格劳和布伦海姆对面的内伯尔河岸。两支同盟军部队加起来约有52000人，其中约有9000人是英格兰人，但很少有兵团不是由荷兰或英格兰全部或部分付薪的，即使是欧根指挥的部队也如此。敌军的人数相当，或数量稍微多一些。

379 第一批纵队先头部分的出现并没有在敌人中引起很大的恐慌。那些在六点钟已经起床的人认为，在迷雾中移动的红衫军一定是侦察队，是为了掩护主力部队沿凯塞尔巴赫向讷德林根撤退而派出的。因为，法国人前一天晚上就作出决定，认为盟军是在寻求向北撤退到在德意志中部的基地，放弃巴伐利亚与多瑙河。但他们仍在这个问题上争执不下，即是否应该向前行进，发起一次进攻，从而阻止盟军撤退，他们认为，盟军已经知道自己在这场战役中要被打垮了。

从俘虏那里得到的错误信息，即刘易斯亲王的军队已经加入了欧根和马尔伯勒的军队，仍然使他们无法确定是否要采取进攻的明智之举。[①]但那天早上他们并没有想到同盟军会进攻他们。塔拉尔自己写道，他可以看到敌人在移动，他们可能正在向讷德林根撤退。即使在迷雾散去，不是侦察队而是同盟军的整个军队显露出来之后，仍有法国军官认为马尔伯勒是要穿过他们的正面，从这条路向讷德林根前进。这的确是一种可笑的轻率行为，但对他们来说，任何事情都有可能发生，唯独不会发生的事是，有人敢于进攻他们的大部队，其驻扎在湿地后面，处于设防的村庄防线上，一侧有森林保护，另一侧有多瑙河保护。

然而，到了七点钟，同盟军的真实意图已经明确无疑了。当时在法国军队中担任高级职务的弗莱明伯爵梅罗德-韦斯特卢，已经在

---

① 塔拉尔曾经反对发动进攻［见上文（边码）第373—375页］，然而黑尔表示（*Add. MSS.*, 9114, f. 104），在他被俘虏后的那一天，塔拉尔告诉马尔伯勒，如果“阁下对抗他的攻击”（意思是他的攻击）的时间“更长一天”的话，他和选帝侯会首先招待马尔伯勒。而且，如果不是收到了囚犯有关巴登的刘易斯的错误信息的话，他们早在8月份就会做这件事情了。

布伦海姆东郊的一个谷仓里睡下了，他的心情很轻松。他被吓坏了的仆人叫醒，透过开着的门缝，他看到内伯尔河对面的整个平原一片光亮，到处都是敌人的中队和主力部队。这是他一生中遇到的最 380
大的意外。在他周围，法国人蜂拥着去拿武器。用以召回前哨部队和强征队员的炮声响起，他们在放火烧毁翁特格劳、魏尔海姆和施文嫩巴赫的村庄后匆匆赶来与军队会合。沿着四英里长的战场，同盟军看到他们曾经挑战过的白衣步兵列队成营，中队则排成了长队；在聚集起的法国军队前，副官们与将军们沿着将他们与敌军部队分开的一道湿地边缘，在疾驰中互相碰撞，乱成一团。

事实是，法军被打了个措手不及。他们当然处于一个强大的阵地上——强大到马尔伯勒最优秀的军官都怀疑自己的胆量——但如果其在防守方面犯了错误，这阵地就不是坚不可摧的，而他们的确犯了错误。其中最糟糕的是，中部的法军步兵数量明显不足，这至少是因为他们受到了惊吓。因为他们是按照扎营的顺序排列的，而不是依据实际地面排布成防御战斗阵形。

事实证明，扎营的顺序对法国来说如此致命——两支部队竟然并排而立。塔拉尔的大军绵延了两英里。包括奥伯格劳和卢钦根在内的阵地的其余部分，由马尔桑率领的另一支法军占领，其中包括巴伐利亚选帝侯带领的少数巴伐利亚人，大约有2500名步兵和同样多的骑兵。向南的塔拉尔和向北的马尔桑按照惯例各自安营扎寨，马尔桑将骑兵安置在两翼，但由于在布伦海姆村和多瑙河之间没有空地了，塔拉尔的骑兵都在他的左翼安营扎寨，左翼成为两支联合军队的中心。因此，塔拉尔的所有骑兵和马尔桑的一半骑兵在中央大平原上排成长队，在奥伯格劳和布伦海姆之间延伸了两英里。这 381

的确是一块适合马匹行动的壮丽土地，土地上的谷物早已被收割，地面上没有任何树篱、房屋、沟渠或树木。本世纪最伟大的骑兵战役即将在这里发生。不过，尽管马尔伯勒向这里派出了强大的骑兵和步兵，塔拉尔却从未充分纠正过原来错误的扎营顺序。他在中央的许多中队中只部署了九个营的步兵。的确，布伦海姆西部还有三个步兵旅，但不久之后，他们就在塔拉尔不知情的情况下被调到了村子里，而且造成了灾难性的后果。①

的确，塔拉尔最糟糕的缺点是，一旦战斗开始，他就无法控制战斗的进程。如果他能在布伦海姆附近与自己的军队保持密切联系，他就能纠正自己原来部署中的错误，而不是让别人在他不知情的情况下把错误变得更糟糕。但是，当行动开始时，他骑马来到联合军队的左翼，看看马尔桑的手下是如何应对欧根的，这既不是他的位置，也不是他的任务，而且今天的真正危机也不在那里。他把自己更紧急的任务留给了下属，而这些下属管理不善，糟糕到令人难以置信。塔拉尔短视的眼光、无可救药的愚蠢，加重了他那天的无助感。

与塔拉尔的失控形成强烈对比的是，马尔伯勒确立并保持了对战斗的控制。他总是出现在最需要他的地方；而在他不在场的地方，他的兄弟查尔斯·丘吉尔、卡茨、奥克尼勋爵以及指挥着由荷兰付薪的骑兵队的黑森亲王，都为他提供了令人钦佩的帮助。

如果说在中央支持骑兵的步兵数量的不足是塔拉尔防御计划中的一个缺点，那么另一个缺点就是塔拉尔拒绝充分利用覆盖在前线的内伯尔河的湿地。如果敌军步兵在从奥伯格劳到布伦海姆上方的磨坊的
382 沼泽边缘排成一排，同盟军就根本不可能越过那里。即使没有步兵，

① 这“三个旅”里可能有九个连，但是他们不能与更靠左边的“九个连”混淆。

如果法国骑兵能够对那些最先跨过湿地的同盟军发起整体进攻（当时同盟军还没有在他们的西岸形成战斗队形），那么同盟军也会被赶回湿地。但同盟军被允许越过湿地，并不受阻碍地列队，即使到了这个时候，他们也只遇到了孤立的法国骑兵的部分进攻，这些人因为他们最高指挥官的失误而没有发起任何协调一致的系统作战。

法国人后来给出了两种解释。一个解释是，他们的指控官认为湿地比实际情况更潮湿，更不可行。另一个解释是，塔拉尔希望同盟军越过湿地，以便把他们推回湿地：跨过来的越多，被消灭的就越多。据说塔拉尔有一个清晰的计划，就是把同盟军引到内伯尔河对面的中央地带——这里位于奥伯格劳和布伦海姆村之间，驻扎着大量的步兵，他们可以从这里攻击那些轻率地来入侵河边的法国军队的同盟军的两翼。这个计划在战斗的关键时刻，通过从奥伯格劳发起的突击行动得到了部分实现，只是在马尔伯勒的个人行动下被击退了。但从布伦海姆发起的进攻则被完全阻止了，因为马尔伯勒公爵的原计划是，这一天的最初战斗就是由英格兰与荷兰的步兵对布伦海姆发起全面攻击。

从七点到中午，两支军队互相观望。在欧根的士兵到达他们遥远的驻地之前，马尔伯勒的军队除在内伯尔河的湿地上铺设浮桥和木桩之外没有做其他事情。每个团的团长都用不同的语言，按照不同民族的仪式，举行了宗教仪式，这些民族聚集在一起，共同抵抗法国君主的霸权。[①]最近在施伦贝格取得的胜利，以及所有人对马尔伯勒及欧

① 布伦海姆中的胜利者大多属于新教徒的一个流派。即便欧根的步兵也是普鲁士人和丹麦人。

383 根的完全信任，给这支多元的军队带来了一种团结，也带来了一种精神，其在那天被证明优于迄今为止未被征服的路易的军队的传统，后者已经意识到了自身领导人的脆弱与彼此之间的分裂。

在等待期间，法国军队的军乐在内伯尔河两岸清晰可闻，但每隔一段时间就会被大炮的声音压下去。法国人有90多门大炮，同盟军有50多门；但布拉德上校的炮手都是神枪手，马尔伯勒亲自架起了他的每一门大炮，等待观察第一轮射击的范围和效果。当一切都完成后：

> 公爵沿着阵线骑马前行，视察了他的部下的军姿与神情，发现他们和同盟国的各国军官们都非常欢快，迫不及待要更加接近敌人。当他从第一阵线的前面经过时，来自敌军炮台的一颗炮弹落在了一片耕地上，离他的马很近，扬起的灰尘差点盖过了他。他没有因此而停下脚步，而是继续前进，发现一切正常，便坐下来养精蓄锐，直到欧根亲王准备好。

上午的时间悄然流逝，马尔伯勒仍然面无表情地看着他所珍视的人倒在炮火下。一个又一个信使飞奔着去催促在远处的沼泽和林地中挣扎向前的欧根。在他的同僚准备好进攻之前，马尔伯勒公爵是不会下达命令的。当马尔伯勒与他的属下在战地共进午餐时（这可能是最后一次了），他在想什么呢？他清楚地知道，这一天要么让他成功，要么让他彻底失败：他的命运承受不起失败了。带着自己的雄心壮志，英格兰和欧洲的自由已经到了最后的危险关头，其将在此处被最终决定。这里并不是任何著名的城市或拥挤的集会场所，而是位于村庄和农场之间的一片光秃秃的收割过的麦茬平原。它的名称不详——那座最高的尖塔叫作布林德海姆，向导说，在这些地方，不识字的农民长期以来一直在耕种土地，而且在即将到来的世代中仍旧如此，他们根本不在乎那一天会到来的伟大世界，只关心他们可怜的房屋和谷仓肯定会被烧毁。然而，在这片粗犷、质朴的 384
地方，18世纪的文明与思想的结构，不管是好是坏，都会有它的色彩。快点啊，欧根！在这场大屠杀的炮火下，血肉之躯们已经不能再无动于衷了，而众神也迫不及待地想看到这件暗藏的事件了。他的信使终于从北方飞奔而来了。欧根已经准备好了：我们也早就准备好了。现在已经过了中午，但8月的白昼还很长。“火蜥蜴”卡茨将率领英国人和荷兰人对抗布林德海姆。沿着内伯尔河四英里的河道上，到处都是各团和各中队晃动的身影，他们在向小河的湿地边缘移动。

内伯尔河就在布林德海姆或布伦海姆——英格兰人战胜时如是称呼它——的正前方，河流两岸的土地相对比较结实，适宜行走。卡茨的部队可以在不破坏秩序的情况下涉水或跳过小河，向村子的入口处直线行军。那天，布伦海姆不仅被园林的树篱保卫，还被军用栅栏以及农用马车、桌子和门匆匆建造的屏障保卫。在这些障碍物的后面，是法军集结的各营的部队和炮兵。

施伦贝格的故事再次上演。英格兰人和荷兰人在防御的散弹和火枪面前成片倒下。但他们继续前进，一排又一排。准将罗禁止开火，直到他们到达防线。他用剑敲击木板，作为开火的信号，法国人和英格兰人通过敞开的栅栏互相射击和刺杀。罗本人受了致命伤，他的中尉和少校努力想把他抬走，却倒在他的尸体上死去。法军的步兵们向开阔地进发。穿着绯红色军装、骑着华丽战马的法国宪兵队在村子的东北角扫荡，英格兰人被迫后退，在内伯尔河溃败。法国军队俘获了罗的身着同一种颜色制服的军团。但黑森的步兵使他们免于毁灭，击退了追击的骑兵并夺回了旗帜。

布伦海姆附近骑兵和步兵的冲锋和反冲锋混乱地持续了一段时
385 间。最后的结果是，英格兰和荷兰的步兵在村子的北面和东面的郊区驻扎下来，而没进驻村里。同盟军将大炮运过内伯尔河，拿下了一些有树篱防护的据点，控制了村子通向河流出口处的街道，并根据马尔伯勒的命令，从直接攻击转变成强有力的遏制行动，以防止村子里出现大量步兵——他们现在已经被遏制住了。

就像在施伦贝格一样，英格兰和荷兰人持续英勇攻击的成功之处，不在于攻克阵地，而在于将本应该留在别处的敌军防守力量吸引至此。法国指挥防御的中将克莱朗博侯爵被吓得犯了一个致命的错误，他把塔拉尔安排在布伦海姆村外西面的三个步兵旅转移到村子里。现在有多达27个步兵营和12个骑兵中队挤在村里的街道和农田里，而如果塔拉尔一直关注自己的军队，这个致命的错误本来是可以避免的。在塔拉尔不在的时候，他的部下为他们应该采取的行动争吵不休：克莱朗博紧张而激动，气冲冲地与梅罗德-韦斯特卢争吵，后者希望从布伦海姆抽出12个营，在村子上方的内伯尔河畔排兵布阵。但克莱朗博的意见占据了主导。

在当天剩下的时间里，布伦海姆聚集了大约12000名法国最好的步兵。无论过去还是现在，布伦海姆都是一个大而落后的村庄，到处都是拥有高高的山墙的农场，它们在不规则的街道上并排而立，每一个都有自己的土地和牛场。[①]莫尔维耶小河从主要街道的中间流

---

① 在布伦海姆、奥伯格劳和卢钦根之间的巨大平原上耕作的农民似乎一同居住在这些大型村庄里。惊人的是，这里没有像在滑铁卢的乌古蒙或拉艾圣一样的单独农场。

过，流向几乎紧挨着村庄的多瑙河。在另一端，英格兰人守住了郊区，继续用火枪和大炮向街道和农田射击，并更加强有力地执行该 386
措施，因为克莱朗博的紧张已经造成不必要的步兵集中在这里。但是布伦海姆守军的命运和这场战役的问题正在其他地方被决定。

无视内伯尔沼泽的障碍，强夺法军中心阵地是一项非常关键的行动，以至于马尔伯勒从头到尾都亲自关注着这一行动，并委托他信任的下属，允许同盟军在他不在场的时候也可以对布伦海姆进行攻击。夺取法军中心地带需要骑兵和步兵的密切合作，这项军事技艺随着环形刺刀的采用已经进入了一个新的时代。[①]当天下午，在战场上的许多不同地方，在有利的条件下，步兵队比骑兵队更胜一筹，甚至在开阔的阵地上也是如此，这种情况几乎不可能出现在鲁伯特和克伦威尔的时代。那一天，马尔伯勒给世界上了一节新的战术课，即将骑兵与步兵“交叉”在一起。在渡过内伯尔河之前，他把军队的中心位置排成四条战线；[②]前线和后线是步兵，第二线和第三线是夹在中间的骑兵。

因此，包括丘吉尔手下的英格兰人的步兵，率先穿过中央的湿地，一部分涉水，一部分使用木板和灌木制成的桥梁。法国人的炮台对准了他们，但无法阻止他们前进的脚步。在到达远处的坚硬地面后，他们掩护骑兵队跨过去。法国人本可以在同盟军步兵全部穿过前向前推进，但法军站在远处观望，甚至在同盟军步兵的掩护下第一批骑兵中队牵着缰绳走来、小心翼翼地跨过临时搭建的桥梁的

① 见上文（边码）第123页。

② 每一条“战线”可能由两排、三排甚至四排组成，依不同的营和中队各有不同。

时候，法军仍然无动于衷。

最后，当可能有一半的同盟军已经渡河，但还没有完全完成他们在河流对岸的战斗队列时，法国骑兵来了，虽然晚了点，但是火
387 力全开。在一些地方，他们把同盟军赶到了湿地的边缘。目击者对随后几小时的混战场面留下了一些记录。要把它们全部区分开来是不可能的。但需要指出的是，当天下午，同盟军向法军中心地带缓慢但可靠的推进源于他们步兵数量的优势以及对步兵的正确运用。他们不再像跨过湿地时那样被安排在骑兵的前面。当骑兵冲锋在前时，他们列队预备，各队之间保持间隙，以便让骑兵通过这些空隙后撤或被保护，同时向追击的敌军骑兵进行排枪射击。只有训练有素的步兵才能参与这样的角逐。

除了许多德意志军团，查尔斯·丘吉尔将军领导的英国步兵也承担了在中心地区进行的这项任务。在掩护骑兵通过湿地的第一次行动之后，丘吉尔让奥克尼勋爵带着几个英国步兵营继续支援中央的骑兵，而他自己则和其他英格兰步兵一起，支援卡茨的左翼，游移在布伦海姆村北面的危险战斗中。

独自支援法国骑兵队的9个步兵营是年轻的新兵，他们的勇敢像法国年轻新兵经常展示出的那样，是1813年“玛丽·路易丝”们可敬的前辈，[①]他们在人数上没有任何希望。同盟军的步兵，包括奥克尼勋爵的英军，以及不屈不挠的布拉德上校用浮桥运来的炮兵，用火枪和葡萄弹向他们射击。这些可怜的小伙子从未移动过，便在他们的队伍中被射倒，成排倒下，形成一条又一条的白

① 玛丽·路易丝，拿破仑的第二任妻子，1810—1814年间的法国皇后。此处指的是她成为法国皇后时期招募的新兵。——译者注

衣尸体线。[1]

与此同时，欧根率领的普鲁士和丹麦步兵是一支出色的军队，且有一名出色的将领，虽然没有得到神圣罗马帝国骑兵的支持，却在奥伯格劳和卢钦根之间的平原上压制着——马尔桑率领的法国人和巴伐利亚人——他们正在穿过松树林的外围向最北面逼近。事实 388
上，欧根的行动是一次牵制性行动，将以巨大的生命代价英勇地完成；它对马尔伯勒在其他地方的胜利是至关重要的，但在当地取得成功的可能性极小。

下午晚些时候，这一天仍不确定的危机逼近了。集结在奥伯格劳的法国和爱尔兰步兵向同盟军中心的侧翼和后方发起了猛攻。自萨斯菲尔德和第一批流亡者离开利默里克的十几年里，路易的欧洲军队中的爱尔兰兵团为自己赢得了纪律严明的声誉，弥补了其在博因河畔乱成一团的溃败战绩。他们现在从奥伯格劳向马尔伯勒的侧翼发起了冲锋，这几乎切断了马尔伯勒的军队和欧根的军队之间的联系。几个德意志的营队被击溃了。战斗的天平在震动，似乎在发生倾斜。但马尔伯勒本人在那里。他调来了更多的德意志步兵和丹麦骑兵，把袭击者赶回了奥伯格劳，并在村子的出口处架起了大炮和火枪。敌军没有再进攻。

最后，决战时刻来临。整个下午，中心地区的混乱战斗使得同盟军的阵线前进了一些，距离内伯尔河有了一些距离。[2]那里的法军

① 显然他们不是按照直线阵形，而是按照方阵阵形来排布的，可能是因为他们对骑兵的恐惧；奥克尼认为，他们“以我见过的秩序最佳的营排布，直到他们几乎被冲散”。*E.H.R.*, Ap., 1904.

② 谈论法军中心阵地中的“山”，就像一些叙述所做的那样，可能会误导那些没有亲眼见过战场的读者。从内伯尔河往上的斜坡事实上很缓。总体上来说，这是一片巨大的平原。

步兵已经减少为一小撮新兵队伍，他们对战斗一无所知，只知道如何坚守在自己的岗位上。法军骑兵中队在各自作战，没有形成一支有效的力量；在经历了许多次英勇的冲锋之后，他们变得疲惫不堪，最初的信心之火已经燃烧殆尽。塔拉尔终于加入了他们，但他并不是给他们的队伍注入精神和秩序的人。

这就是下午5点中心地区的情况。马尔伯勒正在将英格兰和同盟军的骑兵集结成一支壮观的队伍，准备发起总攻。他的命令是，他
389 们应该快速小跑着前进，这样可以使他们的队伍保持整齐，但这种小跑的速度应当越来越快，因为他们手中没有火器，在接近敌人时要拔出剑。法国人没有以同样的方式冲锋，而是停下来“展示他们的燧发枪”。军心涣散、士气低沉的法军在同盟军小跑的前进中被吞没，越来越无法承受，一边是为了宝贵的生命，一边是为了激烈的复仇，很快就四散逃跑。在这股不可抗拒的进攻浪潮中，由新兵组成的法国步兵队伍消失了，就像沙滩上一座孩童建造的城堡融进水流的荡涤中一样。

在北面远处的卢钦根的山上，沿着冷杉林的战场边缘，普鲁士人、丹麦人、奥地利人，与法国人及巴伐利亚人间歇性地发起冲锋和反冲锋。站在目及南边战场的地方，可以一眼望尽战场全貌。四英里外，山坡上的观察员的视野停留在一股浓浓的战斗的硝烟上，其遮住了布伦海姆的尖顶。在这一天中最重要的时刻，山坡上那些急切的观察员看到，两拨对立的骑兵接近、相遇并混合成一条长长的、封锁着的战斗线；然后，在一种狂喜的悬念中，他们看着它起伏、弯曲、断裂，并向西散开。平原的较远处很快就出现了无数的移动点，它们都像昆虫一样拼命逃跑，朝着多瑙河的灌木丛或高大的霍赫施塔特的哨兵堡垒前进。在那几分钟里，山上的观察者员们

看到了欧洲潮流的转变，看到了路易国王努力实现普遍君主制高潮的退却。

中心区的所有有效抵抗都结束了。一些中队试图在被遗弃的营地的帐篷后面集结，但随着追兵向多瑙河和普尔弗巴赫的湿地前进，他们又一次被击溃了。穿过普尔弗巴赫，在迪森霍芬和霍赫施塔特有逃生之路，但只有游泳健将才有希望成功渡过多瑙河。朝着多瑙河河岸的方向，松德海姆的两边都挤满了逃亡者。其中一个不幸的人，幸存的梅罗德-韦斯特卢伯爵讲述了这个故事：他看到他骑着的 390
马在压迫中不堪重负、双脚离地，直到这一大群颤抖的、承受巨大恐惧的生物因精神错乱而猛然摔进湿地里，深度与“两条长矛一样高”。人与马猛扎在地造成的损害至今清晰可见，将广袤的平原与多瑙河湿地分开。[①]

但有一位可怜的先生还留在岸上。塔拉尔元帅曾试图向布伦海姆的步兵发出撤退的命令，但没有成功。至于派去试图引导他们从溃败中返回的信使，

什么都没有被告知，
除了波涛滚滚的多瑙河上的叶子。

---

① 但多瑙河湿地，就像内伯尔河的湿地一样，自那以后被排干和耕种，多瑙河上则开了运河。这场最严重的灾难在诗歌中得到了颂扬，正如麦考莱所写的那样，其中一首诗“因三行精致的荒谬之举而免于被遗忘”：

想一想至少2000位绅士，
每个人都骑着自己蹦跳的野兽。
他们被浅滩推入多瑙河。

最后，元帅认为自己有责任让他的步兵脱身，或者与他们同归于尽。塔拉尔刚启程返回布伦海姆去执行这项勇敢的任务，在靠近松德海姆时，就被黑森的骑兵包围。他们通过塔拉尔外套上的圣埃斯普利勋章认出了他，把他带到了胜利者面前。

我们可以想象，此时骑在马上的马尔伯勒在大平原中间的某个地方，大概在布伦海姆以西两英里处，发令停止在普尔弗巴赫湿地的边缘追击逃兵，并努力尽快将他在中心地区的部队集结起来，以阻止马尔桑和巴伐利亚选帝侯部队的撤退。但敌军在从奥伯格劳和卢钦根到莫斯林根之间极为有秩序地撤退，欧根和马尔伯勒的军队已经筋疲力尽，无法再对未被击溃的部队发起正式进攻。亲王和公爵都宣称，几乎没有一个营或一个中队，没有冲锋过
391 四五次的。于是，马尔桑和巴伐利亚选帝侯带着他们的人安全地向西走去，走进越来越暗的黄昏中。他们的兵力还不到敌人总兵力的一半，如果布伦海姆的步兵没能逃脱，塔拉尔的大军也将所剩无几。

在胜利的时候，就像在生活的其他场合一样，马尔伯勒是“礼仪之王”，因此他从被他打败的那个有礼貌和敏感的民族那里赢得了名声。他的6匹马拉的大马车沿着横跨内伯尔河的大路前行，而在那里，不幸的塔拉尔元帅受到了许多恭维，并得到了安置，直到几天后，他自己的马车被从打着休战旗的撤退的军队中取回。在匆忙中，马尔伯勒公爵在马鞍上摊开一张“酒馆费用账单”，拿用剩的笔头在背面给萨拉写了一封信，这是他写给她的信中最有名的一封，其中的确切内容如下[①]：

---

① 复制本收录在Coxe, i, p. 306。

1704年8月13日

我没有时间多说，只想请你代我向女王述职，让她知道她的军队取得了辉煌的胜利。塔拉尔和其他两位将军在我的马车上，我跟在其他人后面。送信者是我的副官帕克，他将向女王汇报刚刚发生过的事。我将在这一两天里详细说明情况。

马尔伯勒

当他写下这些话时，马尔伯勒很可能不知道布伦海姆的步兵已经投降，但他觉得他们肯定无法逃脱。傍晚结束之际，“大约晚上九点”，马尔伯勒给包围村子的英格兰军官送去一条信息，让他们在天黑的时候严加警戒，他将在早上带着其余的军队来夺取这个阵地。但事实上，在没有他介入的情况下，灾难已经加速降临到敌军了，这伟大的一天的行动已经完成。[①]

当法军在中心地区后退时，奥克尼勋爵以令人钦佩的速度迅速行动，他已经将手下的英格兰人和苏格兰人调到左边，与他们在丘吉尔和卡茨手下的战友会合。他和英戈尔兹比把丘吉尔的包围线延 392
伸到了莫尔维耶河之外，直到大河的湿地。就这样，除了多瑙河这个有效屏障的一小段距离，对布伦海姆的军事包围圈完成。[②]克莱朗博将军意识到他把所有的步兵都带进村子的愚蠢行为的后果时，已经太晚了。他没有勇气面对他所造成的局面，而是像个疯子一样飞奔出去，从马上跳进了河里，他是游泳逃生还是自杀，不得而知，总之他葬身于多瑙河中。

---

① E.H.R. Ap., 1904, p. 310 注意阿伯克龙比的说法。

② 罗和弗格森的部队由卡茨指挥。

他离开时没有留给旅长们任何话或命令，事实证明，这些人和他一样无能。一些人被遗弃，一些人失去了与他们军官的联系，而他们本应该一起商量，把他们的旅联合起来，采取协调一致的行动冲出去——他们有可能获得成功，至少是部分成功，虽然其间肯定会有牺牲。如果是在这种情况下，布伦海姆战役在精神层面对法军和欧洲舆论的影响就会与现在大不相同。围攻他们的英国军官认为自己的尝试肯定会失败，尤其在夜幕降临之后，他们更急于在天色刚刚暗下来的时候收获投降。

在这种情况下，一点虚张声势可能是有用的，尤其是对付已经被突如其来的责任压得喘不过气的低级军官。两个精明的苏格兰人——第一代奥克尼伯爵乔治·汉密尔顿和他的副官詹姆斯·阿伯克龙比爵士——出色地玩了这个游戏。那天，马尔伯勒和塔拉尔之间的差异几乎和分别效劳于他们的属下之间的差异一样大。

但是，在开始最终谈判之前，同盟军对该村发起了彻底的攻击。在东面，卡茨的人马第五次进攻，第五次被击退，但他们紧紧守住
393 了郊区，仍然保持着火力。奥克尼的人从西面两次到达教堂墓地，但两次都被从十英尺高的围墙赶了回来，围绕的城墙就像一座堡垒。他们在离教堂几码远的地方驻扎下来，并在村子的另一边放了火，“这让敌人非常不舒服”。下马协助步兵的苏格兰骑兵的火力，阻止了法国人从街道上逃跑。

但在这一阶段，奥克尼感到震惊，他看到两个整编旅集结起来攻击他的部队，他知道这些人已经“非常疲惫”了。法军继续前进，直到纵队的首领离他“不到35码”时，在明显的犹豫不决中停了下

来。[①]在突然的冲动下，这位苏格兰伯爵下令击鼓谈判，就在那时那处给予自己一个不错的机会。来交谈的法国旅长叫当翁维尔，一个对战争不太熟悉的时尚青年。他同意投降，条件是不掠夺俘虏，这个条件得到了严格的遵守。英戈尔兹比以同样的条件接受了另一个旅的投降。没有开一枪就让一支已经开始强行突围的大部队投降，实乃一件壮举，其成功的原因部分在于个人层面上英国军官对法国军官和战场上的法国人的既有优势。当奥克尼与当翁维尔签订条约时，他的副官詹姆斯·阿伯克龙比爵士“骑马走到法国皇家军团面前，从掌旗官手中拔出了军旗，副官的手臂被掌旗官打出了轻伤。我问他们”，阿伯克龙比说，“他们是否没有听到将军的提议；但大人这时走过来了，没有激怒他们，并命令他们放下武器，他们照做了，并要求提供住宿。”这两个强悍的苏格兰贵族不是容易被说服的人；而且他们的法语可能比他们的大多数英格兰兄弟们说得更好。奥克尼是伊丽莎白·维利尔斯的丈夫，她可能是英格兰继萨拉公爵夫人之后最聪明的女人，而奥克尼今天的行为表明他很有资格成为她的最后一任夫君。 394

两名法国旅长随后被俘获他们的人问及村里还剩下什么部队，他们回答说，还有20个步兵营和12个龙骑兵中队。“我自己也很吃惊，”奥克尼说，“不过我还是尽可能做出了最正常的表情，并希望这位旅长和我的副官一起返回”布兰萨克侯爵那里——他在克莱朗博悲剧的潜逃后成了村子的指挥官。

在布伦海姆村，心理剧在上万名男子各种各样的冲突情绪中上

---

① 将阿伯克龙比的叙述（*E.H.R.*, Ap., 1904, p. 309 注释），与《战场描述》[*Description of the Seats of War*（1707）], p. 188中的记述对比，能说明关键时刻究竟发生了什么。

演，他们现在的困境对于这个在欧洲最骄傲的军团来说是从未遇见过且令人震惊的。当时的法国军队已经失去了有效领导，且发现自己落入了不信任的人手中，他们在某种程度上表现出了情绪化和平等主义的性情，在后来的时代中，这种性情常常令法国军队优于或劣于那些总是更加顺从于纪律的军队。年轻的当翁维尔急于让他的部队认可和支持他发起的投降政策，极其不恰当地对军官们大肆宣传投降的必要性，这的确影响到了很多人，尽管纳瓦尔的军团狂怒不已。布兰萨克提出了抗议，但最后还是允许阿伯克龙比将他带到奥克尼假装镇定自若地等候的地方。这位法国军官第一次从整天包围着村子的战火硝烟中走出来，看到落日下广袤的平原上他所有的朋友们都被扫荡一空，听到那位引人注目的英格兰大人以平静的自信表示，马尔伯勒本人正带着整个同盟军迅速赶来——“尽管说的是事实，但不免有些夸大”，奥克尼写道，因为马尔伯勒公爵要在一段时间后才能全军赶来。但印象已经形成，布兰萨克决定与他手下的大多数人保持一致，很随意地投降了。阿伯克龙比被派去穿过村子中间，到达村东头的路障处，并要求“火蜥蜴”卡茨停止射击，因为敌人已经屈服了。这时的卡茨几乎不敢相信自己的耳朵，因为
395 罗和弗格森的旅已经完全没有能力再进行另一场攻击了。

敌军在这个拥挤的村庄里的损失非常大，但至少有9000名未受伤的士兵，包括法国最著名的军团，他们放下了武器和旗帜。只有纳瓦尔军团，有1000多名精兵，他们带着愤怒的泪水烧掉了自己的战旗。大约晚上9点，被俘的军队走出村庄，来到一片空地上，在那里宿营过夜。周围驻扎着英国士兵，他们手持刺刀，直到天亮，整夜轮流看守，保持清醒。他们从当日凌晨1点就开始步行，已经见证了一些战绩，奥克尼写道：“不自负地说，我想我们已经完成了任

务”，他已经骑在马鞍上20个小时了。“这，”他补充说，“也许是这么多年来取得的最伟大和最彻底的胜利。”[323]

8天后，英格兰才得到消息。其速度不比帕克上校的骑行和航行快。日复一日，夜复一夜，帕克马不停蹄地走，每到换马的驿站，他都讲述了德意志摆脱法国奴役这一划时代的消息。在法兰克福，消息灵通的英国居民亨利·达文南特给斯蒂芬尼写了一封信：

昨天帕克上校到此处，带来了令人愉快的好消息，我们战胜了敌人。整体看来，这场战役已经结束了在（神圣罗马）帝国的战争，并让几近毁灭的萨伏依公爵得到了援助。马尔伯勒公爵无可争议地拯救了（神圣罗马）帝国。这场战役之前的局势并不是很好。

达文南特在给哈利的信中则写道：“这里的人们承认，他们将维也纳的安全归功于马尔伯勒公爵和我们的军队。”

帕克将德意志人的欢呼留在身后，奔赴鹿特丹，荷兰人了解到，曾被他们置于危险之中的多瑙河上的军团如何在那里为荷兰收获了百倍的安全。我们在海牙的代表亚历山大·斯坦霍普在战役前夕一直处于非常低迷的状态，他正在写，如果马尔伯勒撤离巴伐利亚， 396
“他们将失去迄今为止所做的一切有利之处”，并担心谣传的马尔伯勒公爵有意接受利奥波德授予的帝国亲王的头衔将完全不利于“他为英格兰效劳”。但在帕克行经此处后，在潘托内上校带着马尔伯勒公爵写给荷兰联省共和国议会的信到达后的第二天，斯坦霍普改变了他的态度：

> 除了这些辉煌的成就，我们不能再谈其他。在我们这个时代还没有或者说极少在历史中找到类似于欧根亲王和我们的公爵所取得的如此彻底的胜利……我想象着那位自视甚高的君主现在处于瓦卢斯战败之后奥古斯都的处境中，他撕扯着自己的肉体，完全疯掉了，咆哮着说：“啊，塔拉尔，塔拉尔，把我的炮兵还给我。”[324]

但帕克最关心的并不是这个消息在德意志、荷兰或法国带来的影响。在四天的奔波中以及随后三天多的在令人厌烦的甲板上踱步时，他每时每刻都在想，在英格兰他们会怎么说？最后，他终于登陆了。按照英格兰国内的估计，8月10日，在前往温莎的路上，他经过伦敦，放出了这个消息。“短短几分钟后”，伦敦塔的炮声响起，雷恩尖塔上的钟声响起，所有的人都涌上了街头。

1704年8月10—14日

帕克来到马尔伯勒公爵夫人的住宅，给了她那张著名的纸条。她把它还给了他，让他转交给女王。但它的副本在伦敦的出版物上被刊印，并在成千上万的人中流传，及时地让人们在他们“坐下来吃饭的时候”读到。那天晚上，人们几乎没有别的话题可谈，除了那张“在马背上用黑色铅笔写的”精彩绝伦的纸条以及马车上坐着塔拉尔这一富有意义的事实。

> 当消息传来时，只有詹姆士党人的咖啡馆人满为患，这些可怜的家伙就像单纯的工具一样移动，匆匆消失了。但是，随着这些人的消失，忠诚、诚实的英格兰人成群结队地回到了忠诚的咖啡馆，每个人的脸上都洋溢着满足的神情。博希茶、咖啡、巧克力、果仁
> 397 酒和白兰地都是平淡无奇的饮料。他们离开咖啡馆前往酒馆，每一杯酒都旨在祝福女王或马尔伯勒公爵的健康，而且，忠诚的市民们

迅速清空了酒窖，我想，2/3的人第二天早上都似醉非醉。自伦敦城奠基以来，从来没有出现过如此灯火通明、钟声幢幢和幸福欢乐的景象。

将骚动的城镇抛在身后，帕克上校匆匆骑上马，继续他伟大旅程的最后一段。当天晚上，他被请到俯瞰温莎城堡露台的议事室里，向女王递交了写着萨拉敬上的那张纸条，并讲述了他所看到的战斗情况。惯例是要给带来胜利急件的信使500英镑。但帕克带来的急件只是公爵写给他妻子的一张纸条①，而且这一胜利非同寻常。在他自己的要求下，安妮给了帕克她自己的微型画像，而不是通常的一包金币。当帕克去世时，他给家人留下了戈弗雷·内勒爵士为自己创作的画像：上校站立着，这个王室信物围绕在他脖子周围，纪念他将那个好消息从多瑙河带到了泰晤士河的骑行。[325]

战斗结束后的晚上，马尔伯勒在下达了照顾伤员的特别命令后，睡在霍赫施塔特附近的一个水力磨坊里，其中装满了敌人的火药桶。他没有进入霍赫施塔特，该镇有城墙保护，有高大的城堡守护，仍被600名敌人占据着。但他当晚在该镇周围设置了守卫，第二天一早，霍赫施塔特就投降了。②

---

① 坦布里奇勋爵上校以24个小时的时差跟在帕克后面，带来真正的“急件”。Add. MSS.，9114，f. 107；P.R.O.，S.P.，84，227，f. 27.

② 见黑尔在*Add.* MSS.，9114，f. 104中的描述。在霍赫施塔特有一个当地的传说，大意是英国人在战斗的晚上没有试图占领该镇，因为他们看到太阳反射在教堂墓地木制十字架的铅灰色顶部，他们误以为是法国人的十字架。由于附近的卡什帕人说服了他们自己，发生的这件事至少是一件奇闻，值得记录下来。在霍赫施塔特城堡的博物馆，展出了其中一个十字架（1930年）。

早上，在检查了霍赫施塔特的仓库并安排好即刻追踪飞逃的敌
1704 年 8 月 人后，马尔伯勒和欧根亲王去拜访塔拉尔元帅。在这
3—14 日 次访问之前，被俘的法国军官中的沮丧情绪已经很严
398 重了。房间里，马尔伯勒公爵的牧师和大约70名战俘在一起：

有些人指责他们自己的将军的行为，有些人抱着胳膊踱步，还有些人躺在地上哀叹他们的艰难命运，抱怨没有茶水喝，直到最后，他们放弃了所有这种性质的思考，他们主要关心的是他们的国王，其中有很多人嘀咕着并清楚地说：“哦，国王会说些什么？”

不过，在马尔伯勒和欧根抵达时，敌人荣耀的骑士精神在几分钟内驱散了失败的苦痛：

有许多法国将军和元帅在一起，他们中的许多人蜂拥到马尔伯勒身旁，敬佩他的为人以及他对他们温和且仁慈的对待。他们都有很多话要为自己说，公爵和欧根亲王以最大的谦虚和同情心聆听了这些话。欧根亲王……坦率地讲述了他是如何频繁、勇敢地被他们击退的……在和元帅待了一个多小时后，公爵和他所有的连队回到了我们的军队，他现在命令我们的军队行军，经过霍赫施塔特，一直走到斯坦海姆，而他则从右边骑马到左边的战场上。两支军队的死者都被扒去衣服，躺在地上。

这些俘虏，除了100人，都是马尔伯勒的军队俘虏的，但他把他们和欧根平分了，部分是出于对亲王和他的主人的恭维，部分是为了方便，因为看守、养活和处置11000人是一件很有压力的事情。几

天后，这个数字上升到了近15000人，因为同盟军先头部队的骑兵抓获了越来越多的敌人，逃兵、散兵和后卫为了逃避德意志农民对入侵者的报复也自投罗网了。在法国军队中的3000名德意志人则投靠了胜利者的队伍。[326]

塔拉尔被送到英格兰，他在诺丁汉的一座可供他支配的房子里生活了许多年。他习惯了当大使，与英格兰人相处融洽，还在当地获得了相当高的知名度，引进了芹菜的种植，并与方圆20英里的乡绅互相来往。[327] 399

同盟军的伤亡人数超过12000人，占其总兵力的近1/4。在这些伤亡中，英国和荷兰各有约2200人。在其他民族的军队中，只有丹麦遭受了同样的损失，大约2400人。在与法国的战争中，丹麦国王的部队名义上是中立的，①在最严格的意义上，他们是作为“雇佣军”参与战斗的，分处欧根领导的步兵和马尔伯勒领导的中心骑兵，他们的效力配得上他们的薪酬。[328]

法国的损失则不能如此准确地估计。其中很大一部分损失是在10天的撤退过程中发生的，他们周围全是愤怒的农民，后方则是穷追不舍的同盟军轻骑兵，而他们自己的队伍内部还出现了混乱和惊慌失措。马尔桑的军队在战场上不落下风，而且秩序井然，但任何经历过军事灾难的人都可能看到过这一幕，即撤退的气氛和一群逃亡者的歪风邪气有时会瓦解军团的纪律，而这些军团本身并未在战斗中受到伤害。事实证明，马尔桑的军队在与塔拉尔残部接触后也是如此。根据他们自己的一些报告，法国人晚上从不扎营，也不搭帐篷，而是躺在他们的武器旁边，一直处于戒备状态：

---

① 见上文（边码）第297页。

> 简言之，我们处于严重的惊慌失措之中。我们已经失去了鼓和战旗。我们所有的军队中只有250名没有受伤或死亡的军官。4个骑兵团只剩下200人。乌尔姆城内到处都是受伤的军官，他们不知道如何把他们和普通士兵分开。农民们疯狂地与我们作对。

法国军队与德意志平民的关系仍然是互相残杀，梅罗德–韦斯特卢承认，他的战友们用抢劫和纵火来标记他们的逃亡路线。同盟军截获的一些信件显示，到8月28日，他们的总损失为40000人，马尔伯
400 勒提到这个数字并不是不可能的。无论如何，在布伦海姆作战的法国大军还剩不到一半。此外，巴伐利亚选帝侯自己的大部分军队，即他留在巴伐利亚的军队，根据同盟国与在慕尼黑的巴伐利亚选帝侯夫人签订的条约，将在晚秋被解散。巴伐利亚选帝侯夫人仍然留在她的宫殿里，但巴伐利亚受到了神圣罗马帝国军队的占领和勒索。巴伐利亚选帝侯追随虚弱的法国，带走了从战斗中逃出来的4000名巴伐利亚人。他返回后重新担任了西属尼德兰总督的职务。乌尔姆投降后，多瑙河上最后一座敌军堡垒也沦陷了，除了几台野战炮，法国大军的最后一门大炮也落入同盟军之手，而大部分炮兵都在布伦海姆战场上被带走了。[329]

1704年9月10日（新历）

法军的残部在到达阿尔萨斯之前从未驻足过，马尔伯勒紧随其后，将乌尔姆封锁在自己身后。9月第一周结束时，马尔伯勒在菲利普斯堡附近渡过了莱茵河，并向兰道进发。在德意志的战争就这样结束了。

马尔伯勒受到了利奥波德皇帝的恭维，最后他同意接受皇帝封给他的帝国诸侯的称号，获得了位于多瑙河以南的明德尔海姆小公国，而在英格兰，这块领土会被称为贵族的庄园。他在英格兰的敌

人再也不可能利用他接受这项荣誉来捞取好处了，现在看来，这件事对整个英格兰民族都是有好处的。①

但是，如果利奥波德皇帝采纳了马尔伯勒不断重申的建议，即与匈牙利立宪派和新教徒达成协议，从而获得权力，完成次年在意大利的战争，那么马尔伯勒公爵会更加高兴。因为萨伏依公爵仍然处于暂时摆脱危险的状况，他还没有完全获救。9月，英国驻都灵大使希尔写道："我们将继续忍受一段更长的时间，并依靠霍克斯特德战役的功绩生活。"②大家都认为，维托里奥·阿梅迪奥仍然"处于极 401
度危险之中"。但利奥波德皇帝宁愿冒失去意大利的风险，也不愿按匈牙利人的要求达成任何条款。布伦海姆只会让他的心更硬，他本人开始反感斯蒂芬尼在维也纳反复调和他与他大臣的尝试。在皇帝利奥波德耳边私语的耶稣会成员反对妥协，正如我们那位有辉格党倾向的外交官所抱怨的一样，"就像教会人士在他们拥有权力的地方经常做的那样——骑马飞驰着去摧毁他们对敌人所做的一切"。[330]

马尔伯勒在维也纳确实没有因为布伦海姆战役得到什么回报，除了诸侯的头衔。一旦神圣罗马帝国安全了，欧根的影响力就会减弱，陆军部的努力也会放松。神圣罗马帝国将军巴登的刘易斯，无法原谅马尔伯勒像对待一个傻瓜一样在战斗中把他送到英戈尔施塔特，此后他尽力拖延军事行动，成功地破坏了马尔伯勒在摩泽尔河

---

① 按照1714年的条约，明德尔海姆被从他的手中夺走，并被移交给了巴伐利亚。但是诸侯的名衔和品阶仍旧保留在马尔伯勒的家族里。

② 几年间，英格兰人使用布伦海姆和霍赫施塔特来指称这场战争，并不加以区分。渐渐地，"布伦海姆"这个名字在英格兰的流行度超越了霍赫施塔特，尽管在欧洲大陆并非如此。

上的秋季战役。[1]

但没有什么能消除布伦海姆的影响。事实上，按照威廉国王在《大同盟条约》中精心拟定的条款，在战争胜利之前，意大利和尼德兰仍需被重新征服。奥地利人的昏昏欲睡和荷兰人对战争的恐惧可能会将这一结果推迟几年。但是，现在成功的机会已经明显地转向了同盟军一边，他们有两位伟大的将军，还有十足的信心，每当这两位将军中的任何一位被允许领兵作战时，他们的部队总是士气满满。最重要的是，路易国王的军队的希望和士气已经因布伦海姆战役的失败而受到致命的打击。“马尔布鲁克”（马尔伯勒）对他们来说已经成为一个恐怖的名字。法军的士气一直没有恢复，直到4年多以后，直到同盟军在胜利后提出新的且苛刻的要求，那时，整个法兰西民族将被推向不得不背水一战的境地。

---

① 我将把1704年的摩泽尔河事件留到下一卷讨论。比起布伦海姆战役的延续，它更像是为1705年战役所做的准备。

第十九章　攻占直布罗陀

在布伦海姆战役后差不多一个月，当马尔伯勒已经越过莱茵河 402
时，他从英格兰听说直布罗陀已经被攻占。事实上，在取得多瑙河胜利10天之前，舰队就取得了这个成就。

1704年，安妮女王正式支持了她的西班牙王位僭位者（查理三世），针锋相对地回应路易支持的英国王位僭位者。奥地利宫廷不愿意把他们的查理大公送到国外；他们希望，正如英格兰外交官所抱怨的那样，“把他当作一件珍品，不要暴露在风吹日晒之下，这不是让他成为国王的办法”。[331]但是，由于奥地利不能提供船只、军队或金钱以帮助西班牙，因此英格兰坚持认为，至少必须让这个年轻人亲自来，否则葡萄牙就不会参战。1月，查理大公被带到了温莎，在那里，他以西班牙国王查理三世的身份参加了皇家宴会，并在鲁克的护送下，在一支英格兰军队的陪同下，于隆冬时节前往葡萄牙。2月底，他们到达里斯本，在这里，“查理三世”与大约300名形形色色的德意志人上岸。[332]5月，葡萄牙边界沿线的同盟军代表查理大公开启战争，这支军队由大约4000名英格兰人、2000名荷兰人和2万名葡萄牙人组成，他们的武器和费

1704年1月—2月

用主要由海上大国支付。[①]

403 他们的敌人是法国人和西班牙人，由马尔伯勒的外甥，即詹姆士二世和阿拉贝拉·丘吉尔的私生子贝里克公爵领导。老温斯顿·丘吉尔爵士确实有传授军事才能的诀窍。因为，除了维拉尔之外，贝里克是仍为法国积极效力的最好的将军。对同盟国来说，幸运的是，他在1704年受到了阻碍，不仅是由于西班牙暮气沉沉的一切，更是由于在马德里发生的王后的高级女官奥尔西尼王妃与法国大使红衣主教德埃斯特里之间的激烈争吵。奥尔西尼是一名法国出生的世界主义者，她与红衣主教都无法容忍彼此的存在。这场耗费了宫廷全部精力的争斗，不仅涉及个人问题，还涉及西班牙人试图挽救他们的国家以免于在政治上完全屈服于法国。这是因为奥尔西尼王妃虽然是被路易派去西班牙代表他操纵这对皇室夫妇的，但奥尔西尼已经开始为“西班牙人的西班牙”而奋斗。年纪轻轻的萨瓦王后和年长于她的奥尔西尼王妃是西班牙最勇敢的人，有足够的男子气概，尽管菲利普国王没有。她们藐视法国大使，在马德里，没有人会想到除这场争吵以外的事情。在那个春天或夏天，没有任何之前商议好的、旨在加强直布罗陀防御的工程动工，也没有在那里部署足够的驻军，即便总督殷切恳求。贝里克也没有获得应对葡萄牙战争的弹药和物资。他的骑兵的2/3的马匹死了，因为，正如他自己所记录的那样，法国人太骄傲了，没有听取西班牙人的建议，用大麦喂养这些牲畜——在那片贫瘠的土地上缺乏常用的饲料。[333]

这些情况使同盟军在半岛战争开始后的头几周免于失去里斯本。5月开始的葡萄牙边境战役在7月告一段落，因为夏季的高温令部队

---

① 关于葡萄牙条约，见上文（边码）第300—302页。

1704年 与马匹无法忍受更进一步的行动。但在大自然下达年度休战令之前，塔古斯河上的一些堡垒一经召唤就向贝里克投降了，尽管他没有可用来轰击它们的火药。葡萄牙人特别喜欢强迫与他们一起驻扎的英格兰人投降，有一次他们把火药弄湿，以防任何抵抗的 404
举动。就这样，第九和第十一步兵团落入了敌军的手中。再往北走，葡萄牙老兵拉斯米纳斯在荷兰人的帮助下，对西班牙人取得了一些小小的胜利。

从他们登陆的那一刻起，英格兰人的死亡率就很高。在那片被忽视的土地上，他们完全得不到任何供给，那里的弹药库是空的，运输工具是不存在的，本地军队是一群暴徒。汉密尔顿上校在里斯本写道：“自从我登陆以来，我所看到的唯一舒适的东西，就是一个雨天。每天早上都有几个英格兰人或葡萄牙人死在我们的街道上，因为谋杀与死人在这里很常见，就像在科蒙（科文特）花园剧院里的扒窃一样不被人注意。”很难说对于各自盟友更加敌视的是西班牙人还是葡萄牙人。葡萄牙人在神职人员的影响下，对异教徒的憎恨也许比西班牙人对法国人的憎恨更甚。有一次，一支葡萄牙人分队受到一名荷兰哨兵的盘问，由于不理解这种常见的军事惯例，他们把他当作敌人，并屠杀了这名哨兵和他的同胞；当他们发现自己的错误时，这些葡萄牙人只是把死人和伤者的衣服脱下来遮住他们，然后无情地径自离开。

这里本应该需要一位像马尔伯勒这样有耐心和权力的人来对付
1704年 这种盟友的野蛮无知。指挥英格兰人的将军是迈因哈德·朔姆贝格，他是一名令人尊敬的老兵的儿子，他的父亲曾是威廉国王在英格兰与爱尔兰战役中的得力助手。但迈因哈德很懒惰，对自己部队的生计漠不关心。他只对和荷兰人与葡萄牙人进行的无意义的激烈争吵感兴趣。在夏天结束之前，马尔伯勒将他召回，并由另一位胡格诺派的英格兰将军——戈尔韦伯爵吕维尼接替，此人在威廉统治时期的爱尔兰战争中赢得过声望。

同盟军在施伦贝格取得了“重大成功”的消息，证实了里斯本宫廷忠诚的摇摆不定；“在其他方面，我们是没有出头之日的一族，”
405 约翰·理查德上校在阿尔梅达边防要塞写道，“但现在有了生机。”同时，年轻的保罗·梅休因给葡萄牙宫廷中最优秀的人——彼得国王，做了即兴的精彩演讲。彼得国王耐心地听着，并努力对他的臣民的无能进行补救。[334]

于是，那场为期八年的奇怪的半岛战争开始了，它因罗曼蒂克式的变化以及浪费了英格兰人生命与财富的悲剧而出名，作为回报，英格兰唯一明显的收获是直布罗陀巨岩，那是在这场战争的第一次战役中由海军意外出击获得的。

由于这一年里斯本作为英格兰舰队的基地可供其自主使用，鲁克提前进入地中海，状态良好，超过了人们根据他1702年行为所做的预期。在看到英格兰黎凡特贸易船队安全通过海峡后，他通过尼斯港，与萨伏依公爵取得了联系。马尔伯勒计划由鲁克的舰队、萨伏依的军队和塞文山脉的叛军对土伦发起一次联合攻击。但很明显，维托里奥·阿梅迪奥当年已经忙不过来了，他在都灵维持着一支军队，对抗法军。土伦计划被放弃了，鲁克驶向了巴塞罗那。

加泰罗尼亚省的居民憎恨卡斯蒂利亚的西班牙人，后者践踏了他们古老的自由。加泰罗尼亚人与马德里的外国政府的关系，就像匈牙利爱国者与在维也纳的神圣罗马帝国皇帝的关系一
1704年5月
样。众所周知，他们并非不愿意欢迎“查理三世”成为

他们的国王。因此，鲁克让大约1200名英格兰和400名荷兰海军陆战队员在巴塞罗那附近上岸，由黑森亲王乔治指挥。乔治是一位年轻能干的德意志亲王，以加泰罗尼亚总督的身份在上一场反法战争中赢得了声誉。各方面的状况与1705年导致巴塞罗那被占领以及东部西班牙叛乱的条件出奇地相似，但在1704年，这些状况并未导致类似的结果。因为，当时没有一个英格兰人能够做出像1705年事件 406
中的彼得伯勒那样勇敢大胆的举动。巴塞罗那总督唐·弗朗西斯科·德·韦拉斯科是一个充满活力和智慧的西班牙人，他让心怀不满的人保持沉默，让菲利普五世的游击队保持警惕。在徒劳地等了两周也没有等来加泰罗尼亚人在巴塞罗那的城墙内爆发或叛变之后，乔治亲王和其他海军陆战队员再次上船，鲁克则启程前往其他海岸。

与此同时，路易十四的私生子之一法国海军上将图卢兹，正随布雷斯特舰队驶向海峡。由于英格兰人选择了地中海作为海战的地点，路易决定将他的主要舰队和海军上将派往该地。鲁克想竭力阻止土伦和布雷斯特舰队强强联合，然而，法国舰队刚从自家港口驶出，船只的状况比从里斯本出来的英格兰船只要好得多，毕竟里斯本港口是按照葡萄牙人而非英格兰人对其海军基地的设想来装配的。因此，由于鲁克的船底淤塞，图卢兹绕过他，躲过了他急切的追击，到达了土伦。从此，他成为规模扩大的土伦舰队的指挥官，这支舰队也成为法国的大舰队。克劳兹利·肖维尔指挥的另一支中队，从英格兰到达海峡，使同盟军在这一水域的船只数量与图卢兹的舰队齐平。但由于法国海军司令在土伦很安全，他便在那里花了一些时间确立自己在新基地的地位，鲁克在加的斯和直布罗陀附近掉头返回，去与肖维尔会合，四处寻找符合他的指示命令的新事业。[335]

葡萄牙国王彼得和西班牙国王“查理”从里斯本传来消息，他们希望对加的斯再进行一次进攻。梅休因认为加的斯仍然没有守卫，很容易拿下。但是，无论如何，它都很难守住，因为法国和西班牙的大军肯定会被派来收复它。至关重要的战争委员会在海峡中鲁克
407 的旗舰上举行，他们决定不再对加的斯发动进攻。无疑，拒绝是明智之举。这一次，同盟军的船只不像两年前失败的奥蒙德的军队那样；此外，舰队上只有几千名海军陆战队员。

1704年7月17日（旧历）

但或许可以尝试其他的。加的斯并不是海岸上唯一的地方。在那个夏日，当战争委员会在“柏柏里海岸下面”的得土安开会时，戴着长长的假发的老将军们尽管很奇怪，但可能透过鲁克船舱的舷窗，看到了北面远处若隐若现的直布罗陀巨岩的顶点。他们清楚地知道，那里有一支小小的驻军，沿着海边破败的城墙和堡垒守卫着，这对海湾里的英格兰舰队来说只是一道脆弱的屏障；而一旦攻下这个地方，几个像海军陆战队一样坚决的连队就能很好地守住陆地防线，其还会因得天独厚的自然条件而加固。只要驻军的朋友们守住大海，一整支军队都无法从北边拿下直布罗陀。

船舱里很热，海军军官们显得很暴躁。也许幸运的是，鲁克政治上和私底下的竞争对手宾上将，对这个提议“表示轻蔑”。他的反对激起了鲁克支持该提议的热情。他宣布，宾应该亲自率领一支由20艘英格兰和荷兰船只组成的中队进入直布罗陀湾，轰击并占领该地。带着赌气和开玩笑的成分，事情就这么定了下来，随后就散会了，每一位将军都兴致勃勃。这一年，鲁克不再是1702年航行中表现出来的阴沉和迟钝的样子了。

攻占直布罗陀的想法并不是一时的想法。鲁克和他在场的幕僚

们必定拥有看见和抓住这个转瞬即逝的机会的全部功劳。但这个想法的确早就有了，克伦威尔曾让他强大的思想驶入这个方向，并梦想着通过一条横跨地峡的运河，将西班牙的岩石转变为英格兰的岛屿。威廉已经为英格兰标出了它的位置，以扼住法国的咽喉，马尔伯勒则是这一政策的继承者。戈多尔芬收到了关于直布罗陀对我们地 408
中海贸易和战争的价值的报告。[①]利克上将和黑森亲王都赞成这一尝试。梅休因对攻占直布罗陀和加的斯都很感兴趣。

这块巨大的灰色岩石，长长的东面的陡峭悬崖望向地中海，狭窄的北面的尽头则俯瞰西班牙，西面是向海湾倾斜的斜坡，由岩石陡坡和峭壁组成，点缀着森林和灌木丛；在巨岩脚下，极小的城镇挤在海湾、大山和其自身陡峭的山壁之间。

当腓尼基人第一次驾驶船只进入历史当中时，他们就把这块岩石作为航线标识，但他们的贸易站点位于大陆之上。两千年来，北方的赫拉克勒斯之柱（Pillar of Hercules）在航海者的谈论中经常出现，但鲜有人踏足。[②]罗马人认为它没有用处。即使是维京人也与它擦肩而过。野兽在陡峭的丛林中游荡，据说有鬼魂在那里出没。它第一次出现在人类的历史上是711年，当时摩尔人因为战争而定居

---

①　一份关于直布罗陀和加的斯作为攻击目标的相应优点的不寻常的报告可见戈多尔芬档案（*Add. MSS.* 28058，f. 31）。

“直布罗陀和休达是地中海的入海口，比起加的斯，第一个（即直布罗陀）可能更容易被攻占和保持，因为它的防御能力很差，很快就可以变成一个岛屿；而休达由于缺乏西班牙的供给，必定很快就会沦陷。直布罗陀湾能够容纳和加的斯一样多的船只，而且就在通道上，比起距离如此之远的加的斯，它能更好地阻止船只和大帆船进出海峡……对于西班牙人民来说，失去直布罗陀的影响比失去加的斯更大，这个（加的斯）因为有这么多的陌生人（英格兰人和荷兰商人）居住而受到羡慕，而另一个（直布罗陀）则被认为是王国的关键。”

②　赫拉克勒斯之柱，即今天的直布罗陀海峡一带。——译者注

于此，并以他们酋长的名字给它命名为“塔里克之岩”（The Rock of Tarik）。摩尔人的后代们建造了堡垒，其和1704年时的样子差不多，直到今天还在。查理五世以及他之后100多年里的西班牙国王们，在摩尔人的工程上继续修建，拓展了南边沿海一带的防线。不过，在查理二世时期，这些防御设施都像西班牙所有的事物一样衰败了。而且，不管是摩尔人还是基督徒，都没有在岩石的一侧设置炮台，而只是在岩石的脚下设立，那里还没有堡垒高。

410 夺取直布罗陀的故事中并没有提到悬崖的高度：行动是在下面的海岸上进行的。整个舰队向直布罗陀湾靠拢。宾的中队由16艘英格兰舰艇和6艘荷兰舰艇组成，它们在从老莫莱到新莫莱之间的防线上排成一排，荷兰人则由他们的副指挥官范·德·迪森指挥。1800名英格兰海军陆战队员，[1]在黑森亲王乔治的带领下，在低洼的地峡处登陆，这里将岩石和陆地分开，切断了从该镇获得增援或供应的所有希望。亲王以国王查理三世的名义，在北门用喇叭召唤总督。

1704年7月21日—8月1日

唐·迭戈·德·萨利纳斯虽然决心挽救自己的荣誉，但他心里明白，他没有真正的抵抗手段。他一次又一次地恳求宫廷提供驻军、军需品和所有必要的防御物资来抵御围困，但都是徒劳。现在，他担心已久的时刻到来了。根据他自己的说法，他有“不超过五十六个人，其中在服役的不足三十人”。除了这些正规军，他还匆忙召集了几百名民兵，“按照上

① 皇家海军陆战队，按照现代的说法，即一支专门为舰队服务的军队，主要是作为士兵，这支部队在安妮女王统治的第一年就已经成立了。这样做的双重目的是让这支部队随时准备为舰队服务，并避免被解散——由议会的嫉妒而导致的正规军的通常命运。*Corbett*，Ⅱ，475–477.

帝的旨意武装起来”，而且“品质十分差劲，还没到就开始逃跑了”。他有100门不同年代和种类的大炮，但其中很少有可以开火的，更少有炮手可以发射它们。

第二天在预备战斗中度过。唐迭戈以古老的西班牙方式对召唤做出了挑衅的回复。这位堂吉诃德的同乡准备像个绅士一样去死。

1704年7月22日—8月2日

宾的中队里的战舰沿着海岸线，在水深允许的范围内尽可能地靠近。江珀（Jumper）船长把“伦诺克斯号”（*Lennox*）开到新莫莱的火炮射程内。这些行动是在死一般的沉寂中进行的，并没有被西班牙炮台的几声枪响所阻挡。午夜时分，英格兰水手们烧毁了一艘停在老莫莱附近的法国私掠船，它一直在向海军陆战队的营地开火。411

7月23日星期日，按照英格兰人的说法，直布罗陀的末日到来了。

1704年7月23日—8月3日

在一个阳光明媚的夏日早晨，大约5点钟，宾的中队开火，持续了一个又一个小时，火炮像瀑布一样倾泻在摇摇欲坠的城墙和要塞上。唐迭戈估计他们总共挨了30000枚炸弹和炮弹，尽管英格兰人估计的数量没这么多，但毫无疑问，这次轰击使舰队在下个月的马拉加行动中缺乏弹药。与弹药的消耗量相比，实际造成的损毁实在是太小了。

在离南门两英里处，著名的圣母院耸立在欧罗巴角（Europa Point）上，其中装点着西班牙海军将领们的祭品，他们曾经用帆船和船桨统治过地中海。在那里，直布罗陀的妇女们跪在地上，紧紧抱在一起，安全但恐惧，听着接连不断的炮火声。英格兰可以看到直布罗陀的男人们从镇子里飞逃到山边。

没有风，猛烈轰击的硝烟很快就像云一样弥漫开来，使炮手们无法看清他们周围的情况，影响了再次发射。因此，宾发出命令，首先只发射下层的炮，然后停止轰击。宾的副官爱德华·惠特克船长把这些消息从一艘船带到另一艘船。11点左右，当他的船到达防线南端的“伦诺克斯号”时，他发现船长江珀正透过升起的浓烟努力地观察新莫莱以及那座连接陆地的堡垒。敌人似乎已经逃走了。两位船长一致认为，在那里可以不受阻碍地登陆。惠特克急忙回到宾那里，他命令中队的船只做好准备，并派惠特克去请示鲁克允许他发动攻击。鲁克立即批准了这一请示，一支英格兰划艇组成的小型舰队向新莫莱全速驶去。

与此同时，欧罗巴圣母院里惊慌失措的妇女们，看到异教徒即
412 将在她们和她们的家园之间登陆，便开始向直布罗陀方向跑去。由于轰击已经停止，英格兰人可以再次看到岸上发生了什么，于是他们在妇女队伍的前面发了一发炮弹以示警告，妇女们逃回了圣母院，远离了危险的地方。这颗炮弹被急切进攻的舰队误认为是恢复射击的信号，于是轰击再次开始，登陆队则在轰击的掩护下开始上岸。

新莫莱及其周围地区，防守一方没有发出一枪一炮。最前面的水手们从他们的船上跳下来，爬到被攻破的、没有防御的堡垒里。他们兴高采烈地翻进去，其中一些人手里拿着点燃的枪火。他们已经忘记了存在火药库的可能性。堡垒突然炸开，近200名英格兰水手被炸向四面八方，几艘登陆艇在停泊处沉没。

随之而来的是一阵恐慌，因为幸存者的第一直觉是认为敌人设下了陷阱，造成了这场灾难，而这其实是他们自己人的粗心大意所致。大家都在抢夺剩余的船只，关键时刻，惠特克船长带着增援部队登陆，召集了逃兵，几分钟后，他身后就有两三百名船员沿着海边荒废的城墙向直布罗陀行进了。到达离查理五世修建的南城墙半

个火枪射程内的地方后，惠特克将水手们留在岸边的一个堡垒里，悬挂起国旗，等待着接下来会发生什么。①

宾立即上岸，和几百名海员一起加入惠特克的行列。这样，该 413
镇的南面和更强大的北面都被占领了，海军陆战队一直在那里炫耀武力。舰队从西面进行轰击，老莫莱被守军弃守了。人数较少的民兵中有许多人都跑到山上去了，镇上已经没有能够抵抗攻击的力量了。如果这个地方被攻破，只会让剩下的居民处于即将被洗劫的恐怖中。他们在欧罗巴角的妻子已经成为英格兰人手中的俘虏，英格兰人在那里安排了官员保护她们免受粗暴对待；要回这些妇女的愿望可以进一步诱使他们达成协议。唐迭戈看到，一切都已失去，除了他的荣誉，而这是一个真正的西班牙人最珍视的东西。他同意了那些挽救由他负责的人的生命和财产的条件。[336]

根据投降协议，所有宣誓效忠于查理三世为西班牙国王的居民，仍然可以留在该镇，安全享有其宗教信仰与财产。但是，除了几户家庭，他们启程去了大陆，不久后，流亡者在那里建立了宜人的乡村小镇圣罗克，就在他们古老家园的山丘之间。从那时

---

① 惠特克的直接陈述得到了宾笔记中的叙述的证实，确定了“联合杰克”“我们的旗帜”在这个场合第一次被悬挂起来的事实。*Camden Misc.*, Vlll (1883), *Haddock Corr.* p. 48; *Torrington*, p. 143. 在随后的占领行动期间，英格兰国旗可能继续在部分防御工事上飘扬，但查理三世的旗帜也在飘扬，因为英格兰人以他的名义占有该城，直到《乌得勒支和约》签订。西班牙历史学家阿亚拉说英格兰人扯下了查理的旗帜，并宣布安妮女王为直布罗陀的君主，这种说法和阿亚拉的其他一些说法一样，都是不真实的。

自从詹姆士一世（詹姆士六世）时期英格兰和苏格兰王室合并之后，联合杰克旗就被经常地使用了。

起，直布罗陀在种族特征上就不再是一个西班牙城镇了。

居民自愿离开是出于对菲利普五世的忠诚，他被看作反抗外国和异教入侵的西班牙民族的旗手。牧师们告诉他们的信众，法国人将在几周内夺回直布罗陀并恢复旧政权。此外，西班牙人还注意到，尽管异端分子不对妇女下手，但他们并没有放过教堂。英格兰水手是忠实的新教徒，而且他们是来抢劫的。在欧罗巴圣母院，他们首先抢走了所有的财宝，然后把《西班牙神谕》（*The Oracle of Spain*）图像的头部扯下来，把它和儿童耶稣像一起扔到门外的石头堆中。这种行为在西班牙引起的愤怒，就像十几年前德文郡人们的愤怒一样，
414 当时法国登陆队在廷茅斯堂区教堂撕毁了《圣经》。在直布罗陀本地，除了一座教堂幸免，所有的教堂都被洗劫一空，此外，私人住宅也惨遭洗劫。一名水手因抢劫而被绞死，许多水手被送回了船上。但他们中的一些军官却获得了宝贵的战利品。在如此混乱的场面下，也难怪西班牙居民选择了流亡，希望自己能迅速胜利归来。鲁克从直布罗陀写回的信中说，西班牙人对同盟军非常恼火，"他们像摩尔人一样野蛮地对待抓获的俘虏"。[①]

欧罗巴圣母院的遗址仍然可以看到摩尔人修建的地板遗迹及摩尔人建筑的碎片，上面刻有铭文，大意是这座教堂在1704年被改建为警卫室，并在1782年的围攻中被摧毁。

就这样，直布罗陀被拿下了，代价是约200名海员受伤，60人死亡，几乎都死于堡垒爆炸。

---

① *Torrington*, p. 194. *Add. MSS.*（*St.*）7058, f. 360. 在唐·胡安·罗梅罗的笔记中可以找到这次洗劫的细节，这位好牧师留在直布罗陀，拯救了他的圣玛丽教堂，使其免遭掠夺。这些笔记在圣罗克的直布罗陀教区登记处，我在那里看到了这些笔记。1908年做的摘录在直布罗陀的驻军图书馆里。

梅休因立即劝谏，有必要建立一支永久性的英格兰驻军。事实上，这一点已经实现了；协助夺取该地的海军陆战队留守直布罗陀，几个月后又有几个正规部队的连队加入。但在整个战争期间，英格兰政府试图让他们的盟友葡萄牙和荷兰为防务作出贡献。也许很幸运的是，这些努力都失败了，直布罗陀从一开始到最后，实际上都是由英格兰军队在英格兰资金的支持下防守的。但直布罗陀是以查理国王的名义被占有的，1705年，我们发现查理给安妮女王写信谈及“我的直布罗陀之城”（Ma ville de Gibraltar）。如果英格兰人将查理置于马德里王位的尝试成功了的话，那么英格兰要保留直布罗陀巨岩就会在政治上遇到很大的困难。[337]

直布罗陀不是在“心不在焉”的情况下被占领的。它的重要性是尽人皆知的。英格兰公众看重直布罗陀，主要是因为它有望为英格兰在地中海更远处的贸易利益提供保护。占领直布罗陀的一个月 415
后，国务大臣赫奇斯这样描述：

为西班牙国王在属于该国的最强大的堡垒中提供了一个立足点，这对我们确保我们的贸易和阻断敌人的贸易有很大的帮助。

几年后，艾迪生写道：“海峡的入口是通往黎凡特的钥匙。”人们希望，当非洲海岸的摩尔人海盗看到英格兰的力量在海峡上建立起来时，他们就不会再攻击英格兰的商人了；这个希望在很大程度上得到了实现，柏柏里的诸侯们成了安妮女王的盟友。

然而，众所周知，直布罗陀作为一个港口有其局限性。当直布罗陀被占领的消息传到伦敦时，一位议员写给另一位议员的信中说道：

它不能保护一支舰队不受优势舰队的攻击，但它对单船或四五艘战舰是有用和安全的，在这方面，其对我们的贸易有很大好处。

虽然避开了冬季最恶劣的风，即地中海特有的强烈的东风，但这里永远无法提供像里斯本港一样的保护，它在1704年时也根本无法成为一个基地。在这之前，马翁港已经被占领了，这是一个更好的港口，而且位置更好，可以监视土伦舰队和地中海沿岸。但事实证明，直布罗陀对控制海峡所带来的巨大优势并非妄想。[338]

1708年

夺取直布罗陀只需要一点进取心，但要保住直布罗陀，则需要海陆两路的英雄主义。在夺取直布罗陀后的几周内，图卢兹前来夺回直布罗陀，为此，同盟军和法国大舰队在马拉加附近进行了一次正式的海战。此后，在接下来的整个冬季和春季，西班牙和法国的军队在通往直布罗陀的陆地通道上徒劳地作战，而那里仅由一小撮英格兰士兵、水手和海军陆战队成员保卫。①

416 直布罗陀失守的消息在马德里引发了深深的羞辱情绪，而在巴塞罗那得知这一消息的土伦舰队则感到愤怒和震惊。海军上将图卢兹立即启程去收复它，他带着法国的主要海军装备——50艘法国战舰，以及20多艘带桨的风帆战列舰。在随后的行动中，大帆船在平静的天气中被证明有一定的作用，在风向不对的情况下，它们可以将战舰拖入或拖出战场，还可以攻击或救援受伤的船只。图卢兹的

① 关于1704年10月到1705年4月的直布罗陀保卫战，必须在下一卷中进行阐释。我以马拉加战役作为本卷的末尾，这场战役几乎与布伦海姆战役同时。

舰队在人员和火炮数量上与鲁克的41艘英格兰战舰和12艘荷兰战舰大致相当。[①]但法国舰队的状况更好，它们是直接从母港出发的，而且它的火药和炮弹供应更充足，鲁克的储备则在对直布罗陀的浪费性轰击中减少了。他离开英格兰时每门炮有40发炮弹，而现在平均只有25发，尽管有一半的舰队没有在直布罗陀交战。

如果图卢兹能把鲁克赶出海峡，以直布罗陀当时的状况，他可以毫不费力地从海上夺回它。这一问题将由马拉加附近的战斗来解决，在非洲和西班牙海岸之间，两支舰队在一些奇怪的演练后，正式打响了战争。鲁克虽然被打了个措手不及，但他并不想打仗，直到他把驻扎在直布罗陀海军陆战队的一半成员重新装上船，并将他们分配在各艘战船上，以及完成他的舰队在非洲海岸的注水工作。

1704年8月13日–24日

他在做这些事情的时候，两支舰队无意中改变了位置，8月13日拂晓时分，法国人位于鲁克和直布罗陀之间。盟军借了东风的优势。

鲁克并不缺乏作为一名水手所应拥有的道德勇气和技能，为了保住直布罗陀，他在条件不利的情况下毫不迟疑地接受了战斗。他知道自己的弹药有些不足，希望能与敌人接近，以便迅速赢得胜利。他乘风而下，巨人之战开始了，并持续了一整天。法国、荷兰和英 417
格兰海员们都尽职尽责，这一点令三方都感到钦佩。[②]法国人后退了，以保持一定的距离，鲁克想在近距离立即结束战斗的策略也失败了。

---

① 对比*Leake*, I, pp. 174–175和*Corbett*，Ⅱ，pp. 518–527的注释。

② “乔治·鲁克爵士说，他从未见到过我们的海员像在这一场合一样表现出真正的英格兰精神。克劳兹利·肖维尔爵士评价道，战斗十分激烈，而且他认为，在他的时代，两支舰队再没有比此时更为相似的时候了。按照法国人应得的评价，他们表现得极其出色，尽管他们的先头部队被强迫让步。”*Leake*，Ⅰ，pp. 169–170.

但这种近距离的战斗往往让人感到不舒服。到最后，双方都快撑不住了。在同盟军看来，法国人发射得太高了，他们的船在夜幕降临时的情况更加糟糕。在双方的行动中，没有船只被击沉或被俘，但很少有没有受伤的船只，许多船只都因为弹孔和断桅而几乎无法使用。一些英格兰船只的储物仓里没有一发炮弹。荷兰人的伤亡人数不到400人，英格兰人的伤亡人数为2368人。法国人承认大概损失了1500人，同盟军认为这是对伤亡人数的严重低估。除了鲁克本人，利克、宾、肖维尔、荷兰人卡伦伯格和范·瓦森纳以及法国的维莱特侯爵都曾深深地参与到战斗中，他们的旗舰在冲突中承担了全部责任。图卢兹本人也受了伤，许多法国官兵被杀。

因此，敌对的两支舰队整夜都停泊着，舔舐着它们的伤口，法国的大帆船忙着把他们报废的船只拖过来。第二天早上，图卢兹仍然在英格兰人和直布罗陀之间，而且现在有了风向

1704年8月14日–25日

的优势，风向已经转为西北风。因此，如果他选择开战，他就可以重新开战。同盟军整天都在他的背风处，挑战着他，看他敢不敢来。但图卢兹已经承受了太多；他不知道那个可能会把直布罗陀输给英格兰的秘密，即鲁克正焦急地在他的舰队中分发炮弹和火药，“因此，按照最乐观的情况计算，分配完弹药后，有的船只的每门炮可以打8发，有的可以打10发，而大多数可以打12发”。

418 在花费了一整天挑衅要重新开战之后，现在鲁克和他的战争委员会决定，他们已经做了荣誉所要求做的一切，甚至连法国宫廷都不能说英格兰人被打败了（尽管在这里他们低估了凡尔赛的力量），现在是回到直布罗陀并整修的时候了。舰队接到的命

1704年8月15日–26日

令是，抄近路回到直布罗陀，如果有必要的话，穿

过前来干涉的法国舰队。弹药已经用尽的船长们则继续航行，去直布罗陀会合。风向又变了回去，现在从东面吹来的风将英格兰人带到了海峡。如果图卢兹横在他们的面前，这对鲁克的半武装的舰队来说会是一个难堪的局面。但在第二天晚上，图卢兹消失了。第二天早上，鲁克认为他已经去了海峡；同盟军舰队到达直布罗陀，认为另一场战斗可能还在他们面前。但事实上，法国舰队已经向东溜走，正在返回土伦。自此，他们再未从那个港口全员出动过。英格兰的大舰队再也没有受到过战斗挑战。马拉加像是这场战争中的日德兰半岛。布伦海姆战役后，路易处于陆地战争的财政高压下，无力维持其舰队的战斗状态。不但直布罗陀获得了拯救，地中海也被留给了英格兰舰队。路易和他的朝臣们可能会为马拉加的胜利高唱《圣歌》，但这是法国海军力量的哀歌。[339]

1704年在多瑙河和海峡的战役已经起到了纠正欧洲力量平衡的作用。对于英格兰人——或者至少是英格兰政治家来说，典型的做法是，在圣诞节到来之前，他们不会单纯地表达感激，而是设法按照党派将自己划分开来，在计算他们的祝福中也是如此。

在对布伦海姆消息的第一反应中，英格兰政府中的托利党人在全国庆祝活动中起了带头作用。

> 我怀疑（他们中的一个人在8月写道）自法沙利亚战役以来是否有过如此决定性的战斗。在帕维亚的那场战役没有很大的影响，基督教国家对它的后果并不那么关心。星期天我去了温莎，在那里， 419
> 我发现财政大臣非常高兴，因为这使均衡欧洲之事落入了女王的掌控之中……自从有了这个消息，我就再也没有见过任何像詹姆士党

人或辉格党人那样的生物：他们的长相、他们的血统和他们对政府的好感都是一样的。

那年秋天，托利党的乡绅们不再抱怨土地税了。“我们最近的好消息引发了普遍的庆祝潮，并使我们英格兰的将军成为话题的中心；整个国家的人说他们的钱花得值当。”①大众喜爱的托利党诗人内德·沃德利用这一机会实现党派目的。他将马尔伯勒视作托利党的英雄，并将他所取得的成功与威廉国王漫长而无果的战役进行了对比：

他一直以他布伦海姆时的勇气，尝试攻陷拿骚，
拿着英格兰的武器，遏制法国的暴政，
英格兰慷慨解囊，大军出动，
奇迹发生了，光荣的亲王被赞美！
他无可比拟的事迹，所有人都必须接受，
做出的奇怪之事，只有上帝知道。
……
但你，伟大的马尔伯勒，在两次战役中，
让幸福的安妮超越了所有其他的统治，
以你卓越的才能与适当的成本，
挽回了十四年来失去的荣誉。[340]

如果托利党人在这条路线上团结起来并坚持下去，他们就能为

---

① 见上文（边码）第293—295页。

自己的政党争取到战争胜利的荣誉，让马尔伯勒成为他们的英雄，并在《大同盟条约》规定的目标实现后立即实现和平，这对英格兰和欧洲都大有好处。但是，托利党内还有另一派势力，即罗切斯特、西摩和诺丁汉领导的高教会派托利党，他们因近期将他们赶下台的事件而深深地痛恨戈多尔芬政府。[①] 马尔伯勒公爵夫人写道，听到布伦海姆的消息后，他们说得好像她丈夫“没有打败法国人，而是打败了教会”。而随着秋天的到来，这些贬低马尔伯勒的声音开始变得更加响亮。高教会派托利党人从没有喜欢过红衫军，他们受到直 420
布罗陀和马拉加事件的诱惑，打算将鲁克和海军的事迹与马尔伯勒和陆军的事迹相提并论。9月底，笛福从伯里圣埃德蒙兹写信给哈利：

高教会派把乔治·鲁克爵士视为自己人。他们把海上的胜利看成是他们对党内温和派的胜利，这里的那些既不支持女王也不支持你的人，正在祝他福寿安康。我不得不耐心听着你被咒骂，他被赞美，以及女王被轻视，总之，海上的胜利与陆地的胜利对立起来了。

乔治爵士的地位被抬高到马尔伯勒公爵之上，这其中的原因，除了他们希望在他的赞助之下让高教会派托利党复兴外，还能有什么？[341]

这一举动的触角伸得很长，以至于在11月议会召开时，下议院向女王提出了一项祝贺决议，其中提到，布伦海姆战役和马拉加战役同样重要；但支持马尔伯勒的人们认为，“它和布伦海姆不应该在

① 见上文（边码）第274页、第335—336页。

同一天被提及”，他们对上议院的决议更满意，该决议将马尔伯勒公爵的胜利视为本年度唯一的事件。

“在下议院，”一位观察家在11月初写道，“托利党人跑出来赞扬乔治爵士，把马尔伯勒公爵的胜利说成是一件小事。”同样的分歧甚至出现在神职人员中。“教士大会的两院对他们的致辞有分歧：上院不提名乔治·鲁克爵士；下院则提名他。”

因此，当高教会派人士贬低马尔伯勒公爵并宣称鲁克的功绩不亚于他时，政府大臣们和辉格党人则以同样的不公正，宣称鲁克根本没有功绩。这场激烈而荒唐的争吵源于关于《偶奉国教法》和战争总体政策上的既有分歧，并进一步加强了它。这场争吵使女王、戈多尔芬政府和辉格党越来越团结为一个阵营，超过了以往任何一个时候，并为1705年的大选做了准备，这次大选推翻了托利党在下议院的权力，并使政府大臣们完全依赖于辉格党的支持。[342]

事实上，那年夏天，大多数辉格党人带着由衷的欢喜，在他们的党派报纸，如《观察家》上，庆祝马尔伯勒的胜利；而他们一看
421 到高教会派托利党所采取的路线，就立即投入了战斗。他们对鲁克从来就没有什么好感。马尔伯勒现在成了辉格党人的英雄，尽管他从来都没有采取过辉格党的政治立场。正如威尼斯大使向他的政府报告的那样，马尔伯勒公爵和戈多尔芬政府靠布伦海姆胜利赢得的声望和人气，使他们能够藐视高教会派托利党的批评者，并使他们更大胆地公开寻求与不服国教者之间的结盟。“辉格党人的胜利与战争已经证明的政策的优势”，莫塞尼戈写道，使对英格兰国内事务并不“热衷”的政府里的托利党人同意充分利用这种情况为国家和欧洲的“平衡”谋取利益。[343]

在这场争吵中，女王站在了马尔伯勒一边，尽管她很不喜欢辉

格党。她向他颁发了荣誉和奖赏。著名的伍德斯托克皇家庄园被赐予他，范布勒则被委任在那里建造布伦海姆宫，费用由女王承担。9月，当马尔伯勒公爵还在国外将他的成功推向莱茵河对岸时，安妮以国家名义前往圣保罗大教堂，为布伦海姆战役表示感谢。斯特兰德大街、舰队街和拉德盖特山的道路两边都“架起了围栏，上面挂上了蓝布”，在这些障碍物后面，城市民兵们都被集结起来。这条路上的房屋的正面都铺上了东方的地毯和昂贵的挂毯。人行道、窗户和屋顶上挤满了观看者，他们急切地想看到国家马车、王室警卫队和马队长长的队伍。在雷恩所建造的几近完工的大教堂里面，两个营的步兵卫队从西门到唱诗班开出一条通道。深受疾病困扰的女王坚强地忍住痛苦，完成了仪式。马尔伯勒公爵夫人走在她的身边，她谦虚地按照一名忠实的“阿比盖尔”（Abigail）[①]的角色打扮，但她是那天英格兰最骄傲的臣民。

这不是布伦海姆庆典的最后一次活动。1705年1月，马尔伯勒公爵回来后，一场盛大的军队游行将在整个伦敦再一次的注目下从伦敦塔走到威斯敏斯特大厅，这支队伍将展示在这场伟大的战斗中缴获的“34面军旗和128面队旗”。老人们还记得他们曾经目睹了 422
在伍斯特战斗中缴获的旗帜，它们被郑重地挂在同一个大厅里，但后来在复辟时消失了。他们称颂上帝，这一次的战利品是从外国敌人的手中夺取的。

这些旗帜就这样挂在威斯敏斯特大厅以及拥挤的法院大道上，其在整个安妮女王统治时期都是伦敦的著名景点之一。有人写了关于这些旗帜的政治诗，其中一首诗中写道，“一个快乐的红衣士兵”

① 阿比盖尔有侍女的意思。——译者注

向“一个诚实的水手”指出，无论他的托利党朋友告诉他什么，这些旗帜都是由陆军带来的。[344]有一段时间，陆军变得比以往任何时候都更受欢迎。《榴弹兵进行曲》随处可闻：法夸尔在他的《征兵官》的开头和结尾都引用了这首歌：

敲起《榴弹兵进行曲》的鼓点——镗，镗，咚！先生们，这首歌被称作战斗序曲，在维哥、施伦贝格和布伦海姆的大剧院里演出时取得了巨大的成功。除法国外，它在整个欧洲都赢得了热烈的掌声。法国人认为，这首曲子对于他们的精致生活来说有点太粗俗了。

1704年的事件使戈多尔芬与马尔伯勒的关系比以往任何时候都要密切，也稍微加强了他与辉格党的联系。9月，在讨论他与马尔伯勒公爵持不同看法的一件事情时，他写信给哈利：“我可以违背自己的感觉而信任他。”戈多尔芬急于充分利用布伦海姆战役——也急于讨好正在崛起的辉格党小集团，由于他本人是骑师而非诗人的赞助者，他咨询了当时的“梅塞纳斯”（Maecenas）哈利法克斯勋爵[①]，并在他的建议下，派财政官员亨利·博伊尔在约瑟夫·艾迪生简陋的住处找到他，让他写一首与这个场合相称的诗。《布伦海姆战役》及时出版，其中把指挥战斗的马尔伯勒公爵比作引导风暴的天使：

“这就是最近他飞过苍白的不列颠尼亚的情形。”

（Such as of late o’er Britannia passed.）

---

① 梅塞纳斯，罗马帝国皇帝奥古斯都的谋臣，文学和艺术事业的赞助者。——译者注

习惯了更为粗鄙风格的城里人因为它的庄重和意义感到高兴。1706年初，直到那时还不过是一个学者和诗人的艾迪生，成了查尔斯·赫奇斯爵士手下的副国务大臣。在那些日子里，诗歌和政治就 423
是这样紧密地联系在一起的，当时诗歌可以服务于游说的目的。

尽管马尔伯勒很有耐心，但他也是人，他不喜欢他的那么多政治老伙伴贬低他的胜利。那年秋天，他从德意志写信给萨拉：

我将努力在这样的国家留下好的名声。除了不知道令人憎恶的辉格党和托利党的名字，它们几乎没有受过任何祝福。[345]

不过，除去所有胡言乱语和党派斗争，英格兰人对自己国家在世界上的地位有了新的认识，他们是地中海的主人，“法国的灾难，欧洲的仲裁者”，外国诸侯和人民向他们寻求帮助和正义，且不会空手而回。此时的英格兰所拥有的一切都比它在伊丽莎白时期所拥有的一切还要好，也超越了克伦威尔时期所拥有的一切，因为它现在是一个拥有确定的和自由政体的统一国家。辉格党和托利党可能会争吵不休，但两党在他们之间推进着国家的工作，因为各派别和政党的血腥争斗已经被英格兰革命安排的妥协所制止。英格兰革命安排的基础比武力基础更为牢靠，它给英格兰带来了国内的和平，也已经给英格兰指明了通往海外霸主的道路。

注　释

第一章

［1］P. 3. Steele's *Guardian*, no. 9（March 21, 1713），提醒我们，土地利益集团往往更加看重煤矿和工业，因为它们增加了附近地主和农民的财富。

［2］P. 4. *H.M.C. Portland*，Ⅳ, p. 272（Oct. 8, 1705）.

［3］P. 8. Evelyn, *Memoirs for my grandson*, 1704（ed. 1926, p. 17）.

［4］P. 8. W. Robinson，*History of Enfield*, 1823，Ⅰ, p. 207.

［5］P. 9. *Defoe*，Ⅰ, pp. 129, 140–141.

［6］P. 9. *Defoe*，Ⅰ, p. 292.

［7］P. 10. R. G. Albion. *Forests and sea power.*（美国人对英国历史的珍贵贡献。）*Ec. H. R.* Jan., 1930, pp. 269–270.

［8］P. 11. *Defoe*，Ⅰ, p. 78. 关于酒类贸易，见Defoe, *English Tradesman*, Pt. Ⅱ, Chap. Ⅲ。

［9］P. 11. *H.M.C. Coke*（1889）, p. 164.

［10］P. 13. Sir William Ashley, *The Bread of our forefathers*（1928）, *passim* specially p. 8；Westerfield, pp. 169–170；Moffit, *England on the eve of the Industrial Revolution*（*1925*），*passim*；Defoe's *Tour*, *passim*, and his *English Tradesman*（ed. 1727）, Pt. 2，Ⅱ, pp. 30–46；*Ernle*, pp. 148–152；（*Rox.*）*Hooke's Corr.*, I., pp. xi, 426；*R.H.S.* 1926, *Cattle Trade*；*P.R.O. Tr.* 14（Venetian）, 112, f. 24.

［11］P. 13 n. *H.M.C. Clements*（1913）pp. 242, 249；*Ernle*, pp. 148, 452；*Westerfield*, p. 169；Barrett's *Bristol*, p. 696. 18世纪早期英格兰将自身

视作谷物出口国的程度，在詹姆斯·汤姆逊（James Thomson）的《四季（春天）》[*Seasons*（*Spring*）] 中可见一斑。在这一首诗中，不列颠被劝诫要依赖布匹和谷物的出口，把世界的财富都纳入它自己的口袋：

自然更为美好的赐福

泼洒在每一片土地上；覆盖在裸露的国家上；

变成世界的谷仓吧。

[12] P. 14. Webb, *Manor and Borough*, p. 128, 166, 183; Conner, *Common Land and Enclosure*, *passim*.

[13] P. 14. Clapham, *Ec. History Modern Britain*, Ⅰ, p. 22; Gonner, *passim*.

[14] P. 14. *Cunningham*, p. 706, note.

[15] P. 15. *H. C. F.*, XIV, p. 352.

[16] P. 15. *Defoe*, I, pp. 210, 285–286.

[17] P. 15.*E.H.R.*, Jan. 1929, pp. 40–60.

[18] P. 16 n. *Ernle*, p. 150; *H.M.C*, *Clements*（1913）, p. 230.

[19] P. 17. 格利高利·金的估算可以在 Chalmers' *Estimate of the comparative strength of Britain*, ed. 1804 中找到，其稍作改变的变体可见 *Davenant*, Ⅱ, p. 184 或者 *Ernle*, pp. 453–454。有关克拉珀姆（Clapham）教授对于它们做出的简短但重要的评论值得研究，见 *Cambridge Historical Journal*, Vol. 1, no. 1, pp. 94–95。金的估算如下：自耕农，180000；农民，150000；工匠和手艺人，60000；劳工和粗工，364000；茅舍农与接受救济的人，400000。这些代表着“家庭”的数量的3.5倍、5倍和7倍，就是具体人口的数量。

[20] P. 18. *Cunningham*, pp. 564–565; *Defoe*, Ⅱ, p. 602.

[21] P. 18 n. 某一年德文郡的季审法庭宣布，从事农牧业的百夫长每年的收入不应超过5英镑。一个从事农牧业的普通男仆每年的收入不应超过4英镑。负责打包干草的妇女每天的收入不应超过3便士（包伙食）或者6便士（不包伙食）。至于负责收割庄稼的妇女，每天的收入不应超过6便士（包伙食）或者1先令（不包伙食）。熟练木匠一天的收入不应超过8便士（包伙食），或者1先令4便士（不包伙食）。从事农业或商业的所有劳工工资都可以此类推。A. H. A. Hamilton, *Quarter Sessions*, pp. 272–274; *H.M.C.*

Clements（1913），pp. 223，238–239；*E.H.R.*，July 1928，pp. 398–404.

经估算，一位贵族家里的20名仆人工资大约为170英镑，也就是平均每人8英镑10先令。但是，他们也有额外的津贴，例如“赏钱”（小费）和“佣金”。*Country Gentleman's Vademecum*，1717；*Ashton*，Ⅰ，p. 77.

Ernle，p. 440，给出了伊顿每夸脱小麦价格的涨跌。政治史学家将会观察到，在充斥着战争危机的年代，即1702—1706年，便宜的面包增进了大众的满足感，而在1709—1711年，小麦的短缺则帮助了托利党煽动签订和约。威廉三世统治时期的小麦价格是安妮女王统治的前半期的两倍还多。

1701	34/5	1708	37/11
1702	26/11	1709	71/11
1702	33/—	1710	71/6
1704	42/7	1711	49/6
1705	27/6	1712	42/5
1706	23/8	1713	46/9
1707	26/1	1714	46/1

这些价格与Fleetwood's *Chronicon Preciosum*，ed. 1707，p. 128中给出的小麦价格几乎一致。

［22］P. 19. *Economic Journal*，May 1927，pp. 214–228：乔治夫人的文章。

［23］P. 19 n. Defoe，*Giving Alms no Charity*，1704；*Duty of a Husbandman*（anon.）1703，p. 36.

［24］P. 21. 伦纳德女士公正地指出：“许多受到《济贫法》影响的人从未得到救济。它令失败的恐惧从所有不幸需要这种帮助的人身上消失，从而使为生存而进行的斗争对整个劳动阶层来说不那么残酷。在17世纪，这种对穷人的援助有助于使英格兰成为一个和平的社会，而且自那时以来，它的这种影响可能一直在持续。”（*English Poor Relief*，pp. 302–303）Webb，*English Poor Law*（1927），特别是关于《安置法案》的第五章；*Wealth of Nations*，Book I，end of Chap. X；Lecky，*England*，Ⅱ，pp. 203–209；*Lady M. Montagu*，Ⅰ，pp. 394–395；*Cunningham*，pp. 567–577；*H.of L. MSS.*，1704–1706，pp. xiv–xvi；Knowles and Boyle，*Vestiges of Old Newcastle*，pp. 154–155。

[25] P. 22. *H.M.C. Coke*（1889）, p. 94, Aug. 1710.

[26] P. 23. *Stats. of Realm*, 22–23, C. Ⅱ, XXV, 4 *W. and M.* XXIII; *Spectator*, no. 122.

[27] P. 24. *Stats. of Realm*, 4 *W. and M.* XXIII; *Freeholder*, nos. 22, 44; *Spectator*, nos. 116, 122; Blome's *Gentleman's Recreation*，于1685年首次出版，因受到捐助而于1710年重新出版，但是几乎没有改动。在当时的书信中，捕猎松鸡经常被提及："在荒野狩猎的时间，我将前往山脉。"（*H.M.C. Clements*, p. 229, ann. 1704.）

[28] P. 25. 湖区的历史学家科林伍德先生呼吁人们关注"从复辟时期到安妮时期的各处古老农舍及其坚固的橡木家具，很少有1660年之前的。更古老的石头建筑与橡木家具不是政治家（自耕农）的，而是乡绅与同样古老的教会人士的。但现在，几乎每个人都生活在一个舒适与安康的新世界里"。W. G. Collingwood, *Lake District History*（1925）, pp. 1, 140.

[29] P. 25. *Fiennes*, pp. 159–164; *Calamy*, *II*, p. 220–211. *Defoe*, Ⅱ, p. 679. *Macky*（Ⅱ, p. 167）"在一两天内就穿过了小郡威斯特摩兰，那里没有什么可看的"，而且从未偏离去往湖区。坎伯兰欧斯比的教区长罗宾逊于1709年出版了一本100页的《威斯特摩兰和坎伯兰的自然史》（*Natural History of Westmorland and Cumberland*），这本书基本与煤矿有关。它包括正面这句有关风景的句子，值得一读，因为它可能是最早的关于湖区美景的叙述："这些巍峨的山脉为我们提供了视觉上的愉悦，几乎提供了最奇特的也是最令人愉悦的景象。"但是，漫不经心的游客们看不到任何值得欣赏的东西。

[30] P. 26. Gibson's *Camden*（1695）, p. 874. *Newcastle Courant*, 1711–1712. 根据菲尼斯小姐（p. 176）的说法，"在整个英格兰"，纽卡斯尔"与伦敦最为相像"。而且，*Macky*（Ⅱ, p. 241）将其称为"仅次于布里斯托尔的、最伟大的英格兰贸易城镇"。诺思的《市政厅生活》（*Life of Guildford*）提供了有关查理二世统治末期纽卡斯尔和泰恩河的一段有趣的描述；直到1702年，这一地区仍旧更加文明且富有。

[31] P. 27. *Mayor*, pp. 135, 360–361；关于艾迪生对瓷器的论述，见

The Lover, no. 10；*Art of Painting and an Essay* towards *an English School*, 1706。

［32］P. 27. Sir Reginald Blomfield, *History of Renaissance Architecture in England*；James Gibbs, *Rules of Architecture*（1924年重印，附有Barman的序言，见pp. xxii–xxiv）。

第二章

［33］P. 28. *Freeholder*, no. 44（date 1715）.

［34］P. 29. *Tatler*, no. 182.

［35］P. 30. *Lady Montagu*, I, p. 150（1710）.

［36］P. 30. *Bodleian MSS. Ballard*, 47.

［37］P. 31. *Historical. MSS. Commission* 中的卷册数量过于庞大，很难在这里引用。库克和莫尔斯沃思（克莱门茨）的文献将被作为典型的案例，此外还有《约翰·赫维书信集》(*Letter Books of John Hervey*)(1894)。这些家族及其他家族的档案令我思考，国王于1688年分配给那些有头衔的人和地位较高的乡绅们的收入不是被低估了，就是在安妮女王时期得到了巨大的增长。麦考莱在他的《英格兰史》的第三章里，描述了一幅缺乏文化的小乡绅们的图景，这一图景鲜有夸大。但是，他忘记了解释，乡绅阶层拥有多少财富，或者拥有多少文化。安妮女王统治时期的财富和文化都超过了1685年。

［38］P. 31. *H.M.C. Kenyon*, p. 449；Percy Thornton, *Harrow School*, pp. 101–104；*H.M.C. Rutland*, Ⅱ（1889）p. 186；*Egerton MSS. B.M.* 1695.

［39］P. 32. *H.M.C. Clements*, pp. xix, 221, 224, 232, 235, 243, 248, 268. 关于杰克·莫尔斯沃思的工资，see p. 229, above。

［40］P. 34. *H.M.C. Chequers*（1900）, p. 96.

［41］P. 34. *H.M.C. Dropmore*（1892）, I, p. 13.

［42］P. 35. Locke, *On Education*；Swift, *Modern Education*; *Burnet*, Ⅵ, p. 195(648)；*H.M.C. Wood*, p. 83；在*Spectator*, no. 168, 斯蒂尔提及了学校："我见过许多被教鞭打到满手是血的孩子，可能是因为笑了，或者是因为把A错写成了O。在那里，许多勇敢而高贵的灵魂被击碎了。其他人从那里逃

跑，以后再没了消息。”这种对待不可能是世界性的：亨利·米舍认为孩童在英格兰比在法兰西得到了更友善的对待，见*Voyage en Angleterre*（1698），p. 228。

［43］P. 36. *Athenian Oracle*（1710），Ⅳ, p. 327；*Lady M. Montagu*，Ⅱ, pp. 3–4；Farquhar, *Recruiting Officer*, I, 2. Addison and Swift, *passim.*

［44］P. 37. *H.M.C. Clements*, p. 246；*R.H.S.*（1917）*Guise*, pp. 150–151；*H.M.C. Coke*, p. 178；Coxe's *Walpole*，Ⅱ. pp. 7–8；*Turberville*, p. 7.

［45］P. 37. Secretan's *Nelson*, p. 197；关于政治包裹的广告，见*Postman*, Jan. 1, 1704, and Jan. 2, 1705；Hine's *Hitchin*, *II*, p. 253。

［46］P. 39. *Hearne's Collections*，Ⅰ, p. 324；Swift, *On Himself*, 1713；*Fiennes*, pp. 9, 218；*Life of Nash*（1762）, p. 25；H. Misson, *Voyage en Ang.*, pp. 390–392；*Ashton.* I, pp. 206–213.

［47］P. 39. 关于安妮女王1702年的巴斯之行及它对于该市的影响，见原文第214页。纳什大约在1704年开始了他对于巴斯的长期支配。他是“职业赌徒”，尽管是一个地位最高贵的赌徒。Nash's *Life*, pp. 21, 38–41, 51；Wood's *Bath*, *passim*；*Macky*，Ⅱ, pp. 137–140；*Fiennes*, pp. 12–15.

［48］P . 40. Dec. 17, 1702. *H.M.C. Beaufort*, p. 96. 事实上，“博·费尔丁”受伤之后活了下来。这一时期的决斗有时会使用手枪，就和使用剑一样。*H.M.C. Clements*, p. 251；*Mayor*, p. 370；*Guardian*, nos. 143, 145；*Life of Wharton*, p. 35；*Ashton*，Ⅱ, pp. 185–196；Centlivre, *Beau's Duel*，Ⅱ, 1；*Perplexed Lovers*，Ⅴ；*State Trials*, William Ⅲ and Anne, *passim.*

［49］P. 41. *D'Urfey*, *I*, p. 268；Ⅳ, p. 55；Defoe, *Compleat Gentleman*（ed. 1890）, pp. 65, 248；*Freeholder*, no. 22；*Spectator*, no. 116；*Edinburgh Rev.*, Oct. 1927；*Gentleman's Recreation*, 1710；*Verney Letters* 18th *Cent.*（1930），Ⅰ, passim.

［50］P. 41. Sorbières, *Voyage to England*, translation of, 1709, p. 9；*H.M.C. Portland*, Ⅵ, p. 76；*D' Urfey*，Ⅱ, p. 172.

［51］P. 42. *Macky*，Ⅰ, pp. 164, 167；*Mayor*, p. 355；*Add. MSS.* 28080, f. 74.

［52］P. 42. *H.M.C. Coke*, p. 7；*Mayor*, pp. 316, 322, 363–364, 409；

Hill, I, p. 381.

[53] P. 42. Alexander Hamilton. *New Account of the East Indies*（1727），Ⅱ, pp. 271–273.

第三章

[54] P. 46. *Tatler*, no. *255*; *Spectator*, no. 106; *Ashton*, *II*, pp. 121–125; *Diary of Rev. T. Brockbank*（*Chetham Soc.* 1930）.

[55] P. 46. 参见特尼森大主教于1713年1月写给安妮女王的一封非同寻常的信，信中，他与她争辩，要求她对两个相距超过30英里的圣俸领签发豁免令，特尼森大主教宣称，自从1676年以来，从未签发过这样的命令。这位辉格党大主教向托利党女王补充道，威廉和玛丽认为“6英里比起30英里来说更加合适”。*Lambeth MSS.* 1133, ff. 31–39. 事实上，罗切斯特主教和威斯敏斯特座堂主任牧师斯普拉特——这个趋炎附势的高教会派人士，在没有打破教会法律的情况下，找到了让他的儿子身兼多职的绝佳办法。斯普拉特最初是詹姆士二世的高级专员，后来又向威廉宣誓效忠。他的儿子——这位年轻的绅士于1704年成为牧师，为了其父的利益，于同年成为罗切斯特的受俸牧师和执事长；1705年，他成为博克斯利和肯特的牧师；1707年，他成为斯通和肯特的教区长；1712年，他担任温切斯特的受俸牧师；1713年，他担任威斯敏斯特的受俸牧师。不救赎灵魂的受俸牧师不受30英里规则的管辖。直到他于1720年死去，他一直都享有这些头衔。Pearce's, *Sons of the Clergy*, 1928, p. 188. 关于18世纪早期神职人员身兼多职的现象，也可参见理查德·牛顿（Richard Newton）的《身兼数职》（*Pluralities Indefensible*）。

[56] P. 47. *Bod. MSS.*, *Ballard*, 4, f. *65*; *Diary of Francis Evans*, *Sec. of Bishop Lloyd*, 1699–1706, pp. viii, xix, 24–25, 94–96; *Wake MSS.*, *Epist.* 3, for the Lincolnshire list.

[57] P. 47. *Wake MSS.*, *Epist. 5*, Mr. Pujolas, 1709.

[58] P. 48. *Lambeth MSS.* 1120; *H. of L. MSS.* 1702–1704, pp. 558–559; Burton, *Queen Anne*, I, pp. 52–55; *Address to Persons of Quality*, Robert

Nelson, 1715, Appendix 7; Foxcroft's *Burnet*, pp. 344–345, 408; Overton, *English Church*, 1660–1714, pp. 69, 229–230; *Life of Sharp*, 1825, Ⅰ, pp. 338–339; *Burnet*, Ⅴ, pp. 117–122（369–371）.

[59] P. 49. *Bod. MSS.*, *Rawlinson*, *D.* 834, *Parochial Libraries.* 罗伯特·纳尔逊曾是委员会的成员，而亨利·纽曼是福音传播协会的秘书。

[60] P. 52. *Character of a Low Churchman*, 1702, p. 26.

[61] P. 52. J. Wickham Legge, *English Church Life*, pp. 30–37; *Wake MSS.*, *Misc.* 5 and 11; *Lambeth MSS.* 1115; Secretan's *Life of R. Nelson*, pp. 173–179.

[62] P. 54. *Vindication of the Clergy*, by a Divine of the Church of England, 1709, p. 4; *Burnet*, Ⅳ, p. 377（211）; *Abbey*, Chap. Ⅰ; Leslie Stephen, *English Thought in the Eighteenth Century*; *D'Urfey*, Ⅵ, p. 214; Bass Mullinger, *Cambridge in the Seventeenth Century*; Atterbury, *Letters*, Ⅱ, pp. 30–31, Ⅲ, pp. 314–318; *Bod. MSS.*, *Ballard*, 9, f. *75*; *Account of the Growth of Deism in England*, 1709; Hickeringill's *Priestcraft*, 1705, and the ensuing controversy; *Priestianity*, 1720; works of Toland, Collins, Shaftesbury and pamphlets in answer; Swift, *Argument against abolishing Christianity in England*; William Nelson, *Rights of the Clergy*, 1712, introduction.

[63] P. 57. *Wake MSS.*, *Misc.* 5 and 11; *Lambeth MSS.* 1115; *Memoirs of the Family of Cavendish*, Archdeacon Kennett, 1708, p. 29; *Defoe*, Ⅱ, p. 465; *H. of L. MSS.*（1704–1706）, pp. xxvii, 413–423; *Bod. MSS.*, *Rawlinson*, D. 387; Estcourt, *English Catholic Nonjurors of* 1715 from P.R.O. documents; *H.M.C.*（1906）*Stonyhurst*, pp. 177–182; *Sykes' Gibson*, pp. 292–297; *B. M. Lansdowne MSS.* No. 825, ff. 180–181. 尽管新教徒对伦敦的罗马天主教徒的数量议论纷纷，但实际归来的、公开承认自己是罗马天主教徒的人数几乎可以忽略不计——在米德尔塞克斯和伦敦外围的数量稍微多一些。这些数字可能并不完整。

[64] P. 58. Hine, *History of Hitchin*, Ⅱ, pp. 32–34, for case of Skingle; *Davenant*, Ⅳ, p. 411; *Wake MSS.*, *Misc.*, 5 and 11, and *Lambeth MSS.* 1115, 表明不从国教者（特别是贵格派教徒）在巴克斯的势力比在莱恩斯或者肯特的

势力强多少。

[65] P. 58. 小教堂的分布如下，26个属于清教徒，32个属于洗礼派教徒，12个属于独立派教徒，14个属于贵格派教徒，13个属于法国新教徒。*H.C.J.*, April 6, 1711.

[66] P. 59. 例如 *A Letter from some aged Nonconformist Ministers*, 1702, and Nonconformist sermon, *passim*；关于争议的论调，参见萨谢弗雷尔的布道和小册子，以及Leslie's *Rehearsal*。

[67] P. 59. *Thoresby's Diary*, *passim*, and Ⅱ, pp. 255–257; *Wake MSS.*, *Misc.*, *5.*

[68] P. 60. Stephen, *Criminal Law*, Ⅰ, pp. 378–383, 399–400, 415– 417, 427, Ⅱ, pp. 430–436; *State Trials*, ⅩⅣ, pp. 639–654; *Case of the Hertfordshire Witches considered*, dedicated to Sir John Powell; Lecky, *England*, Ⅰ, p. 333. 在艾迪生《鼓手》的第五幕中，马车夫问道："先生，我想知道，这个可怜的畜生是被古迪·克劳奇（Goody Crouch）迷惑了，还是被古迪·福莱尔（Goody Flye）迷惑了呢？""都不是。"乔治先生回答道。

[69] P. 60. Addison, *Drummer*, Ⅰ; Bass Mullinger, *History of St. John's*, pp. 210–213; *Spectator*, no. 110.

[70] P. 61. Swift, *Baucis and Philemon*; Wordsworth, *Prelude*, Book V.

[71] P. 63. Swift, *Examiner*, no. 44 (no. 43 in the reprint).

[72] P. 63. *Bod. MSS.*, *Ballard*, 12, f. 52.

[73] P. 63. 有一本没有写印刷者名字的图书藏于Library of Trinity College, Cambridge, Ⅰ, 1, 27 (13). 关于不愿宣誓效忠者，见拉里伯里写于1845年的这本著名的著作；*Augustan*, Ch. V; Secretan's *Nelson*; Hearne's *Collections*; *Aylesbury* (*Rox.*), *II*, p. 531; J. Wickham Legge, *English Church Lift*, pp. 16–20; *Bod. MSS.*, *Rawlinson*, D. 845–848, Letters 91–92, 98; *Bod. MSS.*, *Ballard*, 12; L. M. Hawkins, *Allegiance in Church and State* (1928)。关于安妮统治时期不愿宣誓效忠者的地位，对莱斯利作品的研究是最为充分的。

[74] P. 65. 较早版本的 *Vicar of Bray* 见于奈德·沃德的 *Poems*, 1706, 名叫 *The religious Turncoat or the Trimming Parson*。

［75］P. 66. *Davenant*，Ⅳ，p. 396.

［76］P. 67. Overton，*English Church*，pp. 212–213；Josiah Woodward，*Rise and Progress of the Religious Societies*；Secretan's *Nelson*，pp. 90–150；*Edinburgh Review*，Oct. 1927，on *Humanitarian London*，1688 *to* 1750.

［77］P. 67. *Wake MSS.*，*Misc.*，*5* and 11，and *Lambeth MSS.* 1115，记录了莱恩斯、巴克斯、肯特和萨塞克斯的牧师们对“你们堂区有公立学校吗？”以及“你的堂区最近是否设立了慈善学校？”的回复。在农村堂区，绝大多数情况下的回答都是否定的。

［78］P. 68. *Bod. Rawlinson MSS.*，D. 839，papers of Henry Newman，Secretary of the Society for the Propagation of the Gospel，contains much information on Charity Schools，*circa* 1708. *Address to Persons of Quality*，Robert Nelson，1715，Appendix no. 12；*Wilson*，pp. 47–48；Overton，*Life in English Church*，pp. 224–228；Secretan's *Nelson*，pp. 118–134；*Strype's Stow's London*，1720，Bk. V，pp. 47–48；*Present State of Great Britain*，1708，pp. 672–684，List of Charity Schools. On Dissenters' Schools see *Calamy*，Ⅰ，pp. 132–136，Ⅱ，pp. 10–13，282–294. 关于慈善学校的观点和信息，我要感谢格顿的琼斯小姐（Miss Jones of Girton）。她向我指出了曼德维尔《蜜蜂的寓言》（*Fable of the Bees*）中围绕着该主题争辩的重要性，例如6th ed. 1732，pp. 314–318 of Volume I。

［79］P. 69. *Mayor*，p. 353；*Persuasive to the Serious Observance of the Lord's Day*，1712；*Burnet*，V，p. 18（318），Onslow's note on Holt's views，Overton，*English Church*，pp. 213–215；*Life of Sharp*，I，pp. 170–189；Defoe's *Reformation of Manners*，*a Satyr*，1702；Webb，*Manor and Borough*，pp. 312–315，for the Mayor of Deal；Secretan's *Nelson*，96–103；Sacheverell's *Character of a Low Churchman*，1702，p. 17；关于安妮统治时期的诉讼记录，可见*Bod. MSS.*，*Rawlinson*，*D.* 1396–1399；其中，最普遍的诉讼记录似乎与在星期日进行商贸活动有关。

第四章

［80］P. 72. Defoe，*Giving Alms no Charity*，and *Tour*，Ⅰ，p. 43，Ⅱ，p. 435.

[81] P. 73. *Calamy*，Ⅱ，pp. 119–141.

[82] P. 74. Mrs. George，*London Life*，*passim*；*Edinburgh Review*，Oct. 1927.

[83] P. 74. *H.M.C. Downshire*（1924），pp. 903–904.

[84] P. 74. *Spy*，pp. 108–109.

[85] P. 77. *Mayor*，p. 324（F. Burman's Diary）；*Add. MSS.* 17677 YY.（*L'H.*），f. 266，Nov. 6–17，1702.

[86] P. 78. *Strype's Stow's London*（1720），Book I，pp. 65–119；*Macky*，Ⅰ，pp. 274–283；*P.R.O.*，*Barbary States*（S.P.），71.

[87] P. 79. *Strype's Stow's London*（1720），Book I，p. 42 and *passim*；Webb，*Manor and Borough*，pp. 212–227，569–692.

[88] P. 80. *Defoe*，Ⅰ，pp. 6，157，160–165，382–385.

[89] P. 81. *Strype's Stow's London*，*passim* and maps；Sir W. Foster，*John Company*，Chap. Ⅷ；*Defoe*，I，p. 350.

[90] P. 81. Loftie，*London*，I，pp. 8–12 and maps；*Strype's Stow's London* and maps；Gibson's *Camden*，p. 335.

[91] P. 82. *Mayor*，pp. 362，414；*Letters of Shaftesbury to Molesworth*，p. 6，letter of Oct. 12，1708.

[92] P. 84. Wright and Fayle's *History of Lloyd's*，1928；*Spy*，*passim*；*Tatler*，nos. 1 and 268；*Spectator*，no. 46；*Macky*，Ⅰ，p. 195；Sorbières' *England*（trans. of 1709），p. 54；*Ashton*，I，pp. 234–236，Ⅱ. pp. 262–268；Swift，*Modern Education*；*Flying Post*，May 12，1702，advertisement of the Windsor Coffee House.

[93] P. 84. *Macky*，Ⅰ，p. 193.

[94] P. 84. *Colley Cibber's Lift*（1740），p. 190.

[95] P. 85. *Colley Cibber's Life*，pp. 76–77，83–87；*Spectator*，no. 45；*H.M.C. Egmont*，Ⅱ，p. 240；*Tatler*，nos. 1，71，167.

[96] P. 85. 例如 *The Evil and danger of Stage plays*，*in almost* 2000 *instances taken from the plays of the last two years.* Rev. Arthur Bedford，1706，and later editions；Secretan's *Nelson*，pp. 107，110；*D' Urfey*，Ⅱ，p. 45。

[97] P. 86. *Colley Cibber's Life*, p. 225.

[98] P. 86. 例如the famous passage in Swift's *Modern Education*; Ned Ward's *Mars stript of his armour*, 1709. See also *An Apology for the Army*, 1715, on Tory attacks on the Army。

[99] P. 87. *Mayor*, p. 373 (1712) .

[100] P. 87. *Macky*, Ⅰ, pp. 193–194; *Mayor*, pp. 133, 350; *Lady M. Montagu*, Ⅰ, p. 151; *Spectator*, no. 278; *Wentworth Papers*, p. 66; 蒂克尔 (Tickell) 为艾迪生的《罗莎蒙德》(*Rosamund*) 写的开场白；约翰逊博士在他为盖伊写的传记中写道："关于民谣歌剧，我们要归功于盖伊"；关于意大利歌剧，同可参见他关于休斯 (Hughes) 的传记。

[101] P. 88. *H.M.C. Coke* (1889), p. 178.

[102] P. 89. *H. of C.f.*, ⅩⅣ, p. 338.

[103] P. 90. Fox Bourne, *English Newspapers*, Ⅰ, pp. 81–84. 大英博物馆收藏了很多安妮女王时期的报纸。

[104] P. 91. *State of Great Britain*, 1708 (a sort of 'Whitaker'), pp. 713–714; Moffit, *Eng. on eve of Ind. Rev.*, pp. 243–244; *Defoe*, I, pp. 343–344.

[105] P. 92. H.G. Graham, *Social Life of Scotland*, *Eighteenth Century*, *I*, p. 46–48; *Mayor*, p. 115; *Westerfield*, p. 282; Capt. Alexander Smith, *Complete History of the Highwaymen*; *H.M.C. Clements*, p. 234–235.

[106] P. 93. *Mayor*, pp. 348, 409; *Thoresby's Diary*, Ⅱ, p. 17; Webb, *King's Highway*, pp. 6, 65–67; Defoe, *Tour*, Ⅰ, p. 129; *H.M.C. Portland*, Ⅵ, p. 76; Campbell's *Chancellors*, *Cowper*, Ⅳ, p. 267.

[107] P. 93. Webb, *King's Highway*, Chaps. Ⅰ, Ⅲ, Ⅴ, Ⅶ.

[108] P. 94. Webb, *King's Highway*, p. 66; *Defoe*, Ⅱ, p. 615, *Eng. Tradesman*, Pt. 2, Ⅱ, pp. 27–30; *Dowell*, *IV*, pp. 413–414; *Strype's Stow's London*, Ⅱ, Bk. Ⅴ, p. 293; *Stats. of Realm* (1702), Ⅷ, pp. 178–180; *H. of L. MSS.* (1702–1704), pp. xxxiii–iv, 225–240.

[109] P. 95. 时人索尔特 (Salter) 牧师 (他是那些地方传播福音的牧师) 有关切斯特勒街爆炸 (或称"剧烈地震") 的记录见于大英博物馆，与其他

的“流行历史故事”收藏在一起，1076, 1, 22；L. W. Moffit, *Eve of Ind. Rev.*, pp. 161–166，239–242；*R.H.S.*，1925，Miss Moller on *Seventeenth Century coalmining*；*Defoe*，Ⅱ，p. 683，and his *Tradesman*（1727），Pt. 2，Ⅱ，p. 29，70；*Fiennes*，*passim*；*Northumberland Table*，*Bk. I*，p. 341；*Coal Industry in the Eighteenth Century*，Ashton and Sykes，pp. 1–7 and *passim*；*Dartmouth MSS.*，at Patshull，Letter of Nottingham to Lord Dartmouth，Sept. 6，1707。

［110］P. 96. *Defoe*，Ⅰ，pp. 166–267. Ⅱ，p. 602.

［111］P. 96. *Defoe*，Ⅰ，pp. xiv–xvi，600–615；*Westerfield*，pp. 274–276，287–288.

［112］P. 97. Macpherson，*Annals of Commerce*（1805），Ⅱ，p. 707；*Defoe*，Ⅰ，p. 123；*H. of L.MSS.*（1702–1704），72，333；（1706–1708），xxiv–v；*Ec.H.R.* Jan. 1928，p. 275；*C.S.P. Dom.* 1702，p. 520；Miss Murray's Commercial Relations，*Engl. and Ireland*，pp. 58–61；R.H. Murray，*Rev. Ireland*，pp. 401–403.

［113］P. 97. *H. of L. MSS.*（1702–1704），p. 70；Defoe，*Eng. Tradesman*，1727，Pt. 2，Ⅱ，pp. 51，65–69；*Ec.H.R.* Jan. 1928，p. 262.

［114］P. 98. *H. of L. MSS.*（1702–1704），p. 73；*Hue and cry after East-India goods*，1701；Khan，*East India Trade in Seventeenth Century*，1923；*Davenant*，I，pp. 85–123.

［115］P. 100. Webb，*Manor and Borough*，pp. 266–267，384–385.

［116］P. 101. *Stats. of Realm*（1702），pp. 52–53.

［117］P. 102. *H.M.C. Eliot Hodgkin*（1897），pp. 341–344；*H.M.C. Coke*，p. 162；Alexander Smith，*History of Highwaymen*，ed. 1926，introd.，pp. v–xv；*Spy*，pp. 136–138.

第五章

［118］P. 117. 关于她抵制王位的严肃程度，见A. W. Ward（*Electress Sophia*），pp. 305–324，和*Klopp*，Ⅷ，pp. 554–570，Ⅸ，pp. 144–153的记载有所不同。同可参见*Hardwicke*，Ⅱ，pp. 442–443；Kemble，*State Papers*，pp. 43–44，243–249。

［119］P. 118. Clarke's *Life of James* Ⅱ（1816），Ⅱ，pp. 559–560；*Lamberty*，Ⅰ，p. 121；*Klopp*，Ⅷ，p. 559；Macpherson's *Original Papers*，Ⅱ，p. 223，僭位者于1711年5月写给安妮女王的信提及了她曾承诺过这一点。

［120］P. 118. *H.M.C. Downshire*（1924），I，p. 805.

第六章

［121］P. 123. Defoe，*English Tradesman*，1727，Pt. 2，Ⅱ，pp. 65–66；*Ec.H.R.*，Jan. 1928，pp. 262.

［122］P. 130. *Corbett*，Ⅱ，pp. 298–299，419–423，460–474，494–495；*Legrelle*，Ⅱ，pp. 288，312，319，322–328. 关于从1697—1701年王位继承的全过程，可将勒格雷勒（Legrelle）书中的文件和在Hippeau，*Avènement des* Bourbons *au trone d'espagne*，1875中的文件相对比。

［123］P. 136. *P.R.O. Tr.*，3（*Franee*），186，ff. 270–280；187，ff. 301–329；188，ff. 370–385.

［124］P. 137. *Legrelle*，Ⅳ，pp. 341–351，a most enlightening correspondence. See also *Klopp*，*IX*，pp. 403–404；*Noailles*，Ⅱ，pp. 148–157；*Baudrillart*，*I*，pp. 90，119–120.

［125］P. 138. *P.R.O.*（S.P.），87，4，ff. 196，*Dutch Mémoire* of 1712.

［126］P. 139. *H.M.C. Downshire*（1924），p. 824（March 1704）；Lavisse，*Hist. de France*，Ⅷ，p. 84. 关于路易在1700—1702年的行动，可见那本书、*Legrelle*和*Baudrillart*。

［127］P. 140. *P.R.O. Spain*（S.P.），94，75，Aglionby's and Schonenberg's letters. On Aglionby，see G. N. Clark in *Notes and Queries*，12th Series，Ⅸ，pp. 141–143.

［128］P. 141. *P.R.O. Spain*（S.P.），94，75，Aglionby to Vernon，Ap. 6，1701.

［129］P. 141. Davenant，Ⅲ，p. 345；*Essay upon the Balance of Power*，1701，p. 76；*True Picture of a Modern Whig*，1701. 有关普桑和达文南特的关系，见普桑于1701年8月11日和9月8日写的信，in P.R.O. *Transcripts*，3（*France*），

189，ff. 500，519。普桑提议贿赂达文南特，但信中没有表明达文南特是否真的拿了这些钱。See also *Salomon*，p. 50，note 3.

［130］P. 142. *P.R.O*，*Tr.*，3（*France*），188，f. 424，May 23，1701. See *Feiling*，Chap. Ⅻ，on all these events，and Defoe，*Kentish Petition.*

第七章

［131］P. 146. Bolingbroke，*On the Study and Use of History*，Letter Ⅷ.

［132］P. 147. Geikie（R.），*Barrier Treaty*，MS. in King's College，Cambridge.

［133］P. 148. *Coxe*，I，Chap. Ⅸ，pp. 97–98；also *Add. MSS.*（Mc.）34518，ff. 140–141. M. to Hedges and to Godolphin，Oct. 3–14，1701.

［134］P. 148. *Coxe*，Ⅰ，Chap. Ⅸ，pp. 92–94；*Diplomatic Instructions Sweden*（*R.H.S.*，1922），I，pp. 22–23.

［135］P. 150. *B.M. Add. MSS.* 20241，ff. 18–19，20242，f. 23，*Gualterio Papers*；F. W. Head，*The Fallen Stuarts*，pp. 95，128–131，335–340.

［136］P. 150. Acton，*Lectures on Modern History*，pp. 256–257.

［137］P. 150. *B.M. Add. MSS.* 36621，*Mémoire de Mons. de Bonrepaux.*

［138］P. 151. 关于大同盟中“西摩条款”的起源，参见*H.C.J.* and *Add. MSS.*（*L'H.*）17677，xx，p. 170。关于这一条款本身，参见 *Klopp*，Ⅸ，p. *500*，尽管这里给出的日期迟了一年，参见Pribram，*Osterreichische Staatsvertrage*，*England*，Ⅰ，p. 226. 1702年4月28日，斯特普尼从维也纳写信道，尽管信奉天主教，但是奥地利宫廷并没有反对加入这一条约[*P.R.O.*（S.P.）80，18]。

［139］P. 153. *Klopp*，Ⅸ，p. 334；*Ec.H.R.* Jan. 1928，p. 268；*Hardwicke*，*II*，p. 450.

［140］P. 153. 就在普桑被迫离开英格兰之前，他报告了（1701年10月3日）政党的态度。辉格党和托利党“partagent et agitent aujourdhui presque toute l'Angleterre”。他们现在都支持战争。辉格党“n'y entre que par passion et par les vues particulières”；托利党“par politique et en quelque sorte malgré eux mêmes”。在普桑离开后，法国间谍沃东库尔（Vaudoncourt）于12月7日写道，如果托

利党成为多数的话，他们将被迫发动战争，因为人民绝对支持战争；但是他们会尝试将其仅作为对荷兰的备用选项，不把任何庞大的英格兰军队派往欧洲大陆，而是向奥地利和荷兰支付补贴。*P.R.O. Tr.*（*France*），189，ff. 537，545. 同一周，赫米塔日向荷兰方面报告，辉格党正在募集英格兰的军队，而托利党在支付补贴，以募集外国军队（*B.M. Add. MSS.* 17677，xx，f. 147）。

［141］P. 153. *Hardwicke*，Ⅱ，pp. 443–463.

［142］P. 154. *H.M.C. Downshire*（1924），Ⅰ，Pt. 2，p. 811.

［143］P. 156. *Pelet*，*I*，pp. 47–154；*Klopp*，Ⅸ，pp. 393–411.

［144］P. 156. *Add. MSS.*（*E.*）28910，f. 253，f. 291；*Coxe*，Chap. Ⅸ，p. 104；*Heinsius MSS.*，Marlborough's letters of Jan.，see Appendix A above.

［145］P. 157. See p. 86 above，on the Whig playwrights，*e.g.* the first scene of Farquhar's *Trip to the Jubilee* and his *Recruiting Officer*；*Luttrell's Diary*，Feb. 26 and Feb. 28，1701–1702.

［146］P. 158. *Add. MSS.*（*L'H.*）17677 xx，ff. 162，165，177，235–237，242；*Feiling*，pp. 356–357.

［147］P. 158. *Add. MSS.*（*L'H.*）17677，xx，ff. 224–227；*H.C.J.*，Feb. 26；*Luttrell's Diary*，Feb. 26.

［148］P. 159. *Add. MSS.*（*H.F.*）29588，ff. 16–17，22；*H.M.C. Coke*（1889），p. 2.

［149］P. 160. *Feiling*，pp. 356–358；*Burnet*，Ⅳ，pp. 535–540（298）；*H.M.C. Coke*，p. 2；*Stats. of Realm*，Ⅷ，pp. 218–220；*Case of the Abjuration Oath endearvoured to be cleared*，1702；Lecky，*Ireland*，Ⅰ，p. 158；Swift，*Examiner*，Nos. 40 and 44（39 and 43 in the reprint）.

［150］P. 161. *Add. MSS.*（*H.F.*）29588，f. 16.

［151］P. 161. 关于一些对于威廉去世的预期，见*Add. MSS.* 32258（*Deciphers*，April 4，1702）；*Add. MSS.* 36621。

第八章

［152］P. 163. *Heinsius MSS.*，Marlborough's letter of March，8/19，see

Appendix A, above; *Coxe*, Chap. Ⅹ, i, p. 109.（Sunderland的信件没有出现在Coxe之后版本的书之中。）

[153] P. 164. *Add. MSS.*（*L'H.*）17677, xx, ff. 65–69, 249–254; *H.M.C.*, *R.* 2, p. 242.

[154] P. 164. *Add. MSS.*（*L'H.*）17677, xx, f. 153.

[155] P. 165. *Legrelle*, Ⅳ, pp. 259–263.关于荷兰政党内部和战争，见海尔教授的 *Nederland's Staatkunde in de Spaansche Successieoorlog*, Amsterdam, 1929, pp. 6–8；关于马尔伯勒和拜斯（Buys）的关系，见 *Dispatches*, I, pp. 216, 602。

[156] P. 166. Heinsius to Bentinck, March 13–24, 17–28, *Correspondentie van W.* Ⅲ *en van Bentinck*, Japikse, 1927, Deel I, pp. 524–525; *P.R.O.* 84, 224（Holland）, ff. 3–9, 14, Stanhope to Vernon; *Coxe*, Chaps. Ⅹ–Ⅺ; *Klopp*, X, pp. 32, 72; *Heinsius MSS.*, 见Marlborough's letters in Appendix A, above.

[157] P. 167. *Add. MSS.* 9090, f. 107, Vernon to Shrewsbury, June 9, 1701.

[158] P. 168. *Mayor*, p. 372; *Priv. Corr.* Ⅱ, pp. 66, 120; *Rox.*, *Sir J. Clerk*, p. 72.

[159] P. 168. *Conduct*, p. 20; *H.M.C.*, *R.* 8, p. 52.

[160] P. 168. *Add. MSS.*（*L'H.*）17677, xx, f. 262. 斯威夫特（《日记》，1711年7月31日）写道："女王……自己驾驶着一匹马拉的两轮马车，她御马时十分愤怒，就像耶户（Jehu，开快车者）一样，她自己也像是一个如同宁录（Nimrod）一样伟大的猎手。"丁利（Dingley）曾经听说过宁录，因为他是《圣经》里的人物，但是没有听说过斯特拉（Stella）。这支持了赫米塔日的说法，因为"愤怒"显然是一种幽默的说法。

[161] P. 169. *Rox.*, *Sir J. Clerk*, pp. 62, 72.

[162] P. 169. *Surtees Soc.* No. 54, *de la Prynne's Diary*, p. 49; *Mayor*, p. 368.

[163] P. 170. *Add. MSS.*（*H.F.*）29548，其中包含了安妮女王于1702和1703年写给诺丁汉的几则便笺。

［164］P. 171. *H.M.C. Downshir*，Ⅰ，Ⅱ, p. 828.

［165］P. 172. *E.H.R.*, Apr. 1930, Mr. Sykes' article. For Ken's pension, see *C.S.P.Tr.*, pp. xii and 422.

［166］P. 173. *Coxe*, Chap. Ⅹ, note 1; *H.M.C.*, *R.* 8, p. 52.

［167］P. 173. *P.R.O. Transcripts*, 3（*France*）, 190, ff. 56–57, Vaudoncourt's cypher letter to Torcy, May 1702.

［168］P. 174. *Hooke's Correspondence*（*Rox.*），Ⅰ, pp. 13–15.

［169］P. 174. *P.R.O. Transcripts*, 3（*France*）, 190, ff. 73–79.

［170］P. 175. *H.M.C.*, *R.* 8, p. 52; Nichols' *Lit.Anecdotes*，Ⅱ, pp. 499–502. Boswell's *Johnson*, *sub.* 1712.

［171］P. 176. *Coxe*, Chap. LI, Aug. 30–Sept. 10, 1706.

［172］P. 176. *H.M.C.*, *R.* 8, p. 42, July 3, 1708.

［173］P. 180. *John and Sarah Marlborough*, Stuart Reid, p. 110. 这本书中引用了几处不在考克斯抄本或者大英博物馆收藏的考克斯抄本中的布伦海姆档案。但是本卷中很多引自布伦海姆档案的段落同样可以在考克斯的抄本中找到。

［174］P. 185. *Add. MSS.*（*Coxe*）28070, ff. 2–3b.

第九章

［175］P. 190. *Last Will of the Impostor George Fax*, Francis Bugg, Feb. 1702/3; *H.M.C. Portland* Ⅳ, 188, May 17 and 190, May 31, 1705; *Bod. MSS. Willis*, 54, 56, poll books of Bucks and Sussex, 1713，其中，贵格派的教徒与其他教徒有所不同，因为其下“断言”，而不是像其他投票之人一样发下效忠誓言。在森特利弗（Mrs. Centlivre）所著《格瑟姆选举》（*Gotham Election*）的末尾，辉格党的暴徒抬着一尊教皇像和木鞋四处走动，而托利党的暴徒则抬着“一只桶，里面坐着一个女传道者”。关于安妮女王统治早期针对贵格主义严苛批判的例子，见乔治·基思（George Keith）的小册子。

［176］P. 192. *Memorial of the Church of England*, 1705, p. 15.

［177］P. 193. *Turberville*, p. 45; *H. of L. MSS.*（1702–1704）, pp. 200–

201；*Parl. Hist.*，Ⅵ，p. 1003；*H.L.J.*，Feb. 22，1710–1711.

［178］P. 197. *Add. MSS.*（*H.F.*）29584，pp. 95，109–110.

［179］P. 198. *Shaftesbury's Letters to Molesworth*（1721），p. 44，letter of November 1，1709；on Wharton see also *Burnet*，Ⅴ，p. 116（369），Onslow's note，and p. 328（431），Dartmouth's note.

［180］P. 202. *H.M.C. Downshire*，*I*，Ⅱ，pp. 838–839；Elliot's *Godolphin*，p. 248；*H.M.C. Buccleugh*，Ⅱ（1903），*Shrewsbury's Diary*，pp. 763–768，791–792；*Burnet*，*V*，pp. 437–439 and notes（546）；*Add. MSS.*（*Coxe*）9090 *passim*，关于什鲁斯伯里写给弗农和他从罗马写给戈多尔芬的信件，可参见 ff. 171–172；*Macky's*（？）*Characters*，*Rox.*（1895），pp. 37–39。

［181］P. 203. *H. of C.J.*；*H.M.C.*，*R.* 8，p. 53，on Somerset's advice to Queen Anne；*Add. MSS.*（*L'H.*）17677，xx，ff. 258–259，266；*Burnet*，V. p. 13（315）.

［182］P. 204. *Add. MSS.*（*L'H.*）17677，xx，f. 287；*Tindal*，Ⅲ，p. 544；Barrett's *Bristol*，p. 696；*H.M.C. Bagot*，R. 10. Pt. Ⅳ，p. 337；Strickland's *Queens*，Ⅷ，pp. 145–157.

［183］P. 204. Boyer's *Anne*，p. 14；*Tindal*，Ⅲ，p. 545；*Add. MSS.*（*L'H.*）17677，xx，ff. 292，295，299.

［184］P. 205. *Coxe*，Chap. XⅧ，i，pp. 204–205，June 10，1703.

［185］P. 206. *H.C.J.*；*Add. MSS.*（*L'H.*）17677，xx，ff. 299–300；Boyer's *Anne*，pp. 14–15. 该动议的真实情况是："在女王陛下新募集的军队里，如果不是出生在英格兰、苏格兰或者爱尔兰，或者上述地区的属地的话，或者父母是英格兰人的话，没有人可以成为军官，除非他们之前是按照半薪支付的。"

［186］P. 208. *H. of L. MSS.*，VI（1704–1706），pp. xvii–xviii，note；Leadam，*Pol. Hist.* Ⅸ，p. 35；*H.M.C. Portland*，Ⅳ.，pp. 122，269；*Feiling*，pp. 362，367；*H.M.C. Coke*（1889），p. 15；*E.H.R.* Apr. 1900，p. 243.

［187］P. 208. Lord Weymouth to Nottingham，June 5，1702，*Add. MSS.* 29588，f. 47.

［188］P. 209. *Add. MSS.* 29568，ff. 67，114.

[189] P. 209. *H.M.C. Coke*, p. 13.

[190] P. 209. See *Hervey*, *D.*, 24, 35, 37, for the Corporation of Bury St. Edmunds and Hervey.

[191] P. 210. *Camden Soc.* 1875, *Prideaux's Letters*, p. 200.

[192] P. 210. *English advice to the freeholders of England*, 1714, p. 4.

[193] P. 211. *B.M.Add. MSS.* (*H.F.*) 29579, letter of Sir C. yttelton, July 15, 1702.

[194] P. 211. *H.M.C. Chequers Court* (1900), p. 78; *Add. MSS.* (*Coxe*) 9092, ff. 2–3.

[195] P. 211. *Guise Memoirs* (*R.H.S.*), p. 144; *Burnet*, V, pp. 47–48 and note (335); *H.C.J.* XIV, pp. 5–6, 37–38. 根据1709年的请愿，西蒙·哈考特爵士被免除了在辉格党议会中的职务。

[196] P. 211. *H.M.C. Somerset* (1898), p. 194；关于格罗斯特郡托利派玩的把戏，见 *Guise Memoirs*, *R.H.S.*, pp. 145–146。有关更多竞选方法，见 *B.M. Lansdowne MSS.*, 547, 548, election petitions, Anne。

[197] P. 212. 笛福1708年6月8日的评论。

[198] P. 212. *Defoe*, I, p. 73; *Macky*, I, p. 135, 278–280; *Somers Tracts* (1814), XII, pp. 399–416.

[199] P. 213. Campbell's *Chancellors*, IV, pp. 347–348.

[200] P. 213. *H.M.C. Portland*, IV, p. 291. 这是1706年的情况；在1702—1705年的议会当中，辉格党的人数会变得更少，而托利党的人数将会更多。

[201] P. 213. *B.M. Stowe MSS.*, 354, f. 161b.

[202] P. 214. See p. 39 above, for Bath; Boyer's *Anne*, p. 33; *Queen's Famous Progress* (old tract), 1702; *Add. MSS.* 28095, f. 32; R. Warner's *Bath* (1801), pp. 209, 224.

第十章

[203] P. 215. *Shaftesbury's letters to Molesworth* (ed. 1721), p. xxiii.

[204] P. 216. *Fortescue*，Ⅰ，pp. 554–556；*H. of C.J.*，Jan. 28，1711–12.

[205] P. 217. 在安妮女王统治时期，只有龙骑卫队的三个团和皇家苏格兰团编有多于3个连队。*Fortescue*，Ⅰ，p. 555.

[206] P. 218. *Fortescue*，Ⅰ，pp. 556，567；*H.M.C. Wood*（1913），p. 87；*Aylesbury's Memoirs*，Ⅱ，p. 523；*Mars stript of his armour*，1709，by Ned Ward.

[207] P. 220. *D'Urfey*，Ⅴ，pp. 319–321；*Luttrell's Diary*，May 30 and Nov. 9，1704，for the Ely incident；*Beaux's Stratagem*，Act Ⅲ，sc. 3；Burton，*Reign of Anne*，Ⅰ，pp. 197–205；*Stats. Of Realm*，Vol. Ⅷ；*Memoirs of Peter Drake*（1755）；*H.M.C. Coke*，p. 70；*H.M.C.*，*R.* 8，*Chester MSS.*，p. 394，Jan. 25，1707；*Tindal*，Ⅲ，p. 644；Hamilton，*Quarter Sessions under Anne*，pp. 275–276；*H.M.C. Portland*，Ⅳ，pp. 279，289，295，316，335；*H.M.C. Portland*，Ⅷ，pp. xv–xvi，123–124，223；*Fortescue*，Ⅰ，Chap. Ⅺ *passim*，above all.

[208] P. 221. *Add. MSS.*（*E.*）28948，f. 1，for a Militia summons，*temp.* Queen Anne；Evelyn，*Memoirs for my grandson*，1704（Nonesuch Press，1926），pp. 23–24.

[209] P. 222. Kane，General R.，*Campaigns and Discipline*，*etc.*（1745），p. 110；Firth，*Cromwell's Army*，Chap. V.

[210] P. 223. *Parker*，p. 105.

[211] P. 224. *Fortescue*，Ⅰ，pp. 584–585；*Parker*，p. 139.

[212] P. 226. *Add.MSS.*（*L'H.*）17677，xx，f. 291；*Lamberty*，Ⅱ，p. 495；*Add. MSS.*（*H.F.*）29588，f. 51；*Heinsius MSS.*，Marlborough's letter，Apr. 27，1702.

[213] P. 227. *Fortescue*，Ⅰ，p. 586；马尔伯勒主导下的1708年的海外英国军事法庭记录可见于《军队历史研究协会杂志》（*Journal of the Soc. for Army Historical Research*），Ⅳ（1925），第161—168页中找到。据报告，案例和囚犯的性格都已经受到了足够多的重视。

[214] P. 228. John Deane，*Journal of Campaign in Flanders*，pp. 4–6；*Fortescue*，Ⅰ，pp. 559–562. *H.M.C. Somerset*（1898），p. 114.

[215] P. 229. *P.R.O.*（S.P.）84（*Holland*）224，ff. 200，233；（*Barbary*

States), 71, 27, ff. 139, 175; 90, 2(*Prussia*), Raby, June 9, 1703; (*Spain*) 94, 75, Aglionby *passim*; *H. of C.J.*, XIV, p. 365, and *D.N.B.* for Michelborne; *C.S.P. Tr.*, pp. 140–141 for Browning's widow, and p. x on Debts of Crown generally.

[216] P. 229. *H.M.C. Clements*(1913), pp. xix, 257. 关于戈多尔芬对马尔伯勒率领军队的支持，见*Apology for the Army*, 1715, 其中的第36页，一位军官说道："有关佛兰德斯过去的战争同样受到了戈多尔芬勋爵的大力支持，以至那里的军队几乎没有任何没有被满足的需要，也几乎没有受到任何苦难。"

[217] P. 231. Hamley, *Operations of War*, ed. 1907, pp. 38–39; 与乔治·阿斯顿爵士(Sir George Aston)的对话。关于囚犯的交换见*Lamberty*, *II*, pp. 412–413, and *C.S.P. Dom.*, *passim*。

第十一章

[218] P. 234. *Klopp*, IX, pp. 376–377.

[219] P. 235. 关于路易十四对于北德意志沃尔芬比特尔军队徒劳的希望，见*Add. MSS.* 32306, ff. 51–60。

[220] P. 235. *Add. MSS.*(*H.F.*)29588, ff. 155–158; 34518(Mc.), ff. 142–144; *P.R.O.*(S.P.)80, 18, Stepney from Vienna, June 24, 1702.

[221] P. 238. *Coxe*, XIII, i. p. 147; *Burnet* V, p. 31(326).

[222] P. 238. *Pelet*, I, pp. 24–25; 德普伊塞古先生(Mons. de Puysegur)的信件表明，当法国人于1701年决定前往凯撒斯韦特和波恩的时候，他们很清楚这一点。

[223] P. 240. *Parker*, p. 69; Berwick *Mémoires*(1778), I, pp. 121–122. For this campaign compare *Pelet*, Coxe's *Marlborough*, Marlborough's *Dispatches*, Taylor, *Wars of Marlborough*, and Fortescue, *Br. Army*.

[224] P. 240. *Add. MSS.*(*St.*)7063, ff. 15–16.

[225] P. 242. *Parker*, p. 73; *H.M.C. Coke*(1889), p. 16.

[226] P. 243. *Coxe*, Chap. XIII.

[227] P. 244. 马克斯·伊曼纽尔(Max Emanuel's)关于这一主题的信件，

见*Klopp*，Ⅹ, pp. 127–130。

［228］P. 245. *Pelet* Ⅱ, pp. 368–442；*Colonie*, pp. 95–112；*Add. MSS.*（*St.*）7064, f. 102.

第十二章

［229］P. 246. 见正文第140页，阿格利昂比的信；关于在那不勒斯的法国人，见*Add. MSS.*（*E.*），28910 f. 328, and *P.R.O.*（S.P.）93, 3, Jan. 17 and Aug. 8, 1702；关于在马拉莫科发生的事，见*Mémoires de Forbin* and *Add. MSS.* 16458, f. 40, and *P.R.O.*（S.P.）100, 29, Ap. 23, 1703；关于英格兰有关黎凡特贸易上的绝望，见*P.R.O. Tr.* 3, *France*, 189, f. 535。

［230］P. 247. *P.R.O.*（S.P.）87, 4, f. 194–196, the Dutch Apology, 1712.

［231］P. 249. *Add. MSS.* 28079, ff. 162–165 中可见安妮女王时代的一份提议，要求为被召集来短期服役的1万名海员编制登录册；这一计划从未实现。同可参见伯切特（*Burchett*），前言第10、11页。

［232］P. 253. 本博的消息，军事法庭的报告以及其他相关文件可见*C.S.P. Am.*, 1702, pp. viii–xiii, 673–678, 744, *ditto* 1702–1703, pp. 82–87. See also *State Trials*, ⅩⅣ, pp. 538–546；*Burchett*, pp. 590–598；*Lediard*, *N.H.*, Ⅱ, pp. 741–744；Boyer's *Anne*, pp. 48–51；O. Troude, *Batailles navales de la France*, Ⅰ, pp. 243–245。

不能太过相信坎贝尔（Campbell）的《海军将领传》（*Lives of the Admirals*）中有关本博的个人回忆录，因为它们在很大程度上基于卡尔顿（Calton）的记录，后者曾以欺骗的方式把伪造为迪卡斯（Du Casse）所写的一封信转手给了坎贝尔。*D.N.B.* 中，劳顿（Laughton）有关本博的文章正确地提醒了我们不要相信坎贝尔的记载，但是在讨论本博在牙买加“有些刻薄地”利用了那些绅士舰长的时候，他只引用了坎贝尔的记载为信源，而且基于此，劳顿控诉本博“煽动他们犯罪”。我并不完全否认这一点的可能性，但是我并不认为有任何可以支撑它的证据。在同一篇文章中，劳顿写道，柯比是“名声好、认真履行职责”的军官之一，但是在我看来，柯比自己（见 Kirby, *D.N.B.*）有关他先前在“南安普顿号”（*Southampton*）上行为的记述似乎令劳顿的这一记述也要画上问号。

［233］P. 254. *C.S.P. Am.* 1708–1709, pp. xi, 38–40, 56, 95; *Burchett*, pp. 706–707; *Lediard*, *N.H.*, Ⅱ, pp. 835–838; see also *H. of L. MSS.*(1704–1706), p. viii, and note for the misconduct of the *Elizabeth* in action.

［234］P. 254. *P.R.O. Tr.* 14 *Ven.* 112, f. 21; *Corbett*, Ⅱ, p. 479.

［235］P. 255. *H.C.J.* Ⅺ, p. 578.

［236］P. 256. *Martin*, pp. xxix–xxxii.

［237］P. 256. *Ec.H.R.*, Jan. 1928, pp. 265–267.

［238］P. 256. *C.S.P. Am.* 1702, p. 744; 1708–1709, pp. xi, 202, 270; 1710–1711, pp. xx–xxi, 32; G. N. Clark, *Dutch Alliance*, *etc.*, pp. 48–49.

［239］P. 257. *C.S.P. Am.* 1710–1711, pp. 68, 126.

［240］P. 257. *Ec.H.R.*, Jan. 1928, pp. 262–264; *Hill*, I, p. 252; *Mémoires* of *Forbin* and *Duguay-Trouin*, *passim*; *H. of L. MSS.* 1704–1706, pp. 14–26; 1702–1704, pp. 227–239.

［241］P. 258. *Burchett*, p. 636; *Add. MSS.* 17677 *WWW*, ff. 679–688.

［242］P. 258. *Ec.H.R.*, Jan. 1928, p. 264; Chalmer's *Estimate*(1782), table opposite p. 37, reprinted in *Cunningham*, Ⅱ, p. 932.

［243］P. 258. *H. of L. MSS.* 1702–1704, pp. 67–69, 333, and *ditto* 1706–1708, pp. 263–264; *Burchett*, pp. 631–634; *C.S.P. Am.* 1702–1703, pp. viii, 668; *Defoe*, I, pp. 212, 215, 227; Wyatt Tilby, *British North America*, pp. 265–270; *Leake*, I, pp. 90–104.

［244］P. 260. *Corbett*, Chaps. XXVIII–XXXIII *passim*; Adm. Richmond, *National Policy and Naval Strength*, pp. 36–43; *Enquiry into Naval Miscarriages*, 1707(printed in *Harleian Misc.*, Vol. Ⅺ); Swift, *Conduct of the Allies.* 关于罗切斯特的观点，见他为*Clarendon's History*, ed. 1702撰写的引言；博林布鲁克在他的《历史研究与功用》(*Study and Use of History*)中有后见之明地采取了中间派的观点，赞同马尔伯勒打大陆战争，但是坚称有序地拦截西班牙宝船本可以打败路易十四。有关西班牙美洲的计划，见*Add. MSS.* 28079, ff. 39–50。

［245］P. 261. *Corbett*, Ⅱ, pp. 464–474.

［246］P. 262. *Torrington*, pp. 81–87.

［247］P. 262. *Corbett*, Ⅱ, pp. 467–468; *Add. MSS.*（*Coxe*）28058, f. 31; *P.R.O.*（S.P.）, 94, *75*, Schonenberg's letter, Sept. 21, 1701.

［248］P. 262. *Corbett*, Ⅱ, pp. 470–471; *P.R.O.*（S.P.）104, 202, ff. 183–186, Wratislaw's proposals; *P.R.O.*（S.P.）80, 19, Stepney's letter of Sept. 9, 1702.

［249］P. 263. *Rooke*, p. 243.

［250］P. 263. *Burchett*, p. 622.

［251］P. 265. *Coxe*, Ch. XIII i. p. 148.

［252］P. 266. *C.S.P. Dom.* 1702–1703, pp. 301–303; see *Ec.H.R.*, Jan. 1928, p. 262, on English and Dutch traders at Cadiz.

［253］P. 266. *Rooke*, pp. 212–253; *Ormonde*, pp. 265–266; *Add. MSS.*（*E.*）28926, ff. 151–152b.

［254］P. 267. 关于加的斯战争，见 *Corbett*, Ⅱ, pp. 480–487; *Rooke*, *passim*; *Martin*, pp. 48–56; *Ormonde*, pp. 239–266; *Spain under Charles* Ⅱ, 1840, pp. 162–169（加的斯战争之前斯坦霍普的信件）; *De Jonge*, pp. 211–219; *Dangeau*, *Journal*（ed. 1857）, Ⅸ, pp. 11, 358; *Add. MSS.*（*E.*）28926, ff. 140–152; *H. of L. MSS.* 1702–1704, pp. xxviii, 101–124; *Burchett*, pp. 619–628; *Tindal*, Ⅲ, p. 569; Laughton, *Howard to Nelson*, pp. 127–158. 关于海上的事务，最好不要采纳伯内特的观点；他对于海上的事务没有任何认识，而且对鲁克抱有偏见。

［255］P. 268. *Rooke*, pp. 227–231; *Add. MSS.*（*E.*）28926, ff. 158, 160; *Corbett*, Ⅱ, pp. 487–490; *Lediard*, *N.H.*, Ⅱ, p. 753 note; *Tindal*, Ⅲ, p. 570; *Burchett*, pp. 625–626; *Noailles*, Ⅱ, pp. 321–326; *Add.MSS.*（*L'H.*）17677 *YY*, f. 261; *Add. MSS.*（*H.F.*）29590, ff. 130, 135, 137, 151; *Lamberty*, Ⅱ, pp. 252–253.

［256］P. 272. *Add. MSS.*（*St.*）7068, f. 215; *Add. MSS.* 29588, ff. 330–331.

［257］P. 272. *Add. MSS.*（*H.F.*）29568, f. 101, Verney's letter, Nov. 10, 1702.

［258］P. 272. 关于维哥湾发生的事件见 *Corbett*，Ⅱ，pp. 490–492；*Rooke*，pp. 230–234；*Martin*，pp. 56–59；*Burchett*，pp. 626–628；*Lediard*，*N.H.*，Ⅱ，pp. 754–757；*Tindal*，lII. pp. 570–571；*Torrington*，pp. 91–94；*Add. MSS.*（*E.*）28926，ff. 156–164，official accounts of the action by Ormonde and his secretary and by Hopsonn for Rooke；*H. of L. MSS.* 1702–1704，p. 124；*Lamberty*，Ⅱ，pp. 252–255；*Ormonde*，pp. 273–282；*Add. MSS.* 16459，f. 151，report in Italian by the Spanish Commandant of Vigo；O. Troude，*Batailles navales de la France*，Ⅰ，pp. 241–243；*De Jonge*，pp. 219–231。

第十三章

［259］P. 273. *Add. MSS.*（*L'H.*）17677 YY，f. 270；*H.M.C. Beaufort*，p. 95；*Luttrell's Diary*，V，p. 235.

［260］P. 275. *Fortescue*，Ⅰ，pp. 408–409，很好地总结了拉尼拉的案例。关于这些案例中的文献，见 *Parl. Hist.* and *H. of L. MSS.* 1702–1704。

［261］P. 277. *Hervey*，*L.B.* I，pp. 179–181；*Conduct*，p. 127；*Burnet*，*V*，p. 66（344–345）；*Add. MSS.*（*Coxe*）9121，f. 12，其中，萨拉表示，赫维勋爵是她“唯一关心的贵族”，即设法让他升职。她说，她为他向女王请求贵族头衔，因为她曾向托马斯·费尔顿（Sir Thomas Felton）保证，女王一登基，她就这么做。

［262］P. 280. 按照上议院的命令，会议记录小册子于1702年2月24日被印刷出来；*Burnet*，V，pp. 49–54（336–338）；在说提出法案是为了让其实施的范围扩大到被《宣誓法》影响的个人范围之外这一点上，他是错了，正如法案的内容所显示的那样；*Feiling*，pp. 368–369；*Turberville*，pp. 51–54；*Calamy*，Ⅰ，pp. 465–474；*Abbey*，Ⅰ，pp. 17–23。

关于这一主题的材料数量很多。关于温和托利党人对法案支持的一个很好的案例，见1702年《被公平陈述的案例》（*The Case fairly stated*），而1703年的《节制是美德》（*Moderation a Virtue*）将偶尔尊奉国教的实践合法化了。博林布鲁克在他的《写给威廉·温德姆爵士的信》（*Letter to Sir William Windham*）的早期版本中，直白地承认了法案的政治和选举目标。

[263] P. 283. *H.M.C. Portland*, Ⅳ, p. 61; *Add. MSS.* (*H.F.*) 29589, f. 400; *E.H.R.*, Apr. 1900, pp. 238–241; Essay on Defoe by John Forster; *Augustan*, pp. 157–170.

[264] P. 287. T. Lathbury, *History of Convocation* (1853); Canon Beeching, *Atterbury* (1909), Chaps. Ⅲ, Ⅳ; *Burnet*, *sub. loc.*; *Add. MSS.* (*H.F.*) 29584, f. 101, for Nottingham's attempted mediation; *Sykes' Gibson*, Chap. Ⅱ; *Abbey*, I, pp. 13–14; *Wilson*, pp. 58–66. 关于这一问题所有方面的小册子的数量都非常大。

[265] P. 288. *Add. MSS.* (*H.F.*) 29589, f. 107; 28895, f. 316; *Salomon*, p. 352.

[266] P. 289. *H.M.C. Portland*, Ⅳ, p. 75. 1713年，博林布鲁克写信给牛津伯爵："让内阁经常讨论这些事务，而把它的秘密留在你自己的衣柜里。" *H.M.C. Portland*, Ⅴ, p. 311.

第十四章

[267] P. 292. *Dowell*, Ⅱ, pp. 71, 402–403.

[268] P. 293. Acts *Annae Reginae* for each year, for text of the Property (or Land) Tax Acts. *Dowell*, *II*, pp. 50–53, 70–84; T. Cunningham, *History of Taxes* (1778), pp. 98–108; *Davenant*, Ⅰ, pp. 1–81, *Ways and Means*: on p. 60 达文南特说道："可能只有消费税才是真正且平等地对各类型的财富征收的税费。"

[269] P. 295. 关于1701—1714年的谷物价格，见上文注释21。*H.M.C. Coke*, pp. 38, 52, 67; *H.M.C. Portland*, Ⅳ, pp. 58, 110, 113; *Hervey*, *L.B.*, Ⅰ, pp. 195, 345; *Aylesbury* (*Rox.*) Ⅱ, p. 647; *Add. MSS.* (*H.F.*) 29576, f. 111, Nov. 12, 1702, C. Hatton to Visc. Hatton.

[270] P. 298. G. N. 克拉克（G. N. Clark）是这一主题的权威，参见他在 *Ec.H.R.*, Jan. 1928, and in *Br. Year Book of Internat. Law*, 1928中的文章，该文章由牛津大学出版社重印。关于英格兰–爱尔兰与法国的贸易，见 *H. of L. MSS.* 1704–1706, p. 111, and *C.S.P. Dom.* 1703–1704, p. 561；关于西班牙美洲贸易见 *ditto*, p. 200, and *C.S.P. Am.* 1708–I709, pp. xiii, xxxvi, 56, 62,

69, 428, and *Add. MSS.* 17677 *WWW*, ff. 486–488。关于荷兰与法国的贸易以及英格兰人对此的抱怨，见*H.C.J.*，XIV，p. 105；*Add. MSS.* 17677 *YY*, f. 34；*Add. MSS.*（*H.F.*）29568, f. 111 and 29588, f. 330；*P.R.O.*（S.P.）*Holland*, 84, 227, ff. 11–12；224, ff. 139, 298, 368；226, ff. 156–160, 421–424. 1703年4月的《三国条约》见*P.R.O.*（S.P.）108, 340。

［271］P. 300. *P.R.O.*（S.P.）89, 18（*Portugal*），ff. 66, 72, 210；*Add. MSS.*（*St.*）7058, ff. 211–212, 359.

［272］P. 301. *The British Merchant*（ed. 1721），Ⅲ，pp. 81–92；*Letter to a West Country Clothier*（1713），pp. 9–10；*Dowell*, *II*, pp. 72, 283, Ⅳ，p. 168；*Cunningham*, pp. 459–463；W. J. Ashley, *Surveys*（1900），pp. 268–303, *Tory Free Trade.*

［273］P. 303. *Corbett*, *passim*, on value of Lisbon harbour. For the treaty, see *H.C.J.*, XIV, pp. 224–226；*C.S.P. Dom.*, 1702–1703, pp. 246, 670–671, 697–699；*Add. MSS.*（*St.*）7058, ff. 20, 207, 211–212, 359；*Add. MSS.*（*H.F.*）29595, f. 242；*P.R.O.*（S.P.）104, 204, f. 111；*P.R.O.*（S.P.）87, 4, ff. 204–205.

［274］P. 304. For Hungary, see *P.R.O.*（S.P.）104, 202, ff. 134, 258, 260；*Add. MSS.*（*St.*）7058, ff. 99, 339, 341；（*H.F.*）29593, March 16, 1704；*Legrelle*, Ⅳ，pp. 305–334. 对于任何研究大英博物馆里斯特普尼档案、考克斯抄本和哈顿·芬奇档案的人来说，诺丁汉的外交活动都是很明显的。在整个1703年，我们都可以看到他在葡萄牙、萨伏依、巴伐利亚和匈牙利事务上明显与戈多尔芬合作得很愉快。他似乎受到我们在外使节的信任和爱戴，例如*Hill*, *I*, p. 381。关于他在尼德兰战争中对西班牙的偏爱，见附录A中1703年5月29日马尔伯勒写给海因修斯的信。

［275］P. 307. *Corbett*, Ⅱ，pp. 501–513；*Leake*, Ⅰ，pp. 118–126；*Coxe*, Chap. XIX, pp. 212–214（关于希尔在1703年8月来到都灵这一点上，考克斯是弄错了；直到12月，他还被留在海牙）。*Hill*, Ⅰ，pp. 357, 378 and *passim*；*St. Simon*（ed. 1884），Ⅲ，pp. 6–7, 19, 458, Ⅳ，pp. 8–10；*Tessé*, *Lettres*（1888），pp. xi–xii；*Add. MSS.*（*H.F.*）29595, f. 230；29588, ff. 424–427；（*St.*）7058, ff. 231, 351；7073, f. 164. Carutti, *Storia di Vitt. Am.* Ⅱ，pp. 214–247.

［276］P. 307. *Lamberty*，Ⅱ，pp. 574–575；*Corbett*，Ⅱ，pp. 499–502，507，510；*C.S.P. Dom.* 1702–3，p. 698；Lavisse，*France*，Ⅷ，pp. 378–383；Legrelle，*Revolte des Camisards*；*Hill*，*passim*；Kemble，*State Papers*，pp. 384–432；*Quarterly Rev.*，Apr. 1928；*Add. MSS.*（*H.F.*）29587，f. 91；29588，f. 399.

［277］P. 309. *Lediard*，*N.H.*，Ⅱ，pp. 779–780 note；P. Chamberlen，*Queen Anne*，1738，pp. 126–127；*Martin*，pp. 72–73；*Leake*，Ⅰ，pp. 126–130；*Defoe*，Ⅰ，pp. 121–122，228；*Burnet*，V，pp. 81–82（353）；*P.R.O.*（S.P.）84（*Holland*），226，f. 156；Dangeau，*Journal*，Dec. 29–30；Burton，*Queen Anne*，Ⅰ，pp. 104–105.

［278］P. 311. *H.M.C. Rutland*，Ⅱ（1889）p. 177；W. Richards，*Hist. of Lynn*（1812），pp. 874–875；Bowles' *Ken*，Ⅱ，pp. 240–243；Defoe，*The Storm*（ed. 1704），pp. 82，141，175–177；Barrett's *Bristol*，p. 696；Evelyn，*Diary*，Nov. 26–27，and *Sylva*（ed. 1786），Ⅱ，p. 329；Secretan's *Nelson*，p. 107；Chamberlen，*Queen Anne*，p. 127；Strickland，*Queens of England*，Ⅷ，p. 188.

第十五章

［279］P. 314. *Coxe*，Chap. XV；Coxe's *Memoirs of Lord Walpole*（1802），p. 4.

［280］P. 316. *Fortescue*，*Coxe*，*Taylor*，*Atkinson*，*Dispatches sub. Loc. H.M.C. Chequers Court*，pp. 119–121；*Parker*，pp. 76–79；*Pelet*，Ⅲ，pp. 1–146. 关于8月24日，见 *Dispatches*，Ⅰ，pp. 165–168，173，关于卡多根信中有关该事件的看法，见*Add. MSS.* 29547，f. 41，and 22196，ff. 3–4。马斯特里赫特事务和埃克论战役的地图见*Tindal*，Ⅲ，pp. 620–621。马尔伯勒写给海因修斯的信，见附录A。关于通厄伦的行动，见《在荷兰的苏格兰人团》（*Scots Brigade in Holland*），第Ⅲ卷（1901年苏格兰历史协会），第333–339页，见其中著名的诗歌《纪念》（*The Remembrance*）。

［281］P. 317. *Heinsius MSS.*，Marlborough's letters of June–Sept. 1703，see Appendix A，above. *Dispatches*，I，p. 157.

［282］P. 317. Villars，*Mémoires*，*sub. ann.* 1703. For the courtiers' dislike of Villars，see his own *Mémoires* and the prejudices of *St. Simon*，e.g. vol. Ⅲ，

Chap. XⅫ.

[283] P. 318. *Stowe MSS.*, B.M., 222, f. 216.

[284] P. 318. *Add. MSS.* (*St.*) 7064, ff. 96–102, 129–132, 137; *P.R.O.* (S.P.) 81, 168 ff. 18, 193–196, 285, 425–426; *Add. MSS.* 16459, f. 105.

[285] P. 318. *Colonie*, pp. 107, 112, 173–174; *Add. MSS.* (*St.*) 7064, f. 132.; Villars, *Mémoires* for 1703.

[286] P. 319. *Pelet*, ll, p. 429; Villars, *Mémoires* for 1703.

[287] P. 320. *Pelet*, Ill, pp. 624–625，维拉尔6月17日给国王的信，证明了他后来在《回忆录》(*Mémoires*) 中的陈述，并驳斥了圣西蒙关于这个问题的谣传。

[288] P. 321. *Pelet*, Ill, pp. 234–264, 642–656, 828–832; Pelet's *Atlas*; 此卷写出了每支军队每日的行动。Villars, *Mémoires* for 1704; *Colonie*, pp. 140–149.

[289] P. 321. *P.R.O.* (*Hanover*), S.P. 81, 160. Poley's letter of Dec. 17–28, 1703.

第十六章

[290] P. 329. *Swifts Correspondence* (Elrington Ball), Ⅰ, pp. 38, 44, Dec. 16, 1703, and Feb. 3, 1703–4 to Tisdall.

[291] P. 330. *Add. MSS.* (*H.F.*) 29589, f. 121; *Coxe*, Chap. XVIII–XIX, i, pp. 203–207, 216–220; *Add. MSS.* (*St.*) 7063, f. 38; *Heinsius MSS.*, Marlborough's letter of May 29, 1703, on Nottingham, see Appendix A, above.

[292] P. 331. *Add.MSS.* (*H.F.*) 29568, f. 151; *H.L.J.*, Vol. XⅥ, pp. 331, 348; *Coxe*, Chap. XlX; p. 220; *Burnet*, Ⅴ, pp. 104–106 (363); *Davenant*, Ⅳ, pp. 274–439, Ⅴ, 1–69, especially Ⅳ, p. 415; *The True Tom* Double, 1704 (High Tory answer to Davenant); *Poems on Affairs of State* (ed. 1707), Ⅳ, pp. 121–122; *Turberville*, pp. 55–56; *Tindal*, Ⅲ, p. 628; R. S. Forsythe, *A Noble Rake* on Mohun's career.

［293］P. 332. *Coxe*, Chap. XX, i. pp. 227–229; *Feiling*, p. 373; *Burnet*, V, pp. 117–120（369–371）.

［294］P. 333. *Klopp*, XI, pp. 92–97; *Feldzüge*, pp. 50–54; *Add. MSS.*（*Coxe*）9114（*Hart's Journal*）, pp. 6–12; *Coxe*, Chap. XX, i, pp. 224–226.［我认为考克斯对马尔伯勒认为摩泽尔计划是盲目的看法是错误的。海尔的日记写于马尔伯勒获准离开之后，与克洛普（Klopp）基于弗罗茨瓦夫通信而形成的看法相反。］

［295］P. 334. *Klopp*, XI, pp. 97–110; *Feldzüge*, pp. 54–58.

［296］P. 335. *Klopp*, XI, pp. 99–104; *Heinsius MSS.*, see Marlborough's letter of March 24, 1704, Appendix A, above; *Lediard*, *Marl.* I, pp. 285–287, 给出了弗罗茨瓦夫的备忘录和女王的答复，尽管其他方面的信息是错误的。

［297］P. 337. *H.M.C. Bagot*（R. 10, Pt. IV）, p. 337; *Noorden*, I, pp. 509–510.

［298］P. 339. *E.H.R.*, Apr. 1900 and Jan. 1907; *H.M.C. Portland*, IV, pp. 221–222, 269–272 and *passim*; *Augustan*, pp. 157–170; The *Review* and *The Rehearsal* and the *Observator.*

［299］P. 340. *Feiling*, pp. 383–388; *Noorden*, I, p. 507; Bolingbroke, *On the Study and Use of History.*

第十七章

［300］P. 343. *Heinius MSS.*, Marlborough's letter of May 24, 1703, see Appendix A, above; Heinsius' letter to Portland, Nov. 1703, printed on p. 435 of Pt. II（1928）, Japikse's *Correspondentie van William III en van Bentinck*（Nijhoff）.

［301］P. 347. *Coxe*, Chap. XXI; *Klopp*, XI, p. 109.

［302］P. 347. *Add. MSS.* 9114, ff. 28, 34–35; *Select Docs.*, p. 97; *Heinsius MSS.*, Marlborough's letter of June 2, 1704.

［303］P. 348. *Dispatches*, I, pp. 259, 279, 297; *Add. MSS.* 9114, f. 32*b*; *Heinsius MSS.*, Marlborough's letters of May 21, 25, 30, 1704, see Appendix A, ahove; *Lediard*, *Marl.*, I, p. 303.

[304] P. 350. *Pelet*, Ⅳ, pp. 440–445, 465–505; *Add. MSS.* 9114, ff. 24–25, 28*b*, 31*b*; *Add. MSS.*(*St.*)7063, f. 50; *Dispatches*, Ⅰ, pp. 274–279, 286–287; *Select Docs.*, pp. 97, 100; *Colonie*, pp. 166–171.

[305] P. 351. *Select Docs.*, pp. 98–101, 112–113, 142; *Coxe*, Chap. XXI, i, pp. 242–245; *Millner*, p. 83; *H.M.C. Coke*, p. 36.

[306] P. 352. *Add. MSS.* 9094, f. 5; *Select Docs.*, pp. 101, 160.

[307] P. 353. *Select Docs.*, pp. 101, 160.

[308] P. 353. *Add. MSS.* 9114, f. 38*b*.

[309] P. 354. *Select Docs.*, p. 102; *Coxe*, Chap. X Ⅻ, i, p. 256; *Add. MSS.*, 9114, ff. 40–41; *Lediard*, *Marl.*, I, pp. 315–316.

[310] P. 354. *Lediard*, *Marl.*, *I*, p. 319; *H.M.C. Downshire*, Ⅰ, Pt. ii(1924), p. 831; *Burnet*, Ⅴ, p. 150 note; *H.M.C. Coke*, pp. 37–38.

[311] P. 355. *Colonie*, pp. 164–165, 173–174; *Mérode-Westerloo*, *Mémoires*(1840), p. 287.

[312] P. 356. *Add. MSS.* 9114, f. 37*b.*, 41–42; *Heinsius MSS.*, Marlborough's letters of June 11, 15, 19, 25.

[313] P. 364. 英格兰一方有关施伦贝格战役最权威的著作是海尔的描述，他是在马尔伯勒的眼皮底下写的。(*Add. MSS.* 9114, ff. 43–55)，其中大部分在 *Dispatches*(*q.v.* also for the Duke's own letters on the action）中重印。关于巴伐利亚一方，德阿尔科（D'Arco）的解释(reprinted in *Journal of the* Campaign *in Germany*, 1704, pp. 23–25）也有价值，但低估了防守力量的总数和溃败的灾难。在这些和其他问题上，法国－巴伐利亚一方的最好著作是德拉科隆尼的著作，其在那次行动中起主导作用，还有 *Mémoires du Marquis de Maffei*, 1741, pp. 29–46. 同可参见 *Millner*, pp. 94–100; *H.M.C. Rutland*, p. 181; 关于塔拉尔的信，见 *Pelet*, Ⅳ, pp. 531–532; *Mémoires de Feuquiére*, 1741, Ⅳ, pp. 80–82; *Heinsius MSS.*, Marlborough's letters of July 3 and 4。应该仔细研究考克斯、弗兰克·泰勒和福蒂斯丘的杰出的作品。关于皇家苏格兰灰色龙骑兵团及其马，见 R. Cannon's *Historical Record* of the regiment,

1837, pp. 37–43。多瑙沃思（Donauwörth）博物馆存放了许多关于这场战争的当代印刷品，尤其是描绘逃跑和追击的。

［314］P. 366. *Coxe*, Chaps. XXIII–V, XXX, i, pp. 268–271, 341（p. 268, 第22行, *home* 应当是*Rome*之误）; *H.M.C. Shrewsbury*（1903）, Ⅱ, p. 782; *Hervey*, *L. B.*, I, pp. 206–209; 关于施伦贝格消息在葡萄牙产生的效果，见原文第404—405页; *Add. MSS.* 34518, f. 52*b.*, Marlborough to Duchess, July 30, 1704, on *Observator*, *passim*, especially July 1–5, Aug. 12–16, 16–19。

［315］P. 366. *Coxe*, Chaps. XXIII–XXIV, i, pp. 268, 273–274.

［316］P. 367. *Coxe*, Ⅰ, pp. 272–273; *Add. MSS.* 9114, f. 65.

［317］P. 367. *Coxe*, Ⅰ, pp. 275–276; *Colonie*, pp. 198–203; *Dispatches*, Ⅰ, pp. 380–381; *Cambridge Univ. Lib. MSS.*, 7月19日山姆·诺伊斯（Sam Noyes）从弗里德贝格（Friedberg）发出的信中说“很难从德意志人手中获得弹药，他们的炮手也没什么技术”，这就是围攻赖恩所面临的困难。

［318］P. 369. 马尔伯勒在7月16日写的信，见*Heinsius MSS.*; *Dispatches*, *I*, pp. 352 note, 358, 378–379; *Add. MSS.* 34518, f. 52*b*, 其中马尔伯勒写给公爵夫人信的版本比起*Coxe*, Ⅰ, pp. 277–278更为完整; *Add. MSS.* 9114, ff. 65–66; *Colonie*, p. 207. 同可参见对烧毁巴伐利亚的防卫，见弗兰克·泰勒的《马尔伯勒》（*Marlborough*）。

［319］P. 370. *Colonie*, pp. 209–224; *Pelet*, Ⅳ, pp. 563–564, printed in *Select Docs.*, p. 119.

［320］P. 370. *Mérode–Westerloo*, *Mémoires*, 1840, Ⅰ, p. 287.

［321］P. 371. *Heinsius MSS.*, Marlborough's letter of July 31; *H.M.C. Bath*, Ⅲ（*Prior Papers*）, 1908, p. 433.

［322］P. 373. *Coxe*, Chap. XXV; *Dispatches*, Ⅰ, pp. 384–389, 394–395; *Add. MSS.*, 9114, ff. 73–83; *Heinsius MSS.*, Marlborough's letters of August; 达文南特8月17日从法兰克福写的信，见*P.R.O.*（S.P.）81, 88, 信中对布伦海姆战役之前维勒鲁瓦对南德意志的危险做出了警告; 关于布伦海姆战役之前意大利的绝境，见*Add. MSS.* 28056, ff. 114–116; *Mémoires de Feuquiére*, 1741, Ⅲ, pp. 268–270, 关于如果避免战争，盟军就不能留在巴伐利亚。布伦海姆

之前一周欧根亲王的行动与意见，见*Feldzüge*, pp. 465–477。

第十八章

[323] P. 395. 除了福蒂斯丘（*Fortescue*），阿特金森（*Atkinson*）和泰勒（*Taylor*）书中的指示，对战争的个人考察，在多瑙沃思和霍赫施塔特城堡当地博物馆中的印刷品和遗物，我对布伦海姆的描述是由以下权威资料组成的，其中一些资料见我重印的《文献选集》(*Selected Docs*)：

法国军队：塔拉尔和其他法国军官的信件可见 *Pelet*, Ⅳ, pp. 566–588, 917–918；马尔桑和其他法国军官的信件可见*Lediard*, *Marl.*, Ⅰ, pp. 409–410, 424–437; *Mérode–Westerloo*, *Mémoires*, 1840, Ⅰ, pp. 298–319; *de Feuquière*, *Mémoires*, 1741, Ⅲ, pp. 266–287; *Maffei*, *Marquis de*, *Mémoires*, 1741, pp. 46–58; *Dangeau*, *Journal*, Aug. 29, 1704。（参见我在《文献选集》第118—133页对*Pelet*的重印。）

欧根军队：*Feldzüge*, pp. 478–531, 859–863; *Add. MSS.* 16466, ff. 223–240，由欧根军队的一位军官用意大利语所写。

马尔伯勒的军队与战争的整体情况：*Coxe*, Chap. XXVI; *Add. MSS.* 9114, ff. 82–83, 89*b* top, 103*b*–106*b*，因为海尔的日记中有一些部分不见于*Dispatches*; *Dispatches*, I, pp. 390–409; *Add. MSS.*(*E.*)28918, ff. 287–288，卡多内尔的叙述（见《文献选集》第107–111页）；*Parker*, pp. 87–95; *Millner*, pp. 113–129; *Lediard*, *Marl.*, Ⅰ, pp. 362–437；关于为荷兰议会服务的官员的信件，见*Add. MSS.* 16466, ff. 215, 219–222; *H.M.C. Coke*, p. 40; *Pelet*, *IV*, pp. 598–601, allied narratives; *Tindal*, Ⅲ, pp. 656–661; Boyer, *Queen Anne*, 1735, pp. 149–153。

专门写夺取布伦海姆的资料：奥克尼和阿伯克龙比的信，见 *E.H.R.*, Apr. 1904; *Select Docs.*, pp. 109–110；另一封奥克尼的信，见*H.M.C. Athole* (1891), p. 62; *Description of all the Seats of War*, 1707, pp. 188–190，这是一份明显基于奥克尼或者阿伯克龙比的信息的叙述；关于宫廷里对于当翁维尔和布兰萨克行为的议论，见*St. Simon*, Ⅳ, pp. 125–130; *Ailesbury*, *Mem.* (*Rox.*), Ⅱ, p. 571 bottom。

对于我们向在布伦海姆作战的外国军队提供的补贴，见*Add. MSS.* 17711, ff. 7–8。

［324］P. 396. 关于达文南特8月6日—17日的信，见*P.R.O.*（S.P.）81, 88 and *Add. MSS.*（*St.*）7066, f. 15。在一封信中，他说帕科“昨天”通过了法兰克福；在另一份信中则说“前天”。我认为较早的日期是正确的，因为斯坦霍普8月6日—17日经过荷兰时曾提及过他。关于斯坦霍普的信，见*Add. MSS.*（*St.*）, 7069, f. 170 and 172, and *P.R.O.*（S.P.）84, 227, f. 27。

［325］P. 397. *H.M.C. Coke*, p. 39; Aug. 16, 1704; *L'Hermitage*, *Add. MSS.*, 17677 *ZZ*, f. 380; *Observator*, Aug. 16, 1704; *Luttrell's Diary*, Aug. 10; *Coxe*, Chap. XXVI and XXX; *P.R.O. Ven. Transcripts*, 46, Mocenigo's letter from Windsor, Aug. 11–22, 1704; *C.S.P. Am.* 1708–1709, p. 382.

［326］P. 398. Hare's Journal, *Add. MSS.* 9114, ff. 104–107, 110; *Add. MSS.* 16466, ff. 242–243, French officers' letters; *Coxe*, Chap. XXVII, i, p. 313; Ap. A, below, Marl.'s letter to Heinsius of Aug. 17; *H.M.C. Coke*, p. 42; *Add. MSS.*（*St.*）7558, f. 26; *Hervey*, *L. B.*, I, pp. 211–212; *P.R.O.*（S.P.）105, 73, f. 117.

［327］P. 399. *Count Tallard's exile in Nottingham*, A. Stapleton; *Add. MSS.*（*L'H.*）17677 *AAA*, f. 20.

［328］P. 399. Lists of casualties in *P.R.O.*（S.P.）87, 2; *Feldzüge*, pp. 522, 863; *Millner*, p. 128.

［329］P. 400. *Mérode-Westerloo*, *Mémoires*, Ⅰ, p. 325; *H.M.C. Coke*, p. 42, Ap. A, below, Marl's letter of Aug. 28; *Add. MSS.* 16466, ff. 242–243, 287; *MSS.*, 9114, f. 110; *Millner*, pp. 124–127, 136; *Feldzüge*, pp. 868–876, 902–905; *Maffei*, *Mémoires*, pp. 95–101.

［330］P. 401. *Add. MSS.*（*St.*）7069, Stanhope to Stepney, Aug. 29, 1704; 7058, ff. 28, 35, 99, 360*b*, and 7059, f. 31; *Add. MSS.*（*Coxe*）28056, ff. 152.

第十九章

［331］P. 402. *Add. MSS.*（*St.*）7067, f. 15（斯坦霍普写给斯特普尼）.

［332］P. 402. *H.M.C. Rutland*，Ⅱ（1889），pp. 178–179；*H.M.C. Lonsdale*，p. 117；*Burchett*，pp. 662–666.

［333］P. 403. Berwick's *Mémoires*（ed. 1778），Ⅰ，pp. 162–164；Stowe *MSS.*（*B.M.*），468，ff. 73–75关于奥尔西尼王妃事件，已经有大量文献，最近又出版了两部，作者分别是泰朗蒂埃夫人（Madame Taillandier）和莫德·克鲁特维尔小姐（Miss Maud Cruttwell）。

［334］P. 405. *Stowe MSS.*（*B.M.*），468，f. 73–75（Richards' letters）；Burton，*Reign of Queen Anne*，Ⅱ，pp. 73–74，88–100（Methuen's letters）；Berwick's *Mémoires*，Ⅰ，pp. 162–164；*H.M.C. Chequers Court*（1900），p. 181；*Galway's Conduct in Spain*，1711，pp. 1–3；*Fortescue*，Ⅰ，pp. 447–448.

［335］P. 406. *Corbett*，Ⅱ，pp. 503–506；*Hill*，Ⅰ，pp. 345–355；*Leake*，Ⅰ，pp. 139–150；*Burchett*，pp. 666–676；*H. of L. MSS.*（1704–1706），pp. viii–x，150–153；*Add. MSS.*（*H.F.*）29589，f. 408；*De Jonge*，pp. 293–294.

［336］P. 413. The Spanish Governor's report is printed in C. F. Duro，*Armada Español*，Ⅵ，p. 63；Monti，*Historia de Gibraltar*，pp. 85–87；Lopez de Ayala，*Hist. de Gibraltar*；*Noailles*，Ⅲ，pp. 225–226；*Corbett*，Ⅱ，pp. 517–523；*Burchett*，pp. 677–678；*Leake*，Ⅰ，pp. 152–156；*Camden Misc.* Ⅷ（1883），*Haddock Corr.*，pp. 46–48；*Torrington*，pp. 136–146，185–195；*H. of L. MSS.*，1704–1706，pp. 167–171；*Lediard*，*N.H.*，Ⅱ，p. 789；*De Jonge*，pp. 296–301.

西班牙人估计射向镇里及其防线的炮弹共有30000发，这可能不超过实际情况的两倍。*Lediard*，*N.H.*，Ⅱ，p. 789，说："5或6小时内射发了15000发炮弹。"如果22艘船的500门大炮对准直布罗陀作战，那就意味着平均每门炮射击30次，这对于6个小时来说并不是一个夸大的估计。我们知道舰队离开英格兰时平均每门炮可以射发40次，轰击直布罗陀后平均剩余25发。见*Journal United Service Inst.*，Feb.–Nov. 1923，p. 373。在巴塞罗那并没有使用多少，因此，作为整个舰队的一部分的宾的中队，在直布罗陀肯定使用了大量的火力。因此，我认为莱迪亚德（Lediard）估计的15000发可能是正确的，而这个估计数还参见*Torrington*，p. 145，的"1400 发"我认为这里应该是误写，实际应该是14000。

[337] P. 414. *P.R.O.* (*Port.*) S.P. 89, 18, f. 144; *Add. MSS.* (*St.*) 7058, f. 360; *H.M.C. Bath* (1904), I, p. 80; *H.M.C. R.*, 9, p. 467, Oct. 23, 1705.

[338] P. 415. *Add. MSS.* (*St.*) 7058, f. 360; Addison, *Present State of the War* (*Works*, ed. 1736, Ⅲ, p. 245); *H.M.C. Coke*, p. 42; *H.M.C. Dartmouth*, p. 297; *P.R.O.* (S.P.) *Barbary States*, 71, *passim.*

[339] P. 418. L. G. Carr Laughton's article on Malaga in *Journal of United Service Inst.*, Feb.–Nov. 1923, pp. 367–390; *Corbett*, Ⅱ, pp. 524–535; *Torrington*, pp. 146–164; *Burchett*, pp. 678–680; *Leake*, I, pp. 156–184; *Martin*, pp. 76–80; *Tindal*, Ⅲ, 665–666 note (Shovell's Letter); *London Gazette*, Sept. 18, 1704; for Toulouse's account of the action see *H.M.C. Portland*, Ⅷ, pp. 143–147; Mommerqué's *Mémoires du Marquis de Villette*, 1844, pp. 154–158, 349–353; O. Troude, *Batailles navales de la France*, I, pp. 249–255; *De Jonge*, pp. 304–325; *St. Simon*, Ⅳ, chap. Ⅷ, for the story told at Versailles.

[340] P. 419. *H.M.C. Coke*, p. 41; *H.M.C. Portland*, Ⅳ, pp. 110, 113; *Ward's Poems* (ed. 1706), pp. 244–245.

[341] P. 420. *Conduct*, p. 146; *H.M.C. Portland*, Ⅳ, p. 137.

[342] P. 420. *Carstares' Letters*, 1774, p. 730; *H.C.J.*, Oct. 25, 1704; *H.C.L.*, *ditto*; Leadam, *Pol. Hist. England*, vol. ix, p. 65；辉格党人谈论马拉加的诗，见*Add. MSS.* 22267, f. 123；关于这场争吵的历史后续，参见伯内特对直布罗陀的价值与鲁克在此事上的功绩的荒谬贬低，他还十分可笑地赞誉了拉尔夫夺取直布罗陀的壮举。(*Burnet*, Ⅴ, pp. 153–155 and note); *H.M.C. Bath*, Ⅱ (1907), p. 178; *Poems on State Affairs*, 1707, Ⅲ, pp. 127–128.

[343] P. 421. *P.R.O. Ven. Transcripts*, 112, ff. 14–15.

[344] P. 422. *Strype's Stow's London* (1720), Bk. Ⅲ, pp. 172; Bk. Ⅵ, p. 49; *Poems on Affairs of State*, 1707, iv, pp. 113–114; *Add. MSS.* (*L'H.*) 17677 *AAA*, f. 40.

[345] P. 423. *H.M.C. Bath*, Ⅰ (1904), pp. 62–63; *Coxe*, Chap. XXX, i,
425 p. 343.

附　录

附录A　马尔伯勒写给海因修斯的信

我不认为有任何一位英格兰历史学家或传记作家使用过马尔伯勒在1701—1705年写给海因修斯的信件，其中最原始的档案都存放在海牙的档案馆，尽管努尔登（Noorden）查阅过它们。英格兰史学界只对后期的信件有所认识，因为弗利德（Vreede）在1850年出版了1706年以后的信件。在战争的早期和决定战争胜负的关键几年里，马尔伯勒和海因修斯的良好关系是整个联盟的基石，我想如果我节选马尔伯勒公爵在他们通信中的一些片段并首次出版出来，会很有趣。前四个片段节选自威廉统治时期马尔伯勒所写的信件。我在这篇附录中保留了马尔伯勒公爵的原始拼写，尽管在书中我并没有保留它们。

1701年12月5日—16日。我们没有谈及任何选举以外的事情，我向上帝祈求能有这样的谈话，因为这将对攻击法国起到极大的作用。

1701—1702年1月6日—17日。今天，（大同盟）条约将被呈交到下议院里，我希望他们能够对此加以考虑，这样我们就知道可以依靠什么了；而且，我有充分的理由认为，一切进展都会很顺利。

1701—1702年1月9日—20日。我非常高兴地告知您，好消息是，下议院今天已经同意向海外派遣40000名英格兰士兵了。这一提议得到了一致同意。从中您可以满意地看到，英格兰的绅士们全力支持荷兰的利益。我衷心地希望它能长期存在，如果可能的话，我请求你们注意，你们的新闻不要有党派之分。（即荷兰的报纸不应该把辉格党吹捧得比托利党还厉害，从而疏远了“英格兰绅士”里最重要的一群人，他们中的一些人在得知他们“完全是为了荷兰的利益”时，会感到惊讶。）

1701—1702年1月13日—24日。议会已经决定了士兵的人数，但是陛下（威廉三世）希望您能给我送来一份适当的草案，以便在会议上解决兵力分配问题（每个盟国同意提供的军队数量）。如果您能让我知道您对议会要求在与皇帝和各省的条约中加入条款的想法，我将不胜感激；……我们希望您能在陛下对所谓的威尔士亲王感到满意之前，不要媾和。

426 1701—1702年3月8—19日。（就在这一天，威廉三世去世了。）我收到了你昨天寄来的三封信，但我们承受的巨大损失令我这一次无法给你任何答复。女王陛下命令我向你保证，她的决心没有动摇，将会继续为荷兰的利益和共同事业而努力。她非常希望你能将这一保证告知各省。我很着急，请你原谅我不能再说更多。但请相信，我的心现在和将来都与你同在。斯坦霍普先生将交给你两院的决议和女王向议会发表的演讲。

下一封信显示，马尔伯勒努力平息荷兰人对这么多托利党人取代辉格党人的焦虑。在英格兰新君主统治时期，有如此之多的托利党人代替辉格党人担任大臣和治安法官，荷兰人对此感到焦虑，因为托利党人在国外被认为更反感荷兰人，而且更不关心“共同事业”。“至少会有六个辉格党人顶替另一个党派的一个人”的说法是完全失真的，除非我们认为，马尔伯勒在给他的外国朋友写信时，把所有热衷于战争的人都认定为“辉格党”，而只把高教会派托利党算作“另一个党派”。但即使如此，这也是一种严重的夸大。

1702年4月21日。我心里实在不安，为了和您在一起，我愿意付出很大代价，让您知道陛下关于已经和即将发生的改变的真实想法。同时，请允许我向您保证，陛下不加入任何党派的心意很坚决，相反，她将发挥她所有臣民的作用，这就是英格兰很快将出现的情况，因为陛下很快就做出决定，不再做任何其他的改变。而且，我可以向你保证，当她实现了她的一切目的之后，至少会有六个辉格党人顶替另一个党派的一个人。看在共同事业的份上，我恳请你们努力，不要产生任何妒忌。

接下来的这封信非常有趣。它描述了安妮女王试图将荷兰境内同盟军队的指挥权交给自己的丈夫（丹麦的乔治亲王），而不是马尔伯勒，见原文第166页。从这封信可以看出，马尔伯勒在这一事件中的处境是多么复杂，甚至是危险，他又是如何游走在国内和国外众多敌人的身边的。克里斯蒂安·普勒森（Christian Plessen）是一名丹麦政治家，与英格兰的乔治王子有着特殊关系。

1702年8月21日。我被告知，你已经得到了与我相同的消息：427
普勒森先生产生了这种印象，即丹麦亲王没有得到你们的军队指挥权是我的错；他要去英格兰，我想他会经过海牙。我认为他是个诚实的人，但受到罗切斯特勋爵手段的影响，罗切斯特勋爵很乐意让普勒森带着这种观点进入英格兰；如果你见到普勒森，千万不要让他知道我或你知道这件事，但如果时机成熟，我想你会帮助我，让他看到我做成这件事情的强烈渴望。如果你有望在今年冬天做成这件事情的话，我想你应该让他看到，因为他在亲王那里能说上话，而且这将令他们（安妮和她的丈夫）心情大好。

1703年5月29日。我收到了诺丁汉勋爵的第二封信，并不怀疑我们可能会（从荷兰）抽调12000人（派到西班牙）。如果我们这样做了，我们就不得不把自己置于防御状态。但你应该明白，这不是我对勋爵的看法，但是，我必须做出和你的意见一致的答复。（这是继5月26日关于同一问题的类似信件之后的又一封信。）

从这两封信中可以看出，为了实现共同事业，马尔伯勒已经与海因修斯达成了秘密谅解，反对内阁中他的高教会派托利党同事的行动和政策。

在下面的信件中，我们会读到，马尔伯勒愤愤不平地向海因修斯抱怨荷兰将军（不是副官）在战场上对他行动的限制。1702年，他在这个问题上更加隐晦。1703年，他向海因修斯直言不讳，甚至威胁要辞职。

1703年6月22日。我认为，出于共同利益的要求，不应当再浪费时间，我们要么进攻安特卫普或奥斯坦德；否则就采取防御措施，将其余的人送到德意志两个月。这样就可以保存在德意志的全部兵力，并再次获得足够的时间拿下于伊和林堡，并使自己成为从摩泽尔到特里尔的主人。这封信可以让你了解我对这场战争的想法。我认为，这将是最后一场我能为你效劳的战争。请你相信，就算我出生在阿姆斯特丹，我也不会比现在更渴望荷兰的繁荣了。我真的相信，当你们不幸的时候，英格兰一定会被打垮。

1703年7月31日。按照这种速度，战争不可能取得胜利，如果必须在两支军队之间进行协调。私人之间的争吵和敌意也会造成延误，从而阻碍整个战争的进行，我认为无法在长时间内避免一些重大的不幸，这些不幸给我带来了很多麻烦，我不知道我是否能够活过这次战争，但我确信我没有再打一次仗的勇气……我有这样的怒气，很大程度上是拜你所赐。

1703年8月26日。瓦尔圣母院。我支持攻击防线，也支持攻击 428
签署了文件的将军们。他们（荷兰将军）所说的一切是为了让我们采取防御行动，我认为这就是破坏。我忍不住要告诉你，英格兰所有受影响的人都会利用你的将军们提出的论据来说服我们的议会成员，使他们相信战争应该在其他地方而不是这个国家进行。

1703年9月3日。瓦尔圣母院。如果我手下有几百万可以再服役一年的士兵，而且除非他们获得将军们的一致同意，否则不会做任何事情，那么我会死得更快……我希望他们会同意我所能想到的一个权宜之计，那就是由我来领导英格兰支付军饷的军团，而他们可以把认为称职的士兵纳入我的麾下。同时，我非常希望军队里有尽可能多的副官，他们想要多少就可以安插多少，因为除了对他们的判断感到高兴，我不会有任何其他的想法。

1703年9月10日。圣特伦。我恳请上帝见证，在我于周日和周四见到军官们后，我确信，我们本应该以极少的人员损失来强迫他们。

这里印制的其余信件涉及拯救帝国的计划和多瑙河战役的结果。

1703年5月24日。（马尔伯勒亲笔写的交给海因修斯的“我给国务大臣赫奇斯先生的信”。）

皇帝在大同盟的要求下，必须派出90000名士兵，皇帝的特遣部队则应该是120000人，其中我非常确定的是，自从前15个营从这里出发到上莱茵河谷地区，也就是去年2月的时候，所派出的帝国特遣队还没有超过10000人。他们都希望待在国内，从英格兰和荷兰获取资金。如果不能找到一种方法迫使皇帝和帝国进行自我防卫，我担心对于英格兰和荷兰来说，最后的结果一定是致命的。我观察到一件事，除了在巴伐利亚的部队外，维拉尔元帅的军队还没有超过26000人，而塔拉尔元帅都没有假装自己手下有超过18000的兵力。由此可见，帝国为自己所做的事情有多么少。

1703—1704年3月7—18日。来自帝国各处的情报都认为，如果英格兰和荷兰没有早日向摩泽尔河派出军队以帮助帝国，整个帝国就会被打垮。我很高兴你能让我知道你在这方面采取了什么措施，以及科霍恩对围攻蒂翁维尔的看法，因为我从欧根的文件中发现，他认为围攻是必要的。（即关于摩泽尔河上战斗的看法。关于多瑙河的情况没有说。）

429 随后，科霍恩的死讯传来。他是伟大的军事工程师，是沃邦的敌人。而在3月14—25日，马尔伯勒写了相关的事情，提及了他在1703年战役中的失败。

如果他早死一年，任何国家都会为这样的臣民感到骄傲。

1703—1704年3月24日。你可以从所附的弗罗茨瓦夫伯爵给女王陛下的请愿书中看到他们对德意志的理解。这里的议员们非常倾向于帮助德意志，以削弱巴伐利亚选帝侯的实力。我们认为这一点是非常必要的。我们认为，如果不让选帝侯理性行事，一切都会出错。我所能预见的是，女王和她的议会在这个问题上没有达成任何决议。但我应该在到达海牙后和荷兰的议会一起处理这件事……弗罗茨瓦夫伯爵和我一起去，他对他主人的服务的热忱以及他自己天生的热情，将使他格外关注这件事。

1704年5月21日。库尔赛肯（Kulsecken）营地。（由于维勒鲁瓦从荷兰出发，跟在马尔伯勒之后）把你们的守军中的很大一部分拉进军队里，对你们来说非常有好处。这样一来，你们就可以给我们送来足够多的军队，足以让我成功地对付巴伐利亚选帝侯；奥夫柯尔克（Auverkerk）先生则可以在佛兰德斯做出你认为最好的选择。

5月25日。科布伦茨。我带着马来到这里，明天将渡过摩泽尔河和莱茵河，最晚将在28日或29日渡过美因河，因为我将尽我最大的努力，尽快地加入菲利普斯堡附近的队伍当中。我相信，当你考虑到维勒鲁瓦元帅所带的队伍的数量和质量时，你就不会怀疑，法国国王正在尽其所能地削弱皇帝的力量。我希望你能让我们得到你所能提供的一切帮助。我这样说并不是因为我在这里，当着上帝的面，我抗议，如果我在佛兰德斯，我也会有同样的看法，因为如果皇帝不得不达成不愉快的和约，英格兰和荷兰必须为此付出代价。另一方面，如果我们能够削减巴伐利亚选帝侯的力量，法国就不得不服从有利于共同事业的条款。

5月30日。美茵茨。我相信，在抵达多瑙河之前，我不会见到刘易斯亲王。

6月1日。埃伯斯巴赫。我把我收到的普鲁士国王派来的（与巴伐利亚选帝侯会谈的）绅士的信息附在后面。选帝侯真心有意愿进行谈判的时候，就是让我们更接近他的时候。

6月19日。格罗斯塞森。我非常担心他（维勒鲁瓦）会在莱茵河上给欧根亲王制造麻烦，但他和我都认为，无论莱茵河上发生什么事，都不能阻止我们尽一切努力毁掉选帝侯，因为这关系到共同事业的成功与否……我请求你注意，不要让我收到任何来自各省的命令，让我处于不能削弱选帝侯的境况里，因为这将引发最大的灾难。

430 7月16日（传达由于塔拉尔进军的传闻，与巴伐利亚选帝侯的谈判暂时中断的消息。）因此，你们看到，事情目前已经结束了……这个条约并没有让我们浪费任何时间，因为我们一直在攻打雷恩镇，它今天已经投降了。这也是因为，我们正在向巴伐利亚的中心地带推进，以摧毁这个国家，并以某种方式迫使选帝侯顺从。

7月20日。艾夏。我们明天将开始行军，并（在弗里德堡）驻扎。这样，选帝侯从他自己的国家为他的军队获取的支持就很有限了，我们相信，这将使他们感到非常不安。

7月31日。塔拉尔先生正在前进，可能在三四天内就能与选帝侯会合。如果我们有一个公平的机会，你可以相信我们不会拒绝与他们碰面，我们的队伍十分有勇气，除此之外也没有别的目的。

8月10日。当我和欧根亲王与援军会合的时候，我们的军队将包括160个中队和65个营。刘易斯亲王带着31个中队和24个营去围攻（英吉利海峡）。法国人吹嘘他们有很大的优势，但我相信他们不会冒险一战，而如果我们找到一个合适的机会，我们会很高兴去冒险作战，因为我们相信大部分地区的情况不好，需要打仗。

（8月13日。布伦海姆之战。）

8月17日。那个时候，我的时间和健康状况都不允许我给你写信。当时，我把我的副官送到议会，告知我们最近取得且每天在不断扩大的胜利，我相信此时的战俘人数已经超过了11000人。正是他们以英格兰和荷兰派出的军团的荣誉为名完成了整个任务，我可以向你保证，帝国军队的战俘没有超过100人。

8月25日。瑟夫林根（Sefelingen，乌尔姆附近）。对于所有军官和士兵的英勇表现，怎么说都不为过。因为敌人的兵力比我们更多，我们的大部分人不得不每小时冲锋四次或五次。但是，我每天都在祈求上帝保佑的是我们的团结和友谊。到现在为止，我没有看到任何一个军官有任何不满的情绪，也没有任何一个官员问我打算做什么，而是都很愉快地服从。

8月28日。瑟夫林根。根据我们截获的、敌人从他们的营地寄往巴黎的信件，他们都承认损失了超过40000人，这可能会迫使他们从意大利和佛兰德斯抽调兵力。

附录B 戈多尔芬政府最初几年的主要官员列表 431

	1702年	1703年	1704年
财政大臣	西德尼·戈多尔芬勋爵		
枢密院院长	托马斯·赫伯特，彭布罗克伯爵		
王玺大臣	约翰·谢菲尔德，白金汉公爵		
财政部部长	亨利·博伊尔		
掌玺大臣	内森·怀特爵士		

续表

	1702年	1703年	1704年
国务大臣（北方部）	查尔斯·赫奇斯爵士		1704年5月由议长罗伯特·哈利接任
国务大臣（南方部）	丹尼尔·芬奇，诺丁汉伯爵		1704年5月由查尔斯·赫奇斯接任
爱尔兰总督	劳伦斯·海德·罗切斯特伯爵	1703年2月由詹姆斯·巴特勒接任	
海军大臣	丹麦王子乔治，王夫		
战争大臣	威廉·布莱斯怀特		1704年5月由亨利·圣约翰接任
军械总管	马尔伯勒公爵		
王室总管	爱德华·西摩爵士		1704年5月由托马斯·曼塞尔接任
宫务大臣	爱德华·维拉尔，泽西伯爵		1704年5月由肯特伯爵接任

（整个列表里没有一个辉格党人，可能肯特伯爵要除外，但他的能力和地位的重要性都有限）

附录C　那时的战争和现在的战争

对比安妮女王统治时期的战争和现在的战争，差别很大。1704年，英国陆军和海军决定着欧洲的命运。当年在大型战争中战死的英国人人数统计如下：

直布罗陀	60
马拉加	695
施伦贝格	452
布伦海姆	672
总数	1879（某些人估计的2000人是有些高了）

至于那些战后伤重而死、因病而死、因生活困难而死或是在小型战斗中战死的士兵人数，我们没有相关的数据。但是我想，5000人大概足以涵盖大不列颠在这一决定性的年份里因战争而失去的士兵人数。1914—1918年，大不列颠平均因战争而失去的人数是每年20000人。这个岛国的人口大约增长至原先的7倍，战争所造成的年轻生命的损失则大约是原先的40倍。

确实，在安妮女王统治的后期，战争造成的死亡人数偶尔有所上升，因为那时不列颠士兵的人数已经是原先的两倍，而且在西班牙不健康的条件下服役的人数有所上升。即便是在马尔普拉凯——那里的屠杀震惊不列颠朝野并且促进了和平的到来，被杀的不列颠士兵人数也只有大约600人，尽管死去的荷兰士兵数量可能是其4倍。

图书在版编目(CIP)数据

安妮女王时代的英格兰.布伦海姆战役/（英）乔治·麦考莱·屈威廉著；胡莉译.—北京：中国法制出版社，2023.3

书名原文：ENGLAND UNDER QUEEN ANNE：BLENHEIM

ISBN 978-7-5216-2793-0

Ⅰ.①安… Ⅱ.①乔… ②胡… Ⅲ.①英国-近代史 Ⅳ.①K561.4

中国版本图书馆CIP数据核字（2022）第132677号

策划/责任编辑：胡 艺　　封面设计：周黎明

安妮女王时代的英格兰.布伦海姆战役

ANNI NÜWANG SHIDAI DE YINGGELAN. BULUNHAIMU ZHANYI

著者/[英]乔治·麦考莱·屈威廉

译者/胡 莉

经销/新华书店

印刷/三河市紫恒印装有限公司

开本/880毫米×1230毫米 32开　　印张/16.25　字数/380千

版次/2023年3月第1版　　2023年3月第1次印刷

中国法制出版社出版

书号ISBN 978-7-5216-2793-0　　定价：98.00元

北京市西城区西便门西里甲16号西便门办公区

邮政编码：100053　　传真：010-63141600

网址：http://www.zgfzs.com　　**编辑部电话：010-63141817**

市场营销部电话：010-63141612　　**印务部电话：010-63141606**

（如有印装质量问题，请与本社印务部联系。）